FÊTES SANGLANTES
& MAUVAIS GOÛT

DU MÊME AUTEUR

Psychotic Reactions & autres carburateurs flingués
Introduction de Greil Marcus
Traduction par Jean-Paul Mourlon, 1996

Lester Bangs

FÊTES SANGLANTES & MAUVAIS GOÛT

Introduction de John Morthland

Traduction de l'américain
par Jean-Paul Mourlon

TRISTRAM

Les éditeurs et le traducteur
remercient Philippe Manœuvre
qui a relu cette traduction en détail
comme il l'avait fait précédemment pour
Psychotic Reactions & autres carburateurs flingués

Ouvrage traduit avec le concours
du Centre National du Livre
et publié avec le concours
du Conseil Régional de Midi-Pyrénées

Édition originale :
Anchor Books / Random House, août 2003, New York

Pour Ben, Midge, Karen, Tom et Matty

Introduction et remerciements

par JOHN MORTHLAND

Si j'adorais et vénérais ses écrits plus que quiconque, lorsque Lester Bangs mourut, en 1982, d'une overdose de Darvon, je pleurai la mort d'un grand ami plus que d'un grand écrivain. La vérité est que je ne le lisais jamais d'un œil critique : j'aimais ce que j'aimais et, si un de ses textes ne me séduisait pas, je passais simplement au suivant sans beaucoup y réfléchir. Depuis, il ne s'est guère passé de jour sans que je pense à Lester, mais le vide que sa mort a laissé dans ma vie personnelle éclipse celui que je ressens en tant que lecteur et confrère.

Et pourtant j'ai passé ces derniers mois à le lire et à le juger sans arrêt pour déterminer, non sans douleur, ce qui me paraissait le plus digne d'être repris dans le présent volume, sans avoir été inclus dans *Psychotic Reactions & autres carburateurs flingués*, première anthologie posthume proposée chez le même éditeur par Greil Marcus en 1987. Je voudrais pouvoir vous donner la formule magique dont je me suis servi, mais il n'y en a pas ; en fait, c'est une question extrêmement subjective. J'ai tenté de choisir les textes les mieux écrits reflétant l'étendue des thèmes traités par Lester – mieux, ses passions – et me suis efforcé de les regrouper et de les ordonner de manière à créer une impression d'ensemble plutôt qu'une chronologie (Greil s'en étant déjà si bien chargé). Chemin faisant, j'ai redécouvert deux aspects essentiels de son travail.

Le premier était sa capacité à faire passer ses pensées les plus électriques directement de la cervelle à la page. Étant moi-même critique musical, j'ai entendu de grands improvisateurs déclarer que lorsqu'ils sont au mieux de leur forme, ils ne créent pas la musique – elle passe à travers eux et leur instrument. Pour avoir partagé un bureau avec Lester, je me souviens être resté assis là, très impressionné, à le regarder écrire, littéralement, aussi vite qu'il pouvait taper. Bien entendu, cela donnait parfois des textes médiocres, ou aussi bien exceptionnels, et je peux le revoir aussi (certes moins fréquemment) affalé sur sa machine à écrire, cherchant quoi dire ensuite, mais surtout comment plier le langage à sa volonté. Mais il ne fait aucun doute que cette capacité rend compte de la pure énergie déchaînée de son œuvre. Elle explique aussi pourquoi il pouvait rédiger un éreintement délicieusement cinglant d'un album, tel celui du MC5 inclus dans le présent recueil, puis décider plus tard que l'œuvre en question était un classique éternel, en se montrant également crédible à chaque fois ; pourquoi il pouvait, pour louer le Miles Davis des années 70, recourir aux critères selon lesquels il avait antérieurement critiqué cette musique ; pourquoi il faisait, sans en prendre conscience, des prédictions aussi assurées qui se sont révélées, avec le temps, aussi fausses (on en trouvera en abondance dans ces pages). Et c'est pourquoi je voulais rassembler ici un ensemble de textes consacrés aux voyages : pour moi, certains de ses écrits les plus spontanés et les plus explosifs lui sont venus quand il se retrouvait dans un lieu relativement étranger ou nouveau, et se laissait simplement aller, pour enregistrer ce qu'il voyait et entendait. En de telles occasions, sa faculté d'émerveillement pouvait élever l'évident au niveau de la révélation, l'ordinaire à celui de l'extraordinaire, Lester pouvait se lancer dans d'étonnantes digressions éthiques et morales, trouver de l'humour dans les circonstances les plus graves ou des arrière-plans très sombres là où on attendait de l'humour. Et tout cela sans reprendre haleine, si bien que le lecteur en reste pantois.

Le deuxième point concerne la manière dont la critique rock a changé depuis. C'est là un sujet débattu chaque fois que deux rock critics se croisent, surtout s'ils assistent à un événement organisé par l'industrie discographique. D'ordinaire, la discussion tourne autour du fait qu'ils sont plus nombreux que jamais : la profession a été reconnue en un temps record, et poussée, ce qui n'est pas un hasard, vers le consumérisme et l'idée que les maisons de disques se font de la publicité, plutôt que vers le journalisme et/ou la critique véritables ; elle est devenue beaucoup plus difficile ; et un critique doit faire bien des concessions à la machine des relations publiques pour pouvoir interviewer les artistes ; le journalisme musical a muté sans effort pour devenir « people ». Autant de remarques très justes, que j'ai moi-même exprimées à plusieurs reprises, mais ce qui me frappe le plus après des mois d'immersion dans l'œuvre de Lester, c'est que ces temps-ci les rock critics ne fantasment guère. Je n'en dirai pas plus.

Presque tous les textes déjà publiés rassemblés ici ont paru dans des publications extérieures – et souvent très extérieures – au courant dominant de la grande presse d'alors, qui est devenu encore plus étroit depuis (au point que certains de ces articles ne pourraient même pas être publiés dans les périodiques actuels les plus marginaux). Quand il mourut, après treize ans ou presque de journalisme, le nom de Lester n'était connu que dans des cercles passablement restreints. Depuis, ce qu'on peut admettre d'un journaliste s'est vu défini de manière toujours plus restrictive. Lester a gagné en stature, prouvant une fois de plus qu'on ne manque jamais d'eau tant que le puits n'est pas à sec, et que la vision et la valeur des trouble-fêtes peuvent rarement être célébrées avant qu'ils n'aient cessé de sévir. On lui a consacré une biographie, on parle de lui dans des chansons de REM, de Bob Seger et des Ramones. Je pense que l'acteur Seymour Hoffman a très bien saisi l'attitude de Lester dans *Presque célèbres*, l'hommage du réalisateur Cameron Crowe à sa propre jeunesse de rock critic. Ceux d'aujourd'hui citent immanquablement Lester comme étant leur principale influence, bien que d'ordinaire il soit difficile de la détecter dans ce qu'ils écrivent.

Tout cela a finalement (et heureusement) permis à la culture américaine de le prendre au sérieux en tant qu'écrivain. Mais cela a eu un prix – sur lequel lui-même a souvent écrit. Le Lester le plus connu, celui de l'éléphant-dans-une-boutique-de-porcelaine, a frappé l'imagination du grand public : toujours dangereusement chargé, capable de se montrer insultant, malveillant et autodestructeur, oublieux des gens qui l'entouraient, à la fois clown falstaffien et, la plupart du temps, mortellement sérieux – le genre de type, en bref, à travers lequel certains infortunés aiment vivre par procuration. Le Lester qui pouvait rester des heures à donner ou à recevoir, calmement, des conseils personnels, qui savait se montrer déférent et accommodant, qui acceptait même les rebuffades et tentait d'en tirer parti de manière constructive, qui ne semblait ni damné ni condamné bien que certainement poussé par quelque chose, qui avait un immense amour de la vie, un sens de l'humour et parfois (et sans raison apparente) une gaieté en rapport, sur qui on pouvait réellement *compter*, bon sang ! – est devenu encore plus invisible que de son vivant. C'est inévitable jusqu'à un certain point, surtout chez quelqu'un d'aussi contradictoire et conflictuel que lui. Et certes, quiconque est sain d'esprit ne pourrait minimiser le premier Lester, il était là, bien en vue, on le retrouvera plus d'une fois dans ces pages et, ne vous y trompez pas, il a bel et bien réussi à se tuer à l'âge de trente-trois ans. Mais j'espère, à défaut d'autre chose, que rendre disponible une si grande part de son œuvre – ce qui confirmera une fois de plus qu'il était le chroniqueur le plus fiable de son temps – éclairera le Lester qui était un si bon ami. Et puisqu'il est aujourd'hui reconnu, j'aimerais que cela s'étende aussi à son œuvre. L'un de ses thèmes favoris concerne la haine de la romantisation, ou de la réduction à leur plus pittoresque caricature, des grandes figures du rock (surtout si elles meurent jeunes), plutôt que d'examiner de plus près la totalité de leur existence et de l'œuvre qui leur a valu d'accéder à la notoriété ; c'est bien le moins qu'un livre comme celui-ci doive faire – surtout pour les lecteurs qui n'étaient pas là à l'époque.

* * *

De nombreux amis et fans de Lester ont joué un rôle dans la menée à bon port de ce recueil. Ben Catching, neveu et exécuteur testamentaire de Lester, a signé les documents nécessaires puis, comme toujours, m'a laissé libre de m'en occuper comme je l'entendais. Ben, sa femme Midge, leur fille Karen Hildebrandt et son mari Tom, leur fils Matty, se sont montrés de bons amis et de bons hôtes chaque fois que je leur ai rendu visite, et grâce à eux j'en suis venu à connaître encore mieux Lester. Co-exécuteur littéraire (avec moi), Bill Altman a contribué à gérer les affaires de Lester depuis maintenant deux décennies, et a pareillement supervisé divers aspects de ce projet.

Greil Marcus fut l'éditeur du premier recueil posthume de Lester, et il est difficile de lui succéder. Mais il m'a facilité la tâche en me donnant toutes sortes de conseils pratiques et d'encouragements, et en m'écoutant patiemment chaque fois que j'en avais besoin.

C'est lui qui avait d'abord rassemblé, de sources très diverses, nombre de textes réunis ici quand, au cours des années 80, il entreprit de compiler *Psychotic Reactions & autres carburateurs flingués*; dans son « Introduction », il remerciait celles et ceux qui l'avaient aidé. Les ayant moi aussi sollicités, je ferai de même. Depuis lors, on a découvert beaucoup d'autres écrits de Lester et, pour m'avoir confié ces manuscrits ou ces lettres, mis en contact avec ceux qui les possédaient ou aidé à trouver qui pourrait me donner la permission de les utiliser, je tiens à remercier Gil Asakawa, Bill Bentley, David Browne, Jean-Charles Costa, Jim DeRogatis, Holly George-Warren, Ellen Gibbs, Barney Hoskyns, Robert Hull, Miriam Linna, Alan Niester, Andy Schwartz, Greg Shaw, Bill Stephen, Vinny Testa de Testa Communications, et Dolly Zander.

D'autres m'ont donné des conseils d'édition qui m'ont aidé à choisir les textes dont je ferais usage en définitive, ou proposé des idées, des suggestions ou de l'aide face à de menus détails : Chuck Eddy, Ben Edmonds, Bill Holdship, Jaan Uhelszki Kaufman, Dave Marsh, Michael Ochs, RJ Smith, Carol Schloner Swanson et Queenie Taylor. Quelques-uns ont fait l'un et l'autre. Dana Centola, étudiante en journalisme à l'université d'Austin, Texas, a toujours tenu les délais quand il lui fallait saisir un nombre inhumain de signes, tout en y ajoutant des commentaires éditoriaux utiles. Georgia Christgau m'a non seulement donné des conseils d'édition incisifs, mais a également saisi des textes. Et Katy Vine, rédactrice en chef adjointe de *Texas Monthly*, a aussi fait des suggestions remarquables, dont j'ai tenu le plus grand compte ; avec Jennifer Olsen, assistante éditoriale de *TM*, elle a supervisé les stagiaires du magazine, venus de l'université du Texas : Andy Buck, Quincy Collins, Erin Donnelly, Allison Gray, Michelle Morris et Chamlee Williams, qui ont saisi de nombreux articles. Il y avait beaucoup à faire en ce domaine, car Lester écrivait *avant* l'âge de l'ordinateur, et j'ai eu la chance d'avoir affaire à des gens qui s'en sont chargés sans considérer un instant que c'était là une corvée.

Andrew Halbreich et Rick Triplett m'ont aidé à résoudre des questions juridiques crispantes. Sam Staples m'a empêché de m'effondrer en remettant mon ordinateur en état chaque fois qu'il me jouait des tours.

Jeri Pamp a courageusement affronté, et un peu adouci, la solitude et toute l'étendue des… disons des changements d'humeur que ce projet provoquait en moi, restant là même quand il devait lui sembler que je n'y étais pas franchement.

Theron Raines, de Raines & Raines, fut l'agent de Lester de son vivant, et il l'est toujours pour le compte de ses héritiers. Edward Kastenmeier, de Random House, fut le premier à qui le projet de ce livre fut soumis, et il accepta aussitôt avec enthousiasme.

* * *

Ces écrits sont à ce point ancrés dans l'actualité que, dans de rares cas, j'ai ajouté quelques notes là où certaines références me paraissaient peu compréhensibles pour les lecteurs d'aujourd'hui[1]. Mais je crois que, malgré le temps qui s'est écoulé depuis, l'œuvre de Lester Bangs se défend toute seule, et je n'ai donc pas tenté de présenter tel ou tel texte, ou de les replacer dans leur contexte. Je ne ferai une brève exception que pour les trois premiers, réunis sous le titre *Drug Punk*. C'était aussi celui d'un ouvrage autobiographique que Lester, alors adolescent, écrivit du temps où il n'avait encore été publié nulle part, sinon dans le journal et magazine littéraire de son lycée. Le manuscrit est inégal au point d'en être exaspérant, mais à bien des égards c'est du pur Lester, et certains de ses meilleurs moments donnent le ton au reste du présent ouvrage. Je vous prierai donc de vous jeter dessus.

John Morthland
Austin, Texas, juin 2002

DRUG PUNK

Extrait de *Deux assassinats*
et une retraite hâtive vers les nostalgies pastorales, 1968

Bref voyage à travers mon adolescence, 1968

Extrait de *La Grande Émeute raciale d'El Cajon*
et deux vendredis soir, 1967-68

Extrait de
Deux assassinats et une retraite hâtive vers les nostalgies pastorales

Aujourd'hui Andy Warhol a été assassiné – bon, je ne devrais peut-être pas employer ce mot, la nana qui lui a tiré dessus *voulait* le tuer, et en ce moment même il est dans un état critique, on dit que ses chances de survie sont de 50-50. J'étais chez ma copine Andy à écouter pour la première fois mon nouvel album de William Burroughs (tout juste arrivé par la poste) quand brusquement on m'a appelé de la chambre. Quand je suis entré, la mère d'Andy m'a appris la nouvelle. J'avais plus ou moins le sentiment qu'elles s'attendaient à ce que j'en reste pantois ou quelque chose comme ça, alors j'ai feint d'éclater de rire. En fait, la nouvelle n'avait aucun effet sur moi, du moins pas du genre qui puisse être mesuré positivement ou négativement, sinon ce type de vibration qu'un soudain surréalisme de la vie réelle déclenche en vous. Je voulais dire : « Ça me bousille ! » Quand vous dites ça, vous n'entendez rien qui soit lié à la tristesse ou au bonheur, simplement BLAM !, l'impact brutal de quelque chose de scandaleux, d'incroyable, d'impensable, et je crois qu'on peut dire que c'est un sentiment positif. La mère d'Andy a poursuivi d'un ton un peu narquois : « Je ne sais quelle critique d'art new-yorkaise lui a tiré dessus. Elle lui a fait sauter la tête. »

« Quoi ? Il est mort, alors ? »

Andy s'est mise à rire. Sa mère a corrigé son propre surréalisme (Burroughs venait juste de dire : « Trak news service... nous ne rapportons pas les nouvelles, nous les écrivons ») : « Non, il est à l'hôpital dans un état critique. » Je suis retourné dans le séjour et j'ai écrit sur la pochette intérieure de mon album de Burroughs : « 3 juin 1968 – Jour où Andy Warhol a été assassiné ». Ça faisait mieux que « Jour où Andy Warhol s'est fait tirer dessus ».

Peut-être devrais-je en être plus affecté. Warhol était l'un de mes héros. Bien sûr, je ne sais rien de lui, je n'ai vu aucun de ses films ni beaucoup de ses tableaux, mais j'ai vu à la télé un truc sur lui avec le Velvet Underground qui m'a vraiment scié, et j'ai lu ce que je pouvais ici et là dans les magazines. Quelque part en chemin j'ai acheté un énorme poster de lui avec son visage et des lunettes noires, et je l'ai gardé pendant des mois. Ça n'est pas grand-chose à regarder, ou plutôt ça n'était, c'est fini maintenant… Enfin, ce n'était pas un de ces trucs psychédéliques-rococo qu'on peut contempler fixement pendant des heures. En fait, c'était franchement hideux, et au bout d'un moment la seule raison pour laquelle je l'ai gardé, c'est que je voulais des images sur mon mur et que celui-là était de grande taille. Quand je l'ai acheté, je l'ai installé aussitôt de l'autre côté de la pièce par rapport à mon lit et le soir dans la pénombre je contemplais ce visage, tentant de simuler les perceptions qu'on a sous drogue, jusqu'à ce qu'il change. Mais les changements n'étaient jamais très précis, et ne se voyaient guère sur le poster. Juste un visage célèbre, incroyablement vide, et peut-être était-ce là son seul titre à la notoriété. Sans les lunettes de soleil, il avait l'air du pédé visionnaire typique, mais avec il prenait cette allure de ciment caoutchouteux d'un mur de béton. Au fil des mois j'ai appris que Warhol n'avait pas grand-chose, ou même rien, à voir avec les films faits sous son nom. Roger l'a rencontré (ou un imposteur, comme la rumeur en a couru depuis) ainsi que Paul Morrissey, qui semble être le véritable responsable de ses films, quand ils sont venus donner une conférence à l'université de San Diego. Je n'y étais pas, mais Warhol est une fois de plus passé pour un catatonique. Quand j'ai déménagé, le poster a été placé dans le séjour, et un soir, alors qu'ils étaient tous sous acide et tous en plein bad trip, Jerry Luck a concentré sa parano dessus : « Je peux pas supporter ce type, il est toujours à me regarder ! Cette tronche, beurk ! »

J'ai sympathisé : « Le gars te gonfle ? »

« Mec, c'est insupportable ! J'aimerais réduire cet enfoiré en confettis ! Je le sens me regarder fixement tout le temps, à chaque fois que je jette un œil autour de moi il est là à me regarder comme ça, je hais cet enfoiré ! Je le hais ! »

Ce soir-là, j'étais d'une humeur très ironique/sarcastique, alors j'ai dit : « Écoute, petit gars, s'il te gonfle à ce point, déchire-le ! Le poster m'appartient, et je m'en fous. Vas-y… bousille-le ! »

« C'est vrai ? Je peux ? »

« Sûr, vas-y, prends ton pied ! »

Tous les autres ont émis des petits bruits écœurés, ou dit à Luck de se calmer. Pendant un bref instant il y a eu une pause bizarre, pleine de suspense, puis il a sauté d'un bond sur le poster et l'a arraché du mur en poussant un gargouillement. Affalé sur le plancher comme une pieuvre échouée sur le sable, il l'a déchiré en petits morceaux qu'il a dispersés en grondant. Puis il s'est redressé, s'est gratté la tête, et a regardé autour de lui d'un air hébété. Je lui ai jeté un coup d'œil curieux. Les autres venaient d'émettre des bruits encore plus dégoûtés. Quelqu'un lui a dit de faire disparaître son foutoir, et il a grogné comme le soir où lui, Dan et Roger ont volé un poulet à un voisin et qu'il l'a plumé et nettoyé dans notre cuisine, en avalant un bout du croupion sanglant pour montrer quelle Classe il avait.

Mais pour en revenir à l'assassinat : quand je suis rentré le soir, ma mère m'a accueilli en m'annonçant la nouvelle. Elle a dit qu'il avait été descendu par sa « petite amie ». Plus tard Roger est venu, et a été choqué, comme il fallait s'y attendre, quand j'ai lâché la bombe, restant là bouche bée, les yeux écarquillés et titubant un moment dans la pièce, mains sur la tête. Je ne crois pas que c'était vraiment une indication que Warhol occupait une place chérie dans son cœur, plutôt un exemple typique des réactions de Roger quand il est scié.

* * *

Hier Andy Warhol s'est fait tirer dessus dans son bureau de New York, aujourd'hui c'est Robert Kennedy dans le salon d'un hôtel de L.A., alors qu'il achevait son discours de victoire après avoir remporté les primaires de Californie. Et il y a tout juste deux mois, presque jour pour jour, Martin Luther King Jr., homme bien meilleur que les deux susnommés, a été assassiné à Memphis par un tueur à gages que le FBI n'a toujours pas retrouvé. À qui le tour ? À quoi le tour ? Andy et moi étions dans sa piaule, vers minuit et demie, à parcourir la brochure d'une université quand sa mère a crié depuis sa chambre : « Andy ! Viens vite ! Bobby Kennedy s'est fait tirer dessus ! » Nous sommes descendus en courant pour contempler, hébétés, l'étrange mélange fourmillant sur l'écran, les journalistes crispés et dépassés dont les voix se brisaient en interviewant des témoins dont la plupart racontaient une histoire différente, les caméras qui passaient du net au flou sans arrêt, un flic ravagé hurlait à tout le monde de quitter les lieux mais s'est interrompu au milieu d'une phrase en voyant un type de CBS, à moins d'un mètre de lui, tendre son micro à un témoin, il y a eu sur l'écran une semi-pénombre d'un noir charbonneux boueux tandis qu'ils éteignaient les lumières dans le salon, pour essayer sans succès de l'évacuer, on a entendu plus tard un récit des moments tendus qui ont immédiatement suivi l'attentat quand photographes, journalistes et badauds se bousculaient si près au-dessus de Kennedy et des deux autres blessés que le sénateur (étendu sur le sol, visage, mains et hanches couverts de sang) a dû réclamer de l'air, la foule le faisait suffoquer… on a vu l'assassin présumé traîné dehors entouré par un coriace contingent d'une vingtaine de flics repoussant la foule, leur captif jetant à peine des regards furtifs entre les torses des policiers, un peu flasque bien que ses muscles se soient durcis pendant qu'il tentait de se rouler en une boule fœtale les bras sur la tête pour se protéger… un autre candidat au titre d'assassin qui s'éloignait… Andy sanglotait. Sa mère a gloussé : « Ce pays, franchement je me demande… » et a dit à Paul : « Si on allait en Australie ? » Andy a déclaré farouchement au milieu de ses larmes : « Je parie que c'est un partisan de McCarthy[2] ! » C'est, comme de bien entendu, une fanatique de Kennedy. Je suis pour McCarthy. Un peu plus tôt, elle avait pleuré, « presque folle », pour reprendre ses propres termes, à l'idée, qui paraissait très probable selon les projections des chaînes télé, que Kennedy allait perdre. J'ai regardé à la télé la suite immédiate de l'attentat, bouche bée, stupéfié, assommé comme je l'avais été lors de ces interminables moments pendant lesquels j'étais dans le local des Hell's Angels à suivre la progression de leur viol collectif. Puis la télé a commencé à se répéter : rien de neuf. J'ai dit bonsoir à Andy et je suis parti en voiture vers Valley Liquor pour acheter du papier machine destiné à ce devoir de philo que j'avais prévu d'écrire lors d'une speed session qui durerait toute la nuit. En payant, j'ai dit négligemment au vendeur : « Vous avez entendu, pour Bobby Kennedy ? » Et il a répondu, sur le ton de la conversation : « Ouais… ils devraient arrêter de faire des trucs comme ça. »

* * *

Andy m'a appelé pour m'apprendre, en larmes, que le sénateur Kennedy était toujours sur la table d'opération, sept heures après l'attentat, elle a dit qu'il avait été touché à l'épaule, au cou et derrière l'oreille, un bout du crâne a sauté, trois balles pour un jeune présidentiable souriant et plein d'espoir, et elle est restée toute la nuit devant la télé à speeder et à pleurer, tandis que j'étais à souffler et haleter en éprouvant la joie sexuelle prolongée de sonder ma Veine, la veine jugulaire des souvenirs, des convictions de la tête et des mouvements du cœur de toutes ces années en quête d'une quelconque totalité cristalline, et ça va comme ça, je ne peux pas pleurer ce matin, bien que l'Amérique se désintègre à une allure qui choque jusqu'à certains dissidents, avec un effondrement implacable de poutres qui craquent, excédant les spéculations les plus folles de ces insurgés ensuqués que l'Amérique a intériorisés depuis Tom Paine, Franklin et toute la bande, tandis que je ressens la totale tornade du cosmos tournoyer autour de moi « comme un jacuzzi », ainsi que disaient les orateurs fouille-merde du Grossmont Junior College lors des tournois d'éloquence, jusqu'à que le pauvre Rital Jacuzzi se fasse des millions et devienne un cliché, l'incarnation même de la « décadence » américaine. Je ressens des frissons d'extase glacés tournoyer de haut en bas dans mes membres et mon torse tandis qu'un jour et une nuit de méthédrine se desquament lentement de moi comme une peinture desséchée de la proue couverte de coquilles d'un paquebot gargantuesque, toute la nuit, pendant ces heures où le sénateur Robert Kennedy mourait peu à peu à L.A. sur une table d'opération en acier inoxydable stérile, j'ai sondé les profondeurs de la Veine, tandis qu'une littérature nouvelle naissait de mes récentes défonces au speed, quand la méthédrine est dans mon sang et mon sang dans ma tête, quelque chose de nouveau, je ne cesse d'en revenir à des allusions au Velvet Underground, non, plus spécifiquement, à Lou Reed, un esprit sorti du maelström new-yorkais à demi intact, maintenant je saisis ses messages grâce à la Renaissance R'n'R, la poussée massive des maisons de disques se bousculant comme des scarabées fous en quête d'auges à cochon débordant de billets de banque, souvenez-vous de la blague de Grand Guy Grand[3] et des gens plongeant sans honte dans l'énorme cuve de merde et de pisse et de sang et de pus et de morve et de foutre etc. après qu'elle eut été assaisonnée de billets verts, tout afflue et Seigneur nous sommes tous confortablement installés depuis combien de temps déjà ? Mais confidentiellement bien que certes ça soit pas un secret je sens que le couvercle va sauter. Ai conduit Andy en classe. Tout d'un coup, après un trajet d'une demi-heure en silence, elle dit : « Lester, l'Amérique se désintègre. »

Je réponds : « Ouais. Je le sais depuis longtemps... Tout ce que tout le monde a eu à faire depuis l'année dernière, c'est lire les éditoriaux de magazines comme *Life*, ou le *Post*, et ils savaient que tout le truc tombait en morceaux. » Quand des canards pareils commencent à prédire des apocalypses imminentes et de monstrueux tremblements de terre sociaux, on sait que le baril va exploser, parce que ces magazines font partie de la Grande Veine Américaine, ils la shootent pour toucher d'une manière ou d'une autre, chaque semaine, une majorité de la population, et ils ne veulent certainement pas alarmer inutilement M. et Mme Amérique, pousser les réacs à nettoyer leurs mousquets datant de 1776, ou inquiéter les millions de gens lait-et-page-des-sports bien au chaud dans leurs piaules stuquées par des rumeurs sans fondement sur des explosions indigènes dont on s'attend à ce qu'elles arrachent les paisibles parcs on-ne-marche-pas-sur-l'herbe, les trottoirs de ciment ombragés couverts de feuilles mortes croisant les illusions de permanence dans les initiales d'amants devenus amis traversant les alentours avec des pieds chaussés de Desenex et des veines variqueuses en direction du Parti républicain et du futur Président des États-Unis Richard M. Nixon (ce qui est évident, depuis la nuit dernière), non, ces centres citadins sereins perpétuant fièrement de paisibles images super datant de 1853 ne doivent pas être saccagés follement sur cette terre étagée comme les vertèbres d'un Jésus au sourire ironique et au halo brillantiné, on n'est pas en France !

J'ai dit à Andy que j'avais prévu que les coutures de la vieille redingote effilochée de l'Amérique allaient craquer, et j'ai ajouté : « Sans doute qu'il ne pouvait en être autrement... » et elle a répondu : « La démocratie ne marche pas, c'est une honte, mais c'est comme ça », et j'ai dit : « Si ça se déglingue comme ça, c'est que les Américains vivent dans le passé depuis trop longtemps... ça fait trop longtemps que nous diffusons sur toutes les chaînes le Rêve Américain comme si c'était l'Évangile, et tout le monde s'en est satisfait... vivre dans le passé... Désormais la nation s'effondre parce que les gens ne sont pas capables de faire face quand la foudre de granit se plante tout droit dans leur assiette, à savoir que le Rêve Américain n'est qu'un rêve, et que la Réalité Américaine est impérative, c'est une situation de type baril de poudre. »

Elle s'est remise à pleurer. J'ai posé ma main sur la sienne, qu'elle avait placée sur le siège, et elle l'a aussitôt retirée brusquement. « Oh toi, n'essaie pas de me réconforter. Je sais que tu ne comprends pas... ce sont les gens comme toi... et la *merde* que tu lis... »

« Tu veux dire *Free Press* et les trucs comme ça ? »

« Cette *merde*, cette *merde dégueulasse et pleine de mensonges*, et la merde des gens de droite, voilà ce qui a détruit l'Amérique ! »

Je ne le nierai pas, car pour autant que je sache elle a vraiment raison. En fait, j'en suis sûr, ces idiots hystériques et paranoïaques de la gauche et la Nouvelle Gauche sont autant à blâmer que les autres. L'Amérique, qui est essentiellement *notre univers*, est prise de convulsions grandes comme des tremblements de terre, elle étouffe, elle crache du sang, elle titube prise de vertige dans une rechute molle et froissée de maladie au stade terminal, se balançant d'avant en arrière à genoux à geindre et à serrer très fort contre elle l'une de ses parties blessées après l'autre, en délirant comme un alcoolique s'effondrant sur le Bowery[4] lors de sa Dernière Virée, et je n'ai pas de réponses, ni même beaucoup d'*opinions*, en ce moment, il semble que toutes les factions prises dans la bagarre commencent à ressembler à cela même à quoi elles s'opposaient si désespérément, si bien que même les partisans semi-lucides et à demi rationnels de la Nouvelle Gauche qui peuvent voir avec une clarté raisonnablement complète le tour désastreux qu'ont pris leur politique et leurs organisations jusqu'à la dernière, doivent pourtant rester au garde-à-vous, serrer les dents et être prêts à la bataille imminente, quelles qu'en soient les conséquences, peut-être parce que jamais ils n'ont eu l'idée d'une Amérique réduite à un continent de décharges publiques en feu et, au niveau local, au contrôle primitif par la force brute, ce qui veut dire que peut-être ils sont simplement las de la même vieille scène, jour après jour, mois après mois, tout bien tranquille, boulonné, bien en ordre, sûr pour la citoyenneté de rat tapi dans des lotissements de pavillons bordés d'ormes, peut-être que ces gars veulent simplement voir toute la structure s'effondrer ou au moins être secouée jusqu'au fondement pour une fois simplement parce que ça n'est jamais arrivé avant, et tu vois, mec, avec leurs bérets Che et leurs *Mollies* faits maison débiles, ah, c'est une Armée de Libération Insurrectionnelle Révolutionnaire, tu saisis ? prête à sortir bon dieu et à se livrer à une foutue libération ! Peu importe que le gars n'ait de sa vie vu de sang qu'au ciné, mec, il combattra avec la force de vingt WASP têtes de bétail humain mollassons impérialistes racistes classe moyenne parce qu'il a dans le cœur la Flamme véritable et pure, et en plus il a pris des tas d'acide ! Il est fort ! Non, mec, pas de risque qu'il fasse demi-tour et parte en courant quand il chargera vers des explosions de grenade à main qui font voler vers lui des petits bouts de la chair du sang et des entrailles d'une femme et de ses trois petits enfants, qu'est-ce qu'on en a à foutre, c'est quoi un peu de sang et de tripes sur tes manches ? et il ne s'enfuira pas quand les flics arriveront avec leurs flingues flamboyants ou même avec des mitraillettes tournant lentement dans cette rue d'une devanture à l'autre ; mais il se POURRAIT qu'il coure quand il tombera sur un Noir de type Militant À L'Allure De Quaterback au milieu de la fumée du feu et du sang et lui dira : « Hé, mec, qu'est-ce t'en dis, c'est pas super la révolution, tu veux un peu d'herbe ? » et le grand Noir se contente de faire pivoter lentement sa tête de la grosseur d'une citrouille pour examiner ce blanchot hippie débile au visage enthousiaste et qui a tout à fait l'air d'un Oncle Tom blanc, et lui dit : « Dégage, p'tit blanc, ou j't'éclate la tête ! » Très calme, mais aussi très évident dans sa sincérité, à rester là hautain et amusé les mains sur les hanches les jambes écartées et souriant avec aisance mais rayonnant d'une haine chauffée à blanc compacte et brûlante dans ses yeux rougis à travers ces lunettes impénétrables conçues pour ne dire absolument rien à la personne qui fait face. Maintenant si vous pensez que ce gars blanc ex-Peace-and-Love et Cheveux Longs néopolitique va rester là et tenter de raisonner sur la question avec le grand Noir vous êtes franchement débile, aussi débile que 90 pour cent de la Communauté Hip et Nouvelle Gauche (et j'entends par là ceux qui ont été là assez longtemps pour en comprendre un minimum, pas ces petits cons sortis du lycée qui se sont mis à l'herbe et à l'acide le mois dernier) l'est devenue aujourd'hui. Et tous ceux qui se permettent d'être aussi idiots sont doublement dangereux : d'abord pour eux-mêmes, parce qu'ils ont toutes les chances de se faire éclater la tête, et pour chacun d'entre nous, aussi dangereux que Lyndon Johnson (oui, peut-être que ça n'est pas le moment de le dire mais c'est vrai) ou Bobby Kennedy avant qu'il se soit fait descendre ou le général Hershey ou J. Edgar Hoover. Ils sont dangereux pour chacun d'entre nous précisément parce qu'en ce moment même ils jouent avec le feu, je veux dire l'insurrection, alors qu'ils n'ont pas la moindre idée de la façon de la contrôler ou de ce qu'elle signifie ou même du fait qu'ils exacerbent la probabilité que beaucoup d'entre nous, eux compris sans aucun doute, allons faire l'expérience dans nos vies de ruptures dont nous pourrions ne jamais nous remettre, ou même auxquelles nous ne pourrions survivre.

Pour moi l'assassinat de Kennedy la nuit dernière a été la goutte d'eau qui fait déborder le vase. Je vois venir les grands orages, mais actuellement j'ai renoncé à tout espoir de trouver une solution ne serait-ce que temporairement apaisante. McCarthy est presque certainement hors de la course pour la nomination Démocrate à la Présidence. Humphrey a toutes les chances de se présenter contre Nixon, qui l'emportera très vraisemblablement. Quoi qu'il puisse arriver d'autre, j'en ai fini d'éplucher des magazines et des journaux et des brochures et dieu sait quoi en un vain effort pour comprendre ce qui se passe dans toutes les régions des ténèbres environnantes. Qu'ils aillent tous se faire foutre, c'est des ringards des deux côtés. Je suis le seul homme complet de toute l'industrie. Je vais en écrire autant que je peux, c'est ça que je veux faire, vous emmener dans une visite guidée de ma Veine, en essayant de vous rendre aussi compréhensibles que possible les fresques imprimées sur les parois intérieures de mon crâne, avec aussi peu que possible de vieille petite connerie défonce au speed sperme des mots, pour créer enfin et pour une fois, pour moi, un vrai *livre* à l'ancienne, qui soit son propre univers et simultanément représente mon propre monde intérieur à un degré de satisfaction aussi haut que je puisse me l'accorder, bien que la forme soit foutraque et erratique et imparfaite et excessive et complaisante et, oui, au moins enfin pour rendre compréhensible et vraiment personnel le sol de mon âme, éclaboussures au sein de la durée de déclarations directes intermittentes peut-être pourrai-je atteindre ce que je sens bourgeonner ici et voir une expression quelconque rayonner de ces visages blancs et vides une fois pendant cet été si jamais avant ou après.

Extrait de la 1re partie (Prologue), Chapitre 1
Inédit, 1968

Bref voyage à travers mon adolescence

À grandir avec aisance et tranquillité d'esprit, mais *vite*, à peu près aussi vite qu'on peut l'imaginer au seuil d'une brutale confirmation par quelque tribu primitive, utilisant le LSD comme rite de passage un peu comme à une époque on utilisait l'armée, les choses deviennent parfois un peu compliquées. Le cerveau brumeux dans les grands péristyles de la sagesse, les Éléments de la Communication Civilisée vous étant martelés lors de matins en chaîne aux yeux troubles par des profs à l'esprit mécanique ayant la folie de la grammaire et des romantiques Ô Douce Dame de classe de première qui croient à la jeunesse et à la poésie et extorquent une vague preuve de compétence élémentaire à chacun de leurs élèves en un mois furieux et fiévreux avant de débarquer avec eux sur les îles de Hawthorne et de Longfellow et les tendres floraisons en serre des poèmes et des récits d'élèves. Ce qui pour moi était un jeu d'enfant, mais j'étais toujours coincé. Je voulais désespérément que mes écrits ne sonnent pas vrai, parce qu'alors ça ferait ado et que ce serait à mille lieues en dessous du tâcheron. De rares aperçus comme autant d'éclairs presque perdus dans les anneaux de python d'un verbiage musclé, crépusculaire, mais comment ces amas d'images maladroites pourraient-ils siffler comme des flèches de cristal, droit et franc depuis mes héroïques pinacles, pour paraître lisses et les joues rouges et immaculés sur la page, y souriant avec une confiance en soi aussi complète et imbécile que des archétypes disneyens, mignons et porcins petits fans engendrés par des balourds herculéens lâchant leur sperme dans des blondes ancillaires qui dans l'incognito du printemps geignaient comme des sirènes saxophones et arrachaient leurs futurs époux esclaves au tourbillon du jeu-promo élyséen, les attirant dans les coins des chambres à coucher où elles se vautraient dans le désir musqué de gamins tâtonnant de joie à l'aveuglette entrant enfin dans ce monde crépusculaire vaporeux où de lentes rivières d'une puanteur délicieuse jaillissaient en grognant déferlant de grottes souterraines abritant le mystère sacré de toutes ces années, toutes surplombées d'un fouillis de douce fourrure brune, jungle extatique et délirante dont nous sondions l'intérieur jouissant presque quand chacun d'entre nous apprenait peu à peu tandis que nous plongions les yeux ou les mains ou pour finir les bites pendant tant d'après-midi, allions fourrager entre les cuisses et les matrices et en ramenions des joyaux grésillants et des rêves enfumés pour donner à notre art une certaine forme, un certain poids, car c'était comme ça que ça se passait toujours : j'entamais rarement une séance d'écriture sans recharge spirituelle préalable auprès de mes muses secrètes de Grove Press, un fou rire ou une colère apocalyptique et ensuite au boulot !, wham, bam, cognant sur ma machine à écrire, jusqu'à ce que de temps en temps un gros tas de touches ne finisse par s'emmêler définitivement, refusant de revenir à leurs places suite à l'effet de mes doigts frénétiques et de mon énergie explosant en poings martelant le cadre de la machine, qui endura admirablement les frénésies de ces années – j'écrivais par amour, avec une énergie artificielle qui trahissait toute une fatigue malsaine de chiot, chaque jour au moins un déferlement de confusion de désir et de violence, puis je le fourrais dans le tiroir avec tous les autres, et ensuite peut-être je traînais ma satisfaction lassée jusqu'aux toilettes, m'emparant au hasard d'un magazine chemin faisant dans l'espoir de rencontrer une petite nénette paumes sur la poitrine dans une pub pour une gaine, et une fois à l'intérieur je fermais la porte, baissais mon froc, faisais demi-tour et soulevais le couvercle des chiottes, pour finir par m'asseoir sur le trône et commencer à me branler triomphalement, une main crispée autour de ma bite tandis que l'autre massacrait le fouillis de pages du magazine replié à bout de bras et mes yeux sautillaient de haut en bas au rythme de ma main gauche entre cette moue d'un modèle anonyme et post-pubère du catalogue Sears[5] et son torse de garçonnet pudiquement dissimulé par ses bras pâles jusque là où ses cuisses inaccessibles suffoquaient pour moi sous le prisme hideux de la gaine, enfermées comme dans de lointains casiers à disques toutes les fois où je jouissais et en dépit de toutes mes supplications haletantes, aussi mes yeux parcouraient-ils ses jambes classiquement affriolantes et souples à supposer que ce soit possible, c'est-à-dire si elles n'étaient pas repliées sous elle, ne laissant voir que des mollets écrabouillés et des cuisses hypocaloriques, et parvenu en bas je laissais ma vision lécher sa personne en une nouvelle ascension, m'arrêtant à chaque étape pour me planter follement dans son mur imprenable.

Une vie sans complications : pas de maîtresse envers qui être responsable entre-temps, rien que les annales de sagas spermiques lâchées sur du PQ ou des Kleenex, ou directement de ma verge pendante dans le vide, pas de formulations d'avenir sinon des fantasmes dans lesquels j'arpentais les trottoirs pentus de North Beach ou de Greenwich Village poète cinglé roi en loques réprouvé couleur dada, pas de concept d'écriture considérée autrement que comme un exorcisme aztèque braillard et sacré pas de concept satisfaisant de l'existence qui ne soit légué par des clodos fous, des junkies, des pervers, de vieux misanthropes « existentiels » grisâtres, ou des charlatans en écritures presque mémorisées, nul besoin de mouvement ou d'action ou de contretemps sociaux sinon l'épreuve quotidienne du lycée parce que chez moi c'était une ruche à vous donner le vertige bourrée de livres et de disques et de pleines rames de papier couvertes d'écriture, une fois passées les escarmouches dans le séjour avec une mère à l'ancienne Bible et tout déclamant tous ses maux, et les week-ends il y avait le Kingdom Hall où aller mijoter. Les soirées de vendredi et de dimanche faisaient bouillonner ma fureur engourdie et gaspillée, tandis que samedi était dévoré par la télé et de longs avalages sur la pelouse de la collection complète de comics de toute notre bande du quartier jusqu'à ce qu'enfin Grand Dieu DES NÉNETTES et une série de juteuses copines putes-témoins pour apaiser les obsessions de virilité des adolescents par de longs après-midi succulents dans l'herbe et dans des hamacs et de vieux sofas dans les patios ombragés derrière les maisons de nos parents où nous étions enveloppés l'un autour de l'autre comme des chiots maladroits mais bon dieu mec c'était meilleur que toutes les défonces que j'aie connues et comme notre ravissement était pur et innocent joyeusement expérimental comme chez les pygmées tandis que j'essayais de lui glisser la langue dans la gorge et sentais ses ongles m'érafler en des efforts incertains pour griffer mon dos comme dans les films, et toutes ces érections inassouvies à vous briser les couilles, ces innombrables hernies tandis que le farouche pelotage haletant ne cessait de croître au fil des heures deux adolescents proches de l'animalité étreignant jusqu'à l'obsession des aines lancinantes verrouillées par des tissus, des mollets glissant sur des jambes enchevêtrées (les siens nus doux et roses me brûlant les couilles si bien que je voulais m'emparer de sa cuisse et y mordre une bouchée). Baisers langués fanatisés sur des sièges arrière obscurs des toits en pleine nuit des jardins verts le samedi nous malaxions et triturions et nous déchirions mutuellement la chair en quête frénétique de substituts d'orgasme, parce qu'elles ne prenaient jamais ma bite dans leur main et n'avaient pas plus baisé que moi. Une succession de Linda aux cheveux ternes assurait un contrepoint bienvenu aux séances de griffonnage forcené et aux longues heures de rumination le visage jaune, cloîtré dans mon repaire étouffant, où je rêvais d'Amour par de longues nuits d'insomnie à peindre sur tout le plafond des chœurs dépenaillés de déesses avant-gardistes vêtues de loques bigarrées flottant au vent parce que je savais que quelque part (à Greenwich Village, ma Cité dans le Ciel) flemmardaient de pleins trottoirs de femmes follement belles étranges curvilignes capables d'apprécier ma sainte folie et les écrits qu'elle vomissait. Je rêvais peu de tomber amoureux de Gina, contre-exemple venu de la plus haïssable des turnes de la classe moyenne et de son culte patriotique de masse, et la seule qui ait mis en question mon baratin de Cinglé. Non, je ne me connaissais pas, mais je connaissais bien mes manuels, et continuais donc à rêvasser en solitaire en attendant le jour où je rencontrerais ma Cinglée, tout en languissant dans ma chambre à relire *Le Journal d'Albion Moonlight*[6] en souhaitant que des planétoïdes fous et des rhinocéros déchirés pleuvent de *mon* ciel, attendant l'apocalypse, ou la remise des prix au lycée, quand je renoncerais à ma solitude et m'élancerais vers l'Est, pèlerin dément à petit carnet cherchant le pays de la dope et des poètes de rue, là où on saurait apprécier ma lumière rimbaldienne.

Et quand lors de ma première année de fac je sortis enfin mon groin brumeux et mes petits yeux roses de mon terrier, ça n'avait rien de très aguichant, bien que toute ma façade ait effectué un tour complet sur 360 degrés – ayant bravé et transcendé les feux glacés du nihilisme existentiel, j'étais prêt à devenir l'Enfant Terrible Gourou hyperstimulé hypergrégaire de tout un chacun, avec un grand sourire impudent comme un pauv' Nèg' qui vient juste d'hériter d'un million de dollars et peut désormais marcher sur les pieds des gens dans les *cakewalks*[7] de son âme ragtimisée. Les fours pubertaires de la pénitence solitaire ayant été alimentés, j'étais prêt à contraindre le monde des Gogos (défoncés, profs de fac, étudiants politisés, esthètes dilettantes) à écouter. Certes, j'ai commencé tout en haut du totem San Diego, bon dieu, par des soirées hip où j'étais toujours le plus jeune, et oui en effet je me débrouillais admirablement étant quelque peu ignorant de l'alcool mais pas de la dope – joyeusement ivre, étonnamment sociable après un ou deux verres de vin pour me mettre d'humeur, je circulais d'un groupe à l'autre, crachouillant de la poésie spontanée et impressionnant tout le monde jusqu'à leur en faire sauter les yeux, toujours avec des trucs du genre agiter des bouteilles de vin au-dessus de ma tête en lançant : « Ah, le fleuve doré de la joie du soleil ! » avec un sourire géant, extatique, comme les disciples électriques de cette politique Amour-et-Joie qui devait s'épanouir trois ans plus tard, bon dieu de merde ! Mais je crois que j'étais en avance sur mon temps car j'ai eu droit plus d'une fois à des rembarrages féroces comme celui d'une vraie Beat (et je le savais parce qu'elle avait des cheveux extra-longs, des lunettes à monture métallique, des sandales et des nippes ésotériques) assise à côté de moi le soir du coup du fleuve doré, et qui m'a lancé : « Cool it, man ! »

Mais bien entendu je n'en ai rien fait. Je n'en ai jamais rien fait, parce que l'alcool me transformait toujours en fêlé zen. Tout ça était vraiment involontaire, j'étais simplement hip du fond de mon âme de seize ans en plein joyeux baratin sauteur de puzzles et vibrant autour de moi tandis que j'allais de pièce en pièce les dents étincelant en un sourire non-stop et imposant à tous de me reconnaître à la lueur d'un éblouissement archangélique brûlant dans mon œil quand j'improvisais des rafales hétéroclites de « poésie » flatulente, si bien que plus d'un étudiant en philo d'un mètre quatre-vingts et bardé de tweed laissait tomber son masque de cynisme hautain pendant l'une de mes rêveries poétiques, masque remplacé par une expression chaleureuse rêveuse et pensive qui s'épanouissait lentement. Les cons. L'un d'eux tenta de me répondre un soir par une rafale de quelques poétismes spontanés, mais je clouai aussitôt le fils de pute au mur : il avait tout piqué, de la nuance à la cadence, à un disque de Dylan Thomas.

Mais cet air qu'ils avaient quand je me lançais dans mon numéro ! Cette expression stupide signifiant que celui qui l'arbore vient tout d'un coup de se voir rappeler l'un des domaines les plus précieux, les moins contaminés, les plus réjouissants de l'existence, le genre d'expression qu'on voit aux gens quand ils tiennent un chiot presque trop mignon pour qu'on le regarde et bien que dans mon cas la réaction n'ait jamais été ce vocalisme spécifique, composé à parts égales de vomi verbal, de bave et de mucus, qu'on semble réserver exclusivement aux petits animaux et aux bébés. Cela ne veut pas dire que ça n'aurait pas dû, mais j'étais mignon au sens où l'est un chien ou un bébé, entraînant les gens dans de petits voyages sans conséquence, avant tout centrés sur des choses telles que les fleuves des autoroutes du soleil, les nuages gris électrifiés, les ciels orageux à fond bruni d'où pleuvait de la suie, et autres trucs du même genre, des voyages d'éveil, grâce à ces sensations d'innocence et à la « pureté » d'une imagerie esthétiquement belle qui, comme beaucoup de ce que j'écrivais à l'époque, ne parlait absolument de rien.

Après tout, j'étais pour eux quelque chose de nouveau – tout ce qui se passait dans ces soirées, c'est que les mâles se lançaient dans beaucoup de discours intellectuels en espérant que les nanas seraient si impressionnées qu'elles voudraient les baiser le soir même. Quelques-uns y arrivaient, mais pour l'essentiel les gars ne semblaient pas assez gais ou détendus même quand ils étaient pleins de gnôle, pour balancer des généralisations profondes quelles qu'elles soient, et à peu près tout le monde (moi compris, œuf corse) semblait rejouer un numéro. Des tas de caresseurs de barbe et de types parlant tous du nez. J'y voyais toujours Ben Warston avec son invariable tenue – un *gallon* de vin rouge à un dollar dans une main, son éternelle veste en daim, et une petite lycéenne coriace qui avait les deux tiers de son âge, généralement une pouffe qu'il avait levée tandis qu'elle faisait du stop pour aller au fast-food – fumeur de pétard en rupture de ban à moitié illettré, il savait à quoi s'en tenir sur ces gauchistes et ces artistes. Il avait lu suffisamment de Henry Miller et pouvait citer assez de noms de philosophes pour intimider tout le tas de petits malins quand il débarquait, à moitié défoncé, un sourire sardonique aux lèvres. Il en résultait que chaque week-end il pouvait se cuiter à l'œil avec ce qui se faisait de mieux.

Les autres ne se la coulaient pas aussi douce. Je me souviens d'un barbu fabuleusement ésotérique assis à califourchon sur une chaise, face au radiateur, buvant de la bière sans arrêt et lorgnant tout le monde ou presque, et surtout les femmes, avec une suspicion provocante, et ce jusqu'à 4 heures du matin quand, sans doute satisfait d'avoir battu tous ceux qui comptaient, il laissait tomber sa dernière bouteille et s'effondrait, le menton résonnant sur le dossier. C'était son truc à lui. Je me demande s'il a jamais tiré son coup.

La danse était la seule autre activité de ces sauteries hip cool. Bien entendu, il y avait toujours un ou deux profs et leurs épouses, discourant avec érudition autour d'un cocktail soigneusement dosé, rendant les mômes nerveux en présence d'un grand esprit que toutes les nanas trouvaient sexy à cause de sa moustache cirée, et leur donnant l'impression d'être importants, parce qu'il était venu à leur soirée, non chez d'autres membres érudits de la faculté, où il aurait pu discourir de manière encore plus érudite. Pour ce qui est des professeurs eux-mêmes, la grande majorité de ceux que je rencontrai, alors et plus tard, et qui s'efforçaient vraiment d'« aller vers les mômes », se réduisaient tous ou presque à des silhouettes fondamentalement craintives, luttant pour se mettre en valeur devant la jeune génération par des tentatives guindées de « faire cool », à grand renfort des clichés hip/Nouvelle Gauche les plus récents, de lourdes allusions aux drogues et au « déconditionnement » alors qu'en fait ils détestaient ça, lançant de petites plaisanteries sur la mode du moment. Des ringards. Le petit prof de fac égaré, socialement atrophié, prisonnier impuissant d'un rêve qu'il aime autant qu'il le hait tout en raillant l'identité cliché d'une myopie cloîtrée, mais qu'il vit à fond, passant dans les salles de classe pour bazarder le tout-venant des années, crachant les faits comme autant de serpentins, puis filant dès la cloche jusqu'à son bureau, où on le voyait chaque jour de la semaine s'agiter dans un océan de livres de papiers de brochures et de magazines, creusant vers des strates préhistoriques ou s'emparant de publications pour se tenir indéfiniment à jour. Lors de mon premier semestre, je demandai à mon prof d'anglais ce qu'il pensait d'un mouvement littéraire de l'époque. Il n'en avait jamais entendu parler : « En ce moment, je suis lancé dans un réexamen du théâtre grec. Je ne lis rien qui n'ait pas au moins 30 ans, parce qu'on ne peut pas discerner ce qui a de la valeur dans ce qui se publie aujourd'hui, et de toute façon il y a beaucoup trop de choses. »

Je lui ai demandé où il trouvait le temps de poursuivre ses propres études aussi farouchement qu'il semblait le faire, tout en corrigeant des devoirs, en se tenant au courant de l'actualité, en lisant des magazines et tout ça.

« Oh, les devoirs ne m'inquiètent guère – vous avez remarqué que je n'en ai pas donné beaucoup ? Ce n'est pas nécessaire si vous lisez le manuel et si vous prenez des notes à mes cours ou lors des discussions de la classe. Je trouve toujours beaucoup de temps pour étudier la littérature – en fait, je ne fais que ça. Je me tiens vaguement au courant de ce qui se passe dans le monde – ça ne m'intéresse pas assez pour que j'en fasse davantage. Quant aux magazines et tout ça... vous les lisez, vous ? »

Oui, dis-je, tout le temps.

Ce qui parut le débecter un peu. Il me dit que c'était une perte de temps si je voulais être écrivain, que je devrais étudier la littérature « même vous vous contentez de parcourir les Grands Livres du Monde Occidental comme vous liriez un livre trivial quelconque... parce que vous savez que, quel que soit le nombre de cours de littérature que vous suivrez, ça n'a aucun sens. Vous devez vous éduquer vous-même, ou vous finirez comme tous ces ignorants diplômés. »

Je pensai avec affection à mon comic book hebdomadaire, *Life*, à mes toujours irrésistibles *Time* et *Newsweek*, que je haïssais et lisais, presque chaque semaine, avec une compulsion quasiment démente, à *Beat*, bimensuel, à *Hit Parader*, mensuel, tous deux canards de rock absolument essentiels. Je songeai aux hebdos hippies qui étaient à cette époque le sang de ma vie : le *East Village Other*, le *Free Press* de L.A., l'*Oracle* de San Francisco, et pour finir mon absolu favori de tous les périodiques que je lisais, le *National Close-Up*, le torchon prolétarien le plus fond-de-poubelle que j'aie jamais parcouru, avec en couverture du premier numéro que j'ai acheté un soir que j'étais défoncé au Romilar, au vin et à la benzédrine, cette hideuse manchette de tabloïd rouge explosant en une fraction de seconde comme une ampoule de flash aveuglante devant mes yeux :

UNE VIERGE FOLLE TUE POUR
« FAIRE L'AMOUR AVEC DIEU »

« Rien de personnel », dit-elle.

Et juste en dessous :

MARIJUANA AU PENTAGONE !

Mais bien sûr il avait raison – on ne *peut pas* glandouiller avec tout un tas de conneries et de délires et s'attendre à en tirer une éducation de première classe. Je lui ai demandé si ses contacts sociaux ne souffraient pas de son mariage avec la littérature.

« Oui, évidemment, en fait ils sont tombés à presque rien. Mais je ne sais pas, ça ne me manque pas vraiment. »

Je le voyais à l'occasion dans son bureau, les jours où je passais par là, se tortillant furieusement d'avant en arrière, armé d'une plume, livre de poche dans la main droite, vieux tome à tranche dorée dans la gauche, un carnet au milieu, l'atmosphère vibrant comme la boîte à orgones élyséenne rêvée par les fumeurs de De Quincey et Burroughs. Je ne l'ai jamais vu dans les salles de réunion, mais il courait entre ses deux postes, penché en avant, propulsé par une étrange ferveur éperdue, et si nous nous rencontrions, il ne manquait jamais de me réprimander sur les journaux à scandale, BD, revues underground et canards de rock que j'avais en permanence sous le bras, ce qui me donnait toujours un vague sentiment de culpabilité. Je n'avais pas encore compris consciemment qu'à lire du journalisme à sensation, de la gadoue hippie et des articles d'une drôlerie obscène comme « Une vierge folle tue pour "faire l'amour avec Dieu" », je me préparais tout aussi sûrement à une carrière littéraire très différente de celle du temps où un jeune écrivain rédigeait des nouvelles dans le style d'Hemingway, puis de Faulkner, puis de Fitzgerald etc. etc. etc., lisant les classiques entre-temps pour se faire une culture. Je commençais seulement à me rendre compte que j'arrivais à l'âge adulte dans les premiers jours naissants d'une ère nouvelle, où la littérature s'imprimerait sur PQ, où les journaux télévisés deviendraient surréalistes, où les artistes de tous genres, partout, se sentiraient libres et heureux de se séparer de leur héritage, voire de l'ignorer, parce qu'il y avait plus de pertinence dans la gadoue giclante de la presse populaire, dans les cris gorge ouverte et les nasillements mécaniques du rock, dans les jungles intérieures chaotiques où nous nous jetions tous grâce à toutes les drogues imaginables, nous engageant dans ces abus volontaires et apparemment autodestructeurs de nos sensibilités dans le but pour chacun de nous de trouver l'essence brute, indéfiniment maquillée, qu'il fallait chercher en dehors de toutes les écoles, méthodes, mécanismes sociaux et dispositifs d'autoassistance familiers. En d'autres termes, il nous fallait nous bousiller avant de pouvoir nous lever, rien n'était plus pertinent que ce qui paraissait hors de propos, et rien n'était moins pertinent que les Éternelles Vérités enfermant comme dans une boîte cette conscience vieille de 2 000 ans. L'idée qu'on pouvait se faire de tout ceci n'était alors qu'un vague nuage se formant au loin, mais je suivais déjà ma muse encore masquée, lisant des torchons plutôt que de la grande littérature, passant beaucoup plus de temps écouteurs aux oreilles à nourrir de rock mon âme miroitante que je n'en passais à lire quoi que ce soit, fumant de l'herbe et prenant de l'acide considéré comme conseiller d'orientation, écrivant de huit à douze d'heures d'affilée lors d'innombrables séances durant toute la nuit, empilant de pleines rames de conneries délirantes, mais affûtant mes talents et travaillant d'un mois sur l'autre ce style follement improvisé, jusqu'à ce qu'enfin je commence à parler d'une Voix qui était presque la mienne, à gagner sans effort une maîtrise progressive des mots, balançant au bûcher des épiphanies adolescentes dans des éruptions d'inspiration chauffée à blanc, bien que l'influence de William Burroughs se fît encore sentir. Sans doute ne suis-je pas un véritable artiste, quoi que ça puisse être, et je ne veux pas en être un. Sans doute ne produirai-je jamais de chef-d'œuvre, et alors ? J'ai l'impression que naît un Son qui est à moi, et qui bien qu'erratique est mon plus grand orgueil, parce que je préfère écrire comme un danseur et m'agiter le cul à danser le boogaloo, pour ne toucher peut-être que des lecteurs qui aiment lire des livres pour s'agiter le cul, que d'être, ou d'écrire pour, le gars enfermé quelque part dans un placard à lire Eschyle, tandis que ce monde sidérant passe à toute allure, donnant de la bande, sous ses fenêtres de cire en direction de son ultime pirouette à feedback divagante et fuligineuse.

1re partie (Prologue), chapitre 4
Inédit, 1968

Extrait de *La Grande Émeute raciale d'El Cajon et deux vendredis soir*

Je ne sais quel genre d'implications socio-psychologiques je cherchais, mais elles n'étaient pas là. C'était simplement une autre soirée chez les Hell's Angels, où la cruauté, la violence et la dégradation des femmes vont de soi. Plusieurs personnes s'ennuyaient avec ostentation. D'une certaine façon, c'était bel et bien fastidieux. Non – on aurait presque dit que le temps s'était arrêté. En dépit du brouhaha intermittent des conversations, il semblait y avoir dans l'air un genre étrange de silence qui donnait l'impression d'être comme une couverture pourpre, une lourde atmosphère sous-marine dans laquelle tout mouvement était ralenti, mais sans que ça se voie... dans chaque coin de la pièce, chaque aspect de l'environnement, toutes mes perceptions étaient chargées d'une immobilité curieuse, presque palpable. Mais peut-être est-il temps de commencer par le commencement.

On était début mars, par une morne soirée de vendredi. Gina avait une répétition théâtrale à l'école juste après le dîner, alors j'étais allé en voiture avec elle, dans l'intention d'écouter un disque intitulé *The Sounds of Harlem* que j'avais vu quelques jours plus tôt à la bibliothèque. J'avais malheureusement oublié qu'elle était fermée à cette heure, aussi ai-je passé mon temps à suivre la pièce, bien que je l'aie déjà vue trois fois. Au bout de quelques minutes, je me suis éclipsé pour un moment et j'ai pris trois Libriums près du distributeur d'eau. Les acteurs nous avaient invités à une soirée ensuite, et mon cœur abruti par l'ennui et les *downers*[8] battait à l'agréable idée que peut-être je pourrais boire un coup.

C'était une sacrée soirée. Notre hôtesse avait judicieusement préparé une merveilleuse sélection de Coca et de Seven-Up, pour aller avec le gâteau, et après un vieux film de guerre avec Richard Widmark dans la casbah, nous avons joué aux charades. Ah, ces théâtreux, qu'est-ce qu'ils aiment jouer. Le Librium se faisait toujours sentir et l'ennui se transformait peu à peu en une accalmie indistincte. Je commençais à avoir l'impression d'être un croisement entre un champignon et un crapaud sous sédatif pris dans une brume suintante, aussi ai-je fini par fouiller dans ma poche de poitrine et contre toute sagesse (car je savais que les situations de groupe et le speed ne faisaient pas bon ménage chez moi), je me suis fourré dans la bouche le seul amphé que j'avais gardé pour le Norwich Stone prévu le lendemain. Quelques minutes plus tard, la mornitude crapaudesque avait cédé la place à un vague état de vigilance crispée. Les charades ont commencé à m'énerver. M'excusant pour aller aux toilettes, j'ai repoussé le verrou et ouvert le robinet pour noyer le crissement des charnières pendant que j'ouvrais l'armoire à pharmacie en quête de pilules. La vieille carne avait un plein flacon de Darvon ! J'en ai chouré une douzaine, et j'ai été agréablement surpris de trouver deux capsules solitaires, aux couleurs bizarres – des barbituriques ! Je n'en avais jamais vu qui aient cette allure-là, mais parfois on *sait*, tout simplement.

Après la soirée, Gina m'a ramené chez moi et je suis rentré pour retrouver tous mes copains vautrés dans leur pose habituelle d'ennui effondré. Le *benny* me rendait encore un peu nerveux, alors je suis allé dans un coin sombre et me suis rencogné dans un vieux fauteuil, espérant que personne ne viendrait m'embêter ou me gonfler, contemplant d'un air morne l'espace obscur derrière le sofa, trop speedé pour dormir ou lire, mais pas assez pour écrire, dans une sorte de déprime qui m'a dissuadé de recourir au Darvon ou aux barbituriques, m'agitant vaguement et rêvant d'une bouteille de vodka.

Tout d'un coup, voilà que Silly Willy arrive, vêtu d'un court peignoir de style japonais, les yeux brillants, et dit : « Hé bande d'enfoirés ! Ça vous dirait DE TIRER UN BON COUP CE SOIR ? »

Mutt s'est redressé aussitôt : « Quoi ? »

« On a une nana, et elle baise avec *tout le monde*, mec ! J'ai déjà eu mon tour, et certains des gars y sont passés *deux fois !* »

L'idée d'être le seizième dans la file lors d'un viol collectif chez les Angels ne m'emballait pas vraiment, et de toute façon même si j'avais vraiment pété les plombs et bandé à ce point, la benzédrine que j'avais prise auparavant m'aurait rendu sous peu impossible toute participation aux festivités. Toutefois, il ne fallait pas être très futé pour voir que Willy était bourré, bien allumé, et de toute façon je voulais observer l'une de ces célèbres tournantes, pour une fois, alors je me suis levé et j'ai dit : « Hé, man, je peux venir aussi ? », en songeant que dans la confusion, personne ne remarquerait que j'avais passé mon tour pour aller dans la cuisine me cuiter.

« Sûr ! a hurlé Willy. Allez, venez, venez tous ! » Mutt était déjà pratiquement dehors.

Comme nous descendions dans le noir la route pleine d'ornières, Willy nous a expliqué la situation. « On a cette nana, et elle s'occupe de tout le monde... Elle fera tout ce que tu voudras, mais surtout des pipes, parce que la vieille pouffe devient un peu féroce, tu vois, après que cinq gars l'ont tirée d'affilée... Bien sûr, si tu veux vraiment y aller sévère... » J'ai mentalement imaginé une mama assommée et minable allongée sur le sol à gratter les poux dans ses cheveux, l'air hagard, un gros porc crasseux d'Angel sur elle à limer et à grogner dans l'attente d'un orgasme impatiemment sollicité, le reste du club en rang derrière, le jean à demi tombé et la bite pendante, attendant comme des gamins à l'entrée d'un cinéma le samedi après-midi. Quand on est entrés, Willy a fait brusquement volte-face et m'a demandé, ni franchement sérieux ni en riant, mais d'un ton terre-à-terre, comme le portier d'un club un peu exclusif : « À propos, t'as dix-huit ans ? »

« Sûr. »

« Alors ça va. » Et je l'ai suivi. J'ai jeté un coup d'œil autour de moi, en me demandant où était la grande attraction. Puis d'un coup j'ai vu, dans un coin, un Délinquant Juvénile un peu vieillissant (21 ans), trapu et les yeux presque clos, assis au bout du sofa, avec une fille nue accroupie devant lui, blottie par terre et contre ses jambes ; on n'apercevait que ses cheveux emmêlés, car son visage était pressé vers le bas : elle le suçait. J'ai de nouveau regardé le gars dont elle s'occupait. Son visage était impassible, ne trahissait aucun signe de sentiment ou d'émotion, exception faite de cet air renfrogné un peu méprisant, lèvres pincées, qu'affectent tant de ces types genre petit voyou, en parfaite copie carbone les uns des autres.

Regardant dans la pièce, j'ai vu presque tous les Angels vautrés dans l'ivresse, marmonnant entre eux ou croassant d'un ton rauque à l'adresse de quelqu'un. Personne ne semblait dormir, mais tout le monde avait l'air bourré. T.R. était sur le deuxième sofa de la pièce, à descendre une bière Colt 45 et à délirer à l'intention de plusieurs personnes, parfois de personne, le volume sonore passant d'un grondement râpeux à un marmonnement rauque alcoolisé. Près de la moitié de ce qu'il disait était incompréhensible, le reste se perdait dans des grognements animaux et divers bruits informes émis par des cordes vocales alourdies par la gnôle. Ce soir-là, il était d'humeur à causer. Charlotte, sa nana, errait au hasard autour de lui, étrange figure féminine aux « couleurs » des Angels, avec une chevelure incroyablement emmêlée, même pour une *mama*, qui se dressait en bizarres mèches déchiquetées, semblables à des barbelés noirs. Toute son allure me rappelait, je ne sais trop pourquoi, Mehitabel, le chat d'Archy[9], ou je ne sais plus quel matou noir hirsute des taudis de New York. Me tournant vers Willy, j'ai dit : « Hé, man, y reste à boire ? »

« NAN », répond-il, les yeux clignotant comme le Père Noël, rayonnant de cette jovialité expansive et bienveillante que fait naître la bière. « On a tout bu, sauf ce brave T.R., qui a sa réserve privée de Colt dans la cuisine… J'crois pas qu'il en ait encore beaucoup, t'peux lui d'mander… »

J'ai préféré n'en rien faire, en cherchant un endroit où m'asseoir. À part le plancher, il n'y avait qu'un bout du sofa à gauche de T.R. Avec un léger tremblement intérieur, hésitant et nerveux, je me suis avancé et me suis assis, pensant que même si T.R. pouvait exploser en une fureur de dinosaure ivre et commencer à me déchirer tous les membres, les autres interviendraient et me sauveraient.

Superficiellement, pourtant, j'absorbais tout ça en vrai journaliste pop, bouche bée, marmonnant-gémissant « Whaou, whaou, whaou » à n'en plus finir, tout ce que je pouvais dire yeux fixés sur la fille nue servile qui ce soir-là en a sucé seize, le visage mélange cireux de sang de pus de larmes et de foutre. Non, je n'ai jamais flanché, je les ai tous observés à travers la benzédrine et le joint baladeur qui faisait le tour de la pièce tandis qu'elle geignait sur le plancher comme l'essieu brisé de cette roue qui tournait follement le joint passait de Willy à Bob à Sammy à Funky à Charlotte à T.R. à moi aux deux voyous anonymes postadolescents défoncés aux visages reptiliens assis sur l'autre sofa mâchant lentement leur chewing-gum les yeux réduits à des fentes ne cillant jamais ne s'ouvrant jamais tandis qu'ils jouaient leurs maniérismes de gangsters à fond la caisse sauf quand le Mexicain a claqué des doigts et désigné lentement son bas-ventre de l'index pour signaler à la victime qui sanglotait doucement que c'était son tour, elle doit tout faire parce qu'il n'est qu'un caillou à l'orgasme glacé indistinct par procuration, elle rampe vers lui défait son froc lui ouvre la braguette pousse une main à demi endormie dans son fute extirpant un tube caoutchouteux flasque sur lequel elle pose le visage sa tête commence à osciller vaguement de haut en bas comme un zombie tandis que je regarde autour de moi et vois Bob et Willy bavarder gaiement. Sammy, la mama Angel vautrée jambes écartées contre un mur, contemple le vide d'un œil d'eau de vaisselle. Sur le sol, Funky, tête en arrière, fixe l'espace bleu sombre dans les ombres du plafond d'une pièce adjacente, le visage vaguement mélancolique, T.R. grogne et marmonne de manière inintelligible en pleine confusion d'ivrogne, une canette de Colt 45 oscillant dans la main gauche selon un angle précaire tandis que ses yeux qu'on aperçoit rarement doivent rouler derrière ses lunettes de soleil omniprésentes impénétrables et il ne prend pas garde aux efforts obstinés de sa nana Charlotte pour ramener un peu de vie dans sa bite, agenouillée sa chevelure une masse enchevêtrée qui me fait de nouveau penser à Mehitabel et elle lui suce la queue en gargouillant des imprécations à peine cohérentes du coin de la bouche tandis que le tourne-disque braille à n'en plus finir les mêmes disques un recueil de vieux hits de Motown et un album d'Otis Redding. Otis geint « I've been loving a little too long » tandis que je regarde la fille en sanglots qui continue à s'occuper du Mexicain, lequel commence à s'énerver et dit : « Qu'est-ce que c'est ce boulot de merde ? » et T.R. sort momentanément de sa stupeur pour lancer : « Cogne cette pouffe sur la tête, l'enfoiré, dis-lui qu'elle devrait t'en tailler une comme il faut, sinon je vais veiller à ce que demain elle soit plus là », et le Mexicain réplique : « Ah, elle est nulle, elle fait qu'à titiller et elle essaie même pas », et brusquement T.R. de son pied botté cogne la nana dans la chatte, une fois, deux fois, à la nuque, tout en délirant dans la lourde fureur confuse de l'ivresse avancée : « J'ai dit tailles-en une à ce mec pouffiasse et comme y faut ou tu vivras plus très longtemps ! » Elle sanglote quelque chose d'inintelligible, la bite du Mexicain toujours dans la bouche. T.R. se lève d'un coup, chancelant, titubant, se dirige vers elle, se penche, lui tire sauvagement sur les cheveux, l'arrachant au Mexicain, lève sa botte très haut et l'écrase sur sa figure, assez violemment pour l'amocher et lui faire mal, mais pas assez pour qu'elle ne puisse continuer à sucer, il lui donne un autre coup de pied en bas des reins, c'est à peine si elle émet un son, après tout ça dure depuis des heures… T.R. lui lâche la tête, elle va s'occuper du Mexicain, T.R. retourne s'asseoir d'un pas pesant, Charlotte tend aussitôt la main vers sa braguette, j'entends Otis geindre et pleurer à travers la brume qui désormais se transforme en électricité statique, on me passe le joint, j'inhale et je le tends au Mexicain qui comme précédemment se borne à l'accepter sans même reconnaître ma présence, retenant mon souffle je flotte un moment, perdant tout sentiment du lieu du temps et toute sensation, j'en reviens à la banale télégraphie du bavardage de Bob et Willy, j'ouvre les yeux et je regarde dans la direction opposée à celle de la fille et du Mexicain. Sammy est partie se coucher, Bob se caresse la moustache, en badinant avec Willy : « Ouais, elle était vraiment bien, il lui a fallu un moment pour s'y mettre mais à la fin elle était super bien… » – trois bons quarts d'heure de sucette résolue pour qu'elle fasse jouir Bob. Dans son coin, Funky est perdu dans un recueil de mots croisés, son crayon mordillé crisse dans les petits carrés, T.R. marmonne pour lui-même on ne sait quelle divagation à voix basse, la tête en arrière contre le mur, la canette de Colt 45 sur le flanc à côté de lui, et autour une grande tache couleur brun foncé sur le sofa, Charlotte est assise par terre à ses pieds, les mains sur les genoux, la tête oscillant un peu, le regard égaré et lointain, le copain petit truand du Mexicain est assis exactement là où il était quand je suis arrivé, parfaite incarnation du cool, yeux réduits à des fentes illisibles, mains croisées sur ses genoux, bouche au repos en une ligne compassée bien close qui pourrait, avec une parfaite simplicité, virer au ricanement, mais n'en fait jamais rien, un véritable homme sculpté dans la pierre, je regarde à travers la pièce et ceux de l'autre bout n'ont pas changé de position depuis la dernière fois je vois quelque chose que je n'avais pas encore remarqué, un exemplaire précieux et fatigué d'*Oncle Picsou* de ma collection étalé sur la moquette, ainsi les destins aléatoires de la vie réelle parachèvent cette symbologie littéraire par leur élégance cynique, et j'ai enfin suivi la scène, rien de plus à ajouter.

Extrait de la 2e partie, chapitre 12
Inédit, 1967-68

HÉROISMES ET BARATINS

The MC5 : Kick Out the Jams, 1969

Charlie Haden : Liberation Music Orchestra, 1970

Canned Heat : The New Age, 1973

Pissenlits dans l'air immobile : le dépérissement des Beatles, 1975

Fête sanglante du kilowatt rougeoyant !
Emerson, Lake & Palmer sans isolation !, 1974

Allez chérie, guinchons toute la nuit avec Wet Willie, 1974

Dylan badine avec le Mafia Chic :
c'est pas un délinquant, juste un incompris, 1976

Anne Murray : Danny's Song, 1973

Helen Reddy : Long Hard Climb, 1974

Grace Jones se branle, 1980

Stevie Nicks : Lilith ou Bimbo ?, 1981

Art Ensemble of Chicago : tout public, 1980

Ian Hunter : les vieux cons c'est tout bon, 1979

Le toilettage de David Johansen, 1979

Patti Smith : Horses, 1976

Meilleures que les Beatles (et que DNA aussi), 1981

Dead Boys, Count Five, même combat, 1977

Des mérites de la répression sexuelle, 1980

David Byrne dit : « bouh ! », 1979

Une pleine ventrée de Wire, 1979

Jello Biafra est pas un crétin, 1981

Si je serais un charpentier, 1982

The MC5 :
Kick Out the Jams

Quand sortit *Wild in the Streets*[10], ce sale petit navet bâclé, qui aurait cru qu'il laisserait pareille empreinte sur notre culture ? D'abord les Doors (qui s'étaient toujours positionnés dans cette direction, de toute façon) martelant la célèbre marche « ils-ont-les-flingues-mais-nous-avons-le-nombre » pour les troupes d'Adoland, et maintenant ce ramassis suant. La révolution et la prise du pouvoir, violentes et totales, par la jeunesse, voilà manifestement une idée dont le temps est venu – ce qui ne donne pas une haute opinion d'elle, et encore moins de l'époque.

Il y a un mois environ, *Rolling Stone* consacrait au MC5 un article de fond proclamant qu'ils étaient la Nouvelle Sensation Totale, un groupe qui briserait toutes les barrières, se lâcherait complètement, « énergie totale », etc. etc. etc. Peu importe qu'ils aient l'air d'une bande de punks de seize ans en plein power trip méthédriné – ces gars-là, nous expliquait-on, savaient jouer de la guitare comme Coltrane et Pharoah Sanders du sax !

Bon, l'album est désormais dans les bacs et nous pouvons juger sur pièce. En ce qui me concerne, je trouve qu'ils sonnent plus comme Blue Cheer que comme Trane et Sanders, mais mon pognon est déjà passé dans un exemplaire de ce machin ridicule, arrogant et prétentieux, et c'était peut-être l'idée de départ, non ?

Le tout, enregistré live, commence par une introduction de John Sinclair, « ministre de l'Information » des « Panthères Blanches », si vous pouvez imaginer ça. Le discours lui-même se situe entre *Wild in the Streets* et Arthur Brown. La chanson qui suit est une déception. Musicalement, le groupe est volontairement fruste et agressivement brut. Ce qui peut donner de la musique puissante, sauf quand il s'agit de dissimuler la pauvreté des idées, comme ici. En raison du caractère primitif de leur structure à deux accords, la plupart des titres se distinguent à peine les uns des autres. Vous avez déjà entendu ça de la part de notables tels que les Seeds, Blue Cheer, Question Mark and the Mysterians et les Kingsmen. La différence ici, qui aidera à vendre plusieurs centaines de milliers d'exemplaires de cet album, est dans la hype, dans cet épais revêtement de révolution-adolescente et de bouzin énergie-totale recouvrant ces étendues de clichés et de boucan hideux, juste bons pour le dépôt de ferraille.

« Kick Out the Jams » sonne comme le « Money » de Barrett Strong ré-enregistré par les Kingsmen. Le solo lead sur « Come Together » est piqué note pour note au « I Can See for Miles » des Who. « I Want You Right Now » sonne *exactement* (jusqu'aux paroles !) comme « I Want You », chanson des Troggs, groupuscule anglais qui, voilà deux ou trois ans, avait la même image sexe-et-son-bien-crade (vous vous souvenez de « Wild Thing » ?), et qui a promptement disparu dans l'oubli où, j'imagine, ils doivent bien rigoler du MC5.

Rolling Stone, 5 avril 1969

Charlie Haden : Liberation Music Orchestra

Charlie Haden est l'un des bassistes les plus inventifs et les plus hypnotiques du jazz contemporain. Après avoir mûri dans le quartet révolutionnaire d'Ornette Coleman, au début des années 60, il a révélé très tôt (avec des morceaux comme « Lonely Woman ») des capacités d'improvisation très développées et un penchant pour des harmonies aussi étranges qu'émouvantes. Il a désormais fondé son propre groupe, afin de présenter au monde sa polémique musicale furieusement humaniste. Il en résulte deux faces qui ne sont pas les plus novatrices du nouveau jazz, mais comptent certainement parmi les plus truculentes et les plus passionnées.

Les défricheurs du jazz de cette décennie sont trop souvent si soucieux de franchir les barrières pour parvenir de l'autre côté, qu'ils en oublient de jouer avec leur *cœur* autant qu'avec leurs doigts, leur esprit et leur système nerveux. Cet album, avec ses sonorités mélancoliques et ses interludes soudains de chant poignant, devrait contribuer à redresser la situation. Tous les titres sont des hymnes révolutionnaires d'autrefois et d'aujourd'hui : ils vont de « La Chanson du Front uni » de Bertolt Brecht et de « Los Quatros Generales » (féroce chant populaire andalou du temps de la guerre civile espagnole) à « War Orphans » d'Ornette, d'une beauté absolue. Quoi qu'on puisse penser de l'aspect politique, plutôt vague, et de l'ambiance Nouvelle Gauche un peu laborieuse de l'entreprise, la musique parle d'elle-même, cri primitif et polyphonique réclamant la vraie liberté, toujours si lointaine.

Il y a parmi les musiciens quelques-unes des voix les plus éloquentes et les plus novatrices du nouveau jazz : Don Cherry, Mike Mantler, Roswell Rudd et Gato Barbieri, qui joue le saxo ténor le plus pur et le plus fulgurant que j'aie entendu depuis un bon moment, aussi chargé d'amour dévorant, et de souffrance superbement exprimée, que le meilleur de Charlie Mingus. Mais tous ceux qui sont là font preuve d'une discipline implacable, et de cette réserve passionnée dont la subtilité et le contrôle rendent d'autant plus convaincante cette mise à nu musicale de l'âme. Comme le *Karma* de Pharoah Sanders, cet album laisse entrevoir une maturité nouvelle dans les camps du jazz d'avant-garde, une intériorisation mûrie de toutes les expériences téméraires, qui permet aux artistes de soumettre toutes les révélations rencontrées en chemin à des objectifs musicaux clairement définis et relativement orientés. C'est ainsi que le cadre à peu près familier, et guère aventureux, du flamenco, plutôt que d'être une camisole de force exténuée étouffant des errances confuses, sert de fondation solide à des proclamations exaltées, pleines de cœur, alternativement lyriques et dissonantes. Le jeu de basse de Haden est tout particulièrement superbe, palpitant et bourdonnant avec une intensité agitée mais discrète, qui exprime parfaitement la pulsation d'existences comme celles des membres de la résistance espagnole, vécues dans une crainte incessante, mais avec une force farouchement nourrie de rêves courageux. Les arrangements de Carla Bley sont des miracles de dynamique ; le volume sonore et le tempo croissent et décroissent avec cet équilibre impressionnant d'ensembles collectifs improvisant librement par le biais des expansions et des contractions de voix individuelles entrant et sortant d'un mystérieux cercle tournoyant de chansons simultanées aussi variées que le nombre d'instrumentistes, mais qui pourtant ne sont jamais dépourvues de ce genre d'unité télépathique qui vous transporte, et place cette multiplicité de lignes musicales très loin au-dessus du chaos des charlatans d'autres secteurs de l'avant-garde, qui se dissimulent sous le manteau de ces génies.

Rolling Stone, 21 février 1970

Canned Heat : The New Age

Hé gamins et fêlés de blues de tous âges : devinez qui est de retour ? Non, pas le Plaster Casters Blues Band – Canned Heat ! Les créateurs du Boogie en personne ! Et il est très certainement reposant de les voir, après tous ces prétentieux Middle of the Road pseudo-bidons comme John Lee Hooker, qui leur ont piqué tous leurs riffs primordiaux et les ont traits jusqu'à la garde.

De quelle manière aimions-nous Canned Heat ? Voyons un peu. On les aimait parce qu'ils avaient creusé une combine toute neuve dans une mazurka monotone ; ce n'était pas leur faute si toute une génération de milliards de groupes s'en était emparée et l'avait plantée sans finesse après que Canned Heat l'eut plantée lui-même, mais si foutrement bien. On les aimait parce qu'ils détenaient le record du Boogie Le Plus Long Jamais Gravé Sur Cire : « Refried Boogie », sur *Livin' the Blues*, plus de quarante minutes de véritable lubricité futile, parfaites pour les soirées ou les stéréos en bagnole, surtout si elles avaient été piquées – et une bonne part en était réellement écoutable. On les aimait parce qu'Henry Vestine était un sacré enfoiré de guitariste, incroyable et brûlant, qui vous projetait à travers les murs. Et on les aimait parce que Bobby Bear[11] était si foutrement bizarre qu'on pouvait endurer tous ses excès.

Mais Canned Heat disparut ensuite des plateaux un bon moment, ayant pour ainsi dire pété les plombs et jouant le boogie dans la zone, et ce qui était vraiment triste, c'est qu'ils ne manquaient à personne. Bien qu'ils aient été d'authentiques journaliers, ils n'ont jamais fait d'album entièrement et complètement sublime, évidemment, mais ils avaient toujours leurs grands moments. Et *The New Age*, qui bien entendu n'est pas nouveau du tout, en compte tout autant que les autres. Il y a « Keep It Clean », un joyeux barattage funky-Sept-Nains comme leur reprise du « Let's Work Together » de Wilbert Harrison, ce qui veut dire que ça pourrait bien devenir un hit. Il y a « Rock'n'Roll Music », l'obligatoire tortilla d'hommage aux traditions de Bear Hite, avec sa totale absence d'imagination et tout et tout. Cette fois, il a écouté de vieux R & B de la Nouvelle-Orléans, alors ça va, même s'il chante toujours comme un poisson-chat scalpé.

« Framed » est une simple reprise, sous un habillage nouveau, de leur classique récit d'une arrestation à Denver sur *Boogie With Canned Heat*, qui lui-même n'était qu'un habillage nouveau de vieux riffs Bo Diddley et « Jailbait ». « Election Blues » est le blues lent-rot de poitrine de rigueur. « So Long Wrong » est un boogie de fin d'album putassier-ossements-noircis-grincements-de-tripes-vaguement-funky de plus, comme tant d'autres de leurs succès antérieurs. Vestine sait toujours vous faire croire que des teignes sont prises de convulsions dans vos brûlures d'estomac, et Hite vous racle les intestins avec de la basse meilleure que tout ce que Mole Taylor a jamais joué. « Lookin' for My Rainbow » voit même apparaître Clara Ward[12] et ses bombardiers du swing rien que pour un soupçon d'authenticité daguerréotypique, mais c'est aussi fastidieux que de vieilles diapos, et le reste des chansons, dans leur majorité, n'est que raclage de tibia tagada-boum-boum à la poursuite de plans country péquenots, alors mieux vaut les laisser pourrir dans les sillons.

Achetez cet album si vous avez beaucoup d'argent ou ne vous souciez guère de ce pour quoi vous claquez votre pognon, mais que ça ne vous fasse pas oublier quoi que ce soit des trucs vraiment cosmiques comme les Stooges, sinon le fantôme de Blind Lemon Jefferson viendra se moucher dans votre front chaque nuit.

Rolling Stone, 7 juin 1973

Pissenlits dans l'air immobile : le dépérissement des Beatles

Citez-moi une superstar des sixties qui ne soit pas devenue un zombie. Dylan ne compte pas, du moins pour ce qui est d'être un chaud candidat au titre, parce qu'il a été remis en selle par *Blood on the Tracks*. Et Lou Reed est un zombie de profession, qui peut caqueter dans les sillons et non simplement dans sa manche. Mais Mick Jagger, Joe Cocker, Stephen Stills... tous des has-been lessivés, moribonds, en pleine autoparodie et apitoiement sur soi. Et plus j'y pensais, plus il me semblait que les quatre Beatles désormais éclatés pourraient bien être ceux qui ont le plus mal enduré la lassitude et le déclin des années 70.

Un par un, par ordre de crédibilité décroissante : Paul McCartney fait de charmants fonds sonores pour boutiques branchées, bien résolu à se montrer aussi insignifiant que les Carpenters, ce qui en soi pourrait être aussi bien une réaction aux excès opposés de John qu'un simple cas de vacuité absolue. On peut difficilement dire qu'il est cramé – *Band on the Run* était un album magistral, dans le genre insipide. Le plus grand moment de la Muzak, toutes périodes confondues. Bien entendu, il est à peu près aussi préoccupé par la notion de sujet que Hanna & Barbera[13], et par moments son côté petit malin mignon peut être incroyablement agaçant. S'il avait juste un peu plus de tripes, il pourrait presque faire Elton John.

Lennon, comme toujours, semble être l'antithèse vivante de Paul. Il fera *n'importe quoi*, recourra à n'importe quelle astuce minable, prendra n'importe quel train en marche, du moment qu'il peut avoir l'air d'un Artiste Important. Son mariage avec

Yoko Ono fut pour lui l'occasion d'une grimpette culturelle qui révélait un complexe d'infériorité aussi sévère que totalement inattendu. Bien sûr, John s'est beaucoup pochetroné en permanence, se donnant publiquement en spectacle avec un élan à ce point éhonté que Lou Reed va devoir se casser le cul ou perdre sa couronne ; grimpant, serviette hygiénique scotchée sur le front, sur les tables des boîtes de nuit en hurlant : « Je suis John Lennon ! Je suis John Lennon ! », perturbant les concerts de ses pairs d'une manière plus digne d'Iggy Pop, ou peut-être du fameux incident entre Lenny Bruce et Pearl Bailey[14] à Las Vegas.

On se doit quand même de ressentir une certaine affection, et même une curieuse admiration, pour John quand il se lance dans de telles escapades. En dépit du fait qu'elles se réduisent à une attitude qu'on pourrait résumer au mieux par Je Suis Pathétique Donc Je Suis Charismatique (la vie est Art, disent John et Yoko, si bien que désormais il est Fatty Arbuckle, ayant laissé sa bouteille de Coca dans le train de *A Hard Day's Night*), ce qui en soi est devenu banal en ces temps débiles et épuisés ; il y a dans toute cette imbécillité publique un curieux écho déformé du Vieil Esprit d'Espièglerie des Beatles.

Là encore, ses disques sont, bien entendu, une autre affaire. Paradoxalement, en dépit de ses efforts vacillants pour exprimer une signification sociale, à chaque album il se rapproche de Paul : travail de tâcheron aussi techniquement propre que spirituellement futile. Il chante les cicatrices de son visage sur le plancher des bars, mais sans aucune conviction, et son environnement instrumental est plus platement compétent à chaque fois. *Walls and Bridges* était une parodie de quatre sous de l'artiste torturé se tordant de douleur dans un sanatorium aseptisé qu'il a lui-même créé, et qu'il soit devenu n° 1 et ait engendré des hits était décourageant en ceci qu'il n'encouragera certainement pas son créateur à s'efforcer de sortir quoi que ce soit de transcendant à la manière de l'album de « Mother »/« Working Class Hero » qui, en dépit de tout son fâcheux infantilisme, de sa rancœur gratuite, avait une certaine majesté gauche et pitoyable à la fois.

George Harrison est digne d'une garderie de victimes de la contre-culture, un autre de ces enfants lessivés non pas (tant que ça) par la drogue, cette fois, mais par quelque chose de peut-être bien plus insidieux. Son attitude semble être : Je Suis Pathétique Mais Je Crois En Krishna, ce qui apparemment l'absout de toute position de pouvoir tout en lui permettant de prendre un air d'arrogance totalement sermonneuse envers son public, ce qui témoignerait d'un culot monumental si ça ne venait pas d'un tel ballot autoproclamé.

Ringo est indigne du mépris. Il était adorable autrefois parce qu'il était nul et transformait tout le truc en un jeu bon enfant. Maintenant il fourgue cette ringardise en un package tape-à-l'œil produit par Richard Perry, stratagème qui lui permet de décrocher des hits, mais tout le machin pue. C'est un peu comme si Peter Max créait des décors de plateaux pour le *Hee Haw*[15] d'Archie Campbell.

Les franges à balai ont donc fini par éponger le carrelage du supermarché, ce qui les sauve de la faillite et, aucun doute là-dessus, leur permet d'être sûrs qu'ils Comptent toujours à un certain niveau, mais ils n'émettent plus, et n'émettront plus jamais, la moindre lueur de cette magie dont ils rayonnaient avec une telle aisance apparente. Cette magie se vend comme des petits pains chez Woolworth, où la nostalgie des sixties est fourguée comme un bric-à-brac, en dépit du flop du *Sgt. Pepper* sur Broadway. Comme à son habitude, Elton John s'est montré sagace, avec une pochette qui évoquait « Lucy in the Sky with Diamonds ».

D'un autre côté, je ne cesse d'entendre des gens dire, avec un rien de perplexité, qu'ils peuvent toujours passer les premiers albums des Stones, mais que les vieux disques des Beatles (comme ceux de Dylan), et tout particulièrement *Sgt. Pepper*, se couvrent de poussière sur les rayonnages. Comme pour Dylan chantant Hattie Carroll, la célébration par les Beatles de l'explosion de l'Amour comme Mode de Vie se réduit aujourd'hui à un gimmick, tout comme les Pesantes Déclarations actuelles se révéleront à peu près aussi éphémères. Quelqu'un me disait l'autre soir que les gens écouteraient encore « Stairway to Heaven » du Zep dans cent ans, tout comme *Sgt. Pepper*. Il déconnait complètement, bien sûr, parce que « Stairway to Heaven » n'est pas pour l'éternité au sens où Duke Ellington, disons, pourrait l'être, et comme je viens de le dire il n'y a pas beaucoup de gens parmi nous à écouter *Sgt. Pepper*, même huit ans après qu'il a explosé dans le monde de la pop et, comme l'avait prophétisé Richard Goldstein[16], entrepris de pratiquement ruiner le rock au cours des quelques saisons qui suivirent, en rendant le tout-venant des artisans musicaux encore plus empoté et prétentieux – plus encore que la dope.

Le fond de toute esthétique pop a encore moins de chances de tenir que le dernier gouvernement américain. Le rock ne survivra pas forcément, en ce moment il semble errer à genoux sur la chaussée. Mais peut-être est-ce une bonne raison pour déterrer tous ces albums moisis des Beatles et voir ce que peut-être nous pouvons y trouver – sinon le mysticisme vigoureux qui sembla un moment notre règle de vie, du moins de quoi se donner du bon temps. Et ce faisant, peut-être pourrons-nous découvrir les racines des quatre styles de désintégration différents dont nous sommes actuellement les témoins.

J'ai une théorie, qui m'a valu de menus accrochages en diverses occasions, selon laquelle l'explosion initiale des Beatles était intimement liée à l'assassinat du Président Kennedy. En fait, je suis connu pour avoir dit que le meurtre de JFK était, historiquement, une *bonne* chose. Mort dans des circonstances hideuses, il se trouvait être un homme que ceux qui ne connaissent rien à la politique professionnelle considéraient comme le leader du « monde libre », c'était une tragédie nationale, etc. Mais à un autre niveau c'était bon, parce que ça a rendu possibles tout un tas de choses. Quand Kennedy était en fonction, nous vivions dans un monde de rêve national, la Nouvelle Frontière comme panacée, l'illusion de l'unité. En dessous de tout ça les choses étaient plus merdiques que jamais, mais à cette époque le patriotisme semblait viable même pour les franges avant-gardisto-dévianto-oppositionnelles de notre société. Cette idée fausse fut fracassée en même temps que le crâne du Président : le rêve avait pris fin, et il ne nous restait que la fragmentation, la désillusion (« Je ne crois pas à Jésus, Je ne crois pas à Elvis », etc.), le cynisme et des factions hostiles.

Tout cela était fort bien. Les gens commencèrent à regarder en eux-mêmes, et non plus vers un Président pop star, en quête de leur propre définition de l'Amérique. De cette introspection forcée surgirent la Nouvelle Gauche, l'acide, tous ces modes de vie alternatifs qui aujourd'hui sont bien entendu devenus aussi oppressants que les illusions de l'ère Kennedy. En ce sens, il fut donc sain pour le corps politique que nous perdions ce dirigeant mythologisé ; cela nous obligea à réfléchir à tout un ensemble d'options nouvelles.

Cela nous laissait également face à un vide dévorant qui nous contraignit à trouver des leaders d'un genre nouveau, de quelque genre que ce soit, et vite. C'est ainsi que les Beatles explosèrent à travers toute l'Amérique à partir du Ed Sullivan Show et de plusieurs maisons de disques, quelques semaines à peine après le coup de feu fatidique. Ils constituaient un remède parfait : un soupir de soulagement devant leur charme effronté, une frénésie bienvenue qui ferait oublier le chagrin sous un raz de marée de Fun pour le Fun, ce qui en définitive devait se traduire par une dialectique hédoniste toute neuve.

Je me souviens aussi nettement, je suppose, que tout le monde en Occident, de la première fois où j'ai entendu les Beatles. Rentrant du lycée, je m'étais arrêté chez le disquaire du coin pour jeter un coup d'œil aux nouveautés jazz, et ils étaient là, « I Wanna Hold Your Hand » passait et submergeait la boutique sous les ondes tièdes de quelque chose de puissamment attirant bien que pas tout à fait compris, pas encore. À l'époque je n'étais pas un grand fan de rock, mais il y avait dans ce titre un vacarme étonnant, indubitable, qui le distinguait de ce qui était sorti avant, en dépit de sa forme apparemment rudimentaire. C'était ce hurlement aigu et bourdonnant avec lequel ils vous frappaient sur « Iwannaholdyour-*haaaaaaaaaaaaand* » et « I get *hiigh* », quelque chose de lié à des concepts et des idiomes plus vastes que tout rock antérieur, presque comme un cri de muezzin, j'ai été très impressionné et j'ai pensé : « Les Beatles sont dans le ciel. » C'était de là que ce cri, sur la dernière syllabe superbement résonnante de chaque vers, semblait provenir.

Célestes et très « gamins d'à côté » en un seul package insolent et impudent – bon dieu, pas étonnant qu'on les ait accueillis avec tant d'avidité. Mieux encore, ils étaient quatre, comblant le vide politique avec une nouvelle sorte de démocratie jeune (et tout aussi illusoire) qui donnait à la formule « groupe de rock » un sens entièrement nouveau, et inspira une génération entière, bla bla bla. Mais l'important, bien que chacun ait eu ses partisans fanatiques, c'est qu'ils étaient toujours moins John, Paul, George et Ringo que les Beatles, et *ça*, ça représentait quelque chose à quoi ils n'ont jamais pu parvenir une fois séparés, ou même isolément au sein du groupe. Chercher dans ces premiers disques les racines de leur dégénérescence actuelle est sans doute vain, en dépit de parallèles et de contradictions bizarres : George, tout peace and love cosmique, n'écrivait pratiquement (du moins pour le groupe) que des rebuffades amères comme « Don't Bother Me » ou « Think for Yourself », John pouvait être aussi haineux qu'aujourd'hui (de « You Can't Do That » à « How Do You Sleep », il n'y a pas grande distance), et Paul a toujours été un maître caché de l'éternelle mélasse (« Michelle »).

Mais ce qui émerge avant tout de la carrière des Beatles, c'est la montée et la chute du concept de groupe, qui dans le rock a commencé à céder la place à l'artiste solo à peu près au moment où ils sortaient l'album blanc, qu'on a souvent critiqué comme collection de chansons dues à quatre individus séparés, au lieu d'être une formulation unifiée. C'est pas pour avoir l'air trop prétentieux, mais le déclin des Beatles est aussi parallèle à celui de la foi en elle-même de la culture jeune en tant que groupe homogène, et pour en avoir la preuve il suffit de considérer la ringardise même d'une formule comme « culture jeune », quand on la rencontre sur une page. Y a plus de foutue culture, les Noirs eux-mêmes ont commencé à imiter les Blancs qui imitaient les

Noirs, et les ex-Beatles, comme la plupart de leurs pairs et contemporains, ont finalement décidé de s'imiter eux-mêmes.

Écouter leurs premiers albums, ou n'importe lequel jusqu'à l'album blanc, c'est écouter une entreprise collective, et bien entendu la banalité des premières chansons devient doublement ironique quand on considère que « l'amour » au sens de « I Wanna Hold Your Hand » est devenu L'AMOUR au sens de perles et fleurs qu'on vous tend au coin des rues, et tout ce dont vous avez besoin c'est d'un petit sursis cristallin au chagrin, tout ce foutoir vous rendant cinglé tandis que John Lennon glapit : « Gimme Some Truth », et que Paul répond de la banlieue par « Another Day », qui est sans doute ce qu'il a fait de plus proche en solo d'une chanson d'actualité. Flagellations impuissantes contre célébration du quelconque.

Peut-être est-ce pourquoi ces vieux albums des Beatles sont si irritants aujourd'hui, à tel point qu'en ce moment même, alors que j'écoutais *Rubber Soul* en écrivant cet article, je l'ai enlevé pour taper en silence, et mon pote travaillant à côté a convenu que ce qui autrefois était extase, ruée juvénile d'un cœur battant pour la première fois, était devenu, par un curieux processus, simplement agaçant. Les Beatles aujourd'hui sont hors du temps, hors du lieu, hors du coup par rapport à une réalité présente qui n'est pas particulièrement sinistre (du moins vue du présent fauteuil), mais qui n'est pas non plus exactement réductible à certains types d'artefacts.

Mais le véritable artefact, bien sûr, n'est pas le disque. C'est l'humeur. C'est l'innocence, c'est le sentiment d'intimité et de communauté inconscient qui s'est autodétruit dès l'instant où il a pris conscience de lui-même, c'est-à-dire le jour où, ouvrant la pochette de *Sgt. Pepper*, nous avons découvert ces quatre visages moustachus et souriants, qui nous assuraient, avec une bienveillance quelque peu condescendante, que tout allait bien. Il y avait bien sûr une sorte de suffisance dans tout ça, qui a conduit à des artefacts aussi réussis que Charles Manson et John Denver. Je n'ai pas particulièrement envie de lire le *Helter Skelter* de Bugliosi[17] non plus, non parce que j'en ai marre du *gore* et du scandale – les films s'en sont chargés –, mais *parce que c'est le passé, c'est fastidieux, c'est même ringard, j'ai vécu ça et je n'en ai plus rien à cirer.*

Ce qui au départ rendait les Beatles si excitants, et les a soutenus pendant si longtemps, c'est qu'ils paraissaient se comporter avec un sens bon enfant du style, qui était (ou semblait être) presque entièrement inconscient. Ils n'avaient pas l'air de se rendre compte qu'ils étaient en plein processus d'institutionnalisation, et c'était reposant. Le temps qu'ils le comprennent, la partie était terminée. En ce sens, *Rubber Soul* (dans le packaging) et *Revolver* (dans le contenu aussi) étaient des albums de transition. Ils ont éclairci et élargi leurs horizons grâce aux divers outils dont ils disposaient à l'époque, comme tout le monde, jusqu'au dernier fantassin à longues mèches et marginal jusqu'aux yeux du régiment Oh Waouh, et il en résulta qu'ils virent leur responsabilité d'avatars culturels dans ce qui commença comme un vide virtuel (bien qu'agréable et net), ce qui bien entendu les détruisit. Et peut-être nous avec, indirectement.

Mais c'est bien. Parce que si je ne veux pas céder aux théories si populaires et si faciles ces temps-ci, du genre cycle de dix ans Frank Sinatra-Elvis Presley-Les Beatles-à qui le tour c'est le moment, je pense réellement que, comme l'assassinat de Kennedy, le dépérissement des Beatles a eu ses effets positifs. Les amateurs d'acide peuvent (pouvaient ?) être insupportables par leurs arrogantes prétentions à l'omniscience, mais s'il y a une bonne chose à dire de la génération *downers*, c'est que personne ne peut les dire prétentieux. Le charme et ses liens sont rompus.

La mort des Beatles en tant que symbole ou signification de tout ce qu'on veut, ne peut qu'être bonne, parce que, comme la Nouvelle Frontière, leur nirvana LOVE était, pour commencer, une illusion de masse, stimulante mais ridicule, éphémère et, en définitive, impraticable. S'ils représentaient vraiment quelque chose, en dehors du groupe de rock en tant qu'unité communautaire, suggérant la possibilité d'un pouvoir jeune de masse qui se révéla vite un concept totalement idiot, j'aimerais savoir ce que j'ai manqué en ne manquant pas les Beatles. D'un autre côté, comme les bonnets Davy Crockett, les costumes zazou, les marathons de danse et l'alcool de contrebande, ils pourraient bien avoir représenté une époque, au point de s'en distinguer, étant en fait totalement séparés d'elle, flottant, légers comme des pissenlits, pour reposer enfin sur le manteau de cheminée où, voisinant avec le portrait en tenue militaire d'un oncle décédé, ils peuvent être époussetés à intervalles réguliers, selon les besoins des livres de compte de EMI-Capitol et de notre propre incapacité à faire face au présent.

The Real Paper, 23 avril 1975
Repris dans *Creem*, juin 1975

Fête sanglante du kilowatt rougeoyant ! Emerson, Lake & Palmer sans isolation !

Emerson, Lake & Palmer doit forcément être le plus grand groupe du monde. Ce n'est pas seulement parce que leurs albums font sensation dans les charts. Ce qui fait vraiment d'ELP un dinosaure de poids, c'est l'énormité du bruit qu'ils émettent. Avec ELP nous sommes projetés dans l'âge nouveau du Rock Totalement Technologique. C'est là une musique de robot mixée par des modules humains qui méritent la médaille pour avoir réussi à garder le contrôle des gadgets.

Je suis venu, j'ai vu, je me suis noyu. Pas d'autre choix. Les arènes sont d'une immensité arctique, mais ELP a su relever le défi et sortir de là comme autant d'énormes moucherons. Trois limos, trois loges. Trois ego qui explosent, aussi fort qu'un cyclotron avide, et aussi luisants que le godemiché de Gorgone. Backstage, les caisses d'équipement encombrent les couloirs comme des rochers bien alignés. Il faut cinq heures aux roadies pour tout monter, cinq heures de plus pour tout défaire.

La vue de l'arsenal entassé d'ELP glacerait les follicules d'Herbert George Wells. Les synthétiseurs, voyez-vous, mieux vaut ne pas s'y frotter : celui de Keith Emerson, « le sorcier des claviers », est non seulement équipé de l'indispensable ordinateur, mais aussi d'un poste télé. Carl Palmer possède la première batterie synthétisée, qu'il a conçue (natürlich) lui-même, avec p'têt' un peu d'aide de l'ami personnel de Keith, Rob Moog (inventeur de l'instrument du même nom). Ce martial ensemble de percussions comprend également une cloche de la Liberté et deux gongs de la taille de la table ronde arthurienne, sur lesquels un dragon chinois phosphorescent gambade d'un air lubrique. Pour ce qui est de Greg Lake, il se borne essentiellement à passer de la guitare à la basse, mais il a derrière lui assez d'amplification pour catapulter le Pentagone jusqu'en Patagonie.

S'il y a bel et bien une crise de l'énergie, ces types sont des criminels de guerre.

Même eux ne savent pas combien de cette merde ils trimballent avec eux. J'ai tenté d'extorquer les détails techniques à un de leurs roadies, mais il a marmonné de façon si obscure que quand j'ai voulu transcrire la bande, tout ce que j'ai pu extraire de la gadoue, c'était : « 28 000... ampères... voltage... watts... mille de plus... et en plus... urrrhhhh... » La vie dans les grottes cybernétiques. Ailleurs, je glane des informations sur plus de 200 pièces d'équipement différentes, valant plus de cent mille dollars. Y compris, bien sûr, un Moog flambant neuf, qui n'est jamais que l'un des treize claviers que Keith emporte sur la route. Après tout, on ne le surnomme pas « Les Doigts » pour rien.

On comprend sans peine notre impatience à l'idée de rencontrer quelqu'un qui peut débiter tout ça à la chaîne, et sans arrêt. Les vieilles histoires selon lesquelles Keith Emerson avait bel et bien poignardé son pauvre piano avec un couteau suffisaient à vous donner envie de serrer la main d'un aussi impudent petit démon. Ce soir-là, il n'agita aucune dague, mais fit plus que compenser en sautant dans le public tout en brandissant ce qui semblait être un Theremin[18], manquant décapiter plusieurs de ses petits camarades et un garde du corps sous un déluge de super geignements perçants ! Escaladant de nouveau la scène, il a couronné le tout en se torchant le cul avec ! WHAOOOW !

Vous pouvez donc imaginer notre tragique déception quand, retournant vers la loge, nous avons appris que Keith refusait de nous parler, ce qui semble-t-il était lié à un compte rendu par *Creem* d'un produit ELP, et que Keith avait apparemment mal encaissé.

« Ouais, il l'a très mal pris, man », a soupiré The Big M., un berger d'ELP. « Pas de photos, rien, il ne veut pas. » Petite note historique : la critique en question était celle, par Alan Niester, de *Pictures at an Exhibition*, qui a peut-être offensé Keith parce qu'elle comparait l'achat de ses albums à la collection de cartes de chewing-gum : « Ainsi, étant dans un trip Emerson depuis si longtemps, croyez-moi, quand on a entendu un de ses albums, on les tous entendus… [*Mais celui-là*] le montre sous son meilleur jour. Pour ce qui est des autres, Lake et Palmer, oubliez-les, ils n'ont pas plus d'importance que Davison et Jackson autrefois dans les Nice. Tout ce dont Emerson a vraiment besoin, c'est d'Emerson. »

Ce qui montre très certainement où en est la tête du marteleur de piano : ce compte rendu était non seulement favorable, mais il allait jusqu'à dépeindre ledit claviériste comme un génie encore plus grandiose qu'il ne doit le penser lui-même, bazardant L & P sur le bas-côté. Il y a des gens qui ne savent pas accepter l'adoration avec élégance, mais c'est sans importance, car L & P sont de si bons garçons qu'ils n'ont tenu aucun compte des insultes et ont, non seulement consenti à se laisser interviewer, mais également témoigné d'une cordialité à fond les potards. Il est agréable de penser que, *quelque part*, il y a de la classe dans ce groupe.

Carl Palmer est un gonze rayonnant dans son pull anthracite chiné et son couvre-fesses assorti. Amical, attentif, il m'a regardé bien en face et a souri naïvement tout au long de l'interview. Il est super et franc du collier, comme Greg Lake qui, avec ses hanches enveloppées et sa coupe à la Jeanne d'Arc, ressemble à un DJ de ma connaissance.

Toutefois, je suis payé pour être sceptique ; grattant les croûtes de leurs motivations *réelles*, je me suis demandé ô-combien-négligemment s'ils considéraient leur arnaque au rêve plus comme une forme artistique que comme (a) un business ou (b) un spectacle. Bon dieu, Alvin Lee et Deep Purple ont bien reconnu devant moi, en des occasions différentes, qu'ils n'étaient là-dedans que pour le blé.

« Je crois que c'est avant tout un spectacle », a dit Greg Lake, en me flinguant plus ingénument que jamais je ne l'avais été. « Ce n'est pas de l'art au sens où on peint un tableau. » Oh.

« Nous sommes très conscients de jouer aussi près que possible de la manière dont ces pièces ont été écrites, et dont l'album a été fait. C'est ce que les gens viennent écouter. »

Au cul le bon peuple, dis-je. Beethoven donnait-il deux pets d'aisselle pour lui ? N'êtes-vous pas censés être des étudiants-héritiers de la Tradition Classique, quoi qu'on puisse entendre par là ? Les *name-droppers* de la cour me disent que Keith, quand il était petit, a pris des leçons de musique pendant dix ans, ce qui pourrait bien expliquer qu'il ait renoncé à une carrière de caissier de banque. Qui plus est, Niester avait raison : les Nice étaient, à 80 pour cent, simple accessoire pour les virtuosismes emersoniens sur un fond classique en béton. Mais ils ne sont jamais devenus, comme ELP, une sensation populaire, et c'est peut-être pourquoi, en 1970, Keith a viré les deux autres, puis choisi Greg de King Crimson, et Carl (argh, urgh) d'Atomic Rooster, afin que ce triumvirat ostensiblement super-groupesque puisse préparer son ascension.

Carl reprend l'histoire : « Quand nous nous sommes réunis, nous cherchions, musicalement parlant, quelque chose qu'à l'époque nous jugions différent, et sur quoi Keith était branché – la musique classique. Le premier morceau que nous ayons joué ensemble, c'était les "Tableaux d'une exposition". Et si nous avons travaillé ça, c'est que nous pouvions ainsi être sur le même plan musical, et voir comment nous nous mettions en place en tant que groupe. »

Et pourquoi pas « Pressed Rat & Warthog[19] » ?

« Il aurait été absurde de reprendre un titre rock d'un autre groupe pour apprendre, alors nous avons choisi une œuvre entière, et nous avons appris des trucs sur les instruments et la manière dont on s'en sert dans les orchestres pour faire différentes choses. Le grand truc, c'était que le groupe sonne comme un petit orchestre classique. »

Mais bon sang, pourquoi ? Tout le monde sait que la fusion rock-classique (pour ne pas parler du jazz-rock) ne fonctionne pas. Ce qui a vraiment ouvert la voie à ELP, c'est peut-être *2001*, ce film pour étudiant fumeur de pétards : non seulement il avait pour vedette un ordinateur qui pouvait en remontrer à celui de Keith E. en une microseconde, mais Kubrick avait subtilement veillé à ce que la bande-son soit chargée de tous les vieux tubes classiques imaginables. « Also Sprach Zarathustra », en effet, et Keith Emerson retint la leçon, comme s'il était Joseph Smith[20] pelletant les tablettes sacrées. Le temps que Kubrick passe à *Orange mécanique*, installant ainsi Beethoven dans la cabine de projection flapie du prochain engouement de l'androvoyou à la mode, l'avilissement insidieux de tout ce qui était pur caniveau dans le rock s'était accompli. C'est pire que de l'éclectisme, c'est de l'entropie eugénique voulue, et Emerson et ses cohortes sont plus que des compagnons de route.

Quand les gens sont bien disposés envers la fusion rock-classique, ils considèrent généralement que c'est un moyen de « revaloriser » le rock. Tandis que, dis-je, j'ai le sentiment qu'ELP recherche précisément le contraire. Et je les en admire follement pour ça ! Qu'est-ce qui pourrait être plus drôle que de monter et de descendre l'échine de Moussorgski pendant près de 45 minutes ?

Oui mais non. Monsieur Lake : « Être sérieux ne veut pas forcément dire être sinistre. Nous ne sommes pas assis là à tirer la tronche, mais nous sommes sérieux envers l'œuvre que nous jouons. Et tu tireras sans doute des vibrations plus conventionnelles d'un groupe comme nous que, disons, des Who. »

Vous n'êtes pas très coopératifs, les gars. Qu'est-ce que cette *orthodoxie* en béton ?

« Nous avons tenté de jouer des choses telles que les "Tableaux" comme nous jouons notre musique, plus vif et plus dynamique qu'elles n'avaient été conçues : Moussorgski ne disposait pas d'instruments électroniques. »

C'est mieux, mais ça n'est pas franchement là-dessus qu'on bâtit les légendes. Je suis heureux que vous ayez les gonades d'affirmer que vous *améliorez* le vieux blaireau mort, et pourtant vous en parlez avec une telle *révérence* niaiseuse. Ne voyez-vous pas que le point de vue standard, toujours en vigueur parmi les vrais fans de classique mentholé, est que la seule chose qui détruise totalement la subtilité et la signification de n'importe quel morceau classique, c'est précisément une bruyante amplification ?

Greg : « C'est souvent vrai. Ça dépend, bien entendu, de la manière dont on l'adapte. J'ai aussi entendu des orchestres minables. Telle est ma réponse à ça. »

Oui, mais vous faites tout ça comme vous l'entendez, sur votre terrain. Avec un public plein de bouffeurs enragés de Quaaludes, ou pire encore. Il doit falloir faire des compromis.

Lake s'empare du crachoir : « Ça dépend de tes critères de jugement. Si les gens aiment notre version de "Tableaux d'une exposition", c'est aussi bien que s'ils l'aimaient par Moussorgski. En fait, beaucoup ont ainsi l'occasion de l'entendre, ce qui ne leur serait jamais arrivé autrement. Alors, pour un petit compromis, on ouvre aussi la porte à beaucoup de monde. » De toute mon hétéroclite carrière, je n'ai jamais vu quelqu'un passer aussi ingénument, s'agissant des normes établies, de la franche insulte à une admiration incongrue.

Mais vous devez sans doute vous être fait canarder par les puristes. Enfin, pour « manque de respect » envers les classiques. Vous voyez ce que je veux dire.

De nouveau Palmer découpe le citron : « Pas vraiment. J'ai joué l'œuvre à un professeur du Guild Hall de Londres. Il m'a dit qu'il admirait ça de la part de trois personnes, ayant à s'occuper de l'électronique et tout ça. Nous avons vu ça se produire en d'autres occasions. Il y a un morceau intitulé "Toccata", d'Alberto Ginastera, un compositeur brésilien, et c'est le plus grand hommage qu'on nous ait jamais rendu. Nous l'avons enregistré, et nous avons emporté la bande au Brésil pour lui demander d'écouter ce que nous avions fait de sa musique avant de la sortir, parce qu'il nous fallait son accord. Et il a dit : "C'est exactement comme ça que ça devait sonner au départ." »

Tout cela devient plus répugnant de seconde en seconde. Bon, on vous caresse la tête, et alors ? Comment, au nom de tout ce qui est crade, pouvez-vous me dire que, tout en poignardant vos pianos et en vous torchant le cul avec des Theremins, vous pouvez en même temps accomplir la grande mission sainte nitouche d'apporter la Bonne Musique à la populace ?

Le snob le plus insupportable, témoignant de la condescendance la plus haïssable, c'est celui qui n'en est pas conscient, le naze innocent. « Nous espérons encourager les mômes à écouter de la musique de qualité. » Carl – à supposer que ça ait de l'importance, arrivé là. Ces gars-là sont les victimes d'un viol collectif perpétré par leurs propres instruments. « Nous ne venons pas les éduquer, mais les distraire, et s'ils y sont prêts, ils aiment ça. »

Beaucoup de musiciens, dis-je (pensant les noyer sous l'ironie), ont une attitude condescendante. Zappa, par exemple.

« Comme la majorité des groupes, dit Carl, parce que, de toute façon, quand on joue quelque chose à quoi on croit, on essaie de faire en sorte que tout le monde y croie. Les musiciens américains semblent avoir ce genre d'attitude. Tous les jazzmen que j'ai rencontrés ici étaient arrogants, ils avaient un peu la grosse tête. C'est la nature de votre pays qui vous rend comme ça. Je ne crois pas que les jazzmen de chez vous présentent leur musique différemment depuis trente ans. Ils veulent toujours jouer dans des clubs, mais aussi toucher les masses, vendre leurs albums. Quand on va au Village Vanguard, à New York, on y voit jouer quelqu'un comme Charlie Mingus. Sur scène, il a un son absolument diabolique, il essaie d'amplifier sa basse en la branchant sur un haut-parleur de 30 centimètres ! Et ensuite ils s'attendent à ce que de nouveaux venus arrivent et disent : "Ouais, ce mec est super !" Vous allez voir un jazzman et vous êtes déçu, ça n'est pas ça. Tous les instruments sont acoustiques, ils n'ont pas un bon son, ce n'est pas un bon club… »

J'en suis resté pantois, mais j'ai réussi à marmonner quelque chose comme quoi ces clubs sont les endroits où les jazzmen américains les plus bagarreurs, manquant de l'argent, ou du goût pour les gimmicks, nécessaires pour diffuser leur musique à travers dix mille amplis monstrueux, sont contraints de jouer…

« Non, ils n'ont pas à jouer là, ce sont des endroits qu'ils ont choisis… »

… en raison des conditions raciales, sociales et esthétiques prévalant dans ce pays où, tout naturellement, le délayé et le

« comestible » artificiel inondent le marché mieux que l'absence de compromis...

« Les gens comme Buddy Rich arrivent à jouer dans des lieux plus grands. Je suis sûr que si j'étais jazzman, jamais je ne me laisserais limiter comme ça. »

Je suis sûr que si tu étais « jazzman », tu serais blanc – et peu importe combien d'ados glapissants tu pourrais rameuter, tu devrais encore apprendre à improviser à un niveau ou à un autre, au-delà des gammes et des progressions rock ressassées, et des plans hollywoodiens tirés des sources classiques les plus évidentes, c'est-à-dire que tu devrais, d'une manière ou d'une autre, progresser en tant que musicien au-delà de la Lourdeur à laquelle tu parviens dans ta présente incarnation.

Keith Emerson n'a jamais joué un solo intéressant de toute sa vie. Bon dieu, autant le reconnaître, ce ne sont même pas des solos, mais un type qui galope sur le clavier, un peu comme Liberace tentant de jouer Mozart après une overdose au Dexamyl. Pour faire une distinction fondamentale, des doigts experts pourraient tout aussi bien être des phoques savants, s'il n'y a pas derrière un esprit plein de souplesse.

Mais finalement, c'est à côté de la plaque. Parce que cette saga de succès est sans rapport aucun avec la réalité. Rien de tout cela n'a rien à voir avec la musique, et encore moins aujourd'hui qu'avant, tandis qu'on passe, avec une subtile fermeté, du « show » au « spectacle ».

Et de toute façon, qui ça intéresse ? C'est ce que j'ai demandé à Lake et Palmer, faisant référence à leur plateau scénique incroyablement élaboré, plus encore qu'aux pitreries qui vont avec, et qui en fait sont passablement discrètes, Emerson excepté. Pensez-vous, me suis-je demandé, que vous soyez plus théâtraux aujourd'hui, et si oui, pourquoi ?

Palmer : « Non, pas vraiment. Ça peut te paraître très élaboré, mais pour moi c'est très basique, c'est ce dont j'ai besoin pour jouer comme je joue. Ma batterie n'est pas simplement un équipement, elle a été réglée médicalement pour que mon corps puisse fonctionner correctement derrière, et c'est tout au plus quelque chose que je dois prendre en considération. »

Ah, tu veux dire un peu comme une éclisse. C'est cool. Ainsi donc, parlant depuis le siège du conducteur, où traces-tu la ligne entre musique et pur effet ?

« Il n'y a qu'un seul de nos effets impliquant l'électronique. C'est avec le synthé de Keith, et l'ordinateur à la fin du spectacle. Et il est créé par les synthés, mais on a écrit de la musique autour, ou plutôt la musique a été écrite et on y a ajouté l'effet, parce que ça donne un résultat visuel aussi bien qu'auditif. »

D'accord, votre grandeur est établie – mais n'y a-t-il pas un point à partir duquel vous faites tout ça uniquement pour provoquer une réaction de la foule ?

« Non, dit Carl. Je le fais parce que j'aime être au premier plan. Dans tout ce que je fais. Sur scène, j'ai une batterie gravée à mon nom, j'ai les premières percussions synthétiques. Je ne fais pas de trucs pour la réaction que ça provoque, mais parce que j'aime être le premier, que j'y croie à 100 pour cent ou pas. Et si je ne le fais pas, quelqu'un d'autre le fera. »

Ouais. Mais as-tu jamais remarqué que tu atteignais un point au-delà duquel tout ce que le spectacle pouvait avoir de contenu émotionnel est submergé et balayé par la technologie ?

Greg Lake : « Bonne question. Non… non. Parce que nous choisissons les endroits où exprimer les émotions, et ceux où exprimer la technique, en espérant que les unes n'interfèrent pas avec l'autre. »

Mais n'as-tu pas un sentiment de stérilité ?

Carl : « Non, jamais. Nous nous sommes arrêtés un moment pour revenir avec un nouveau show. Avant ça, nous avions fait quatre tournées, et nous avions besoin de repenser ce que nous voulions faire. Nous voulions également avoir notre propre label [*Manticore*], faire en sorte que les choses soient plus professionnelles. Tout ça prend du temps. Nous ne sommes pas vraiment partisans de débarquer, de saturer le marché et de piquer le pognon. »

Si l'on ignore un instant le fait que ces remarques ne répondent pas à la question posée, vous avez peut-être remarqué que ces gars-là se montrent d'autant plus pertinents qu'ils s'expriment en hommes d'affaires. Il n'y a là absolument rien de l'« artiste » désespérément égocentrique. Leur baratin en ce domaine m'a irrésistiblement rappelé Dick Clark. Qui donc prétendra que ce groupe est stérile, qu'il ne prépare pas l'avenir en permanence ? Faute de qualité, pourquoi ne pas rechercher la quantité, d'une ampleur titanesque, pourquoi ne pas être pompeux si vous savez le faire ? La NASA a-t-elle une âme ? Lui en faut-il une ? Ne l'admirez-vous pas, précisément, pour son inhumanité lunaire, insensible et glacée ? Et puisque la seule chose qui compte vraiment, c'est le matériel, comme ces gars le reconnaîtront presque, pourquoi s'encombrer de personnalités dans toute cette histoire ? Pourquoi ne pas publier simplement une liste détaillée du contenu de leur arsenal, accompagnée de diagrammes et de graphiques ? Alors, bien sûr, je leur ai demandé : combien d'équipement vos coolies portent-ils sur leurs têtes dans tout le pays ? Combien d'amplis ? Je n'ai même pas réussi à les compter.

« Ça dépasse également ma compréhension, a reconnu Greg. Je ne sais pas combien ça fait en tout. »

Oh, bon, ça n'a pas d'importance. Il est si bon de voir que vous donnez le maximum : tant de groupes de rock font rien qu'à fainéanter. J'éprouve une véritable affection pour vous, les gars. Et bien entendu je veux que vous sachiez à quel point nous tous ici apprécions la manière dont, sans vous laisser abattre, vous avez galéré sous tant de pression pour créer des chefs-d'œuvre aussi impérissables que « Benny the Bouncer ». Mais ne vous inquiétez pas, lecteurs : ils seront de retour avant même que nous nous en soyons rendu compte, avec un nouvel album éblouissant et une tournée à guichets fermés assortie. Du moins s'ils ne pètent pas un circuit ou ne bavent pas dans l'une de leurs prises multiples.

Creem, mars 1974

Allez chérie, guinchons toute la nuit avec Wet Willie

1

« Wet Willie », dont ce tas d'efflanqués a tiré son nom, est un régionalisme de l'Alabama : on se suce un doigt puis on le fourre dans l'oreille de quelqu'un. Ça veut dire aussi toutes les cochonneries auxquelles vous êtes en train de penser.

2

La première fois que j'ai vu Wet Willie, j'ai été excité comme une puce. Vous le seriez aussi si vous étiez à Macon, Géorgie, un vendredi soir, à vous éclater au Grant's Lounge, le bar le plus dément de ce côté-ci de la frontière. Jambons à l'os et graisse fendent l'air comme si vos lobes coulaient profondément dans la moelle du Gulf Stream, et le Hatfield Clan (THC) termine son set ; avec leur allure moitié athlète moitié travelo rouge à lèvres, ils ont l'air d'anciens sidemen de Captain Beefheart, et ils sonnent comme un sacré bon groupe de bar. Tous les joueurs de biniou noirs de la ville viennent juste d'avoir leur tour dans la grande bataille de ténors, et voilà que la scène, encore hébétée, est envahie par une bande de mômes sudistes sautillant partout qui ne jouent pas des trucs de pédés mais ont l'air de swinguer comme ils veulent. Au premier rang un gamin aux os sans graisse, un blanc-bec têtu qui ressemble suffisamment à Jagger pour ne pas avoir à en rajouter, comme Aerosmith ; c'est un véritable fils de la terre en cuir brut d'allure fanfaronne, et il se met à cracher le jeu d'harmonica le plus brûlant, le plus féroce, le plus percutant et le plus pertinent qu'on ait entendu depuis les débuts de Paul Butterfield, tandis que derrière lui le reste du groupe déménage tout du long comme dix Rastamaniaques. Il met en train tout le fichu club avec quelques minutes d'excursion, d'une économie précise, sur son Hohner, puis rejette la tête en arrière et se met à hurler :

You're just hangin' out
At the local bar
And you're wonderin'
Who in the hell *you are!*
Are you a bum, or
Are you a star?
Keep on smilin' through the rain...

Et vous feriez mieux de croire que ça m'a foutu les foies.

Le lendemain, moi et le reste des flibustiers de passage montons dans la grande limousine de papa Phil Walden[21], avec scotch et télé à l'arrière, et nous dirigeons vers Statesboro, qu'évoque le célèbre « Statesboro Blues » de Blind Mason Williams (repris également par Loggins et Messina), pour voir une fois de plus les Willies onduler en public. Je suis vite venu à bout du scotch, j'ai éteint la télé quand ils ont passé la 14e rediffusion d'Andy Griffith de la journée, et j'ai distrait tout le monde avec mes bandes de Lou Reed jusqu'à ce qu'ils exigent poliment et formellement que j'arrête ce machin pédoque, faute de quoi je me retrouverais le cul dans un caniveau géorgien.

J'ai fait un concours de descente avec les Wet dans le vestiaire du gymnase où ils jouent : Jack Hall, frère du ci-dessus mentionné Jimmy le braillard, et bassiste le plus funky de ce côté-ci des Famous Flames, s'avance vers moi d'un air important avec une bouteille de Jack Daniel's et place le doigt deux centimètres et demi en dessous de la ligne de flottaison : « Lester, tu peux boire jusque-là ? » Oh que oui, mec ; je me suis emparé du breuvage, l'ai sifflé tout entier, et lui ai remis la bouteille dans la mimine sans même ciller. Ils ont tous poussé des cris d'admiration. J'étais dans le Sud, et les choses se présentaient bien.

L'instant d'après, tout en pissant, voilà que j'ai une idée, et je leur demande si je peux les présenter quand ils monteront sur scène. Ils acceptent, alors je cours et j'assaille la populace d'invectives aimantes : « Mesdames et messieurs garçons et filles ! B-b-b-bro-thers-and-s-s-sisters ! Streakers et Ralph Meekers ! Je vais vous montrer quelque chose comme vous n'en avez jamais vu ! Ça va vous faire exploser la tête directement jusqu'à la porte ! Ça va vous mettre à genoux sur le plancher, et vous pleurerez pour en avoir davantage ! Alors dites moi... êtes-vous prêts pour le train de nuit, celui qui vous rendra fous, à travers la cervelle ? Prêt prêt prêt prêêêêêêêêêt ! Et c'est parti ! J'ai les yeux grands ouverts ! Et voilà le Wet Willie Band, des artistes Capricorn Records ! »

Et ils sont venus et ont remis ça, dévastant la taule. C'est là que j'ai remarqué pour la première fois comment Jimmy Hall prend aussitôt le contrôle de la scène, qu'il arpente d'un bout à l'autre comme un poisson-chat en chaleur. J'ai également remarqué, encore plus clairement, ce que j'avais d'abord aperçu dans la loge : sa sœur Donna Hall, qui chante les chœurs avec Ella Avery au sein des Williettes, est le plus chouette petit lot que j'aie vu de ma longue existence. Une peau aussi succulente et fraîche que les pêches sudistes orne l'espace juste au-dessus de son mignon petit nombril, elle a de grands yeux bruns dans lesquels on pourrait se noyer, et une bouche parfaite qui fait constamment la moue, comme si elle avait le pouvoir de sucer une nectarine par télécommande. Ceci par souci d'euphémisme, afin qu'elle ne me prenne pas pour un grossier personnage comme ces Sudistes hirsutes. Malheureusement, je n'ai jamais palpé sa tendre chair parce que quand je l'ai revue elle était en compagnie d'une certaine pop star internationalement connue et pleine de muscles.

3

C'était la fois la plus récente, d'ailleurs (mais pas la dernière) que je voyais Wet Willie, chez moi à Détroit. Ils étaient venus pour une tournée avec Grand Funk, mais ils avaient dû annuler le jeudi parce que Mel Schacher s'était foulé un écrou de tendon. Alors on les a emmenés à la maison et ils se sont mis aussitôt à fouiller dans ma pile de magazines de cul. « Merde, a dit Jack, j'espère bien tirer mon coup pendant que j'serai là ! » « Et moi aussi ! a gazouillé Jimmy. Y en a marre de s'branler tout le temps ! »

« Vous inquiétez pas, les gars, me suis-je exclamé. Je rassemblerai quelques talents locaux de premier choix quand vous reviendrez pour le concert de lundi. »

C'est ainsi que, simultanément, j'entame une nouvelle carrière de maquereau (ce qui est vraiment un étage au-dessus de la critique rock), et découvre que, comme je l'avais soupçonné suite à de récentes observations d'agrégats similaires en pleine tournée, la sauvage bestialité si vantée des rockers célèbres est, en grande partie, un mythe. Attention, je ne suis pas en train de dire que les Willies sont pédés ou mous de la muqueuse ou quoi que ce soit, c'est des braves péquenots toujours prêts à faire la fête, mais ils sont simplement un peu *timides*. Le jour du concert, j'ai donc appelé la groupie numéro-un-et-de-loin de Détroit, et j'ai coassé : « Écoute, chérie, il va vraiment y avoir un peu d'action rock en ville ce soir, alors amène tes copines à Cobo Hall et faites en sorte que les gars se sentent chez eux ! » « Et qui c'est ? » « Wet Willie. » « J'espère bien ! Je ne connais que trop les connards de Grand Funk ! »

Et le grand soir est donc arrivé et les groupies grouillaient comme des poissons volants, étant venues de loin vérifier à l'aide de leurs accoutrements respectifs l'efficacité de la légende que je leur avait bavassée au téléphone. Elles étaient rassemblées en meutes pomponnées, à faire la moue, de quoi rendre le groupe complètement sénile, et j'étais là à sourire et à boire jusqu'à ce que je sois si bourré que je suis devenu complètement cinglé, ce qui semble m'arriver chaque fois que Wet Willie est dans les parages. Ils ont joué un ensemble super carré de vieux succès et de nouveaux machins rentre-dedans sortis de nulle part et ont obtenu un bis d'une salle pleine des blasés les plus maladifs de Détroit.

C'était un spectacle revigorant et, quand tout a été terminé, je suis retourné dans la loge pour voir comment la romance progressait. Honte à mes globes oculaires : qu'est-ce que je vois, sinon une salle pleine d'allumeuses bien chaudes et gloussantes et, dans l'œil du cyclone, cinq musicos l'air un peu perplexe bien que pas aussi chien battu que les Blue Öyster Cult que j'avais vus, la semaine précédente, témoigner d'une ferveur encore moindre en de semblables circonstances. Ces nanas n'étaient pas ce qui se fait de mieux (à vrai dire elles étaient moches comme des poux) – mais après tout il existe une vieille formule sudiste selon laquelle il faut envelopper une certaine part anatomique dans un drapeau afin de pouvoir s'occuper d'une autre partie sans être distrait. Mais voilà qu'une nana entre dans la pièce, jette un coup d'œil à la table, dit quelque chose de relatif à la garniture des sandwiches, et Jack Hall chuchote, l'air paillard : « Ah, la viande... ouais... j'aime la viande... ah, la viande... »

En frère et mortadellification ! Je voyais bien qu'ils avaient besoin d'être un peu stimulés, alors je me suis emparé d'une louloute pas trop mal et j'ai dit : « Hé, c'est quoi ton nom ? » (chaque fois que je traîne avec des poivrots amateurs de biscuits salés, je commence à parler comme eux sans pouvoir m'en empêcher). « Mary Lou. » « Mary Lou whou-ou ! », dis-je en la poussant à portée de Rick Hirsch Certs, le guitariste des Willies – « Mary Lou, je te présente Rick Hirsch du Wet Willie Band, célèbres et brillants lécheurs de feu. » Après quoi je plante la mâchoire à travers l'œil droit de Rick : « C'est ma sœur mec alors tu f'rais mieux d'prend' soin d'elle, d'accord ? » et je m'éloigne.

Puis je me retourne et je les regarde. La damoiselle tentait d'engager son prétendant temporel et tremblotant dans un bavardage quelconque en vue de précipiter un enveloppement charnel, mais il restait là, immobile, comme un serpent d'eau perdu sur un rocher du désert de Gobi, aussi, une fois qu'ils se sont séparés sans grand chagrin, je reviens vers lui et le secoue : « Qu'est-ce qui se passe ? Tu veux pas tirer ton coup ? »

« Si, si, reconnaît-il, mais je veux pas faire d'efforts. Faut qu'elles me prennent par la main et me conduisent au plumard, sinon j'essaie même pas. »

Judas Priest ! Avez-vous jamais ? Et moi donc ! Ma carrière de maquereau rock s'est donc arrêtée là à cet instant précis. Bon, nous le savons tous, les Rosbifs sont incapables de bander sans qu'on les suce alors qu'ils sont allongés sur les draps de soie d'une chambre d'hôtel à cent dollars par jour, mais ces fichus Sudistes sont des botteurs de culs et des brouteurs de chattes depuis belle lurette, et la seule explication que je puisse fournir à cet effondrement généralisé des vagues de chaleur baisadéliques est qu'ils sont tout simplement *feignants.*

Pourtant il y a encore de l'espoir pour ce groupe dans le secteur gloire à la cramouille. Dori McMartin, jeune dame d'origine canadienne connue de l'auteur de ces lignes et membre à jour de ses cotisations de Rock Writers of the World, fait savoir qu'alors qu'elle partageait une turne avec John Anthony, le pianiste des Willies, elle lui a demandé : « Pourquoi vous autres Sudistes êtes-vous si timides avec les filles ? »

Il a contemplé ces yeux ontariens de ses propres globes exacerbés, lui a pris la main et, s'enflant comme la grenouille de la fable, a susurré : « Et maintenant, tu diras que tous les Sudistes sont timides avec les filles ? »

Je ne suis pas en mesure de vous dire si oui ou non John s'est trempé le biscuit plus tard dans une autre foufoune ; je sais que les autres y sont parvenus – et bon dieu ils n'avaient même pas essayé ! De toute façon, John est le bizarre du lot – à certains égards c'est la véritable personnalité du groupe, avec ses yeux à fleur de tête, son visage buriné d'allure romaine, sa peau luisante, et sa bizarrerie signale une âme si profondément vouée au Honk qu'il passe à travers les gouttes et que mes yeux soient maudits s'il n'a pas l'air sorti tout droit d'un roman de Jean Genet. Ce qui ne fait qu'ajouter un certain lustre sur scène, quand il est là en chapeau mou et en costume de gangster à rayures à matraquer les touches comme un fils bâtard et voleur de voitures de

Jerry Lee Lewis. C'est un vrai fourneau diesel qui sait regarder ailleurs et, bon dieu, quand j'ai sorti ma cassette de *Rock'n'Roll Animal* où le gros Lou geignait « Heroin » dans les vastes espaces astéroïdiens du Pecos de nos crânes, il a été le seul à rester avec moi pour capter le buzz.

4

Je vais vous dire un autre truc sur John Anthony : c'est un malin. Car c'est le seul des Willies à ne pas donner d'interviews. J'ai essayé, mais en vain, d'extirper de lui quelque chose à citer, et comme il bandait il ne voulait parler qu'à Dori, magnéto débranché et tout au fond du bus, encore. Car il affirme que tout a été dit en musique et que le reste n'est qu'écume et givre. Quelle sagesse Zen chez ce môme.

Ouais et je m'en suis rendu compte quand je me suis assis au bar avec le reste de ces branleurs, et que j'ai entrepris de bavasser sur les *roots*, la *musique* et (que le Seigneur sauve mon cul sous forme de lance-pierre pour nonnes) le *sens* même de tout ça.

Q : « Lester, tu crois pas qu'on est le groupe blanc le plus noir que t'aies jamais entendu ? »

R : « Ouais, et alors ? »

Q : « Huh ? »

Faut dire que Wet Willie fait le meilleur rock blanc/numéro à la James Brown/Yardbirds (c'est l'harmonica) et tout ce que vous voudrez depuis le Black Pearl[22] de Bernie « B.B. » Fielding. Alors mettez la main dessus tant que vous pouvez, cours mémé cours, y a quelqu'un chez vous, à balancer comme il faut avec tout le feu et le foutre et le faste que vous pouvez ressentir. Ou bien faites de l'obstruction :

Singin' in a honky tonk café
Nobody's hearin' what you say
They're too busy drinkin' anyway
You gotta keep on smilin'

C'est Jimmy Hall qui a dit ça. Cette année Bob Dylan n'a rien dit – mais, il est vrai, John Anthony non plus. Mais il est vrai qu'il n'y était pas tenu.

Creem, octobre 1974

Dylan badine avec le Mafia Chic : c'est pas un délinquant, juste un incompris

Tout le monde part automatiquement du principe que chaque album de Dylan est un événement, et *Desire* ne fait certainement pas exception. Pourtant, ce n'est pas celui qu'il pourrait sembler être. Ceci en raison de l'inclusion de plusieurs radotages monotones à la *Marty Robbins rencontre Pat Garrett & Billy the Kid*, sagas où des hors-la-loi vont d'une cantine à l'autre. Cet album ne fera pas date non plus pour le pastiche, au dos de la pochette, de poésie à la Patti Smith dû à (sans doute) Dylan, ni pour le baratin désagréablement pontifiant d'un Allen Ginsberg sénile, qui ironiquement fut l'une des influences majeures de Dylan du temps où Ginsberg était peut-être le plus grand poète américain et Bob en bonne voie pour être déclaré tel par des gens qui n'y connaissaient rien (moi, entre autres).

On ne peut même pas accorder une importance historique à *Desire* sur la base de « Hurricane », single d'une puissance indéniable qui, dans un spasme contrôlé de bonne vieille agit-prop, crache le récit enflammé du coup monté dont fut victime Rubin Carter, un moment candidat au titre de champion du monde des poids moyens et accusé de meurtre au milieu des années 60.

Si vous vous sentez réagir cyniquement quand quelqu'un déclare que « Dylan est revenu aux protest songs » comme si c'était une grande nouvelle, il se pourrait que vos instincts soient en bon état de marche. Voyez ça comme ça : tous les quatre ans Dylan en écrit une, c'est toujours à propos d'un nègre martyrisé, et il y balance toujours un mot grossier afin que ça ait l'air plus authentique et venu tout droit de la rue. Je n'emploie pas le mot « nègre » pour faire de l'effet ou paraître hip, mais plutôt parce que, comme pour nos pères avant nous, c'est tout ce que George Jackson et Carter sont pour lui : une vie humaine de plus à exploiter à ses propres fins.

Dylan se fout éperdument de Rubin Carter, et s'il a réellement passé plus de dix minutes à travailler à la composition de « George Jackson », alors Bryan Ferry est chanteur des Eagles. Dès le début, Dylan s'est simplement servi du Mouvement pour les droits civiques afin de se promouvoir lui-même : « The Times They Are A-Changin' » et « Blowin' in the Wind » étaient des poses artistiques au même titre que *Nashville Skyline*. Ce qui en fait n'était pas seulement OK mais aussi assez équitable, l'échange se réduisant à des exploitations symbiotiques – le Mouvement y gagnant quelques hymnes puissants, Dylan devenant une figure de proue, et même s'il se servait de son public, l'art est plus important que la politique – à long terme en tout cas.

Mais pourquoi, en 1975, devrait-il en revenir à ce qui, en une telle année, passe pour du militantisme ? Parce qu'il a du mal à trouver des sujets plus conséquents, voilà pourquoi : ou alors, tout ce qui se passe dans sa vie personnelle est si douloureux ou bousillé qu'il a peur de, ou rechigne à, l'affronter dans son art. Et une fois de plus, il n'est pas sûr qu'on puisse honnêtement l'en blâmer. Quand *Blood on the Tracks* est sorti, il m'a inspiré des sentiments aussi mitigés que le sujet traité, et j'en suis resté là depuis. Après l'avoir, au début, condamné après une seule écoute, comme un foutoir absurdement informe et prétentieux, dont la clé était le ridiculement venimeux « Idiot Wind », je me suis retrouvé attiré vers lui de manière répétée, par quelque chose dont je n'étais nullement convaincu que ce soit tout à fait sain ; je me pintais et je le repassais, y découvrant des aphorismes profonds alternant avec une poésie oblique, et rotant des bouffées d'enthousiasme désordonné : « Bon dieu, il y arrive toujours ! » Puis je dégrisais et l'album, une fois de plus, sonnait terne, trop long, sans énergie ; les aphorismes paraissaient quelconques et évidents, la poésie une parodie confuse du vieux Dylan. Mais je persistais, il y avait là-dedans *quelque chose* qui comptait pour moi, et j'ai fini par découvrir quoi. Je me suis rendu compte que je ne voulais vraiment passer cet album que chaque fois que j'avais une querelle avec quelqu'un dont j'étais amoureux – nous parvenions à une pénible impasse de mots ou de volontés, elle rentrait chez elle, et je restais debout toute la nuit avec ma souffrance et cet album, le passant sans arrêt, me vautrant dans le pitoyable reflet dylanien de ma propre confusion : « Women – who can figger 'em ? » [*« Les femmes – qui peut les comprendre ? »*]. J'imagine que c'était aussi un gros tube chez les récents ou futurs divorcés.

À la longue, j'en ai conclu qu'un album dont la principale utilité se situe dans une telle zone affective crépusculaire était, au pire un accessoire de branlette, au mieux aussi anodin qu'un mouchoir en papier, et qu'il ne ferait certainement pas de moi quelqu'un de meilleur ni ne m'apprendrait quoi que ce soit sur les femmes, moi-même ou n'importe qui d'autre, seulement à quel point Bob Dylan semblait ne plus savoir où il en était. Ce qui, tout simplement, ne suffisait pas.

J'ai donc attendu *Desire*. Peut-être Bob, dans un flash de révélation, serait-il parvenu à comprendre quelque chose aux gonzesses, ou au moins pourrait-il fournir quelques conseils utiles à ceux d'entre nous encore impliqués dans la Grande Lutte. Peut-être qu'enfin il aurait des trucs honnêtement revigorants à dire sur les hommes et les femmes, les liens entre hommes, les animaux de compagnie, toutes les formes déroutantes de relations interpersonnelles connues de la planète. Si donc il semble que je me montre assez dur envers lui, ou indûment venimeux, c'est simplement parce que (a) tout ce que je dis est vérité, et que (b) j'étais moi-même une telle poire que je me tournais encore vers lui pour qu'il me dise quelque chose, et je dois désormais endurer la honte qui est ma juste rétribution.

Car *Desire* est une imposture et un faux. Ignorant les réécritures à la « El Paso » et les ersatz plan-plan à la Kristofferson du genre « One More Cup of Coffee » (ce qui est facile) nous en arrivons enfin (et que la face 2 de cet album dure près de trente minutes ne reflète ni générosité ni inspiration) à la chanson « Sara », dans laquelle Dylan tombe le masque, cite des noms, s'extasie sur son épouse à grand renfort d'images ringardes (« sweet virgin angel… radiant jewel » [*« doux ange vierge… joyau radieux »*]), de pathos bon marché (si vous n'êtes pas sûr de vous, embringuez les gosses jouant sur la plage dans le sable), de servilité (« You must forgive me my unworthiness » [*« Pardonne-moi mon indignité »*]) et, plus significatif encore de *Desire* dans son ensemble, de mensonges éhontés. Par exemple : « I'd taken the cure and I'd just gotten through / Stayin' up for days in the Chelsea Hotel / Writin' "Sad-Eyed Lady of the Lowlands" for you » [*« J'ai pris le remède et j'en suis sorti / Restant debout des jours entiers au Chelsea Hotel / Écrivant "Sad-Eyed Lady of the Lowlands" pour toi »*].

Conneries. Je tiens de source sûre que Dylan a écrit cette chanson, comme d'ailleurs près de la moitié de *Blonde on Blonde*, défoncé à s'en faire péter le caisson, dans le studio juste avant l'enregistrement, tandis que les musicos attendaient en fumant des clopes et en buvant des bières. On m'a suggéré qu'il y a mieux à faire avec des albums que de découvrir à quelle drogue l'artiste carburait quand il les a enregistrés, mais je pense que c'est là un cas où le produit chimique a manifestement affecté le contenu de la musique. Ces paroles sont un vrai speed trip, et s'il a réellement passé plusieurs jours de suite à suer sur des vers comme « Your streetcar visions which you place on the grass », alors il est plus bête que nous ne l'aurions jamais cru.

Bon. Je sais qu'arrivé à ce stade de ma démonstration, je cours le danger de plonger plume la première dans le webermanisme[23] plein pot, mais je pense vraiment que si vous comptez affirmer qu'un morceau de musique est un épanchement de votre âme, pronoms personnels compris, alors vous avez l'obligation de dire la vérité. Je pense également que s'il peut mentir sur son propre mariage, et l'exploiter, afin de paraître un peu plus pertinent, il est très certainement capable d'utiliser les victimes médiatisées de ses dessins animés d'actualité en prêtant encore moins d'attention aux civilités morales. « Hurricane », comme beaucoup de chansons du lointain passé de Dylan, entend être une diatribe exprimant son horreur du racisme, mais la mentalité libérale connaît bien des formes bienveillantes de préjugés inversés, et je trouve une chanson comme « Mozambique » plutôt curieuse :

I'd like to spend some time in Mozambique…
All the couples dancing cheek to cheek
It's very nice to stay a week or two…
There's lots of pretty girls in Mozambique
And plenty time for good romance…
Magic in a magical land

[*J'aimerais passer du temps au Mozambique… / Les couples dansant joue contre joue / Agréable d'y passer une semaine ou deux… / Il y a beaucoup de belles filles au Mozambique / Et beaucoup de temps pour la romance… / Magie dans une terre magique*]

Ah oui, des gens si beaux, si simples, n'est-ce pas, M. le Chrétien ? Libérés des complexités corruptrices de la civilisation, c'est ça ? D'une pureté si primitive, s'pas, rien qu'à baiser et à danser pieds nus sur la plage. C'est peut-être ce qui permet à Rubin Carter d'être « comme Bouddha dans une cellule ».

Ce qui nous mène à la démonologie dylanienne, et au plus gros mensonge du lot. Tout comme *Blood on the Tracks*, en définitive, était, question obsessions romantiques, l'expression d'un simple déboussolement mental, des vers tels que « All the criminals in their coats and their ties / Are free to drink martinis and watch the sun rise » [*« Tous les criminels en costard cravate / Sont libres de boire leurs Martinis et de voir se lever le soleil »*] ne vont pas exactement nous éclairer sur les subtilités du système judiciaire contemporain. Car les processus d'oppression, s'ils sont brutaux, sont subtils ; Ralph J. Gleason avait raison de réduire toutes les vieilles paroles de Dylan à « toujours plus de Eux et Nous », et Dylan, au beau milieu des années 70, remet ça et joue encore et toujours aux cow-boys et aux Indiens.

J'ai dit précédemment qu'il se servait simplement de Rubin « Hurricane » Carter et de George Jackson comme d'un prétexte à la propagation du mythe perpétué de sa propre « pertinence ». C'est difficile à prouver à partir de « Hurricane », en partie parce que l'interprétation témoigne d'une conviction impérieuse, en partie parce que Dylan semble réellement, du moins au niveau superficiel, respecter les faits : un homme a été condamné pour un crime qu'il n'a très vraisemblablement pas commis, et la raison probable en est qu'il prêchait la libération des Noirs dans une ambiance de suprématie blanche. Bien entendu, qu'il ait été victime d'un coup monté ne prouve pas non plus qu'il était *innocent* du crime ; mais pour une fois, les imprécations simplistes de Dylan semblent coïncider avec la réalité, la justice, et Rubin Carter présenté comme étant du côté des anges.

Mais il me faut faire un aveu : je me fous éperdument de Rubin Carter, de savoir s'il est coupable ou innocent, ou du racisme dans le New Jersey. Tout ce dont je me soucie, du moins pour les besoins de la présente enquête, c'est de savoir si Dylan est franc avec moi ou non. Je pense que non, à quelque endroit que ce soit, et je crois que vous pouvez trouver toutes les preuves qu'il vous faut dans le titre le plus long de *Desire*, « Joey », ballade pesante et bâclée de onze minutes, d'un ennui assommant, consacrée à un nouveau héros/loser/martyr populaire, le gangster « Crazy Joey » Gallo, assassiné en 1972 à Little Italy lors d'un épisode de la guerre de gangs.

Les lecteurs new-yorkais n'y croiront sans doute pas, mais il est probable que la plupart de ceux, surtout les jeunes, qui achèteront cet album dans le reste du pays ne savent pas qui diable était Joey Gallo. Cette chanson n'ayant guère de chances de le leur apprendre, et étant en fait l'un des exemples les plus stupidement amoraux de répugnante connerie romanesque jamais enregistrés, laissez-moi préfacer un examen de la malhonnêteté dylanienne la plus transparente par un peu d'histoire.

Pendant les années 60, cinq « familles » de la Mafia se partageaient le gâteau des divers secteurs et rackets de New York, sous le contrôle d'un *capo dei tutti capi* un peu semblable au fameux Parrain. Si la Mafia d'aujourd'hui encourage une image plus « moderne » et s'efforce de faire oublier le sang qui coule, les familles, en général, s'affrontent à qui aura le plus de pouvoir et d'influence, et à l'époque l'une des plus prospères était celle des Profaci, qui plus tard devint la famille Colombo. S'opposant à elle de manière intermittente mais très sanglante, celle des Gallo, dirigée par les trois frères Larry, Joey et Albert « Kid Blast », qui ne parvinrent jamais à avoir autant de pouvoir, bien qu'ils soient demeurés les maîtres d'un petit secteur de Brooklyn. Selon une analyse détaillée des guerres de gangs due à Fred J. Cook et parue le 4 juin 1972 dans le *New York Times* : « La famille Profaci-Colombo commença à verser le sang quand l'avidité des frères Gallo les poussa à lorgner sur le pouvoir de leurs adversaires. À dire vrai, elle les frappa de la même folie qui anime un requin en délire dans une mer ensanglantée. » Les Gallo recoururent à tous les stratagèmes mortels possibles pour s'assurer une plus grosse part du gâteau ; en octobre 1957, Joey Gallo, sur contrat des Profaci, abattit Albert Anastasia, gangster notoire un moment chef de Murder Inc., dans un fauteuil de barbier, lors d'une exécution restée célèbre, ce qui permit à Carlo Gambino de devenir, et de rester, *capo dei tutti capi* tout au long des années 60 et du début des années 70. Mais, pas plus que son prédécesseur, il ne témoigna jamais de la moindre faveur envers les Gallo, aussi se lancèrent-ils dans une guerre ouverte avec les Profaci qui dura de 1961 à 1963 ; il n'y eut pas de vainqueur, les trois frères n'étant pas de taille, numériquement ou tactiquement, face à leurs adversaires – début 1962, Crazy Joe Gallo fut condamné à une peine de sept à quatorze ans de prison[24] pour extorsion de fonds, et quelques mois plus tard Joseph Profaci mourut d'un cancer.

En prison, Joey Gallo lut énormément, devenant une sorte d'intellectuel de cellule et quand, en 1970, il fut finalement libéré, il commença à fréquenter le monde littéraire et du show-biz, qui l'accueillit dans ses soirées et semblait vraiment le considérer comme une sorte de distraction exotique. Le livre de Jimmy Breslin, *The Gang That Couldn't Shoot Straight*, s'était inspiré de la légendaire incompétence de la famille Gallo lors de sa tentative de prise de pouvoir au début des années 60, et Joey noua des rapports étroits avec Jerry Orbach – qui jouait le personnage inspiré de lui dans le film tiré du livre – et son épouse Marta, avec qui, pendant les derniers mois de son existence, il entreprit de collaborer sur divers projets littéraires autobiographiques. Du Radical Chic sortit le Mafia Chic : notre homme devint une sorte de personnalité sociale connue, et déclara au journaliste Earl Wilson qu'il était « rangé des voitures ».

Toutefois, c'était un mensonge – apparemment du moins. Pendant que Joey était en prison et que son gang attendait son retour, des rangs de la famille Profaci avait émergé une figure nouvelle, qui porterait le pouvoir de la pègre new-yorkaise à un niveau sans précédent, presque d'avant-garde : Joe Colombo. Il fonda la Ligue italo-américaine des droits civiques, organisation officiellement vouée à s'opposer « de manière légitime » au déplorable « préjugé » qui poussait les Américains à lier activités de la pègre et citoyens de souche italienne. Entre 100 000 et 250 000 Italo-Américains y adhérèrent, et son impact auprès des hommes politiques fut considérable, ce qui explique pourquoi Nelson Rockefeller et John Lindsay finirent par se faire prendre en photo avec des durs de la pègre. Sortant de prison, Joey Gallo retrouva intact le pouvoir qu'il exerçait sur son secteur, mais bien entendu il était désormais coupé de l'empire Colombo. Le 28 juin 1971, lors d'une réunion publique au Colombus Circle, Joe Colombo fut abattu par un Noir[25], dont on dit qu'il agissait seul, et sans contrat, devant des milliers de supporters horrifiés. L'opinion générale fut que Crazy Joey était derrière tout ça, d'autant plus que lors de son séjour en taule il avait sidéré les mafiosi en fréquentant des détenus noirs, et qu'une fois sorti il avait ostensiblement entrepris de mettre sur pied une pègre black qui serait sous son contrôle. Selon de nombreuses sources au sein du milieu, il y eut, dès le jour de l'attentat contre Joe Colombo, un contrat sur Joey Gallo et, le 7 avril 1972, alors qu'il fêtait son 43e anniversaire chez Umberto, un restaurant de fruits de mer de Mulberry Street, dans Little Italy, un tueur anonyme entra et l'abattit, de la même manière que lui-même avait tué Anastasia. Ce fut la fin d'une guerre des gangs qui avait duré un peu moins d'une quinzaine d'années – quelques hommes de main des uns et des autres furent également liquidés, et la famille Gallo, ayant perdu tout pouvoir, fut décimée. Les membres de la pègre poussèrent un soupir de soulagement collectif – les Gallo avaient toujours été des faiseurs d'embrouilles particulièrement cupides – et s'en retournèrent à leurs affaires.

C'est de cette lutte pour le pouvoir assez typique de la pègre que Dylan a, inexplicablement, tiré « Joey », qui dépeint Joey Gallo comme un antihéros aliéné faisant penser à ce passage d'une chanson de *West Side Story* : « C'est pas un délinquant, c'est un incompris ».

Always on the outside of whatever side there was
When they asked him why it had to be that way
Well, the answer – just because

[*Toujours en dehors des camps quels qu'ils soient / Et quand on lui demandait pourquoi / Sa réponse était – ah, parce que*]

Joey Gallo était un psychopathe, comme le confirme son biographe Donald Goddard, bien que le psychanalyste qui l'a examiné en prison ait diagnostiqué sa maladie comme « une schizophrénie pseudo-psychopathique ». La réponse de Joey : « Allez vous faire foutre. Les choses ne sont plus bonnes ou mauvaises, mais intelligentes ou idiotes. Nous sommes tous des criminels, désormais… Les choses existent quand je sens qu'elles devraient exister, d'accord ? Moi, je suis le monde. » Vers la fin de sa vie, son épouse le gavait régulièrement de Thorazine, qu'il avalait docilement, ce qui d'ailleurs ne l'empêchait pas de la rouer de coups.

Dylan entreprend ensuite de donner une image romantique et sentimentale de Joey et de ses frères :

There was talk they killed their rival
But the truth was far from that
No one ever knew for sure where they were really at

[*On disait qu'ils avaient tué leur rival / Mais la vérité était loin de ça / Personne n'a jamais vraiment su à quoi ils jouaient*]

En fait, selon le District Attorney, lors du procès de Joey au début des années 60 : « Dans la guerre qui oppose actuellement le gang Gallo aux intérêts en place, il y a eu des meurtres, des coups de feu, des meurtres par strangulation, des kidnappings et des disparitions, qui tous impliquent les Gallo. Chose intéressante, depuis que l'accusé a été mis en détention préventive le 14 novembre, ils n'ont plus entrepris d'actions offensives dans cette querelle. Cela donne une certaine crédibilité à l'idée que Joey Gallo est, en réalité, le fauteur de troubles au sein de la pègre. » Mais qui va croire les procureurs, pas vrai ? Bon, d'accord, essayez son biographe, qui lui témoigne parfois une énorme sympathie : « Presque toutes les accusations portées contre lui, même au début, furent abandonnées. Pas de témoins… Une fois que les gens surent que bavarder inconsidérément risquait d'amener Joey Gallo dans les environs, pour leur faire des remontrances et peut-être se faire mieux comprendre à l'aide d'un pic à glace, à Brooklyn les témoins devinrent aussi rares que les piverts. Une fois qu'on sut que Joey avait saisi un débiteur par le coude et le poignet pour lui casser le bras contre le bord de son bureau, afin de lui rappeler qu'il était en retard dans ses paiements, les Gallo n'eurent plus guère de problèmes d'argent liquide dans leurs affaires de jeu, de protection et de prêts à taux usuraires. »

Le plus intéressant dans tout ça, c'est quand sa femme raconte comment elle se retrouva innocemment serrée un instant contre un membre du gang de Joey alors que, tous deux ivres, ils s'efforçaient de prendre leurs manteaux sur les cintres du vestiaire d'un night-club. Plus tard, au lit, Joey l'accusa d'avoir embrassé le gars ; elle répondit que c'était absurde, d'autant plus qu'il n'avait rien de bien séduisant. Mais Joey ne voulut pas lâcher prise, convaincu que sa confession prouverait qu'il avait bien vu ce qu'il s'était persuadé d'avoir vu, et que par conséquent il n'était pas fou. À la fin, pour qu'il la laisse tranquille (et peut-être, en fait, sauver sa propre vie) et le rassurer sur sa santé mentale, elle « avoua ». La nuit suivante, toujours au lit, il lui dit négligemment : « Hé, écoute – tu te souviens de ce gars au club ? Celui avec qui tu batifolais ? Il est mort, j'avais oublié de te le dire… Ouais, hier soir. Il a eu un terrible accident sur le pont.

Il a perdu le contrôle de sa voiture... C'est terrible, c'était un type sympa. »

Plus loin dans la chanson, Dylan affirme que « The police department hounded him » [*« La police l'a pourchassé sans arrêt »*]. Considérant le nombre de rackets dans lesquels les Gallo étaient impliqués, rien ne pourrait être plus éloigné de la vérité. Goddard : « Dès le début, les relations entre le Pizza Squad [la brigade anti-Mafia de New York] et les Gallo avaient été marquées par un respect professionnel un peu réticent qui, dans certains cas, débouchait sur une sorte d'affection. Ils jouaient le jeu selon les règles. » Un flic ajoute : « C'est une pègre à part... Ils savaient ce que nous devions faire et n'entendaient pas le mettre en question. Ils nous traitaient comme des gentlemen. Ça ne fait pas d'eux des types bien, mais ils avaient un peu plus de jugeote que les Colombo. C'était du genre : "Pourquoi tout casser? Si vous devez passer ici, faisons en sorte que ça soit agréable pour nous deux." C'est un jeu. Si on se fait prendre, on se fait prendre. »

Plus curieux encore peut-être, Dylan dit « They got him on conspiracy / They were never sure who with » [*« Ils l'ont coincé pour complot / Ils n'ont jamais su avec qui »*]. Amusant, parce que tout le monde, de Goddard aux tribunaux et aux flics, s'accorde pour dire que Joey provoqua sa propre chute quand, début mai 1961, il tenta d'intimider un usurier nommé Teddy Moss. Celui-ci résista et, en présence de policiers infiltrés, Joey déclara : « Bon, s'il a besoin d'y réfléchir, on l'enverra à l'hôpital pour quatre ou cinq mois, comme ça il aura le temps. »

Mais comment Dylan pourrait-il dépeindre un mafioso martyrisé sans juge mauvais :

> *« What time is it ? » said the judge to Joe when they met*
> *« Five to ten », said Joey*
> *The judge says, « That's exactly what you get »*

[*« Quelle heure est-il ? » demanda le juge à Joe quand ils se rencontrèrent / « Dix heures moins cinq », répondit Joey / « [De cinq à dix] c'est ce que vous aurez », dit le juge*]

Voilà ce que, faute de mieux, on se doit d'appeler une licence poétique. La vérité est que l'avocat de Joey, aussi ringard que son gang, fut incapable de venir à temps de Floride pour son procès, et que Joey refusa de coopérer avec les deux confrères chargés de le représenter, préférant rester muet tandis que le District Attorney présentait un ensemble conséquent de preuves très solides, et jamais contestées. Que Joey ait laissé faire suggère, non qu'il se fit avoir, mais simplement qu'il était complètement idiot. Goddard : « Reconnaissant volontiers que Joey était "une menace pour la société", le juge Sarafite offrit sa première victoire à la campagne du ministre de la Justice [Robert Kennedy, qui appela une fois Joey "l'ennemi public n° 1"] contre le crime organisé, en prononçant la peine maximale de sept à quatorze ans d'emprisonnement. »

Dylan : « He did ten years at Attica / Reading Nietzsche and Wilhelm Reich ». Il lut également Freud, Platon, Spinoza, Hume, Kant, Schopenhauer, John Dewey, Bergson, Santayana, Herbert Spencer, William James, Laurence Sterne, Voltaire, Diderot, Pascal, Locke, Spengler, Wilde, Keats, Shakespeare, Goethe, Will Durant, Oliver Cromwell, Napoléon, Adenauer, de Gaulle, Lénine, Mao Tsé-toung, Clarence Darrow et Louis Nizer[26], tout en prenant part à un viol collectif homosexuel dont il se vanta après sa libération : « Il raconta comment, avec plusieurs autres détenus, il avait repéré un jeune très beau parmi un lot de nouveaux venus, et lui avait tendu une embuscade. Le traînant dans la synagogue de la prison, ils lui arrachèrent son pantalon et s'efforçaient de le maîtriser quand l'un d'eux entendit le rabbin parler dans la pièce voisine. Un couteau fut aussitôt posé sur la gorge de la victime, tandis qu'on lui chuchotait de ne pas crier, et le viol eut lieu selon le protocole, chacun prenant son tour en fonction de son rang. Joey expliqua qu'ils voulaient ce môme pendant qu'il avait encore le trou du cul bien étroit. »

Toutefois, il est probable que cela ait été la raison pour laquelle (selon Dylan) « his closest friends were black men » [*« ses plus proches amis étaient Noirs »*]. C'était « Cause they seemed to understand what it's like to be in society / With a shackle on your hand » [*« Parce qu'ils semblaient comprendre ce que c'est d'être en société / Des chaînes aux mains »*]. Et aussi, comme je l'ai dit plus haut, parce que Joey rêva un moment de monter une mafia noire en sortant. Le psychanalyste qui l'interrogea en prison en est d'accord avec Dylan, en termes plus cliniques, mais il ajoute : « Joey était un type aux préjugés terrifiants... à un niveau strictement, et profondément, personnel, il était anti-Noir d'instinct. » Il reconnaît également qu'il est « tout à fait possible » que lui-même ait pu être « dupé par l'un des plus grands arnaqueurs de tous les temps ».

Après que Joey eut été libéré, Dylan le montre bénissant les animaux et les enfants : « 'Twas true that in his later years / He would not carry a gun » [*« Il est vrai que dans ses dernières années / Il ne portait pas d'arme »*]. Bien sûr que non : aucun chef de la mafia n'est jamais armé, sauf s'il craint vraiment pour sa vie. Les flics n'aimeraient rien tant que de les boucler pour une histoire d'armes dissimulées, et de toute façon c'est à ça que sert la montagne de muscles protectrice qui les accompagne partout.

« "I'm around too many children, he'd say / They should never know of one" » [*« "Je suis entouré de trop d'enfants, disait-il / Ils ne sauraient jamais s'y retrouver" »*]. Là encore, c'est vrai : les chefs de la pègre ont toujours scrupuleusement tenu l'univers de leurs épouses et de leurs enfants à bonne distance de la brutalité quotidienne de leur boulot. Quiconque a vu *Le Parrain* sait cela. Mais pour ce qui est des rapports magiques de Joey avec les petits enfants, laissons parler sa fille Joie : « Il rentrait et me disait : "Fais-moi du café." Je répondais : "Papa, j'ai des devoirs, est-ce que je peux te le faire après ?" "Non, maintenant." C'était comme si je lui refusais quelque chose, et personne ne faisait jamais ça. Il était le roi, je ne pouvais le supporter... Il insultait maman terriblement, et je lui en voulais de se mettre entre nous. Une fois il lui a brisé les côtes... Je me plaignais de lui à maman, je la suppliais de le quitter, je disais : "Quel homme tu as choisi ! Qui voudrait vivre avec ce cinglé ? Il faut que tu sois folle pour supporter ça." Alors j'ai divorcé de lui, j'ai pris une feuille de papier et dessiné un certificat très soigné disant : "Moi, Joie Gallo, divorce par la présente de mon père, Joey Gallo." »

Mais qui, à part un biographe, laisserait une fichue gamine bavasser comme ça, de toute façon ? Une bonne claque sur le cul et elles sont remises à leur place. Là où elles doivent être quand sifflent les balles, tandis que la voix de Dylan titube jusqu'au dénouement de la plus mythique de ses sagas :

Yet he walked right into the clubhouse
Of his lifelong deadly foe
Emptied out the register
Said « Tell them it was Crazy Joe »

One day they blew him down in a
Clam bar in New York
He could see it comin' through the door
As he lifted up his fork…
Somedays if God's in heaven
Overlookin' His preserve
I know the men that shot him down
Will get what they deserve

[*Et pourtant il entra dans le club / De son ennemi mortel / Vida la caisse / Et dit : « Dites-leur que c'est Crazy Joe » // Un jour ils le descendirent dans / Un bar à palourdes de New York / Il les a vus venir à travers la porte / Alors qu'il levait sa fourchette… / Un jour, si Dieu est au Paradis / À contempler Son domaine / Je sais que les hommes qui l'ont tué / Auront ce qu'ils méritent*]

Et puis, pour la dernière fois, le refrain qui bourdonne tout au long de cette interminable chanson :

Joey, Joey… what made them want
To come and blow you away ?

[*Joey, Joey… qu'est-ce qu'ils avaient / À vouloir venir te descendre ?*]

Il y a plusieurs théories pour répondre à cette question. La plus répandue est que, tout le monde étant certain que Joey était derrière l'attentat contre Colombo, près d'un an auparavant, la famille Colombo avait lancé un contrat sur lui, ce qui veut dire que, dans les faits, il s'était suicidé en faisant flinguer Joe. Deux autres théories avancées par les enquêteurs veulent que Gallo ait, une fois de plus, tenté de s'emparer de force d'un territoire occupé par d'autres factions plus puissantes de la pègre. Selon l'une d'elles, il aurait dit à deux malfrats de fracturer, pour 55 000 dollars, le coffre-fort de la pâtisserie Ferrara de Little Italy, lieu connu fréquenté par Vinnie Aloi, à l'époque *capo* très puissant de la mafia new-yorkaise. Ç'aurait très certainement été la goutte d'eau faisant déborder le vase, s'agissant de la patience des chefs de la pègre face aux arnaques de Gallo, tout comme un autre incident rapporté par le *New York Times* dans son numéro du 4 juin 1972 : « Trois semaines avant que Joey ne soit abattu, lui, Frank (Punchy) Illiano et John (Mooney) Cutrone se rendirent au San Susan, un night-club de Mineola, dans Little Italy, dans lequel, dit-on, John Franzese (autre *capo* influent de la famille Colombo) avait des intérêts en sous-main. On raconte que Joey saisit le gérant par le col et lui dit : "C'est à moi, ici. Fous le camp." En d'autres termes, il voulait s'imposer. Ce fut le premier signe que Crazy Joe avait repris le collier. »

En tout cas, chacun de ces coups d'éclat (et Joey est bien capable d'avoir commis les trois) revenait à signer son propre arrêt de mort. Détail intéressant : à l'époque, il était sans le sou, pratiquement réduit à la honte de devoir vivre aux crochets de celle qui fut son épouse pendant trois semaines ; sa mère avait déjà hypothéqué sa propre maison, et fourgué ses meubles, pour payer les cautions. Entre-temps, bien entendu, il avait commencé à traîner avec ceux que Goddard appelle « le club des donneurs de bisous du show-biz » : Jerry et Marta Orbach, les Ben Gazzara, Bruce J. Friedman et son épouse, Neil Simon, David Steinberg, Joan Hackett et son mari – des gens qui, comme son épouse Sina l'en avait prévenu, « pourraient bien l'exploiter pour le simple plaisir d'avoir un vrai gangster pour vider leurs cendriers et parler de la vie et de l'art ». Marta Orbach lui dit que Viking

Press serait intéressé par toute collaboration littéraire qu'il pourrait entreprendre avec elle, aussi commencèrent-ils à enregistrer chaque jour ses souvenirs chez elle. Au début, c'était censé être une comédie noire sur la vie en prison, mais ensuite il fut question d'une autobiographie en bonne et due forme, et il y eut même une rencontre avec un responsable de la MGM pour discuter de l'adaptation au cinéma, si bien qu'il demeure possible – c'est une ultime théorie – que tout le monde dans la pègre, ayant vent de tout cela, se soit senti suffisamment nerveux à l'idée de possibles révélations pour vouloir liquider le bonhomme.

Les deux points essentiels ici sont (a) qu'à l'époque il était devenu totalement dérisoire (Goddard : « Il avait dépassé sa vie d'autrefois. Devoir y revenir contraint et forcé était impensable – une soumission aux circonstances, un aveu d'échec. Il était à peine moins humiliant d'entamer la nouvelle. Elle impliquait un autre genre de reddition – au show-biz et à l'opinion publique. Son amour-propre ne dépendrait plus de son pouvoir et de sa volonté souveraine, mais du temps pendant lequel un ancien gangster pourrait rester à la mode. Comme un ex-champion de boxe, il pourrait même en être réduit un jour à tourner des pubs télé pour des yaourts »), et que (b) Dylan n'est même pas fichu de raconter correctement le tout dernier instant de son existence : « He could see it comin' through the door as he lifted up his fork » : non, puisqu'on lui a tiré dans le dos.

Si bien qu'il ne reste plus qu'une question à poser à Dylan : pourquoi ? Et comme je doute qu'il y réponde (son nouveau collaborateur, Jacques Levy[27], a déjà avancé une défense comme quoi Dylan avait déjà parlé de Billy the Kid, alors pourquoi pas Joey Gallo ?), la seule chose à faire est de lui suggérer d'autres antihéros pour ses futures compositions : Elmer Wayne Henley, William Calley, Arthur Bremer[28], et ce môme bourré qui, tentant de braquer une banque au coin de la 13e Rue et de la 6e Avenue, finit par demander qu'on passe le Grateful Dead à la radio. Ils sont tous, très certainement, autant de victimes aliénées de notre société malade, tout autant, extérieurement, que Joey Gallo.

Pourtant, on se demande vraiment ce que Joey aurait pensé de l'hommage que lui rend Dylan, et on trouve une réponse plausible dans le livre de Goddard, quand l'ex-épouse de Gallo raconte avoir emprunté cent dollars au père de Joey, afin d'acheter des disques pour que le Prince de Brooklyn, depuis toujours fan de musique contemporaine, puisse s'informer de ce qui s'était passé en ce domaine pendant la décennie où il s'était absenté afin de lire Reich en cabane : « Il a été vraiment furieux contre un album des Byrds qui s'appelait *Chestnut Mare* et que je voulais lui faire écouter. Je lui avais dit : "Écoute les paroles, elles sont si jolies, si bien écrites." Voilà qu'il répond : "Je ne vais pas écouter une bande de pédés chanter un cheval à la con", et il devient vraiment venimeux. Je dis : "Mais ça ne parle pas d'un cheval. Si tu écoutes bien, ça parle de la vie." Mais il ne veut pas non plus entendre parler de la vie... Avant que j'aie eu le temps de réagir, il sort de la baignoire, s'empare du disque qui passait sur la chaîne et sort dans le couloir, complètement à poil, pour le balancer dans le vide-ordures. »

The Village Voice, 8 mars 1976
Repris dans *Creem*, avril 1976

Anne Murray : Danny's Song

Anne Murray, il n'y a que ça de vrai quand on en vient à la musique de variété de qualité durable en 1973 ; une interprète aux pouvoirs hypnotiques irrésistibles, avec une voix semblable à des alliances fondues, et de fortes vibrations érotiques. Ne vous y trompez pas : ce dont elle parle, c'est de S-E-X-E avec un X majuscule. Peut-être êtes-vous en train de ricaner, vous ne pouvez ressentir ces vibrations parce que vous êtes tellement cramé, blasé et croupissant dans le sordide que pour retenir votre attention il vous faut Linda Lovelace branlant quatorze mulets avec ses narines, tout en suçant toute la classe 44 et en jouant du bout des orteils avec les couilles d'Henry Kissinger – et en cinémascope, encore. C'est votre problème.

Maintenant la pression, Anne ne cesse de vous envoûter et de vous faire baver précisément par une application scientifique de cette technique érotique d'âge vénérable, mais presque oubliée – la réserve. Elle est l'allumeuse ultime, parce qu'elle ne vous donne que sa présence vibrante. Pas de reprises-dépliants-en-couleur-naissance-des-seins à la Lainie Kazan[29], pas de photos sur quatre pages dans *Playboy*, même pas de vocaux voilés à la Julie London. On ne montre guère que sa tête sur la pochette, son corps n'est qu'une silhouette enveloppée dans les mystères infinis, intangibles et tentateurs de la nuit. Ce qui vous donne de quoi fantasmer.

Même si, comme *Rolling Stone* l'a récemment révélé, elle a « beaucoup d'admiratrices lesbiennes ». Que cela ne vous inquiète pas, c'est bidon, simplement cette fille est aussi droite qu'un mât de navire, sauf ses parfaits petits tétons perlés, sa foufoune bien arrondie et ses mollets arco bavasso et bon vous connaissez la suite…

Elle a également déclaré au magazine ci-dessus mentionné : « Je veux quitter le show-biz quand j'aurai 30 ans… me marier et avoir des enfants, je ne crois pas qu'on puisse combiner carrière et famille. » Ce qui veut dire que nous ferions mieux de nous brancher sur son doux baratin miellé sans perdre de temps, plus exactement aujourd'hui même, quand vous achèterez *Danny's Song*. Cet album est sa plus grande réussite discographique, en partie parce que c'est seulement maintenant qu'elle arrive à maturité, à la fois vocalement et dans le choix de ses titres – pas de remplissage ici, alors que certains de ses albums précédents étaient presque aussi inégaux que ces sauteries-copeaux-d'emballage dans lesquelles Helen Reddy reste embringuée. Mais la chanson-titre, à elle seule, en vaut la peine. Vous l'avez entendue à la radio, vous savez donc que c'est un chef-d'œuvre. Elle est de Kenny Loggins, ce panda hippie, mais ne faites pas attention, c'est la seule fois où il s'est montré brillant. Elle parle de la naissance imminente de son enfant (ou de celui d'Annie, ou de quelqu'un d'autre), comme *Tupelo Honey*[30], mais mieux, parce qu'Annie ne fuit pas de sinistres banshees irlandaises, elle pourrait tout aussi bien vivre en banlieue, ce qui fait partie de son charme. Les gens qui ont l'air conditionné ont besoin de quelque chose à quoi s'identifier, et il est certain que ça ne peut pas être les Spiders from Mars.

Les autres moments forts de la première face, en studio, comprennent le « I'll be Home » de Randy Newman, qui n'a jamais été aussi bien chanté depuis Barbra Streisand, sauf que c'est une interprétation totalement différente parce que la nasalité tarinesque de Barbra lui donnait un côté Petite Fille Triste poignant, tandis que celle d'Annie est d'une femme mature et accomplie, et qui parle sérieusement, non pas un de ces jours dans un avenir rose et brumeux, une fois qu'elle aura vu clair en elle-même, mais ici même, pauvre andouille en kakis crasseux et tachés ! Elle a la gorge ouverte à ce point !

Danny's Song commence réellement à décoller avec la face 2, enregistrée live à Ottawa devant une foule hystérique des fans canaques les plus ardents d'Annie. Il n'y avait plus un œil, ni un fauteuil, de sec dans la salle, et elle chante avec l'intensité pleine de sentiments qui s'impose, tout en restant, naturellement, dans des limites de bon ton, dans la mesure où la moitié de son charme et de sa mystique tiennent au fait qu'Annie a beau ressentir sa musique, elle ne recourt jamais aux mélodramatismes stridents à la Janis ou à la Tina Turner. Elle n'est pas ce genre de pouffe. Elle est subtile. « Ease your Pain » est de ce vieux bozo fanfaron d'Hoyt Axton, qui chantait la cocaïne jusqu'à ce que les duretés de l'existence et les femmes faciles n'en viennent à bout et qu'il ne se mette à écrire des chansons qui sont autant d'appels au secours. Annie le lui apporte en globules laiteux de pur soulagement, aussi, pas moyen de s'y tromper avec cet oreiller-auréole. Et même, je le parierais, avec des taches de rousseur. Quand elle donne autant, et si constamment, on ne peut que se demander ce qu'elle en tire, surtout quand elle chante des trucs tels que « What About Me » de Scott « San Francisco Flower Pate » McKenzie, qui sera un hit, et qu'elle y prend une attitude de vraie femme : Hé, arrête de me marcher dessus ! Donne-moi le vrai truc, histoire de changer, espèce de gros naze !

Bien sûr, chérie ! Mais non. Manifestement satisfaite, elle n'a pas besoin de vous. Tout ce que vous pouvez faire, c'est écouter cette foule vorace en réclamer davantage après l'ultime bouzin de « Put Your Hand in the Hand », tout à la fin, et vous savez que la petite chérie est ravie, parce que qu'est-ce qu'une femme pourrait demander de plus que la célébrité, sinon l'amour de son homme ? Elle a eu la gloire, et on peut se rendre compte, à sa façon de chanter, si agréable, équilibrée et chaleureuse, qu'elle n'est pas une tragédie valiumée « Mon Mec Est Parti » à la Judy Garland, si bien qu'elle doit avoir un homme quelque part (et je parie qu'il est charpentier). Elle est donc heureuse comme une folle, comme nous tous, fans et amoureux des rêves qui l'écoutons. Achetez ça sur-le-champ.

Creem, septembre 1973

Helen Reddy :
Long Hard Climb

Tous les hommes sont des faux culs. Tout ce qui les intéresse chez les femmes, c'est de prendre leur pied, et la moitié du temps c'est pour prouver quelque chose. C'est bien pourquoi elles les méprisent tous complètement tels qu'ils sont.

Cela, tout le monde le sait. Ce que tout le monde ne sait pas, c'est qu'Helen Reddy a des pulsations brûlantes à vous offrir. Viens ici, femme, fais ton devoir, baisse ta culotte et donne-moi une tranche de cul ! Mais non, cette petite ne fera pas ce que vous demandez – c'est une discrète, même pas une allumeuse. Anne Murray était réservée mais charnelle – Helen est parfois franchement collet monté.

Mais là réside son génie. De toute évidence, la scène mondiale est plus chaude que jamais pour une pop star collet monté. Les gens qui pensent au ralenti ont Roberta Flack, les pédés ont je ne sais plus qui, les speedfreaks ivres ont Lou Reed, les hippies et les jigoros ont des tas d'icônes, mais les jeunes dames du genre bas les pattes et lassées de tous ces gros porcs aux yeux paillards qui les pelotent en permanence ont enfin une chanteuse de grande envergure qui parle pour elles. Et c'est pas de la petite bière, Xavière.

Pour commencer, tout le monde est bien trop fichtrement évident ces temps-ci : la superficialité BD de Wayne County brandissant un godemiché est vraiment fastidieuse. Grace Metalious a dit que la vraie perversion (sur laquelle la variété prospère) est dans les lieux les plus clean, et c'est encore vrai aujourd'hui. Le Middle of the Road est plus pervers que le glitter n'a jamais rêvé de l'être, parce que le glitter est trop voyant : c'est un peu comme les freaks de sado-maso, ils ne se bottent pas vraiment entre eux, il leur faut quelqu'un qui N'AIME PAS ÇA ! Ils veulent des straights ! De la viande fraîche ! Et les fermes déclarations d'Helen Reddy, avec assez d'anglais tordo twisto pour rassasier jusqu'au non-inscrit le plus blasé.

Prenez par exemple, sur *Long Hard Climb*, « The Old Fashioned Way », où Helen chante : « Just melt against my skin / And let me feel your heart » – de toute évidence, un rendu graphique répugnant de la scène classique où William Burroughs nous montre une absorption parasitaire ultime où deux organismes vénusiens se broutent mutuellement jusqu'à devenir une écume verte rampante, un peu comme quand on jette du sel sur un escargot.

Mais le véritable chef-d'œuvre est « Leave Me Alone ». Depuis des années les mecs ont des chansons agressives super, de « I'm Mad » de John Lee Hooker à « Vicious » de Lou Reed, mais les femmes devaient se contenter de lamentations masochistes du genre « Will You Still Love Me Tomorrow », ou au mieux de machins country gnan-gnan comme « Don't Come Home a Drinkin' (With Lovin' on Your Mind) » de Loretta Lynn. Mais voilà une chanson de femme qui va jusqu'au bout dans les termes les plus élémentaires : « Leave me alone, aww, leave me alone… » Depuis les sommets dylaniens, on n'avait pas vu de rancœur aussi totalement vivifiante et irrésistible. Je vois bien ce titre devenir un gros tube dans les juke-boxes des bars américains, tandis que les blaireaux se lissent furtivement les tifs en reluquant deux nanas à quelques tables de là. (« La tienne a pas l'air formidable », si l'une est vraiment grosse et moche. « Alors, laquelle tu préfères ? Moi ça m'est égal. » « La blonde. » « Je savais que tu dirais ça. ») Désormais, au lieu de simplement répondre « non » d'un air narquois à ces losers, les nanas disposent d'une bande-son adaptée pour réduire les dragueurs à une gelée tremblotant sous la table. C'est le même genre de libération de la suffocation sexuelle qu'exprime le hit « Peaceful » : « No one bending over my shoulder / Nobody breathing in my ear ». Voilà l'hymne pop d'une vraie femme, et non pas cette bouillie nauséeuse et gauche nanas-de-tous-les-pays-unissez-vous, parfait mariage entre un de Sousa délayé et « Waltzing Matilda ».

Même quand elle franchit la ligne, Helen réussit à faire sentir l'ironie. « A Bit OK » parle de l'épanouissement conjugal. Le matin, elle fait des claquettes tout en préparant le café, le soir elle éteint la télé et tend la main vers lui. Joie parfaite, accomplissement parfait : « Now I'm really living ». Vous pourriez penser que de la part d'Helen, c'est une simple évasion mythique genre conneries-pour-ménagères dans un cadre banlieusard typique, mais non. Subtilement, comme à son habitude, elle garde sa richesse de sarcasme pour le refrain : « Hey, hey, it's a bit OK (quel témoignage !)... By the way, thanks a lot for givin' me some lovin'... » (espèce de naze grognon maladroit indifférent éjaculateur précoce !)

Je ne reproche pas à Helen, et à toutes les femmes, d'être furieuses. Tous les hommes sont des bites, sauf moi. Ce que j'aimerais voir, c'est un groupe féminin chantant des choses du genre : « On va vous couper les couilles, bande de tarés », avant de sauter dans le public et de castagner tous les mecs présents. En attendant, Helen retrousse les babines : ce n'est pas une artiste, c'est une pulsation constante, 50 000 watts d'Helen Reddy qui se diffusent, avec une lueur qui touche chaque nautile en stuc de chaque lotissement d'ici au rêve banlieusard composite de Bobby Goldsboro. Helen n'est pas simplement puissante, Helen n'est pas un simple objet sexuel au cou duveteux comme Anne Murray – Helen est un véritable phare, la parfaite incarnation seventies de la statue de la Liberté elle-même en tailleur-pantalon et chapeau melon, fredonnant pour l'Amérique d'une voix semblable à des murs se frottant tendrement l'un contre l'autre – le vrai souterrain de velours.

Creem, août 1974

Grace Jones se branle

Où est Betty Davis maintenant que nous avons vraiment besoin d'elle ? Au cas où vous auriez oublié, l'ex-femme de Miles Davis a sorti, voilà cinq ou six ans, plusieurs albums passablement crapuleux ; boudée par la critique comme par le public, elle a disparu. Comme Grace Jones, elle n'avait pas de talent, enregistrait sur Island, et se vendait par le biais d'une affinité prétendue avec le sado-maso ; contrairement à elle, elle écrivait toutes ses paroles et ne se coiffait pas en brosse. L'un de ses plus mémorables déluges de baffes s'intitulait « He Was a Big Freak » (« Je le battais avec une chaîne de turquoise... »). Comme l'indiquait le titre d'un de ses albums (*The Nasty Gal*), c'était vraiment une méchante fille et elle trouverait parfaitement sa place dans l'actuel ordre des choses ; peut-être même pourrait-elle convaincre Miles de sortir de sa retraite pour lancer quelques lignes de trompette ou d'orgue, inviter quelques vieux copains, et alors on aurait un peu de vrai ROD (Rock Orienté Danse).

D'un autre côté, on pourrait faire valoir que Grace Jones rend au grand public un service suprêmement moral en montrant à quel point le sado-maso est une petite arnaque banale et souvent bidon : sur la couverture de son nouvel album *Warm Leatherette*, la voici, ressemblant à un fauteuil un peu trop rembourré d'où dépasserait une tête de navet. Vous pourriez dire, bien sûr : une tête de navet, certes, mais avec des yeux de dominatrice animés d'un tel feu maléfique ! Pouah, répondrais-je, car voilà un bon bout de temps que j'auditionne les têtes de navet, et il ne faut pas me la faire : je te vois, Gracie, veux-tu donc t'avancer et jouer ?

La chanson-titre du nouvel album de cette petite dame qui certes a du cran m'a presque débecté pour un moment, je le confesse, parce que chaque fois que j'écoutais la version de The Normal je ne voyais que tous ces connards danser au Mudd Club, où je l'ai entendue pour la première fois, et toute mon hostilité flamboyait comme la nuque d'un porc-épic. Heureusement, Grace se fait clairement comprendre via la totale platitude (et non la fadeur anomique) de son chant, révélant à quel point il serait complètement débile de vous contempler brûlant à mort dans le rétroviseur de votre voiture de sport bousillée, votre petite veste de chieur malingre se fondant, comme celle de tout le monde, avec votre chair aux couleurs vives tandis que le frein à main vous pénètre le bréchet. Et toute cette histoire « Faisons l'amour avant de mourir » – même en partant du principe que ces gens pourraient baiser dans de telles conditions (et pas d'autres ?), il faut se demander s'ils peuvent, et veulent, jouir aussi vite.

Non, c'est plan cuir tout du long, comme l'indique un regard à certaines des chansons reprises ici – je peux même comprendre la persécution voire l'assassinat de Smokey Robinson (« The Hunter Gets Captured by the Game », ne frissonnez pas, vous êtes aussi débile qu'elle), mais *Tom Petty* (« Breakdown ») ? Même un titre aussi prometteur que « Bullshit » ne tient pas ses promesses, bien qu'il faille sympathiser avec Grace quand elle chante que « tous ces connards » (vous savez lesquels) l'embêtent, et ajoute (refrain) : « I'm gettin' tired of all this bullshit… / Hey Jesus c'mon down and save us ». Il est vrai qu'elle a derrière elle la crème des musiciens de studio jamaïcains (le contingent Robbie Shakespeare/Sly Dunbar), mais il y a des moments où, même sous les tropiques, un sessionman reste un sessionman reste un sessionman. La vraie question, face à cette totale nouvellevaguisation des discolettes d'hier est : qui nous reste-t-il à haïr et à rendre responsable de tout ? Réponse : les New Wavelettes ! Mort à la mode sous toutes ses formes ! Et plus de morts lentes catholiques et romantiques non plus – tirez à vue ! Grace parviendrait-elle à échapper à son inévitable licenciement assez longtemps pour faire un album de plus, que je me permettrais de lui suggérer de se montrer vraiment profanatrice (Chrissie Hynde c'est rien du tout) et de reprendre « Wrap Your Troubles in Dreams » de Lou Reed, sur le *Chelsea Girl* de Nico (1967), dans lequel on trouve des perles telles que « Excrement filters through the brain » [*« Les excréments filtrent à travers le cerveau »*], « Filth covers the body pores » [*« La crasse couvre les pores de la peau »*] ou « Pus runs through minted hair » [*« Le pus coule dans des cheveux inventés »*]. Merde, on savait vraiment comment faire la fête en ce temps-là.

The Village Voice, 25 juin 1980

Stevie Nicks :
Lilith ou Bimbo ?

Je n'ai jamais rencontré personne qui n'aimât *Rumours*. On le passait souvent chez moi l'année de « Anarchy in the UK » et de « White Riot », et je crois que si tant de gens malades à l'idée d'être dans la même pièce qu'un disque des Eagles fondaient en larmes en écoutant des chansons comme « Dreams », c'est que Fleetwood Mac transcendait le rock FM hollywoodien non seulement en jouant et en chantant avec une véritable passion, mais en articulant les douloureuses questions de l'amour (et les vraies réponses qui font mal). « Thunder only happens when it's raining / Players only love you when they're playing » était peut-être évident, mais c'était là sa pureté même : vous aviez assisté à ça, et ne vous souveniez que trop bien de la première fois où vous aviez appris qu'on ne peut changer personne. Cette chanson était si honnête et précise qu'elle vous brisait le cœur au lieu d'en parler simplement. Elle était purifiante pour quiconque l'écoutait, c'est-à-dire tout le monde, point barre.

Je crois que ça se réduit à là où on vit, et je ne veux pas simplement dire Hollywood ou New York. Ça en fait partie, mais c'est trop facile. Stevie Nicks est peut-être un cas spatial, une mutation ultime du genre Superstar (même sa manucure est créditée sur la pochette), et par moments d'un narcissisme à gerber – ainsi la couverture, parfaitement répugnante pour moi en tant qu'homme ou fan de graphisme, est ce que *Bella Donna*, son pari réussi d'une carrière en solo, a de pire. Ce qu'il a de mieux, c'est une production dernier cri, la passion rauque de sa voix, et ses mélodies, qui sont si prenantes que je les écoute encore, deux mois après avoir acheté cet album et décidé que c'était un tas de boue.

Et je pensais que c'était un tas de boue à cause du narcissisme à gerber de Stevie, et l'une des raisons pour lesquelles je l'écoute encore, c'est que je pense que le narcissisme à gerber est marrant (faut bien trouver un moyen de vivre avec, après tout). Prenez la pochette : si vous vous considérez comme une sorcière, vous pourrez sans doute vous compter parmi le public de Stevie, sans même vous préoccuper qu'au dos de la même pochette elle vous fasse un doigt d'honneur. Certains auditeurs pourraient davantage s'agacer que recto et verso de l'album créditent un styliste capillaire différent, alors qu'il est foutrement vrai que c'est la même coiffure (exigez d'être remboursé). Pour finir, ce sont les pompes les plus nulles depuis les jours heureux de Quay Lewd and the Tubes. Une sorcière, porter des godasses à semelles compensées ?

Mais les gens n'achètent pas des albums pour les pompes, mais pour les chansons, et nous revoilà dans le domaine tas de boue. Il doit y en avoir pour croire encore qu'une chanson d'amour dit : « Je t'aime parce que tu es ceci ou cela et ainsi de suite », et non « Je t'aime parce que je suis ceci ou cela et tout le reste ». Ils existent quelque part. Mais certes on peut se poser la question de savoir s'ils voudraient écouter ce nouveau genre de cartoon. Stevie, connue pour avoir trouvé des vers aussi bons que « When you build your house / Then call me home », se compare ici à la lune, à une « highway woman », « the kind of woman that'll haunt you », à une colombe aux ailes blanches et à la mer. Pas étonnant, sans doute, que sur cet album elle trouve rarement le temps d'éprouver quoi que ce soit pour quelqu'un d'autre, ou d'évoquer le sujet, bien que sur « Edge of Seventeen », pièce montée mélodramatico-tragi-comique de l'album, elle s'angoisse bel et bien à l'idée de désirer, aussi passionnément que la mer, puis de se taper, un gamin de seize ans.

Et pourtant à la fin tout est pardonnable, même le fait que des chansons comme « Highwayman » parlent de vermines telles que les Eagles. (Dans *Rolling Stone*, elle exulte discrètement : « Ce sont les Errol Flynn et les Tyrone Power de notre époque !

Comme je dois vivre avec eux, j'essaie d'en faire le groupe de gars le plus merveilleux auquel je puisse penser ! »). La vérité est que Stevie et ses célèbres petits copains ont des problèmes personnels dévastateurs que des épaves interloquées telles que vous n'ont pas à affronter. Comme elle le reconnaît dans « After the Glitter Fades », elle n'a jamais pensé qu'elle pourrait réussir à Hollywood, mais elle a tant d'argent entrant par les portes et les fenêtres (à moins que « gold » ne fasse référence aux pétards !) qu'elle est atteinte d'amnésie temporaire quatre vers plus loin et décide que « It's the only life I've ever known. » Il y a certes de quoi se perdre quand il n'y a plus de limitation de vitesse : « This is the fast lane / It's just the way that it is here. » Et étant donné ces épreuves déchirantes du corps et de l'esprit, c'est sans doute une double bénédiction que tous les amis ci-dessus mentionnés (et qui après tout sont tout aussi autoréférentiels dans leurs propres œuvres) soient là pour l'accompagner en chemin. « Leather and Lace », par exemple, est dédié à Waylon Jennings et Jessi Colter, et chanté avec Don Henley, des Eagles : Stevie le transforme en type merveilleux en lui faisant dire des choses du genre : « Sometimes I cry ».

Je dois pourtant dire que savoir si Stevie Nicks s'est tapé Tom Petty ne m'intéresse pas, comme, si oui, qui a conquis le cœur de l'autre, pas plus que quiconque avec qui je couche, quiconque avec qui ils couchent, ou n'importe quel autre amant de la susnommée (dément, non ?). Et je suis sûr que Stevie sera soulagée de l'apprendre. Il me faut aussi la mettre en garde : selon le *Physician's Desk Reference*, une des contre-indications de la belladone est qu'à forte dose, ou ingérée de manière prolongée, elle provoque une amnésie temporaire (!) très semblable à la sénilité : pour le traitement de ce type de détérioration cellulaire, je prescrirais sans doute de l'acétamidobenzoate de déanol, plus connu sous le nom de Deaner-250, à raison de trois prises orales par jour, encore qu'il faille laisser le choix au patient : les avaler en les prenant dans sa main, ou par le biais d'un baiser.

The Village Voice, 25 novembre 1981

Art Ensemble of Chicago : tout public

Je n'ai jamais été un grand fan de l'Art Ensemble of Chicago. Je les ai découverts en 72 au festival de jazz et de blues d'Ann Arbor, après quoi ils ont toujours incarné pour moi une certaine école de jeu free zarbi-bidon qui semblait mettre l'accent sur des choses telles que les perles sur les peaux de tambour et les peintures faciales, aux dépens (pensais-je) de la véritable soul. Même *Nice Guys*, sorti l'année dernière et vivement acclamé, n'a pas fait grand-chose pour me convertir, et quand un ami m'a emmené les voir au Public cet hiver, je me suis endormi, bien que j'aie par ailleurs pensé que le maquillage de clown de Malachi Favors Maghostut était une jolie trouvaille. Deux ou trois mois plus tard, quelqu'un m'a donné un exemplaire du *Nonaah* de Roscoe Mitchell, et j'ai adoré, mais (ostensiblement) pour les mauvaises raisons : cela me paraissait être une des choses les plus scandaleuses que j'aie jamais entendues, et j'ai appelé plusieurs amis musiciens pour leur faire entendre ce passage, à peu près aux deux tiers de la première face, où Roscoe commence à faire de longs bruits de pets répugnants, et ne s'arrête plus. J'ai dit à mes potes, tous fans de *On the Corner* : « Cet album m'a donné de nouveaux espoirs pour le jazz ! », et nous avons ri comme des fous. Mais *j'étais sérieux* !

Mon problème avec le free jazz contemporain, et la raison pour laquelle je n'en écoute guère qui soit postérieur à 1971, c'est qu'il s'agit désormais d'une musique conservatrice – au même titre que le be-bop – qui n'a pas progressé, surtout ces dernières années. (Pensez-y : c'était il y a plus de vingt ans, période au moins aussi longue que celle entre la révolution be-bop et Ornette-Cecil et les autres.) Je veux dire : où aurait-il *pu* aller après des trucs comme *Om* et *Coltrane and Sanders Live at Seattle* ? En fait, c'est aujourd'hui davantage une tradition que les musiciens protègent, ce qui est cool mais tout à fait contradictoire avec le braillement païen sous la forme duquel il naquit.

Quand une avant-garde devient une association de défense de l'environnement, que peut-elle faire pour protéger ses bronks et ses tut-tut au demeurant virtuoses d'un vieuxschnoquisme rampant ? On peut toujours recourir à l'humour, comme l'album de Roscoe me l'a fait comprendre immédiatement. Il a toujours été là, de toute façon (voir toutes sortes de vieux morceaux d'Ornette et d'Archie Shepp, pour ne pas mentionner le pré-free mais néanmoins immortel « Hé les gars, où est l'ouvre-bouteille ? » de Coltrane sur *Relaxin' with the Miles Davis Quintet*), alors si je vous dis que c'est avant tout avec un amusement attendri que j'écoute *Full Force*, la dernière galette de l'Art Ensemble, j'espère que vous y verrez une louange, non une marque de condescendance. Tout le monde prend ça avec une solennité si totale ; et les gars dans le studio, manifestement, se marrent bien. Ouais, ouais, l'Art et toute cette merde, et certes ce sont des compositeurs au même titre que Glass ou Reich ou n'importe qui, mais à l'origine le jazz servait à se donner du bon temps, et pour l'essentiel c'est ce que l'Art Ensemble (quand ils sont bons) fait. Alors, même si ça ne vous secoue pas jusqu'au fondement (ce qui arrive rarement, voire jamais, en fait), c'est encore, en gros, marrant. Même les fichues calebasses et les carillons éoliens et les perles sur les peaux de tambour.

Ce que je mets en doute, c'est l'affirmation (répétée dans la dernière bio du groupe) qu'il s'agit vraiment ici de « nouvelle musique ». Il s'agit en fait de plusieurs types de musique relativement « anciennes » jouées côte à côte ou lentement enchaînées. Et il vous faut avaler le baratin, désormais inoffensif, en même temps que le vrai truc.

La première face de *Full Force* en est un parfait exemple. Elle est entièrement sous-louée, à 45 secondes près, à « Magg Zelma » (vive Christian Vander !) de Malachi, qui s'ouvre par quatre minutes environ de diverses percussions, de célesta-vibraphone-glockenspiel, et de ce qu'on ne peut appeler qu'un cadre sonore campagnard (cris de canard, etc.), tout cela n'allant nulle part, mais en prenant son temps. Ensuite vient un émouvant solo de ténor très « prière » de Joseph Jarman. Et à l'intérieur : un accompagnement de basse improvisé, de la percussion africaine impérieuse, des anches teuf-teuf, un acerbe solo de trompette par Lester Bowie, le tout tombant quelque part à droite de « Tears for Johannesburg », sur le *We Insist : Freedom Now Suite* (1960) de Max Roach, et à gauche des albums de Shorty Rogers parus deux ou trois ans avant *Afro-Cuban Influence* et *Shorty Rogers Meets Tarzan*. « Atmosphérique », comme on dit, mais avec une certaine soul. Après cela, « Magg Zelma » pour ainsi dire tourne court après plusieurs minutes de jam indécise. Mais vous êtes réveillé par les 45 secondes du « Care Free » de Roscoe, magnifique affirmation des cuivres, aux inflexions latines, qui est la plus belle mélodie de l'album. Qu'ils aient choisi de ne pas développer ça paraît totalement pervers.

L'autre face est tout aussi fantasque ou erratique, selon votre point de vue. « Old Time Southside Street Dance » de Jarman s'ouvre et se ferme par un thème d'ensemble strident mais revigorant, qui rappelle fortement Albert Ayler : les solos au milieu sont rapides et sans grande orientation, sauf les claquements de basse limite rock de Maghostut. Le morceau-titre, très complexe, n'est inspiré que par intermittences : pour moi, les meilleurs moments sont les fanfares soutenues à l'apogée (presque bousillées par des sonnailles de cloches) et une section où Roscoe se met à répéter sans arrêt quelque chose qui ressemble à « Hojo » à travers son biniou, terminant par un rire et un hennissement directement empruntés aux Trois Stooges. L'hommage à Mingus de Bowie est ellingtonien, comme il convient, et sa trompette grondeuse fait revivre le fantôme du trombone de Quentin Jackson dans *The Black Saint and the Sinner Lady*, tout comme Ted Curson dans « Folk Forms, N° One » – c'est une interprétation sincère, mais ni assez endeuillée pour être une véritable élégie, ni assez explosive pour rappeler le Mingus que j'adorais.

Cette musique n'a en aucune façon l'âpreté du « Lonely Woman » d'Ornette, de l'« Alabama » de Coltrane, ou du « Hambone » de Shepp. Je crois d'ailleurs qu'elle ne pourrait pas. Ce qui m'intéresse, c'est de voir comment, même quand la passion n'est pas ce qu'elle devrait être, ou quand ils sont en fait en train de branler, l'album est une réussite à un autre niveau qu'on pourrait même appeler commercial (sans arrière-pensée critique). Il n'est pas conservateur-austère, ni alimenté par une fureur sixties ; il a quelque chose pour tout le monde : du blues, de l'atonalité, des dessins animés, et même du psychédélique. Quiconque peut endurer les semblables de Stanley Clarke et de Frank Zappa ne devrait pas avoir de problème avec un équipage si affable. Ce à quoi ça se réduit finalement, je crois, c'est que l'Art Ensemble of Chicago est simplement un divertissement familial bien propre. Mettez-les au programme de la prochaine émission télé de Kristy et Jimmy McNichol. Je crois que l'Amérique est enfin prête.

The Village Voice, 2 juin 1980

Ian Hunter : les vieux cons c'est tout bon

Hé toi, le binocleux ! Viens là, j'ai quelque chose à te dire. Et ça fait des années que j'y songe : Tu vas mourir ! Ouais ! Vas-y, mets tout le maquillage que tu veux, gamin, cache-toi derrière la jupe de la femme de la copine de ta mère, le fait est que tu n'es même plus un *gamin*, tu vieillis à chaque seconde et tout d'un coup tu te rends compte qu'elles *comptent* ! Pff ! Ouais, elles finissent par être comme un orang-outan sur ton dos, et à partir de là ça ne peut qu'empirer. Que le baby-boom et l'effondrement subséquent soient loués, car ils nous enseignent une très importante leçon : que le rock peut être fait par des citoyens d'âge mûr. Mais ce qui est plus important encore, et doit être compris de tous, c'est qu'*être vieux c'est cool.* Car les mômes ne sont que des petits salopards idiots qui n'iront nulle part, sinon vers leurs services de gériatrie pas si lointains que ça. Tandis que les personnes âgées ont déjà traversé tous leurs sautillements futiles, et *savent*, comme seuls le peuvent ceux qui ont souffert pour les plus stupides des causes, et ont perdu de surcroît. Sans être aussi vieux que j'aimerais l'être (bien que donnant parfois le change), je sais tout de cette histoire de primauté de l'âge depuis des années, depuis que j'ai compris que l'Oncle Picsou, Charles Bukowski et Malcolm Muggeridge[31] étaient plus cool que n'importe quelle rock star. Et Ian Hunter le sait encore mieux que moi, étant plus chenu (il m'a dit une fois que Kim Fowley et lui avaient comparé leurs âges et constaté qu'ils avaient à peu près le même) et ainsi, avec plus de campagnes désespérées à la ceinture, est-il bien plus proche de la mort.

D'un autre côté, sa carrière solo n'a pas exactement été des plus percutantes. Sa première collaboration avec Mick Ronson, c'était Mott the Hoople avec des piles à moitié déchargées, la deuxième un truc aussi consternant que pompeux chiquant Dylan, sans que Ian se rende compte que lui-même devenait aussi pompeux que consternant, la troisième un boucan déchaîné mais contraint qui n'est jamais sorti aux États-Unis, ce qui vaut peut-être mieux pour Ian. *You're Never Alone with a Schizophrenic* est meilleur que les trois susmentionnées, tout en surclassant le deuxième, le troisième et le dernier album de Mott the Hoople. S'il est dépourvu de l'énergie des Mott au mieux de leur forme, il rocke à fond et médite sans conclure sur la Grande Question, comme seul Ian sait le faire. Et s'il est incapable de dire quoi que ce soit de particulièrement nouveau ou profond sur l'âge et l'imminence de la fin, cet album empeste le déclin et la mort, et c'est ce qui lui donne son indéniable puissance.

Ian a toujours été le plus égocentrique et le plus autoréférentiel des rockers. Ça fait partie de son charme. Mais ça assure également qu'il se prendra implacablement au sérieux, et peut-être, bien que nous partagions tous sa triste condition, pourrait-il nous être permis de rire de temps à autre à le voir se colleter avec comme un histrion. (Il affirme le faire, comme quand il dit que « Life After Death » est une sorte de vanne en pleine descente de speed, mais ça ne s'entend pas dans les chansons, alors on s'en fout). Dans « The Outsider » il préface un voyage-désolé-à-travers-le-désert zimmermannien (ce qu'America a beaucoup mieux fait avec « A Horse with No Name ») par « Death be my mistress / Guns be my wife ». Une telle sinistrose est hystérique, ou bien rions-nous nerveusement parce que nous avons la trouille ? Non, nous rions *en dépit* d'elle.

Ce qui sauve Ian de ses propres pontifications, c'est son honnêteté : que « Standin' in My Light » prenne fin presque en milieu de refrain signifie qu'il admet que, même s'il râle contre ces nouveaux groupes qui le remplacent sur les murs à pin-up des fans inconstants, il n'a pas peur de reconnaître qu'il est lui aussi un intérimaire quelconque, rien qu'un bruit de fond. Il y a longtemps qu'il a renoncé à vouloir être le Nazz[32]. Mais qui diable veut être le Nazz, de toute façon ? Le Nazz est un connard. Ian, écoute donc tes critiques (nous sommes plus malins que les muses !) : ce que tu fais de mieux côté paroles/concept est erratique, des griffonnages presque beatniks sur l'état présent de toi-même et de la mêlée qui passe. Ce qui veut dire que même sur ton lit de mort ce sera encore « Just Another Night », et je ne serais pas surpris qu'on te chope à écrire une chanson là-dessus au moment même où le vieux Nous-Savons-Qui viendra t'appeler. À ce rythme, tu devrais pouvoir garder les abdos suffisamment fermes pour devenir l'un de nos plus grands hommes d'État d'âge vénérable. D'ailleurs, bon dieu, tu es *né* vieux, et vu l'allure que prennent les choses un tas de ces jeunes pousses sur les murs à pin-up vont claquer alors que tu seras toujours là à te cuiter.

The Village Voice, 4 juin 1979

Le toilettage de David Johansen

Il y a une importante différence entre « mode » et « style » ; c'est comme celle entre « normal » et « sain ». La norme est pourrie et les New York Dolls étaient anormaux mais incroyablement sains ; ils avaient du style, ce qu'on ne peut posséder qu'en soi et pour soi – c'est l'originalité, une distinction d'attitude physiquement incarnée. Tandis que la mode, c'est juste une bande de connards qui vous disent quoi porter, et en fait comment vous comporter, dans tous les domaines.

J'adorais David Johansen. Je me souviens l'avoir vu pendant les années comprises entre le split des Dolls et sa réémergence, à traîner aux environs du Bottom Line et du CBGB, toujours avec ce petit chapeau et ce costume rouges, toujours gai, voire puits de science, et pourtant il y avait quelque chose de touchant dans son insistance, jamais formulée mais manifeste, au milieu du naufrage des Dolls et de l'Albatros du glitter, qu'il était Quelqu'un, toujours candidat au titre. En 1975, je lui avais demandé son numéro de téléphone, et quand j'ai déplié le bout de papier, il avait surmonté le « i » de son prénom d'une étoile, ce que je n'avais plus vu depuis le temps où, au lycée, des filles prénommées Trixie cherchaient à se faire élire au poste de trésorière de la classe.

Nous l'adorions tous du temps des Dolls parce qu'il était un second couteau plein d'ironie, nous l'adorions l'année dernière parce que son album avait une sincérité qui compensait son groupe de tâcherons : il y avait dans « Frenchette » une véritable majesté, et « Donna » était tout simplement un classique intemporel, capable de vous broyer le cœur au même titre que « Wild Horses » ou « Just Like a Woman ».

Ce que nous adorions tout particulièrement en lui, c'était son naturel. Avoir traversé les guerres du show-biz ne semblait pas l'avoir diminué, c'était toujours le castagneur du quartier sûr de lui, ainsi que le gars le plus sympa de la ville, et assez viril pour le montrer. Il y avait en lui une aisance qui transcendait même le rock : peut-être en voulait-il, mais il semblait chevaucher la crête des turbulences de carrière avec une sorte d'insouciance Premier Partout qui faisait de lui un véritable homme de spectacle. Il semblait tout faire à la perfection et sans effort, y compris dans son rôle de sex-symbol, et naturellement moins on se donne de mal côté sexe plus on sera sexy. Certains disaient qu'il ne savait pas chanter, mais ils montraient bien par là qu'ils ne connaissaient pas grand-chose au rock, comme d'ailleurs au spectacle, parce que le style et le magnétisme sont des talents qu'aucune école de musique ne vous donnera jamais – comme tous les grands, il redéfinissait le territoire en violant les règles. Dans *Take No Prisoners*, Lou Reed disait : « I've got enough attitude to kill everybody in the state of New Jersey » ; David était un mauvais garçon avec assez de cœur pour *sauver* tout le monde dans l'État du New Jersey ; mais il savait également éviter les épanchements d'opéra et les pitreries verbeuses qui sont le gros défaut de Springsteen.

Vous venez de lire la liste des raisons qui font que je hais *In Style*.

Je ne vais même pas parler de son concert la semaine dernière au Palladium, parce que je pense que c'était un jour sans, et l'année dernière il en a donné quelques-uns parmi les meilleurs que j'aie jamais vus, alors je suis sûr qu'il en a beaucoup d'autres en lui (en lui : car son groupe, euh... des tâcherons vêtus comme The Knack). Il commence à se passer quelque chose qui est fascinant pour le fin connaisseur des détours de carrière, et d'une tristesse cosmique pour quiconque aime David : il a confondu mode et style, et s'est laissé empaqueter d'une manière gênante voire émétique. Ce qui vous flanque vraiment la trouille, c'est de voir à quel point il se montre franc et passionné là-dessus, peut-être parce qu'il n'a pas encore vu la différence subtile, cruciale, tragique, entre porter des fringues flashy pour accentuer l'éclat de votre personnalité exceptionnelle, et *devenir* ces fringues. Voici une pub parue dans le *Voice* de la semaine dernière : « Le nouvel album de David Johansen met dans le mille en portant l'accent sur la mélodie, avec une touche de classe et de flash... mais toujours "In Style"... Le rock sur son trente et un. » Allez, les gars, je vous en supplie, que quelqu'un vienne me dire qu'il n'est pas en train de se vendre lui-même, de manière si désespérée que c'en est pathétique.

Dans le même temps, *In Style* lui-même est un album parfaitement agréable si vous voulez simplement le passer une fois de temps en temps. Moi, j'ai cette difficulté à séparer la musique des gens de l'attitude, ou du système de valeurs, qui est derrière, et ce qui est derrière *In Style* pue (ou alors c'est la musique qui n'est pas assez forte pour vous le faire oublier, comme les Stones autrefois).

« In Style » (la chanson) est un rock tout à fait correct, mais qui incarne parfaitement le problème. Comme la pub dans le *Voice*, c'est une autorévélation, un aveu que pour avoir les richesses et la gloire qu'il désire, il veut, il est prêt, à s'adapter, et à se compromettre chemin faisant : « Until there comes a day that I find me a better way / I'm doin' it all up in style » – quelle critique plus féroce de cet album pourrais-je faire que ça ? Je *sais* qu'il a le dos au mur, je *sais* que le dernier album n'est pas passé à la radio, tout comme je sais que David aime les fringues classieuses aux poches pleines de butin à gaspiller, et que, bien sûr, il a toujours voulu que Richard Avedon lui tire le portrait. Ce que je n'attendais pas de quelqu'un d'aussi exceptionnel que lui, c'est un album de rock à formule homogénéisée allant des Stones à Springsteen (Mick Ronson ? *Plus tard !*), et de le voir loucher à travers les barreaux d'un packaging qui oscille entre la marchandise sexuelle à clichés et le cosmopolite d'imitation blasé. Il était funky autrefois, et aujourd'hui il est peut-être chic, mais j'en doute. En fait il a toujours été chic *parce qu'*il était funky et désormais... il commence à... ressembler... à...

De la merde.

Oh, mais n'oubliez pas « la touche de classe et de flash » (ouais, la *touche* !) – on n'a pas affaire à un pochetron qui s'empresserait de brader. Et d'une certaine façon, il ne fait rien de tel, car cette merde, pour être ce que J. Rotten appelait un des « débiles idiots qui font la queue », semble être ce qu'il désire vraiment, sincèrement, de tout son cœur gros comme ça, et là est la véritable tragédie et la véritable obscénité. Mais j'aimerais simplement lui demander : David, partant du principe que tu as la célébrité conformément aux normes que tu t'es fixées, comment vas-tu éviter de devenir la personne dont tu parlais dans « Frenchette », qui confondait le clinquant et l'âme, ou bien celle que tu évoques dans « Flamingo Road » ? Cette chanson est un demi-chef-d'œuvre – la métaphore géographique Springsteen-sorti-de-Van-Morrison est encore un peu trop dérivative – qui en définitive essaie trop fort, avec toute la pompe springsteenienne. C'est également une chanson sur une personne qui, pour reprendre une formule de Little Richard, a eu ce qu'elle voulait mais perdu ce qu'elle avait : elle a réussi un max et maintenant elle est « half the clothes in France » (pour rimer avec le gratuit « leather pants »), et ça ne veut rien dire, elle meurt de froid à l'arrière d'une Lincoln Continental. Pour appliquer la brutale logique de la mentalité à laquelle il s'adresse, on dira que ce genre de problème arrive aux gens dont le système de valeurs se confond avec leur garde-robe. Quand il chante « I bet your conversation takes you everywhere », ça vous brise le cœur un instant, et suggère ce à quoi il pourrait parvenir au lieu de devenir un Rick Springfield pour *Vogue* – une exploration réelle, lucide, et parfois même sagace, de ce que les hommes et les femmes peuvent se faire quand le glamour est tombé par terre.

Il y a aussi « Justine », une chanson en vue du Graal de « Donna », mais quasi bousillée par un nouvel arrangement pourri à la Springsteen ; le single, « Melody », un hommage aux Four Tops, haut la main mais vocalement forcé (donc il chante plus « correctement » désormais – et alors ?) ; « Swaheto Women », sous influence disco, qui n'est ni braderie ni grand-chose d'autre ; les boucanesques « She » et « Wreckless Crazy » vaguement stoniens ; et la carte postale illustrée de « Big City ». Les Dolls faisaient bander les banlieues, « Donna » me faisait pleurer, et cet album comme son ravalement de façade pourraient aider David Johansen à devenir enfin une star. J'espère encore qu'il y parviendra. J'espère que quand il y arrivera, s'il y arrive, il aura encore quelque chose à dire. Et j'espère qu'il aura l'air plus heureux que Richard Avedon ne pourrait jamais le lui donner.

The Village Voice, 3 septembre 1979

Patti Smith : Horses

Patti Smith survivra au blitz médiatique et à l'avide demande générale pour une nouvelle « superstar » parce qu'elle est une artiste à l'ancienne – mais *de la bonne manière.* C'est avec une urgence brute que *Horses* fonce droit devant, mais elle-même adopte une approche très méthodique. Elle aurait pu faire tout ça il y a longtemps, et elle s'est construite sans arrêt, payant ses dettes et s'initiant à une musique qui convienne à la portée de sa poésie afin que, lorsque la chanson apparaît au final, elle tienne toutes ses promesses.

Ce qu'il faut bien voir, c'est qu'elle transcende le côté « culte marginal » pour être à la fois positive et grand public, même si ses chansons vont au-delà d'un simple flirt avec la mort et la pathologie. Elle a simplement vu qu'il était temps que la littérature se secoue et que la musique soit porteuse à la fois d'une certaine culture et d'une influence qui ne soit pas bidon. Une telle combinaison fait d'elle un ange coriace typiquement américain, arpentant la rue en claquant des doigts, et pourtant bougeant avec cette ondulation des hanches si semblable à celle des allumeuses pour lesquelles vous avez bavé au lycée.

Elle a un son aussi nouveau-ancien que son look. On y entend les Shangri-Las et autres groupes de filles du début des années 60, ainsi que Jim Morrison, Lotte Lenya, Anisette de Savage Rose, le Velvet Underground, les beatniks et les Arabes. Et tout du long, le minimalisme du groupe contraint le son à sortir en même temps que la poésie, et ce son se tient. Ce n'est pas un album « parlé », c'est un album de rock, et vous ne pourriez manquer la force émotionnelle de la musique de Patti même si vous ne parliez pas un mot d'anglais. Et vous adorerez qu'elle commette des erreurs (en cette époque où un « rock » superficiel et prédigéré sert de Muzak) quand sa voix s'éraille (mais comme il convient) comme en un bond parfait vers quelque chose de précieux. À quoi bon *l'autre* perfection ?

Ce qui nous mène à l'une des choses les plus couillues de cet album : elle affronte les articles de *Mademoiselle* et la rubrique d'Earl Wilson[33] non avec quelque superproduction bien léchée (dont John Cale serait très certainement capable), mais avec le plus beau son de garage band jamais entendu dans les seventies. Le groupe déménage avant tout parce que, à de brèves exceptions près (la superbe intro au piano de Richard Sohl pour « Free Money », la guitare spectrale d'Allen Lanier dans « Élégie »), il est utilisé soit comme un instrument à percussion soit (comme aux plus grands moments du Velvet) pour soutenir un bourdonnement fortifiant. Lenny Kaye tire de sa guitare quelques-unes des meilleures distorsions sur une note depuis le « 1969 » des Stooges, et le primitivisme ambiant vous fait comprendre que vous êtes redevenu un mammifère, que vous en êtes ravi et vous léchez les babines.

Ce qui ne veut pas dire qu'il n'y a pas à l'œuvre ici une certaine sophistication musicale : c'est simplement qu'il s'agit d'une sophistication sortie des *tripes*, d'un instinct ferme et assuré et non de l'approche cérébrale, à l'odeur de renfermé, des vieux albums « jazz et poésie ». *Horses* est une œuvre impérieuse, et non pas exigeante : vous n'avez pas à faire d'effort pour la « comprendre » ou l'aimer, mais vous ne pouvez pas l'ignorer non plus ; elle refuse d'être simple musique de fond, impose le silence dans la pièce où on la passe, et une fois terminée fait encore sentir ses effets, que les auditeurs aiment ça ou pas.

Chaque chanson s'édifie avec une effervescence inexorable, un goût du désir et du risque qui vous secoue et ne vous laisse jamais oublier que vous écoutez enfin du vrai rock. Et chacune comporte des moments qui vont au-delà du crade pour atteindre des domaines affectifs qui peuvent vous faire frissonner. Dans « Birdland », c'est « It was as if somebody had spread butter on all the fine points of the stars and they started to slip » [*« C'était comme si quelqu'un avait enduit de beurre toutes les pointes d'étoiles et qu'elles commencent à glisser »*], à vous laisser pantois ; dans « Break it up », la séquence vraiment cosmique de « I cried "Help me please" / Ice it was shining » de Patti, et tout d'un coup, grâce à ce vers, vous l'entendez réellement se frapper la poitrine du poing avec une régularité de métronome, ce qui nous mène à « My heart it was melting... »

Tout du long, elle joue avec des rôles et des masques, combinant bouderie féline et agression masculine revendiquée dans « Gloria », où elle transforme l'original de Van Morrison en un fantasme sauvage qui est une célébration du désir sexuel le plus cru et de la primauté de l'individu sur n'importe quel dieu, n'importe quelle loi. Bien qu'elle apprenne encore à chanter, sa voix est partout, du jappement bandant de « sweet young *thuing* » dans « Gloria » à la manière démoniaque dont sa langue fouette le mot « locker », la première fois qu'elle le prononce dans « Land », en passant par la brève envolée dans l'aigu surnaturelle mais si apaisante au milieu de « Élégie ».

Horses se définit véritablement dans « Kimberly », « Land » et « Élégie », les deux derniers s'accordant pour former une bouleversante épopée de violence, de fuite, de mort et de deuil qui se révèle en définitive cathartique. « Kimberly » est la chanson la plus envoûtante que j'aie entendue depuis longtemps (à tel point que j'avais à peine l'album depuis 48 heures qu'elle palpitait non seulement à travers mes jours, mais aussi dans mes rêves), une sorte de boléro Ronettes plus « Waiting for the Man » célébrant l'art de donner le jour comme un cataclysme (ce qu'il est) par des paroles sidérantes : « Oh baby I remember when you were born / It was dawn and the storm settled in my belly / And I rolled in the grass and I spit out the gas / And I lit a match and the void went flash / And the sky split / And the planets hit... And existence stopped / Little sister, the sky is falling / I don't mind... » [*« Oh bébé je me souviens quand tu es né / C'était l'aube et l'orage s'est installé dans mon ventre / J'ai roulé dans l'herbe et recraché le gaz / J'ai craqué une allumette et le vide a explosé / Et le ciel s'est fendu / Et les planètes se sont heurtées... Et l'existence s'est arrêtée / Petite sœur, le ciel s'effondre / Je m'en fous... »*]

« Land » crée dans sa séquence d'ouverture une ambiance de sexualité sinistrement malveillante qui mène à la scène de viol, puis vient la vague farouche, chaque mot étant une explosion, de « Suddenly / Johnny / gets a feeling / he's being surrounded by / horses ! / horses ! / horses ! / horses ! », puis on passe à un refrain nu, déchirant, « Do you know how to pony », tiré du vieux hit de Chris Kenner « Land of 1 000 Dances ». Après ça, la chanson décolle, presque littéralement, dans l'espace, les trois voix simultanées de Patti, alternativement en phase et déphasées, fusionnant comme par magie des images fracassées : « He picked up the blade and then he pressed it against his... smooth *throat* / and let it dip in / the veins / to the sea / of possibilities / it started hardening / to the sea / in my hand / and I felt the arrows of desire... » [*« Il prit une lame et l'appuya contre sa... douce gorge / et la plongea dans / les veines / vers la mer / des possibilités / elle se mit à durcir / dans la mer / dans ma main / et je sentis les flèches du désir... »*], tout s'élevant dans un déferlement furieux de son et d'image pour exploser en une mort étouffante froidement contemplée, la vie refluant sur un rythme ralenti vers « Élégie », rafale de mélancolie pure figée juste avant l'angoisse ; c'est là que Patti chante le mieux, et c'est la chanson la plus solitaire depuis l'« Elegy to Lenny Bruce » de Nico.

Les héros de Patti ont peut-être disparu, mais elle est encore avec nous et pour nous, si fortement que sa musique devient, finalement, quelque chose derrière quoi on peut se rassembler. Pour commencer, elle a certaines qualités qui peuvent faire d'elle l'héroïne de toute une génération de filles ; Patti a fait plus ici pour la femme considérée en tant qu'agresseuse que tous les tracts du Women's Lib, et a imposé aux médias l'idée qu'apprendre à « devenir » une « femme » est un processus, au même titre que pour les hommes qui luttent avec toute cette histoire de « virilité » à la noix. C'est une dure de ce genre, qui marche comme Bo Diddley et qui pourtant est entièrement femme, que nous attendions depuis si longtemps ; une chieuse qui réussit le prodige d'être simultanément une idole des femmes et un objet de désir des hommes (et des femmes, sans doute).

Mieux encore, la musique de Patti, dans ses plus grands moments, se raccorde sur de profondes sources d'émotions que très peu d'artistes, de rock ou d'ailleurs, sont capables d'atteindre. Par l'abondance de ses promesses, comme par les envols et les silences les plus incandescents de cet album, elle rejoint les rangs de gens tels que Miles Davis, Charlie Mingus, ou le Dylan de « Sad-Eyed Lady of the Lowlands » et du concert du Royal Albert Hall. C'est vraiment aussi profondément ressenti, et aussi émouvant : un romantisme nouveau, édifié sur le langage universel du rock, une affirmation de la vie si totale que, même lorsqu'elle reconnaît la présence choquante de la mort, elle vous coupe le souffle. Et seuls les joueurs-nés prennent ce genre de risque.

Creem, février 1976

Meilleures que les Beatles[34] *(et que DNA aussi)*

Je reçois de bon nombre d'entre vous des lettres pleurnichardes se plaignant de l'état de l'art actuel. « Qu'est-ce que c'est que ces conneries ? » demandez-vous. « Nous pensions que la New Wave était censée être cet Éveil de Nouvelles Expressions du Moi et de la Liberté, ce qui aurait conduit à de nouvelles révélations musicales, voire à de nouveaux aperçus sur la condition humaine ! Et au lieu de ça on est sortis claquer tout ce pognon et tous ces albums ne sont que *merde* ! »

Vous avez au moins raison sur un point : tous ces albums ne sont que merde, et vous auriez tout aussi bien fait de brûler tous ces billets de banque (le *Closer* de Joy Division à douze dollars, ha ha ha !). Mais s'ils ne sont que merde, ce n'est pas pour la raison que vous pourriez croire : c'est en fait parce qu'ils sont *trop bons* !

Parfaitement. Tous ces groupes étaient tellement débiles qu'ils ont pété les plombs et ont appris à jouer de leurs instruments, processus aussi inéluctable que la putréfaction d'un cadavre. Enseignez-leur un accord ou deux, puis voyez ces petits sagouins *pratiquer* jusqu'à ce qu'ils puissent passer de l'un à l'autre (ensuite, trois, quatre... z'auraient jamais dû en apprendre ne serait-ce qu'*un seul* !) aussi adroitement qu'Al DiMeola s'il voulait jouer ça, ce qu'il ne tardera pas à faire ! Bon dieu !

Et c'est pourquoi le seul espoir du rock, hormis tout le monde ne jouant que du bruit atonal strident à travers des boîtes à distorsion Arbiter, ce sont *les femmes*. Les couilles, voilà ce qui, pour commencer, a ruiné le rock et la politique, et j'exige que le monde soit immédiatement confié au sexe féminin. C'est le seul espoir. Valerie Solanas[35] était une prophétesse tellement plus importante que Warhol que je ne puis qu'espérer qu'elle consentira à *diriger* le groupe que je suis en train de former. Aujourd'hui, ce qui se fait de mieux côté rock, où que ce soit, est dû aux femmes : l'autre soir, j'ai vu Dieu sous la forme des Au Pairs, les Slits sont fantastiques, les disques des Raincoats meilleurs que *London Calling* ou tout ce qu'a pu sortir Elvis Costello, Chrissie Hynde ne compte pas, Joan Jett mérite sa place au soleil (pour ne pas parler de dédommagements), Lydia Lunch est LE Modèle Féminin des années 80 et par ailleurs la plus grande guitariste du monde… la liste est interminable. (Patti, reviens, tout est pardonné !)

Mais il faut rendre hommage à celles qui les ont précédées : les Shaggs. En 1969, elles ont enregistré en Nouvelle-Angleterre un album qui, je crois, peut rivaliser aisément avec *Beatles' 65*, *Life with the Lions*, *Blonde on Blonde* et *Teenage Jesus and the Jerks* comme l'un des plus grands moments de l'histoire du rock. Non seulement les sœurs Wiggins ont redéfini le genre, mais elles avaient sur leur tout premier album, *Philosophy of the World*, une *weltanschauung* cohérente. Fondamentalement, cela signifie que ces filles, contrairement aux Stones, disent : nous vous aimons, que vous soyez gras, maigre, débile mental ou Norman Podhoretz, voire Paul Weyrich[36]. Aucune différence ; ces filles acceptent tout parce que ce sont de véritables humanistes gardant l'œil sur notre avenir social, dont le seul espoir est un communisme redéfini reposant sur un partage sincère de tout ce que vous possédez avec tous les êtres dotés de sensations. Leur religion, comme la mienne, est compassion, christianisme authentique sans facteur de culpabilité ni intérêts masqués, peut-être une économie de troc, mais en tout cas élimination du capitalisme, du viol, et haine des groupes de pression. Par exemple, dans leur titre préféré, « My Pal Foot Foot », elles montrent à quel point même un petit chien doit se voir accorder l'égalité des droits civiques, allant peut-être jusqu'au droit de vote. Bon dieu, on a bien laissé Nancy Reagan entrer à la Maison-Blanche ! Elles croient également que nous devrions nous débarrasser presque entièrement de la société high-tech qui nous a désormais perchés au bord du suicide mondial, et en revenir à une proximité de type tiers-monde avec la terre, les éléments, la nature, les saisons, comme dans le titre que je préfère sur cet album, « It's Halloween », qui souligne que les fêtes saisonnières sont essentielles à une économie personnelle saine (pourquoi diable croyez-vous que tous ces types en Californie n'ont pas de cervelle ?)

Hélas, le chef-d'œuvre des Wiggins se perdit au fil des années – il était sorti sur un petit label, et chacun sait que l'industrie du disque a la tête si loin du cul qu'elle se lèche le plastron. Mais ce type de NRBQ avait assez de jugeote pour le sauver de l'oubli (dans un numéro récent de *Rolling Stone*, il le compare au Ornette Coleman du début, ce qui est juste, encore que Marzette Watts[37] serait sans doute une référence plus judicieuse), si bien que maintenant il est ressorti sur Red Rooster, ce qui bien entendu est une vanne parfaite aux dépens de tous ces rockers heavy metal à grosse bite travelos refoulés. Comment est-ce que ça sonne ? Parfait ! Elles sont incapables de jouer le moindre riff ! Mais pour l'essentiel, elle ont la bonne attitude, ce qui, après tout, caractérise le rock depuis le premier jour (je veux dire : ne pas savoir jouer ne suffira jamais). Vous devriez écouter le riff de batterie après le premier couplet et refrain de la chanson-titre – on dirait un infirme à jambe de bois trébuchant dans un champ de pneus Uniroyal chauves, ça enterre Dave Tough[38] et ces filles ne sont même pas des junkies (évidemment !). Elles se contentent de badaboumer en fredonnant des harmonies qui font songer à trois Nonnes Chantantes ayant reniflé de l'essence à briquet, et leurs voix sont si semblables (après tout, elles sont sœurs) que vous penseriez presque avoir affaire à des triplées siamoises. Style de guitare : ça sonne comme 14 peignes de poche passés sur l'épine dorsale d'un élan, mais très doucement. Et pourtant ça rocke, oh que oui ! En plus la pochette est l'une des plus grandes de l'histoire, la meilleure depuis *Blank Generation*.

Dieu bénisse les Shaggs. Maintenant, si elles pouvaient émerger de leur (semi ?) retraite (?), personne n'aurait plus aucune raison de dire : « Le rock est mort, mec... » Rentre-leur dans le lard, Valerie.

The Village Voice, 28 janvier 1981

Dead Boys, Count Five, même combat

Vous pourriez faire valoir que les Dead Boys ne sont qu'un petit Sex Pistols pour faire rêver la congrégation du CBGB en attendant que Rotten & C° surviennent sur nos rivages : le chanteur Stiv Bators se flagelle la chair à la Iggy Pop et parvient régulièrement à se tordre le visage en une grimace ricanante à la Rotten ; le guitariste Cheetah Chrome est au moins aussi voyou que Vicious ; et la relation du groupe avec son public est au mieux de type amour-haine – les deux derniers concerts auxquels j'ai assisté ont été interrompus quand des bouteilles ont volé vers la scène (selon Cheetah, c'était le même gars à chaque fois). Dans diverses interviews, le groupe s'est plus ou moins flatté que la violence semble les suivre partout, et une source aussi fiable que la bio de Sire Records comporte des récits déchirants des entailles, ecchymoses et écorchures que Bators s'est infligées, comme des brûlures de cigarettes imposées à Jimmy Zero par des fans.

Sans doute allez-vous me dire que cette obligatoire glorification punk de l'automutilation et du sadomasochisme est révoltante, et toujours plus avec le temps. Après tout, quand Iggy se tailladait, c'était parce qu'il était réellement cinglé : chez des groupes comme les Dead Boys ou les Viletones c'est plus répugnant que terrifiant. Il est parfaitement évident qu'ils s'entaillent non sous l'effet d'une obscure compulsion intérieure, mais pour la simple raison qu'ils croient que ça fera d'eux des stars, tout comme vers 1973 n'importe quel crétin de n'importe quel groupe débutant se tartinait la tronche de maquillage.

Et pourtant, en dépit de tout ce flagrant baratin, je trouve les Dead Boys inoffensifs – et qui plus est je les aime. Vous pourriez estimer que je suis plus tordu qu'ils ne prétendent l'être, mais en fait il n'est pas si douloureux que ça de s'infliger ces petites coupures superficielles, d'ailleurs ils vont vraiment se faire éclater quand ils iront en Angleterre, aussi sont-ils voués tôt ou tard à souffrir pour leur art. Non qu'ils devraient, pas plus qu'ils n'ont à payer quelque dette que ce soit ; ne pas les payer, voilà précisément ce dont le punk américain parle depuis le début. Jimmy Zero m'a dit qu'ils s'étaient toujours considérés comme un groupe comique, et *Young Loud and Snotty*, leur premier effort, est du garage rock américain classique et trashy, que vous devriez prendre à peu près aussi sérieusement qu'ils le font. Les gens tendent à oublier que des groupes comme les Count Five étaient capables de rire d'eux-mêmes en plein milieu des années 60 cheveux longs/marijuana/politique. L'hostilité systématique et défoncée des Dead Boys ne m'inquiète pas plus que le fait que leur album n'est jamais qu'une foutue *démo*, ou qu'ils ont été tenus à l'écart des ultimes séances de mixage par la productrice Genya « Hot Pants » Ravan[39]. Ils sont foutrement plus près de la lavasse avec laquelle j'ai grandi (Shadows of Knight, Standells, Chocolate Watch-band) que tous ces groupes anglais merdiques imitant les Ramones.

Certains diront que les chansons des Dead Boys sont sexistes. Brillante déduction ! Mais comme le disaient les Spokesmen dans « Dawn of Correction », « You missed all the good in your evaluation ». Le bon est que de toute façon, comme presque tous les groupes punk, les Dead Boys sont sans doute trop bourrés pour l'avoir bien raide, que le vrai sado-maso leur fout la trouille, et qu'en général ils conçoivent le sexe non comme une question de suprématie masculine, mais comme un petit truc répugnant. Prenez une chanson comme « Caught with the Meat in Your Mouth » : là où des groupes comme Aerosmith prennent des poses d'étalon, Bators déclare simplement, comme le dit le titre, qu'il tire quelque chose de la pouffiasse nulle – et implicitement, puisque ça fonctionne dans les deux sens, de lui-même aussi. Le misérable petit naze, tout au long de cet album, ne chante à aucun moment : « Ma bite fait 25 centimètres ». Cela lui est impossible car, comme tous les membres du groupe, il est catholique (le fait est que tous ont été enfants de chœur), si bien que le sexe est une question chargée de tant de culpabilité que Stiv, comme Mme Lunch[40], en sont humiliés. Ou alors c'est que la viande en question est, symboliquement, une hostie, auquel cas les deux parties sont également bénies. Ces temps-ci il devient plus difficile que jamais de distinguer le ciel et l'enfer.

The Village Voice, 24 octobre 1977

Des mérites de la répression sexuelle

Peut-être que ça se réduit à ça, en fait : Ronettes, Shangri-Las, Crystals, et les chanteurs aussi, tous ces vieux classiques rock, étaient alimentés par une seule chose : la répression sexuelle, et la frustration conséquente. Ils étaient peut-être sexistes, névrotiques ou même masochistes – parfois je pense que la seule raison pour laquelle on a inventé la pop music était d'exprimer des émotions malsaines sous une forme aussi trompeuse qu'apaisée. ILS EXPLOSAIENT LITTÉRALEMENT DE TOUT CE DÉSIR RÉPRIMÉ ET DE PEUR ET DE CULPABILITÉ ET DE CRAINTE ET DE HAINE ET DE RANCŒUR ET DE CONFUSION. Et cela leur donnait une sorte d'urgence anarchique, qui peut encore nous émouvoir aujourd'hui.

À écouter certains vieux titres des Shangri-Las, vous pourriez vous retrouver à rire et à pleurer en même temps. Et le truc de Spector… pas seulement le fameux Mur de Son, mais l'urgence dans la voix de ces filles, signifiait sexe pur, substrat de toute scène possible entre un gars et une fille, partout où alors nous trouvions le moyen de nous éclipser pour voir jusqu'à quel point nous pourrions aller cette fois.

Toute cette frustration passait dans le rock, toutes ces puissantes émotions étaient bien en vue, et la production derrière elles regorgeait d'une méticuleuse abondance de détail. Ces chansons étaient comme de magnifiques tapisseries dépeignant les situations les plus embarrassantes et les plus ridicules, mais aussi les plus douloureuses, et elles tiennent aujourd'hui encore.

Blondie ne constitue pas vraiment un Mur de Son, mais il serait injuste de le leur reprocher. Ça n'est pas le Blondie Orchestra, c'est juste un bon petit groupe de rock qui a évolué sans arrêt depuis le garage sans jamais perdre de vue ni cesser de comprendre ce qu'on y trouvait de bon, sinon de meilleur. La majorité de leurs chansons sont bien. Debbie a une voix aussi bonne, selon les critères de « chant » traditionnels, que beaucoup de ceux qui enregistraient au début des années 60. Mais on n'oserait pas mettre un de ses titres à côté d'une production Spector ou Shangri-Las, parce qu'il sonnerait franchement pâle des genoux. La raison en est (comme je ne cesse de le ressasser) que la musique ne semble pas comporter d'émotions vraiment fortes, et que celles qui font surface de temps à autre, ce qu'il peut y avoir d'obsessions et de désir, sont invariablement presque aussitôt sabrées par des fusillades d'ironies, de sarcasmes, de *camp*, tout ce que vous voulez, qui finissent par les enterrer.

SI LA PREMIÈRE RAISON POUR LAQUELLE NOUS ÉCOUTONS DE LA MUSIQUE EST D'Y ENTENDRE L'EXPRESSION DE LA PASSION – comme je l'ai cru toute ma vie – ALORS JUSQU'À QUEL POINT CETTE MUSIQUE SE RÉVÉLERA-T-ELLE BONNE ? Qu'est-ce que ça dit de nous ? Que confirmons-nous en nous-mêmes en adorant un art aussi affectivement neutre ? Et simultanément, que sommes-nous en train de détruire, ou du moins de rabaisser, en nous ?

Ces dernières années, nous avons vu la montée d'un type de musique peut-être inconnu jusque-là dans l'histoire humaine : une musique conçue spécifiquement, intentionnellement ou par motivation inconsciente, pour faire disparaître les émotions qui pourraient encore subsister dans l'atmosphère qui nous entoure, créant ainsi un vide où nous pouvons respirer plus aisément parce que nous aurons moins la trouille les uns des autres, bien que nous ne communiquions toujours pas. C'est la disco de base, bien entendu. Mais elle n'est pas la seule. Toutes sortes de musiques s'en chargent, et vous pourrez parler tant que vous voudrez de la Muzak, et de la variété pré-rock nunuche que nos parents aimaient. « How Much Is That Doggie in the Window[41] », mais ce n'est pas la même chose parce que ces chansons reposaient sur une conception des rapports sociaux sur laquelle, pour l'essentiel, tous les auditeurs s'accordaient. Tandis qu'il n'existe rien de tel aujourd'hui. Il y a donc un genre entièrement nouveau de musique à air conditionné, de contrôle du climat, antidépressive/antipsychotique, conçue pour neutraliser et apaiser et, en définitive, exprimer l'immobilité plutôt que le battement des cœurs de deux amants ou la nullasserie broute-foufoune de « How Much Is That Doggie in the Window ». Avant, toute celle que vous entendiez était destinée à mettre quelque chose dans la pièce ; la nouvelle a pour fonction de l'enlever.

Il semble que Blondie ait adopté plus ou moins de tout cœur cette esthétique. Mais quand on enlève sans cesse au lieu d'ajouter… ah, c'est comme un compte en banque, non ? Bientôt il ne restera plus rien. Et ça semblerait bien faire de vous une sorte de vampire musical.

Patti Smith, en dépit de toutes ses prétentions, de son obstination butée, de son narcissisme, de ses croisades fumeuses, chante encore du cœur, si brouillé qu'il soit. Quand elle est en forme, elle apporte quelque chose à l'environnement, elle représente quelque chose, elle est réelle, la chair et le sang sortent de ces sillons, ce qui je pense est une raison qui fait qu'elle a tant de fans. Ou bien Lou Reed, en dépit de ses marmonnements monotones, il y a en dessous tant de souffrance diffuse, tant de désespoir, de désir et de regret, que même lorsqu'il se montre le plus cynique vous le sentez lutter avec lui-même, combattre ses propres démons. Mais Blondie… ont-ils ce genre de courage ?

Comme Bryan Ferry au sein de Roxy Music, ils s'efforcent de créer une sorte de rococo volontaire, un rock *arty* surchargé qui dissimule ce que l'artiste éprouve vraiment en lâchant partout des ironies bien tournées, en proposant des introspections synthétiques qui se veulent encore plus intéressantes que la réalité. Ou bien ils se contentent de cabotiner. Mais Bryan Ferry était dans les pinces de langouste d'un véritable romantisme, et peu importe combien de fois il avait transposé ce qu'il traversait avant de le mettre en chanson, vous saviez toujours qu'il traversait quelque chose. Il y avait dans sa musique une passion et une vitalité grandioses, et même quelque chose de poignant, même lorsqu'elle était condescendante au possible, et dilatoire au point d'en être parfaitement exaspérante.

Tandis qu'avec Blondie vous n'avez rien de tel, du moins 90 pour cent du temps. Vous avez au contraire une froideur générale, et même ça n'est pas trop mal, car ils n'écrivent pas de chansons d'amour pop. Où veulent-ils en venir dans leurs textes ? Vous disent-ils de les laisser tranquilles ? Est-ce qu'ils pleurnichent sur leur carrière ? Sont-ils en train de concocter de petites sagas reposant sur des événements quotidiens qui n'auront jamais rien de contraignant ? Ou bien sont-ils délibérément banals jusqu'à la folie... De quoi ces gens *se soucient-ils* réellement, s'ils s'en soucient ?

Ou alors, s'ils veulent simplement distraire, pourquoi tant de sérieux sur ce qu'ils font ? Peut-être se prennent-ils pour Dorothy Parker, à faire des commentaires légers et pleins d'esprit sur les foules qui passent, sans jamais aller trop profond. Ce qui est bien aussi, sauf que... c'est impénétrable. Parlez donc murs de son, LEUR MUSIQUE EST UN MUR. Elle est conçue comme ça, très probablement en raison d'instincts d'autoprotection pas nécessairement injustifiés ou malavisés mais... ils s'affairent dans des médias qui communiquent ostensiblement... et pour finir le public commence à avoir l'impression d'un groupe de gens hermétiques, d'une petite coterie, qui se sont enfermés eux-mêmes et nourrissent une mentalité d'assiégés alors qu'en fait personne ne veut leur peau.

La presse n'est pas sympa, ne respecte pas les règles, brûlez-vous une fois et vous serez plus prudent la suivante. Mais on ne se promène pas dans ces armures et ces exosquelettes géants en se cuirassant contre de nouvelles attaques à chaque coin de rue. Tôt ou tard, vous devrez dire quelque chose que vous pensez réellement. « Shayla » et « Union City Blue » y ressemblent, mais ce sont toutes deux des chansons à la troisième personne. Quand Blondie vont-ils en écrire à la première – hormis « Living in the Real World », qui n'est rien qu'un exemple précoce et atroce d'un syndrome familier, celui de la rock star s'apitoyant sur elle-même –, qui expriment ce qu'ils éprouvent réellement envers eux-mêmes, les uns envers les autres, envers leurs amis, leurs amants, leurs parents, leurs connaissances, le proprio, N'IMPORTE QUI, N'IMPORTE QUOI ? Rien que pour rendre la chose plus claire et agir comme s'ils parlaient sérieusement.

Faire de la célébrité une fonction de mise à distance non empathique, les empêcher d'en vouloir davantage alors même que vous leur jetez au visage la boue de votre mépris, ou vous contenter de tourner le dos, comme Miles Davis l'a fait pendant presque toute sa carrière... bon, ça n'est pas un truc facile à faire. Il y faut une personnalité extrêmement complexe, quelqu'un qui soit également maître dans l'art de changer de masques et de déguisements, le parfait caméléon (Dylan, Bowie). Ou alors, la capacité innée à projeter quelque chose de menaçant ou de dangereux, si fallacieuse que puisse être cette impression, qui les tienne à distance (Lou Reed). Dans leur grande majorité, les artistes, quels qu'ils soient, en sont dépourvus.

Pour moi, Debbie est, manifestement, une fille très gentille, pas insipide comme certaines, mais qui aurait du mal à évoquer le danger. Qui en est encore capable, parmi nos célébrités/héros populaires ? Ce n'est qu'une bande d'aimables lessivés. On dirait que c'est ce que veulent les gens. Peut-être qu'en fait ce besoin rend davantage compte de la popularité de Blondie que nous ne l'aurions suspecté.

Il ne faut jamais oublier que jusqu'en 1975, quand Patti Smith a renversé les barrières comme une sorcière sous jusquiame, le rock était presque exclusivement un monde où régnait la suprématie masculine. Les groupes de filles du début des années 60 étaient, pour la plupart, trop ethniques, trop marqués par des résonances gangs de rue-rivages d'Orient pour le genre d'attrait *crossover* auquel Debbie est parvenue. Janis Joplin était trop pathétique : une freak pour les freaks. Grace Slick préfère le vaste entrepôt de ses petites plaisanteries privées et s'est donné un mal fou pour se montrer déplaisante. Patti est encore trop jungle pour *TV Guide*. Cela ne laisse qu'une personne, la femme dont le destin est de finir par être appelée « la Reine du Punk ».

Extrait du livre *Blondie*, 1980

David Byrne dit : « bouh ! »

Un jour quelqu'un que j'aime m'a dit : « Tu me frappes avec tes yeux. » Quand j'écoute les paroles de David Byrne, je peux l'imaginer disant la même chose, dans un langage juste assez oblique pour transformer la souffrance en eaux clapotantes et percussives.

On vit en pleine époque de mutants, et Talking Heads est le plus humain des groupes mutants. Byrne a des yeux d'asile mais, contrairement à Patti ou à Richard Hell, ils n'annoncent pas le danger ; il a simplement l'air d'un gentil fêlé qu'on a laissé sortir de la cage à dingue un moment avec une dose de Thorazine toute fraîche. Lui et le reste du groupe, dans leur musique comme dans leur présence physique, semblent combiner un *balancement* sinueux d'allure végétale avec une rigidité mécanique hypertendue. C'est un mariage de choses diamétralement opposées – l'abandon et l'inhibition, l'anxiété et l'aisance, la liberté et les progrès de la paralysie.

J'avais été un peu refroidi par *More Songs About Buildings and Food*, non seulement parce que j'avais du mal à entrer dans la musique, mais aussi parce que je soupçonnais que, comme le vieil Andy Warhol qui ne cessait de rôder autour d'eux, les Heads ou Byrne pourraient réellement penser que les bâtiments et la nourriture sont tout à fait aussi importants et dignes de souci affectif que les êtres humains. Une telle attitude semblait délibérément dilatoire, « mode » au pire sens du terme. Bien entendu, j'étais à côté de la plaque. De « Love Goes to Building on Fire » jusqu'à la fin, les Talking Heads sont, et parlent, des humains qui se sentent pris au piège par les circonstances, réagissant comme des épouvantails ou des moulins à vent aux érosions de l'expérience, enregistrant précisément de très près tandis que la passion est sous pression, voire en ébullition... ici même, et souvent trouve son seul exutoire dans les tensions rythmiques. Ils parlent également des nouveaux sentiments qu'inspirent les nouvelles structures sociales. « No Compassion » (« Go talk to your analyst, isn't that what he's there for ? »), « The Girls Want to Be with the Girls » (pourquoi pas, d'autant plus que la plupart des mecs sont trop crispés pour jouer avec elles), « The Big Country » (finalement quelqu'un l'a dit : il n'y a rien au-delà de Jersey, Jack Kerouac a inventé toutes ces conneries, c'était un écrivain de SF).

Fear of Music présente le schéma directeur le plus explicite des Talking Heads/Byrne en vue de la survie face aux paranoïas – réelles ou imaginaires, il n'y a pas de différence. C'est aussi leur meilleur album à ce jour parce que la production est égale ou supérieure à celle de leur second disque, tandis que les chansons ont une sorte de flux qui les rend plus immédiatement accessibles. Byrne est un genre de névrosé tout-terrain errant à travers le monde et se heurtant à chaque pas ou à chaque souffle à des expériences douloureuses, qu'il nous relaie filtrées par son sens de l'humour, sa musicalité naturelle et le médium sans cesse changeant qu'est Brian Eno. *Fear of Music* pourrait d'ailleurs tout aussi bien s'appeler *Fear of Everything*. Montrez-moi un objet existant, sensible ou non, et je vous montrerai une liste cliniquement certifiée de raisons pour lesquelles toute proximité avec lui pourrait être considérée comme risquée, voire mortelle. En de telles circonstances, vous avez parfaitement le droit d'avoir tort. McLuhan ne l'a pas vu : nous ne sommes pas un village global, mais un SERVICE DE CONSULTATIONS EXTERNES mondial, et la force même de la vie s'incarne au mieux dans un nerf qui tressaute frénétiquement. Mais même avec ça de votre côté, il y a encore une chose que vous devez affronter : VOUS N'AVEZ D'AMIS NULLE PART. Ni rien ni personne. Et par ailleurs LA NATURE EST PERVERSE. Voir par exemple l'air, et la nouvelle chanson des Heads portant ce titre : ce n'est pas seulement la fumée de cigarette ou les gaz d'échappement ou les polluants que lâchent les usines – c'est l'air en tant que tel qui en veut à votre peau. Parce que dans cet univers, le plus richement diversifié de tous les univers possibles, il se pourrait bien que L'AIR NE VOUS AIME PAS.

Le refus d'affronter ou de comprendre de tels faits explique que nous soyons tous psychotiques jusqu'au trognon, et aucun médecin, livre, gourou, pilule ne détient le remède. La maladie s'appelle la vie, et il n'y a pas de remède à ça, mort comprise (qui vous transforme en engrais : poursuite du cycle de l'existence, pas bon), si bien que ha ha ha vous êtes le pigeon du berceau à la crypte. David Byrne sait tout cela ; qui plus est, il sait que « Some people don't know shit about the... AIR... »

C'est le problème de notre société actuelle : les gens prennent beaucoup trop de choses pour argent comptant. Ils pensent que la maladie va chier des pilules pour se guérir elle-même. Dans cet album, le Dr Byrne examine au scalpel diverses panacées proposées dans ce but, et les rejette une par une.

Dans cette *nullkrieg* imminente, la vie sociale au jour le jour est décrite dans « Life During Wartime » : « This ain't no party, this ain't no disco, this ain't no fooling around / This ain't no Mudd Club, or CBGB, I ain't got time for that now ». Quand il n'y a plus de terrain solide, la seule chose raisonnable à faire est d'avancer toujours, et donc, finalement, sur leur troisième album, cette chanson devient le premier exemple de ce qu'on pourrait appeler la version TH d'une *road song* – l'autre étant « Cities » – dont l'essentiel se résume à « A lot of ghosts in a lot of houses », qui, comme des oiseaux dépassés par les événements, peuvent bien « Go up north and come back south / Still got no idea where in the world they are ».

« Drugs » est une récitation aussi solennelle qu'hilarante du comic strip chimique habituel, et « Animals » envoie promener toutes ces mauviettes pleurnichardes telles que Robinson Jeffers et Euell Gibbons, qui fustigent la conduite odieuse de l'homme, comparée à celle de nos nobles ancêtres qui logent juste à côté dans les bois ou plus exactement dans les zoos. Mais le fond de l'affaire est qu'ils nous donnent le mauvais exemple. La vérité est que, comme le fait remarquer Byrne, les animaux, outre qu'ils n'ont aucune intelligence allant au-delà d'un réflexe de peur primitif, ne sont qu'une bande de petits salauds arrogants qui en fait rient de nous simplement parce que nous ne cessons de tracer des diagrammes au sein d'un univers dont ils savent qu'il a toujours été chaotique.

Ce qui nous mène à la philosophie de l'existence de David Byrne : ressentir l'anxiété, c'est être béni par le plein remous de la vie dans son chancre le plus mûr – tout le reste est musée de cire. Ayant rejeté les drogues, l'élevage des animaux, le jogging, sans même parler de la respiration elle-même, les villes, les grandes villes, et des continents entiers, dans sa quête d'un petit recoin où il pourra se détendre ne serait-ce qu'un instant, Byrne lâche finalement le morceau : « Heaven is a place where nothing ever happens. »

Tout état d'esprit, sauf la vacuité zéro cool, tout lieu sur la carte, hormis Nullepartville, énonce l'anxiété sous un vaste assortiment de marques commerciales. Une fois arrachés, les nerfs n'oublient jamais. Tout ça va vous rendre fou, non, attendez, vous ÊTES déjà fou À CAUSE de tout ça, ou peut-être SIMPLEMENT PARCE QUE POINT BARRE, et vous le serez aussi longtemps que vous vivrez. Être cinglé est simplement votre droit de naissance, et témoigne en fait de votre appartenance à la race humaine. Ces enfoirés d'animaux ne deviennent jamais fous. L'air non plus. Il n'y a que vous. Et ceci parce que, comme mister Rogers essaie de vous le dire depuis des années, parce que vous êtes quelqu'un de *particulier*. N'est-ce pas merveilleux ? Bien sûr. Alors renoncez à tous ces petits totems débiles que vous serrez dans votre petite mimine : les drogues, les religions, la politique, la famille, le boulot (enfin, celui-là, vous feriez mieux de le conserver), et même le rock, car l'« Electric Guitar » s'est non seulement rendue coupable de crimes contre l'État, mais en plus elle mérite d'être fessée et mise au lit, d'ailleurs « the copy sounds better », comme chacun sait.

Alors, qu'est-ce qui reste ? Rien, et ce n'est pas le paradis. « Everything seems to be up in the air at this time », dit David. La réponse implicitement contenue dans toutes ces chansons est que, vu le caractère désespéré de la situation, nous devrions également reconnaître à quel point tout ça est d'une drôlerie hystérique. Au Moyen Âge, en Europe, la population se sentait à ce point hantée et souillée par le Diable, si incurablement damnée, qu'elle avait tendance, comme en témoignent les peintures de Bosch, à considérer toutes ces histoires de damnation et de rédemption comme une sorte d'énorme plaisanterie, Dieu, Satan et les démons devenant des personnages de bande dessinée. Plus vous vous rapprochez de tout ce qui peut vous terrifier, plus cela et votre crainte commencent à avoir l'air de vieux amis, et par conséquent la terreur décroît. David Byrne semble être une sorte de baguette de sourcier pour les névroses et les traumas, et à mesure que la pénombre surgit au-dessus de nous tous, elle ouvre lentement la gueule, placide, endormie, en fredonnant de petits airs. Parfois je pense que *Fear of Music* est l'un des meilleurs albums comiques que j'aie jamais écoutés. Ce qui ne veut pas dire que la peur n'est pas réelle. Byrne vous rappelle simplement que c'est quelque chose avec quoi vous allez devoir vivre, si bien que vous devriez prendre votre pied avec pendant que vous pouvez.

The Village Voice, 20 août 1979

Une pleine ventrée de Wire

Wire[42] : pensez à ce mot, à ce qu'il a pu vouloir dire dans votre vie, peut-être même dans celle de vos ancêtres. Puis réfléchissez : sautilleriez-vous sur place à l'idée d'écouter un groupe dont le son pourrait être à la hauteur d'une appellation aussi euphonique ? Wire. Le son des années 70. Plat. Mort. Terne. Plonk. Blonk. Ploc. Floc. Mais peut-être avec le coup du lapin sur le retour offensif.

Comme nous sommes dans le *Village Voice*, je m'en vais donc insérer mon obligatoire référence culturelle dans une critique de disque (cf. les œuvres passées de messieurs Wolcott, Carson, Hull, etc.) ; Alfred Kazin disait de Louis-Ferdinand Céline : « Il écrit comme un fil électrique vivant, tressautant, crépitant, n'en faisant qu'à sa tête, plein de dangers cachés. » À parler franc, je ne sais pas si on pourrait dire ça du premier album de Wire, *Pink Flag*. Pour commencer, Céline était un fasciste, ou du moins une voix de la conciliation, et la politique de Wire, du drapeau à la hampe, est de gauche jusqu'à la garde, comme tous les bons petits groupes anglais ces temps-ci (ce qui est peut-être facile mais en tout cas préférable au « la politique c'est *chiant*, man » typiquement new-yorkais). Ensuite, le premier album de Wire était l'une des choses les plus mortes jamais enregistrées – si mort que je parie que si le vieux Thomas Alva Edison l'avait entendu, il y aurait peut-être réfléchi à deux fois avant de crétinihiliser les oreilles du siècle suivant avec un tel machin plaque de foyer-globulaire à fort rapport eau/graisse. Si mort, que j'ai découvert avec stupéfaction que je ne cessais de le poser sur la platine, en écoutant avec attention ces bruits de tonnerre étouffés et Ramonesques d'une minute 40 secondes, aux paroles du genre « Be good to your TV set ». Mais je l'ai passé, oh que oui, et aujourd'hui encore que je sois damné si je comprends pourquoi. Bien que je me souvienne que Joe Fernbacher a publié dans *Creem* un compte rendu élogieux du premier album d'Angel, dressant la liste des différents types de monotonie existants, et précisant quels titres du groupe correspondaient à telle ou telle monovariante.

Chairs Missing, le second album de Wire, n'est disponible qu'en import, et j'ai le regret de dire qu'il n'est pas monotone. Je n'ai pas encore établi pourquoi j'en étais navré. (Louis Lomax à Andy Warhol à la télé, 1966 : « Représentez-vous la nouvelle génération de jeunes, pour qui tout, c'est rien ? » Warhol : « Euh, non, nous représentons, je crois, ceux qui disent que rien c'est quelque chose. ») Simplement, cette fois, ils ne sonnent pas toujours comme un fil électrique. Parfois ils sonnent comme plusieurs espèces de petits animaux à fourrure prenant leur pied avec un Picte, si vous voyez où je veux en venir, et si vous ne voyez pas je le dirai franchement : Syd Barrett[43]. Le premier Pink Floyd, en tout cas. « Outdoor Minor », c'est tout simplement « Arnold Layne » carburant à une autre drogue et de surcroît un HIT***HIT***HIT. Tout à fait mélodieux et cadencé, et qui ne dure qu'une minute et 45 secondes. Et attention, ceci après qu'ils vous ont infligé 5 minutes 45 secondes de « Mercy », équivalent auditif d'être une sardine encore plus ou moins vivante désespérément affalée sur les amas guyanais de vos petites camarades tandis que le pauvre hère qui va vous manger ouvre la boîte. Je paierais huit dollars pour écouter ça, pas vous ? Sûr ! Ça ne fait pas de mal.

« I Am the Fly » me paraît résumer joliment les choses : « I can spread more disease than the fleas which nibble away at your window display » [*« Je peux répandre plus de maladies que les puces qui grignotent vos rideaux de cuisine »*]. Hourrah ! Avis à la population ! Par ailleurs, avez-vous remarqué à quel point ces gars de la New Wave sont dans un trip dislocation des organes internes ? Je crois que tout a commencé quand Papa Lou a eu l'audace insensée de gazouiller : « But the funny part was what happened to her nose / It grew and grew till it reached all of her toes / Now when people say her feet smell they mean her nose » [*« Mais le plus drôle, c'est ce qui est arrivé à son nez / Il a grandi grandi jusqu'à toucher ses orteils / Maintenant quand les gens disent que ses pieds sentent ils veulent parler de son nez »*]. Ça c'est de la poésie, mon pote – et qu'Allen Ginsberg s'enfourne ses ppoèmes ppunk dans son anus indolent ! Maintenant nous avons des membres et des doigts tranchés, ainsi qu'un dégueulis ganglionnaire, voletant au-dessus de l'album *No New York*. Siouxsie and the Banshees, comme d'habitude, prennent le train en marche (« Be a carcass / Be a dead pork / Be limblessly in love… In love with your stumps » [*« Sois une carcasse / Sois viande de porc morte / Sois mutilé et amoureux… Amoureux de tes moignons »*] etc. etc. etc. écolo-parties postérieures un max), mais il a fallu Wire, Wire et rien que Wire pour porter tout ça au niveau des tripes (enfin, un peu plus au nord-est, en fait) avec « Heartbeat » : on entend un cachalot pisser lentement, puis ploploploplop oui voilà ces bruits de pas, comme dans « I Think We're Alone Now ». Comme nous le sommes bel et bien, car : « I feel icy I feel cold I feel old. Is there something there behind me I'm sublime. I feel empty I feel dark I remark. I am mesmerized by my own beat like a heartbeat. » [*« Je me sens glacé j'ai froid je me sens vieux. Y a-t-il quelque chose ici derrière moi je suis sublime. Je me sens vide je me sens sombre remarqué-je. Je suis hypnotisé par mon propre rythme comme un battement de cœur. »*]

Je parie que jamais vous n'auriez pensé vivre assez longtemps pour voir le *Comment c'est* de Samuel Beckett gonflé en pow-wow jamboree rock ! Ce titre, dont je viens de citer les paroles dans leur intégralité, dure 3 minutes 45 secondes. Et bien entendu, il dit tout. Les dures réalités de l'existence : un battement de cœur. *Aucune* suggestion de la moindre des implications romanesques auxquelles cet organe a été accolé si souvent. Mais Wire souligne que des bivalves aortiques, et rien d'autre, sont exactement ce qui sort du vide-ordures de la pertinence métaphorico-poétique des paroles. Il y a bien la question du solipsisme, mais je crois que ce mot a été un peu trop sollicité ces temps-ci, pas vous ? Le fait est que la Terre elle-même est solipsiste, dans la mesure où nous n'accordons pas grande créance à l'existence d'autrui. Alors, peu importe que vous, au profil consumériste moderne-urbain, vouliez faire un peu de plongée dans votre petit casque matrice-narguilé. Chacun a droit à son intimité, et c'est pourquoi peu m'importe que la moitié des paroles de Wire n'ait aucun sens ; de toute façon, « communication » a toujours été un terme inadapté. La différence cruciale est que tandis que le Pink Floyd voulait (prétendait ?) vous emmener dans l'espace intersidéral (c'est rien du tout, allez donc regarder Buck Rogers), Wire veut isoler et disséquer des leucocytes. Ils sont dans le micro – et non le macrocosme. Si Jerry Brown[44] est notre prochain Président et ne leur demande pas de jouer lors du bal accompagnant son investiture, je m'en vais lui loger une balle en plein dans ce front couvert d'alpaga. Les rock critics aussi ont besoin d'attention médiatique.

The Village Voice, 23 avril 1979

Jello Biafra est pas un crétin

Il ne suffit plus d'être un connard hostile, hideux et hurlant. Vous remarquerez que je n'ai pas dit « crétin », car Jello Biafra n'est pas un crétin. Mais voir les Dead Kennedys au Irving Plaza, samedi soir, m'a rappelé quelques rencontres avec les Viletones de Toronto au CBGB, à l'été 1977. Leur chanteur Natzee Dog s'accrochait aux poutres, rampait en tout sens sur la scène, et se jetait sur le premier rang jusqu'à ce que son corps ne soit plus qu'une énorme plaie. Quelqu'un m'a demandé ce que j'en pensais et j'ai répondu : « Pas de problème – en 1972, chaque groupe de la planète voulait être Grand Funk, maintenant chaque groupe de la planète veut être les Stooges. » Mais je n'ai pas dit ça à Natzee Dog, je lui ai dit : « Hé les gars, vous étiez plus cool avec une coupe de douilles tendance joueur de hockey. »

Aujourd'hui, cependant, il ne suffit même plus de se taillader le corps jusqu'à la garde ; il vous faut disposer d'une phalange de grosses brutes skinhead hideuses (importées de Washington, apparemment celles que Black Flag avait amenées pour son concert) qui se jettent sur le public avec une régularité brutale mais monotone dans le cadre d'un slam-dancing brusquement institutionnalisé. Et désormais je ne pense plus que musicalement tout soit si bien que ça non plus, parce que de toute évidence chaque groupe de la planète n'est pas les Stooges – il est les Dead Kennedys. Je reviens tout juste d'Austin, Texas, et ils en ont une bonne centaine là-bas. On ne parle plus beaucoup d'eux dans le *NME*, mais il y en a encore une pleine pelletée en Angleterre aussi.

Sur une échelle artistique de 100, je crois que je placerais les Dead Kennedys aux alentours de 34. Jello Biafra n'a guère de présence scénique, il ne chante pas de manière très intéressante (oubliez le feeling, c'est une vanne), le guitariste a un ou deux gimmicks de plus que la moyenne. Et pourtant la salle était pleine : peut-être était-ce lié à leur nom (censé *être scandaleux*, voyez ?). J'ai demandé à des mômes à côté de moi, dont l'un portait un tee-shirt des Ramones, ce qu'ils en pensaient, et ils étaient tous d'accord pour dire que c'était nul : « Encore une imitation des Ramones », a répondu le gamin au tee-shirt. La question est donc : combien de ces gars voulons-nous, au-delà de sortir certains poivrots du caniveau en les faisant monter sur scène, guitare à la main, et en les laissant brailler tout leur soûl ? Je crois que l'originalité et l'importance musicale véritables des DK peuvent être déduites d'une conversation, entendue en sortant, entre quatre de leurs fans, qui étaient *absolument incapables de dire* si le groupe avait ou non joué un de leurs hymnes favoris.

Puis il y a la question de la politique. J'ai écouté des chansons des DK portant des titres tels que « Kill the Poor », « When Ya Get Drafted » ou « Chemical Warfare », sur leur album *Fresh Fruit for Rotting Vegetables,* comme en public, et mon rédacteur en chef m'assure que Jello Biafra pourrait parfaitement être sérieux (« Bombe à neutrons bla bla le Big Business veut la guerre bla bla je vais lâcher des neurotoxiques sur les country clubs des joueurs de golf bla bla bla », etc.), si naïf et condescendant qu'il puisse être par ailleurs. Ça ne change pas grand-chose, toutefois, car une fois sorties des slogans, les paroles des DK ne peuvent être dites « politiques » que dans leur manière de dévier régulièrement vers des singeries de délinquants juvéniles antisociaux, comme de voler le courrier des gens, avec une tendance marquée à muter, peut-être par le biais d'une logique métamphétaminée (cf. « Drug Me »), vers des fantasmes haineux mais impuissants du genre « Let's Lynch the Landlord » et « I Kill Children » (vers ressemblant le plus à une bonne vanne :

« Offer them a helping hand / Of open telephone wires »). Pour finir, je ne pense pas qu'on puisse dire que quiconque balance régulièrement des gros durs à godasses cloutées sur son public pour (littéralement) muscler le concert (même s'il en a besoin, quelque part) en déclenchant une altercation, défende une bonne politique. C'est comme quand Jello Biafra présente une chanson en ricanant : « Elle parle des *codes vestimentaires*... en d'autres termes, *des gens comme vous*... ça s'appelle "Halloween" ». Hmm, voyons, tu as une coupe de douilles et un tee-shirt en loques comme Richard Hell en a introduit l'usage voilà cinq ans, mais tu veilles à ce qu'il soit entièrement déchiré, de façon à pouvoir tortiller ton petit torse dénudé et finalement te jeter dans la foule, comme Iggy voilà *dix* ans...

Toutefois, je crois en effet que tu es sincère. Tu hais réellement la vie américaine actuelle, Jerry Brown et Ronald Reagan. Moi aussi. Mais Black Flag, et tous les nihilistes californiens idiots et peut-être proto-fascistes/racistes aussi. Et je ne tire pas de ton public ces vibrations que j'ai obtenues d'autres audiences, quand on pouvait y voir des gamins de douze ans avec des graffitis « STOP WAR ». Même si tu crois à ce que tu dis sur le capitalisme, le consumérisme, etc., je ne crois pas qu'ils écoutent. Je pense que, dans la mesure où ils peuvent te différencier des autres, ils viennent te voir pour la même raison qu'ils vont voir Black Flag, ou les Plasmatics, d'ailleurs : pour la Brutalité Idiote. Très bien. Sirhan Sirhan[45], appelle le bureau.

The Village Voice, 29 avril 1981

Si je serais un charpentier

Le *hardcore* et le *oi* : deux continents, deux masses de jeunes rebelles, deux formes musicales si typiques du zeitgeist ! Bien sûr, certains vous diront que c'est la même chose et qu'en fait tous les pratiquants de l'un et de l'autre constituent autant de variantes du même groupe, mais c'est absolument faux. Le *hardcore* sonne comme d'ambulantes mottes d'excrément grumeleux dont émergent des os brisés, le *oi* comme des cratères de gruau dégoulinant parsemé de touffes de paille clairsemées. Et on disait qu'il y avait des limites à ce qu'on peut faire avec trois simples accords !

Certes, ce sont là des distinctions délicates. Mais la délicatesse, voilà ce dont parle cette musique. C'est comme le blues ou le « Why » des Byrds, tout le monde peut le jouer, mais c'est vraiment dur de s'y prendre exactement comme il faut. Certains disent que la meilleure façon d'écouter ça, c'est dans des anthologies où chaque titre est d'un groupe différent, mais personnellement je trouve ces concaténations catarrheuses un peu déconcertantes, car vous vous êtes à peine familiarisé avec un suintement délétère qu'en *moins de deux minutes* il faut vous ajuster à un autre ! Non, la bonne méthode consiste à repérer une face entière de l'album d'un groupe, huit chansons d'affilée qui n'ont entre elles qu'une différence d'un cheveu et qui pourtant ne sont pas ennuyeuses ! Alors vous pourrez savourer le véritable nom du jeu : IMMERSION TOTALE.

J'aimerais toutefois appeler à la fin de certaines guerres tribales récentes (ça a toutes les chances de marcher !). Tout ça sonne beaucoup comme la merde heavy metal avec laquelle j'ai grandi, si vous oubliez les guitares flashy à la Aerosmith et plongez dans les trucs vraiment crades du genre premier Grand Funk, Bloodrock et Jukin' Bone, ou passez un titre de Black Sabbath en accéléré. (On raconte que les Angry Samoans affirmaient que leur 45 tours pouvait être joué en 33 ou en 45 tours, rien que pour démontrer exactement la chose.) Et désormais toutes les paroles sont animées par un esprit de protestation sociale, ce qui, toutes débiles qu'elles soient – et en fait *surtout* si elles sont débiles –, l'emporte sans peine sur toutes les rodomontades sexuelles qu'on voudra.

J'ai devant moi une liste de noms : Circle Jerks, Flesh Eaters, Minutemen, Germs, Exploited, DOA, Dead Kennedys, Bad Brains, Fear, Replacements, Really Red. Derrière chacun de ces noms il y a un album et derrière chaque album une crise d'angoisse. Mais certaines crises sont plus égales que d'autres. Les chansons de DOA sont trop longues, le son de la bande de Bad Brains est mauvais, Chris D., le chanteur des Flesh Eaters, sonne étriqué et desséché. Deux groupes seulement m'ont donné deux faces de satisfaction sans mélange : Circle Jerks de L.A. et les Exploited d'Écosse.

Les Circle Jerks sont un bon exemple des raisons qui font que le hardcore de L.A. n'est pas simple resucée des clones anglais des Ramones vers 76-77. Côté chansons, ils sont plus rigoureux, plus structurés (y a des bridges), jouent plus vite, et énoncent leurs paroles clairement (en dépit de Darby Crash, mais ça fait partie de son style). En règle générale les Rosbifs ne sont pas foutus de chanter leur propre fichue langue de telle sorte qu'une personne civilisée puisse les comprendre, mais quand eux en viennent à cracher « Where's the gun ? Here's my head » d'une manière qui parle au cœur, le premier Iggy serait fier des Circle Jerks. Leur premier album, *Group Sex*, est pour moi bien supérieur à leur nouveau, *Wild in the Streets*, sans doute parce que le son est plus clair et plus net et que des titres anciens comme « I Just Want Some Skank » n'ont pas à aller bien loin pour être des hymnes. Simplement, je ne suis pas sûr que les Jerks soient prêts à aborder la politique internationale.

Chaque chanson du *Punk's Not Dead* des Exploited est un hymne ; malheureusement, je ne me souviens pas à quoi elles ressemblent, et les paroles sont un vrai poids mort, mais les titres sont révélateurs : « Cop Cars », « Army Life (Part 2) », « Blown to Bits », « Sex and Violence », « Dole Q », « I Believe in Anarchy » (« toujours »). L'album repose sur une combinaison de la séduisante véhémence de Wattie, le corpulent chanteur Mohican-crête de paon, et d'une production solide (ce qui aide énormément, comme en témoigne une écoute de leur album live fouillis-gadoue). Il y a même un moment, au début de « Blown to Bits », où on fait passer les Les Paul et où tous les membres du groupe montrent au guitariste Big John, et au monde entier, comment jouer le riff de la chanson (« Je le savais, je le savais ! », geignent-ils). Il me faut bien qualifier les Exploited de charmants, et au sein de leur charme, comme du syndrome de totale immersion des fans, repose une vérité plus générale sur le *oi* comme sur le *hardcore* : à savoir qu'en dépit de son ignominie toute faite, cette musique est, en son fond, réconfortante et prévisible, sans danger et conservatrice (voire réactionnaire), comme le heavy metal dont elle est en fait issue. La différence est que, là où le heavy metal unit toujours son public par le biais d'une agression phallique, le *oi* est un ensemble d'hymnes footballistiques politisés pour des butors au chômage, et que les trois accords du *hardcore* fournissent à ses fans des murs qui les enferment en excluant tout monde extérieur – même quand ils saccagent la turne. Le *hardcore* c'est la matrice.

The Village Voice, 27 avril 1982

PANTHÉON

Je ne prends mon pied que quand je rêve : vous dites que vous avez manqué les Stones ? courage, on est la majorité !, 1973

1973e dépression nerveuse : les vieux hors-la-loi visionnaires ne sont plus ce qu'ils étaient – et vous ?, 1973

C'est rien (que les Rolling Stones) mais on aime ça !, 1974

Rolling Stones : la grande débandaison, 1976

Plutôt sinistre : démêler l'embrouille Miles, 1976

Miles Davis : musique pour les morts-vivants, 1981

Le cri lointain de Captain Beefheart : il est vivant, mais la peinture aussi. Et vous ?, 1980

Sourd-muet dans une cabine téléphonique : une parfaite journée avec Lou Reed, 1973

Monolithe ou Monotone ?
Metal Machine Music *de Lou Reed*, 1975

Votre ombre a peur de vous : une tentative de ne pas avoir la trouille de Nico, 1978

Jim Morrison : Dionysos Bozo une décennie plus tard, 1981

Emmenez votre mère à la chambre à gaz !, 1972

Eno chante avec les poissons, 1978

John Lydon : au-delà de la frontière, 1980

Je ne prends mon pied que quand je rêve : vous dites que vous avez manqué les Stones ? courage, on est la majorité !

Ils sont revenus cette année, traversant le pays à toute allure au milieu d'un carambolage encore plus apocalyptique (si moins sanglant) que celui de 69, et *je les ai manqués.*

Le plus grand groupe de rock du monde, certes, et mes héros depuis qu'en 64 j'ai pour la première fois contemplé la dégaine lascive de Mick : les princes décadents et chieurs que jamais nous ne laisserons tomber ni ne perdrons !

Je les ai vus en 1964 lors de leur deuxième tournée américaine, et deux fois en 65. La seconde, en décembre, j'ai pleuré parce que je croyais qu'ils s'étaient détournés de la Vraie Foi dans le Pur Rhythm'n'Blues pour se vendre au grossier commercialisme du rock.

Jamais je n'oublierai ce jour. Ma copine et moi avons pris le bus depuis notre banlieue jusqu'au centre de San Diego, sommes allés tout droit au guichet de la salle de concert, et d'un seul coup j'ai dit : « Et merde ! Qu'ils aillent se faire foutre ! Rien à cirer ! » Et je suis parti en titubant de manière erratique vers un avenir de clochard, versant des larmes grosses comme des pastèques.

Comme nous avions nos propres problèmes, ma copine a pensé que je pleurais sur notre couple. Quand elle a découvert que c'était à cause des Stones, vous imaginez sans peine que ça l'a fait gerber.

« Tu es tellement immature ! a-t-elle dit. Je croyais que c'était parce que tu m'aimais, alors qu'en fait tu es furieux contre ces foutus Stones ! »

Oh que oui, alors ! Après quatre albums fantastiques du R & B le plus pur (comme « Off the Hook »), ils m'avaient laissé tomber *mondo gerbo* à la sortie de « Get Off of My Cloud » – que même Mick Jagger, plus tard, qualifia de « simple tas de bruit » (bien entendu, aujourd'hui j'adore ce titre, et me fous éperdument de ce qu'il en pense) et de *December's Children*, leur pire album jusque-là. On y trouvait plusieurs chansons qui paraissaient inachevées, ainsi que l'insipide « As Tears Go By » (ouais, j'en pince aussi pour ce tas de merde, désormais, comme pour tout l'album, bien sûr). Et comme si ça ne suffisait pas, Andrew Loog Oldham signait ses pires notes de pochette de tous les temps.

Mais le jour du concert, tout mon dédain fanfaron se transforma en pur concentré de chagrin. Un fan en deuil ! Oh Stones, Stones, comment pouviez-vous me faire ça ? Andy et moi avons marché vers le centre un moment, un menu sanglot isolé m'échappant de temps à autre. Pour finir, nous nous sommes arrêtés dans un petit rade à hot-dogs. Nous avons commandé. J'ai jeté un coup d'œil au juke-box, mis une pièce et choisi « Get Off of My Cloud ».

Ah, mon gars, les larmes ont commencé à gicler comme la pisse d'un éléphant ! Plus les Stones y allaient, plus je pétais les plombs. *Stop breaking down*, tu parles !

Andy s'est levée d'un seul coup, l'air résolu, m'a arraché de mon siège et m'a fait sortir, me traînant littéralement jusqu'à la salle de concert, courant aussi vite qu'elle pouvait avec en remorque un grand dadais qui chialait comme un veau et se ramassait sans arrêt.

Quand on est arrivés, elle s'est emparée de mon portefeuille, a jeté les billets au vendeur de tickets, et m'a poussé à l'intérieur. Nous avons trouvé nos sièges, j'ai essuyé mes yeux et mes joues d'une manche détrempée, et CES ENFOIRÉS ONT DONNÉ L'UN DES CONCERTS LES PLUS EXCITANTS QUE J'AIE JAMAIS VUS DE TOUTE MA VIE ! Résurrection !

C'était presque aussi bon que la même année, quelques mois plus tôt, quand je m'étais assis dans la même salle à moitié pleine, hurlant en chœur avec toutes ces petites nénettes aux culottes trempées. J'étais une groupie ! Et j'en suis toujours une, d'une certaine façon. Chaque fois que j'ai vu les Stones, ou que je les ai manqués, chaque fois qu'ils sont venus ici ou ont sorti un album ou même fait les gros titres en pissant sur le mur d'une station d'essence ou en allant en taule pour des histoires de dope, ça a fait des vagues dans ma propre vie.

Exile on Main Street est sorti voilà trois mois à peine, et j'ai bien failli me taper un ulcère et des hémorroïdes à vouloir trouver un moyen de l'aimer. J'ai fini par renoncer, rédigé un compte rendu qui était un éreintement à peu près complet, et tenté d'oublier tout le truc. Quelques semaines plus tard, je suis retourné en Californie, me suis déniché un exemplaire de la chose rien que pour voir si elle avait pu s'améliorer, et ça m'a fait tomber de ma chaise. Maintenant je pense que c'est sans doute le meilleur album des Stones.

Et pendant ce temps, à cause du voyage et de ma fainéantise générale, j'ai, je ne sais trop comment, réussi à manquer tous les concerts de leur tournée – et, pour dieu sait quelle raison, même le plein épanouissement de ma passion pour l'album n'a pu m'amener à m'en inquiéter.

D'où venait mon dramatique changement d'opinion sur *Exile* ? Je ne crois pas que ça ait beaucoup d'importance. Mais pourquoi ne pas me soucier de voir ou non les Stones, cette fois ? C'est une autre histoire. Elle est directement liée, je crois, à la différence que vous découvrez entre l'album que vous écoutez, et ce que vous ne pouvez vous empêcher de voir à l'œuvre lors de cette tournée.

Exile est suffisamment dense pour être compulsif : d'abord difficile à écouter, mais la précision et la fureur derrière la gadoue assurent que vous reviendrez, et en découvrirez davantage à chaque audition. Tôt ou tard, vous entendrez deux choses : un sens du rentre-dedans non-stop peut-être sans précédent depuis *The Rolling Stones Now !*, et une humilité et un amour étranges émergeant d'une frénésie hébétée. Si, comme ils l'affirment, ils sont des « Soul Survivors », ils savent très certainement ce qu'on peut perdre quand on survit. Eux et nous voyons des amis tomber tout autour de nous, mais seuls les Stones ont tenu à distance le manque de cœur de 72 pour dire, avec quelque chose qui va au-delà du sentiment narcissique, les mots qui restent pour ceux qui nous quittent.

Exile parle des pertes, et de continuer à faire la fête malgré elles. La fête est évidente, les victimes inévitables.

Sticky Fingers était l'image flashy mais malhonnête d'une multitude de morts lentes, mais c'est la recherche d'alternatives, de quelque chose à faire (et même qui en vaille la peine), qui nous unit aux Stones, continûment.

Ils sont les maîtres incontestés de la description de l'ennui et du désespoir qu'il y a à vivre confortablement dans cette société. Si vous vous êtes reconnu, regardant la fin des émissions télé à 3 h du matin, dans « What to Do », il y a des chances que vous vous délectiez de l'ennui opulent et malsain de « Dead Flowers », et que vous ayez vu votre propre fragmentation partielle entre les banquises sonores de « Sway ».

La plupart d'entre nous ne comprennent pas les paroles, parce qu'aux moments cruciaux les plus vulnérables, elles sont brouillées, enterrées sous les marées de sons. Jagger *devait* les chanter comme ça, dans « Sway », comme dans une bonne part d'*Exile*, parce que c'est comme ça que fonctionne son orgueil. D'ailleurs, tout le reste aurait rendu ça trop concis et trop clair – comme d'ailleurs mettre les paroles sur la pochette, ce qui est sans doute la chose la plus impersonnelle qu'un rocker puisse faire.

Exile on Main Street est un grand pas en avant, une amplification des féroces aperçus de « Gimmie Shelter » et de « You Can't Always Get What You Want ». Une brillante évocation des nuits aux nerfs déchirés qui suivent les arrogantes célébrations de l'autodémolition, une œuvre d'amour, de peur et d'humanité. Même un titre de simple remplissage apparent comme « Casino Boogie » se révèle être, une fois que les mots nous parviennent, une image de la vie au stade terminal.

« Rocks Off » et « Shine a Light » présentent le tableau fondamental, la seconde s'adressant à la personne à demi bousillée, mais encore désespérément vivante, qui parle dans la première.

Cette musique a la capacité de glacer, alors que « Dead Flowers » et « Sway » tendaient à donner dans un nihilisme facile et creux :

I always hear those voices
On the street
I want to shout
But I can hardly speak

I was makin' love this time
To a dancer friend of mine
I can't seem to stay in step...

And I only get my rocks off
When I'm dreamin'

Headin' for the overload
Stranded on a dirty road
Kick me like you kicked before
I can't even feel the pain no more

[*J'entends toujours ces voix / Dans la rue / Je voudrais hurler / Mais je peux à peine parler // Cette fois-là je faisais l'amour / À une danseuse de mes amies / On dirait que je ne peux pas garder le rythme... // Et je ne prends mon pied / Que quand je rêve // En direction de l'explosion / Échoué sur une route crasseuse / Donne-moi des coups de pied comme avant / Je ne ressens même plus la douleur*]

Le sentiment d'impuissance, à tous les sens du terme, n'est pas franchement agréable, mais c'est comme ça que ça se passe aujourd'hui pour beaucoup trop de gens. Une si décapante honnêteté personnelle marque sans aucun doute une rupture pour les Stones.

« Kick me like you kicked before... » : les Stones s'adressant à leur public, leur public leur répondant. De vieux amants qui peuvent avoir échappé aux pièges bourgeois de « Sittin' on a Fence », mais se font agresser quand même par diverses disjonctions : certes, ils n'ont pas la nostalgie, comme des andouilles, d'en revenir là où ils « étaient chez eux » autrefois, mais ils reconnaissent bel et bien la perte de tout sentiment d'émerveillement, l'absence d'amour, l'inhumanité croupie, parfois effrayante, de cette culture « nouvelle ». Le besoin d'autres priorités.

Quand tant de gens se donnent tant de mal pour être solipsistes, les Stones définissent un état malsain, s'efforcent de voir jusqu'à quel point *eux-mêmes* y sont embourbés, et se répandent en imprécations contre la dégradation avec les armes dont ils disposent : le bruit, la colère, une franchise entière. C'est ce pourquoi nous les avons toujours aimés. Et il a fallu beaucoup plus de couilles pour enregistrer ça que, disons, « Street Fighting Man », bien que l'impulsion soit similaire : un intense désir de se fondre, tout en se rendant compte que se fondre vraiment ne peut, une fois de plus, que vous submerger. L'aveu que s'unir au groupe, c'est simplement entasser des solitudes.

Le bout du rouleau, et les profondeurs du désespoir, sont atteints dans « Shine a Light », visite à l'un, où à chacun, des amis dont vous savez qu'ils ne s'en sortiront pas. Une chanson d'amour d'un genre très différent, et de loin :

When you're drunk in the alley baby
With your clothes all torn
And when your late night friends
All leave you
In the cold grey dawn
Oh, the Scene threw
So many flies on you
I just can't brush 'em off...

[*Quand tu es ivre dans l'allée petite / Tous tes habits déchirés / Et quand tes amis du petit matin / Te quittent tous / Dans l'aube grise et froide / Oh, la Scène a jeté / Tant de mouches sur toi / On dirait que je ne peux les chasser...*]

Quand Mick dit qu'il ne peut pas chasser les mouches, ce n'est pas un exemple de misogynie macho, mais un simple constat, qui s'applique à lui aussi. Le sentiment d'entropie, d'éclipse, est aussi total et dévorant que le chagrin. « Soul Survivor » suit aussitôt, nécessairement, mettant un terme fort et violent à l'album, parce que les Rolling Stones ne sont à peu près rien s'ils ne sont lutte. Ils ont finalement affronté pleinement les années 70.

Ce dont parle *Exile on Main Street*, au-delà du vacarme de la fête, c'est d'absorption. D'inclusion. Ou plutôt, de reconnaissance d'une exclusion couplée à un désir d'inclusion. « Let me in / I wanna drink / from your lovin' cup » [*« Laisse-moi entrer / je veux boire / dans ta tasse d'amour »*]. En 1964, quand je les ai vus pour la première fois, un ami, se tournant vers moi, m'a dit : « Ce qui est super avec les Stones, c'est que les Beatles sont si lointains et si parfaits qu'on dirait qu'ils sont d'une autre planète. Mais avec les Stones, on a l'impression d'être chez soi. » Et c'est toujours vrai, mais d'une manière beaucoup plus profonde.

Si *Exile on Main Street* parle du besoin d'inclusion, la dernière tournée des Stones est la mise en œuvre d'une tactique d'exclusion. Si l'album exige à grands cris la résolution réciproque des tensions, la tournée court sur des rails crépitant de crispation, de frustration, de déception et d'envie. Il se peut que ça n'ait pas été conçu comme ça, mais c'est pourtant ainsi que ça fonctionne.

À un œil modérément aigri (pourrait-il y en avoir un autre avec les Stones ?) tout le projet ressemble à un exercice de manipulation maximale. Si « Rocks Off » réclame une recharge venue de la rue, la tournée a été conçue pour vous laisser en rade sur un chemin de terre battue.

Considérez le fait que les Stones ont consciemment et soigneusement choisi de donner les 32 dates de cette tournée dans une série de salles de concert généralement plus petites que celles de 69, avec des publics systématiquement limités. À chaque arrêt, rien qu'un certain pourcentage de ceux qui voudraient voir les Stones. Jamais assez de tickets, ils partent en un rien de temps. Debout sous le soleil pendant des heures, jusqu'à ce qu'un type sorte enfin et annonce que celui-là aussi est complet. Pas de bol, gamin. Mais si t'es riche, peut-être que tu dégoteras un ticket au noir.

Ces conditions, ajoutées à des mesures de sécurité policières fantastiquement élaborées, ont été mal accueillies, ce qui est compréhensible, par la presse underground et la communauté hip en général – tous leurs journaux ont dénoncé les Stones comme des porcs mercenaires, généralement à côté d'un article de même longueur s'extasiant sur le concert et la musique, et d'une pleine pelletée de photos. Plusieurs de ces accusations ne sont pas sans fondement, d'autres ne sont que paranoïa gratuite, mais il faut considérer certains faits et poser certaines questions.

Pourquoi les Stones et leur organisation ont-ils choisi de limiter sévèrement le public à chaque concert de la tournée ?

Réponses possibles :

1. Craignant un nouvel Altamont, ils voulaient empêcher une tragédie, et aussi réduire toute possibilité d'en souffrir personnellement. Les Rolling Stones ont en Amérique beaucoup d'ennemis dont ils n'ont jamais vu les visages : la Nouvelle Gauche, le mouvement de libération des femmes, les gens qui nourrissent des griefs, réels ou imaginaires, relatifs à la dernière tournée (dont les motards, qui ont l'impression de s'être fait traîner dans la boue à Altamont), tout comme divers genres de fêlés, les overdosés, les Bremer, etc. Disons simplement que les Stones n'ont jamais tout à fait compris tout ce qui était impliqué dans l'explosion d'Altamont, et se sont donné beaucoup de mal pour que, lors de cette tournée, ceux qui auraient assez de chance pour entrer ne se donnent rien d'autre que du bon temps.

2. Les Stones ont compris que ni le public, ni le groupe, ne décollent comme il convient dans de vastes arènes, pour des raisons d'impersonnalité et d'acoustique totalement erratique, si bien qu'ils ont sacrifié le pognon au profit d'environnements relativement restreints où une certaine intimité peut se développer entre les spectateurs et le groupe, ce qui a pour résultat une meilleure musique, des consommateurs encore plus satisfaits, une détente accrue, et de meilleures vibrations tout partout.

3. Les Stones savaient que s'ils limitaient systématiquement le nombre de gens pouvant les voir, cela permettrait la création d'une énorme tension qui ajouterait à l'excitation, au sentiment d'occasion historique mémorable. Dans chaque ville, l'hystérie extérieure pourrait, par le biais de ce stratagème, être à la fois caressée et maîtrisée à un poil du chaos total. Les Stones pourraient ainsi faire le tour des colonies, rendre heureux un certain pourcentage de leurs fans, retenir l'attention d'une presse bavant déjà d'admiration, d'où des articles partout, afficher complet à chaque concert, faire l'Histoire, rester à la une, maintenir toute l'Amérique dans un état d'anxiété fébrile jusqu'à leur départ, savourer une apocalypse gérable sans pépins ni fausses couches, et passer simultanément pour l'incarnation même du scandale (ainsi quand *Life* gloussait sur le nombre d'enfants illégitimes dans leur sillage collectif) et pour des mecs bien très professionnels (cette fois personne n'est mort).

Les deux premières réponses se tiennent d'un point de vue pragmatique, mais la dernière ressemble tellement à Mick Jagger qu'elle est quasiment irrésistible. Le plus probable est que ce fut une combinaison des trois. Même la troisième n'a pas l'air d'un acte de manipulation complète. Dans des questions de ce genre, la distance entre les intentions et les effets est souvent si vaste qu'on pourrait presque (mais pas tout à fait) être d'accord avec un naze comme Jerry Garcia quand il gazouille qu'il n'y a pas de gens mauvais, simplement des victimes.

Prenez Altamont. C'était super ! Je suis heureux d'y être allé – pas question de lui préférer Woodstock, que j'ai manqué. Mais je me souviens avoir pensé toute la journée : « Si j'attendais pour voir quelque chose d'autre que les Stones, je me tirerais de ce tas de merde immédiatement. » Je me souviens de cette fille nue, en larmes, qui est passée en titubant à notre hauteur, poussée par un petit copain fou furieux jusqu'en haut de la colline, tout le monde la matant en ricanant, et les efforts qu'elle faisait pour se couvrir pendant qu'elle revenait, hébétée, vers ses amis, avançant d'un pas hésitant à travers les cercles tribaux de freaks béatifiés qui prenaient ça en riant et en pelotant. Et je me souviens de ce môme azimuté hurlant : « Tue ! Tue ! Tue ! » Je me souviens aussi des Angels lui tombant dessus, puis de l'avoir vu passer, gelée convulsive, par-dessus les premiers rangs, projeté à terre en larmes aux pieds de parfaits inconnus qui l'ont ignoré parce que les Stones allaient arriver dans une minute qui en fait a duré deux heures. Mais personne ne voulait quitter la scène des yeux de peur de les manquer.

Je ne crois pas que les Stones aient vu grand-chose de tout ça. Si d'ailleurs c'était le cas, qu'auraient-ils pu faire ? Annuler tout le truc ? Appeler leurs gardes du corps ? Appeler la police ? Mais les Stones ne sont pas des innocents. Si la tournée qui vient de prendre fin a réussi à éviter Altamont II, elle n'était pas non plus fête instantanée. Ça ne se limite même pas à l'argent, au pouvoir et à l'ego, comme l'a écrit Ralph J. Gleason, bien que ça en représente un tiers. Et le rock un autre.

Le dernier tiers, c'est la loi et l'ordre.

L'incroyable degré de sécurité mis en œuvre lors de la tournée de cette année se justifiait – essentiellement – par les réalités de l'existence en l'an de disgrâce 1972. Mais il y a toujours des victimes, sans même parler des simples injustices. À San Diego, par exemple, un escroc à la coule a imprimé et vendu plusieurs centaines de faux billets. Résultat : des centaines de gens qui en avaient acheté des vrais se sont retrouvés dehors sur le sable. Sans autre recours que de réduire la taule en miettes, ce qui était tout à fait justifié. N'en auriez-vous pas fait autant ? Ou rêvé de, si vous n'aviez pas le cran ? Où s'arrête le « j'vais passer par-dessus le mur » ? Doit-il s'arrêter ? Je n'en sais rien.

Toutefois, la forme de sécurité la plus intéressante de cette tournée, c'étaient les phalanges, généralement sans uniforme, qui isolaient les Stones en permanence ; un ensemble de cercles concentriques. En effet : comme chez Dante, bien qu'un tout petit peu plus sordide, et moins important. Les Stones sont une cible pour tout parasite vivant. Les uns et les autres finissent donc, à partir du cercle le plus réduit et le plus intérieur, et en se déplaçant vers l'extérieur, par :

• Premier cercle : Les Stones. Œil du cyclone.

• Deuxième cercle : Leur entourage : famille, amis, acolytes occasionnels, et musiciens ne faisant pas partie du groupe. Vous ne pensez quand même pas que Bobby Keys est au même niveau que Charlie Watts, non ?

• Troisième cercle : Roadies, techniciens, hommes d'affaires, gens des relations publiques. Il faut qu'ils frayent avec les Stones, mais moins, sans doute, que le cercle intérieur.

• Quatrième cercle : Membres de la presse voyageant avec les Stones. Il faut qu'ils les voient beaucoup – parfois davantage que les amis, parfois moins que les larbins. En tout cas, ils rassemblent beaucoup d'anecdotes et de notations, bien que pour l'essentiel leurs articles soient surtout d'élégants communiqués de presse.

• Cinquième cercle : Ceux qui sont là pour un soir. Les gens des médias de chaque ville, qui peuvent entrer backstage, et viennent interviewer ou photographier les Stones, ou simplement traîner aux environs.

• Sixième cercle : Les gens des médias et autres arnaqueurs familiers de la scène rock qui entrent gratuitement, grâce aux relations publiques, mais ne peuvent accéder aux coulisses. Ils s'assoient aux premiers rangs, ce qui est raisonnable. Il y a toujours trop de monde backstage.

• Septième cercle : vient ensuite, bien sûr, le public qui a payé sa place. Comprenant autrefois tous ceux que ça intéressait. Lors des premières tournées, personne n'était exclu, car les Stones ne remplissaient pas les salles si souvent que ça. En 1969, tout le monde savait : une partie de l'excitation tenait au fait que le lendemain, ou aux petites heures suivant le concert, on retrouverait ses amis pour se réchauffer au feu des souvenirs. Ça peut sembler minime, mais c'était important : « Bon dieu, z'étaient-y pas fabuleux ? »

Si vous pouvez dire ça aujourd'hui, vous êtes un membre de l'élite. Il y a toutes les chances pour que deux fans des Stones sur trois les aient ratés en 1972, ce qui vous met dans le huitième cercle, celui qui est réel et n'a pas de limites :

ABSOLUMENT TOUS LES AUTRES

Impossible d'éviter que tout ça ait l'air un peu amer, même si ce n'est vraiment pas le cas. Une tournée de cette dimension est une entreprise d'une ampleur comparable à la construction des Pyramides. On pourrait même dire que, pour les Stones aussi, tout n'est pas champagne et apothéose rock. Un ami qui a voyagé avec eux m'a dit qu'ils étaient constamment entourés de gens d'un calibre extrêmement médiocre. Et ce à plusieurs niveaux : malsains, alternativement hostiles ou serviles (selon ceux à qui ils avaient affaire), carbonisés, bousillés, déplaisants à regarder et à fréquenter. Il a ajouté que les Stones témoignaient envers eux d'une patience incroyable.

Mais il est vrai qu'aux concerts je ne vois guère de groupes de rock entourés de gens que je pourrais admirer, ou avec qui je tiendrais à échanger deux mots. Trop de cramés. Les Stones sont des artistes et des hommes d'affaires de profession, qui font un boulot précis, et donnent quelque chose en échange de tout ce qu'ils reçoivent.

Il est vrai toutefois que cette tournée a sans doute fait autant de malheureux que d'heureux. Il y a dans « Torn and Frayed » un vers qui parle de ces « impressive rooms filled with parasites » [*« ces salles impressionnantes remplies de parasites »*]. S'il est vrai que personne ou presque ne peut frayer avec les Stones si ceux-ci s'y refusent, il est vrai également que, quand on est dans une position aussi élevée que la leur, les gens ne cessent d'entretenir avec vous des relations extrêmement particulières. Personne ne veut avoir l'air trop avide. Et pendant tout ce temps, vous voyagez à toute allure sur des distances énormes, perdant tout sentiment du jour et de l'endroit, comme de quand vous avez dormi pour la dernière fois. J'imagine qu'au bout d'un moment il doit devenir difficile de voir nettement ceux qui vous entourent. Et si vous y arrivez, qui sait ? Il se pourrait qu'ils se révèlent être de parfaits emmerdeurs.

Je crois que les circonstances ont effectivement perturbé cette aura d'intimité spirituelle qu'exprimait le commentaire de mon ami lors du concert de 64 ; et même en rencontrant des copains après ceux de 68, les Stones demeuraient avec nous même quand nous étions rentrés à la maison.

Je ne me sens pas snobé parce que Mick Jagger ne m'a appelé dès l'instant où il est arrivé en Amérique, pour me remercier de mon compte rendu d'*Exile*. C'est simplement que, bien que je n'aie plus guère d'illusions à perdre – même celles voulant que les Stones soient des manipulateurs inhumains aux intentions mauvaises –, je suis heureux avec celles qui me restent. Et vous aussi, sans doute.

Cet article est donc dédié à tous ceux qui n'ont pas vu les Stones cette fois-ci, de la part de quelqu'un qui s'est exclu de lui-même, sans raison particulière, mais qui de toute façon ne s'en inquiète pas trop.

Creem, janvier 1973

1973ᵉ dépression nerveuse : les vieux hors-la-loi visionnaires ne sont plus ce qu'ils étaient – et vous ?

Pauvres enfoirés.

Je parle des Stones, bien entendu. Ils nagent dans les problèmes, ces temps-ci, et ce n'est pas vraiment leur faute, aussi devrions-nous peut-être simplement leur taper dans le dos et leur tendre une main secourable, avec un vieux comprimé de speed dedans, pour que leur prochain album ou du moins leur moral du moment sorte du grand marasme.

Sans doute allez-vous me trouver condescendant, mais non, pas cette fois. Les Stones sont des pop stars, à des années-lumière de là où vous et moi sommes assis sur notre cul à nous demander si *Goat's Head Soup* est leur dernier triomphe ou l'épitaphe d'une bande de vieillards ou simplement… Les Stones nous font toujours passer par ce genre de montagnes russes, comme quand tant de gens consacrèrent des mois au défi de *Exile on Main Street*, et en sortirent gagnants parce qu'il les récompensait de manière tellement monolithique.

La seule question qui reste dans une situation aussi confortable est donc :

Q : Et si les Stones n'étaient plus payants ?

R1 : Laissez-les tomber. Après tout, ça n'est plus qu'une bande de vieillards.

R2 : Quel genre d'ami êtes-vous donc ? Vous avez *grandi* avec ces gars-là ! Bon dieu, cette culture minable n'a donc plus de valeurs à défendre ?

Mais qu'est-ce qui ne va pas chez les Stones, demanderez-vous ? Voyons, chéri, ça ne peut pas vraiment être la fin, c'est plutôt comme l'une de ces situations où toute l'entreprise, en dépit de l'émotivité nostalgique, semble simplement se dévider dans l'espace, comme un cerf-volant au printemps. Et nous sommes impuissants à rattraper le fil.

Les Stones commencent à s'écailler, ça au moins c'est évident pour quiconque a écouté leurs deux derniers albums ou les a observés ces temps-ci. Savoir si vous aimez leur récente musique est sans importance – c'est l'humeur et l'état manifeste des nerfs qui comptent.

L'avant-dernier été, les Stones ont fait leur plus grosse tournée américaine. Contrairement à 1969, on avait serré les boulons, sans laisser de place pour des Altamont ou quoi que ce soit d'autre, exception faite de quelques roulages de mécaniques mineurs. Mais il y avait quelque chose. Il suffisait de regarder les photos dans *Life* ou partout ailleurs, pour savoir que l'hébétude commençait à les gagner.

Mick dansait de manière plus insistante que jamais – et peut-être plus encore, parce qu'actuellement les Stones semblent marqués par un désespoir ultime à fond les potards qui en des temps plus détendus n'était pour eux qu'un simple effet. En 1969, *Rolling Stone* légendait une photo de la tournée avec un truc du genre : « On pouvait voir la marque des années sur le visage de Mick. »

Ouais, derviche fil de fer sainte nitouche avec un chapeau Oncle Sam. Plus mignon que dangereux, d'ailleurs les Stones ne semblaient plus précisément concernés par quoi que ce soit, sinon se donner du bon temps jusqu'à ce moment on-freine-mais-c'est-trop-tard à Altamont, où la totale impuissance de Mick face à des forces qu'il avait libérées… c'était vraiment trop évident : « Frèères et sœuuuuurs », plaidait-il d'une voix aussi mince et perçante que Chip 'n' Dale[46], « s'il vous plaaaaaît, calmons-nous tous… »

Comme si Betty Boop tentait d'apaiser une émeute dans un ghetto en flammes. Mais de quoi diable parlait ce type ? Et puis, dès qu'ils s'étaient lancés dans « Carol », vous aviez l'impression que quelqu'un vous avait secoué avec une surdose de métamphétamine pure, et le meurtre n'était qu'un autre coup de cymbale passant tout près. Les Hell's Angels réduisaient les visages des mômes en purée avec des queues de billard, et Marty Balin lui-même s'est fait éclater. Pas vraiment étonnant que quand le Dead est arrivé et qu'on leur a appris la nouvelle – « Ils cognent même sur les musiciens ! » – Bob Weir ait observé : « Il y a quelque chose qui ne va pas. »

Non. Ce n'était pas simplement Altamont ou les Stones, mais toute la « société des mômes peace and love » qui n'allait pas, et à fond les ballons. Les Stones l'avaient exprimé dans *Gimme Shelter*, mais ils étaient encore moins préparés à l'affrontement que nous. Et si vous pouvez croire que c'était il y a quatre ans seulement, vous devriez vous demander si vous êtes mieux équipé pour affronter ce bordel aujourd'hui. Parce que vous ne tenez pas vraiment à demander si les Stones le sont.

Mort de l'innocence de la Woodstock Nation mon cul. Altamont fut un affrontement. Et les Stones étaient coincés en plein milieu de tout ça, en partie de leur faute, en partie jobards dépassés venus d'ailleurs qui tentaient, à leur manière un peu lourdingue, de faire quelque chose de sympa pour des gens envers lesquels, néanmoins, ils n'éprouvaient presque certainement que du mépris. Les Stones n'ont jamais cru aux conneries brothers & sisters, mais ils commençaient justement à se faire distancer d'une manière vraiment inconfortable, ce dont ils étaient très certainement responsables au départ. Quand pendant cette tournée Jagger levait un bras délicat pour tendre le poing, il avait simplement l'air débile, mais quand il tenta d'inverser la pression manipulatrice de sa présence à Altamont, il se rendit brusquement et totalement pathétique, pour la première fois, car son échec fut total. Il ne pouvait qu'inciter – un émeutier de collège avec la moitié de son numéro par terre, et nulle part où le caser, sinon par auto-immolation.

Les Hell's le regardaient avec un mépris évident : « petit pédé ! » Il fallut Keith Richards, le fantôme déphasé de l'été dernier, pour exercer la magie nécessaire, s'avancer en bouillonnant de colère et secouer le micro : « Écoutez les mecs ! Ou vous arrêtez ce bordel, ou vous n'avez plus de musique, pigé ? Eh toi là-bas, je t'ai vu, et tu ferais mieux de laisser tomber, mon gars ! »

Pour la première fois de la journée, quelqu'un en position d'autorité avait directement, avec fureur, demandé aux Hell's de se calmer. Grace Slick avait donné le ton le matin quand Balin s'était fait castagner : « Hé tout le monde, n'étendons pas nos corps les uns sur les autres si nous ne cherchons pas l'amour… » Ou bien, comme je l'ai marmonné quand David Crosby était sur scène : « Va te faire foutre, connard. T'es pas mon frère. » Il était évident que parmi ceux qui étaient là seuls les Stones auraient les tripes et le bon sens d'adopter ce type de position et de s'y tenir. Keith était furieux et émouvant, Jagger triste à regarder. Les autres restaient impassibles. Comme toujours. Bill Wyman remuerait-il un muscle du visage en contemplant une éventration rituelle ? Pffou, tout le monde s'engourdit. De ce jour, Jagger n'a plus jamais été tout à fait le même. Première expérience frappante de la faiblesse des Stones, et ça vous restait à l'esprit.

La dernière tournée US a été toute de précaution, pas d'escarmouches majeures, rien qu'un lent cancer. Une grande tournée, blam. Clichés à la *Orange mécanique* dans la presse, montrant d'où tout cela venait, mais… mais Keith était à peine là, même sur les photos il était comme une ombre suivant la musique le long de quelque rue venteuse, tandis que Mick Taylor prenait tous les solos. Mick Jagger bossait plus dur que jamais, mais sans plus : on *voyait* qu'il bossait. Toute la tournée baignait dans une ambiance qui vous laissait le sentiment que l'hystérie artificielle avait dépassé la cote d'alerte, et les nerfs tendus n'étaient pas simplement visibles, mais tressautaient de partout. *Exile on Main Street* marchait et les nouvelles chansons étaient super, la presse exultait, mais les gens commençaient à s'irriter – Le Plus Grand Groupe Du Monde ? Comment ne pas voir que ces types étaient à l'agonie ?

Pas Keith. Qui brusquement semblait devenu le plus important du lot, tandis que Jagger sautillait aux environs en survêt et avait toujours plus l'air d'un connard mondain à chaque nouvelle photo. Mais Keith, Keith était manifestement l'un de ceux (comme Dylan aux alentours de 1966) qui, de toute leur vie, sont au mieux de leur forme quand ils sont clairement à deux doigts de la mort. Cela semblait lui prêter une profondeur et une éloquence nouvelles, *alors même qu'il jouait à peine* ! Mais là encore, sur qui d'autre se concentrer désormais ?

Keith avait l'air sombre et tragique, de tout ce que le Stones trip avait jamais laissé entendre : âme écrabouillée, peau cireuse, os éraflés, et derrière les yeux protégés par des lunettes miroir, l'indice d'une intelligence malade trop cancéreuse pour pouvoir encore cracher des imprécations. Bousillé. Sublime. Problèmes d'héro en France, embrouilles de passeport, de nouvelles rumeurs : autoérosion disciplinée, six mois avec, sevrage abrupt six mois de suite, et on recommence. Maîtresses qui succombent ; ils n'avaient pas tant de contrôle que ça. Et Charlie Parker non plus. Ils meurent tous tôt ou tard, et toujours plus tôt.

Vous pourriez dire que tout ceci se réduit à une romantisation, de la pire espèce, de mythes sans fondement. Mais c'est toujours ce pour quoi les Stones ont été suprêmement forts. Et peut-être que ça n'aura aucune importance pour ceux d'entre nous qui se contentent d'un disque, d'une tournée. Parce que l'embrouille juridique-étatique-chimique-immigration se poursuit, et que s'il s'obstine Keith pourrait bien ne plus pouvoir quitter son propre immeuble sans se heurter tête la première au genre d'autorité qui a tenté sporadiquement et de manière souvent hilarante de tomber sur les Stones, tout en attendant depuis des années quelque chose de ce genre. Ravi de te boucler, petit malin. Reste dans ta chambre et consomme le distillat de ton potentiel non pas avorté mais plutôt trop bien accompli, explosé, pour le restant de tes jours… si bien que Keith ne peut pas tourner, et Ron Wood arrive… peut-être qu'il ne joue plus beaucoup de guitare sur scène, et certes Ron Wood est un grand baratteur d'accords venu des pubs, mais Ron Wood n'est pas Keith Richards, pas plus que les Stones ne seraient autre chose que les éclats en voie de désintégration d'une gloire passée, sans Keith. Je me fous même qu'il soit réveillé ou non. Mais ne brouillez pas la ligne plus qu'elle ne l'est déjà.

D'un autre côté, on a également suggéré que si les Stones tournent tellement aujourd'hui, c'est parce qu'ils prévoient de se séparer bientôt, dès qu'ils pourront se ranger des voitures après avoir palpé quelques gros billets de plus. Ils ne le diront jamais, mais ils nient avec emphase que Keith s'en aille : « Ce ne serait plus les Rolling Stones sans Keith Richards. » Ce que chacun sait. C'est pourquoi l'atmosphère devient si lugubre.

Les autres, s'ils jouent bien, ressemblent toujours davantage à des requins de studio. Même la laideur ne va pas jusque-là.

Ensuite, à l'automne, ils sont rentrés à la maison, vous avez lu les récits dans tous les magazines, et c'était horrible. Ce qui filtrait à travers les champs de barbelés rouillés était bien meilleur. Ainsi lors des séances jamaïcaines de *Goat's Head Soup* : selon un ami, Keith était à ce point bousillé qu'il a pris une basse et commencé à jouer une ligne de guitare pendant une prise entière. Tellement parti, paraît-il, qu'il s'est obstiné treize minutes avant de se rendre compte qu'il n'avait pas le bon instrument.

C'était amusant, c'était un on-dit, la rumeur mouline et les faiseurs de roi de profession plaisantent sur des vies ; un canard professionnel anglais a procédé à un sondage pour savoir quelle personnalité rock serait la prochaine à mourir. Keith est arrivé en première position. Lou Reed venait juste derrière. Eric Clapton était placé. Mick n'était pas cité. Dommage, je pense que je l'aimerais mieux aujourd'hui s'il avait des problèmes. Il a l'air trop suffisant, ou bien peut-être est-ce simplement l'indifférence rationnelle d'un réaliste, et puis je n'aime pas sa femme. Les rumeurs de couples rock en plein échangisme ne faisaient rien pour réduire le malaise. Vous avez toujours su, pour de bon, que les prédilections de certains de vos héros étaient exactement ce que vous ne vouliez pas savoir du temps où vous alliez à l'école. « Memo from Turner » était cool, bien sûr – il séduisait votre besoin de plongées par procuration dans le sordide, tout comme (à un niveau légèrement différent) votre désir prudemment tordu et plus amoral encore de latter la tronche du gars alors même que vous le poussiez à son érection de rongeur vautré. Grand nihilisme macho.

Mais désormais Jagger dépassait notre seuil de tolérance, nous autres sordidoïdes mateurs. Non par ses préférences elles-mêmes, mais par les marchands de chair avec lesquels il s'acoquinait. David Bowie, ce couard, cet homme de paille du rock qui pue, celui que vous aimeriez haïr. Pouvez-vous vous réconcilier avec une sensibilité authentiquement déviante, après tous les numéros de cirque, ou bien préféreriez-vous flinguer l'enfoiré de merde prétentieux et mettre un terme à toutes les conneries franchement frauduleuses sur la superstar qu'il est ? Surtout que tout le truc est bidon, de son empire musical à son autohype sexuelle ; les sources comme d'habitude peu fiables veulent que les fillettes prépubères soient son gibier favori. Mais quoi qu'il baise, cela ne change rien, c'est toujours une ordure. Ouais, dit le fan réactionnaire ahuri, butons tous les pédés et débarrassons-nous de toute cette merde Broadway-music-hall. Il y a dans l'atmosphère un sentiment de désespoir complet, et si nos héros doivent se transformer en pure merde nous pourrions au moins en accuser quelqu'un. Surtout que ça s'est déjà produit avant.

Lou Reed. Lessivé. Et il l'a pour l'essentiel bien cherché. Bien que vous puissiez vous interroger sur ces théories, très répandues à l'été 72, quand les Stones étaient en tournée et Lou à Londres, à tenter un come-back par le biais de stades avancés de toxicités combinées. Selon lesdites théories, toute la tactique de Bowie était d'éliminer la concurrence en la corrompant. Ou alors en se la tapant. C'est la même chose. Un ami parti à Londres aux frais de Bowie observa d'assez près le phénomène David-Lou, et revint en accusant Bowie de vampirisme caractérisé. J'en ai ri.

Mais en fait, qu'y a-t-il de si exaspérant dans toutes ces histoires ? Non pas un accès de conservatisme défensif devant le péril homo. Non, c'est le côté incestueux qui vous reste sur l'estomac. Quelqu'un devrait édicter une loi selon laquelle aucune pop star ne se verra permettre une liaison amoureuse ou sexuelle avec d'autres, sous peine de mort. Pour les stars de ciné ça va, mais où est donc l'équivalent rock de Liz et Dick ? Les rockers sont trop conscients de leur image pour s'y prendre avec élégance. D'une certaine façon, ça bousille le charisme aggerien de le voir danser avec Bowie, chacun se prélassant sur les genoux de l'autre lors de la party d'« adieux » de David tandis que leurs épouses se pelotaient avec une paisible dignité sous la lumière aveuglante des paparazzi… photos super de cette soirée : Bowie regardant intensément rien du tout, le plus à son avantage du lot ; Jagger, l'air dépenaillé, vieux, lessivé, sans élégance, très moche et franchement floconneux, contemplant tête basse son verre de vin, lèvres pincées, comme s'il allait recracher une gorgée rance ; Lou Reed le visage boursouflé, chevelure en broussaille, jetant un regard nerveux sur le côté, et commençant à ressembler à Porky Pig… le tout, à sa manière, tout aussi bon que le fameux cliché Iggy-David-Lou, parce que cette fois tout le monde paraissait sorti d'une poubelle… une autre photo de Mick dansant, d'un air incroyablement raide, avec cette nana qu'il a censément immortalisée dans une chanson de son nouvel album. C'est ça l'aristocratie rock ? Et d'ailleurs avons-nous besoin d'une aristocratie ? De bien mauvais compagnons… Mais peut-être qu'il a trouvé son niveau, entre ces tarés et les relations sociales de Bianca. Et l'ironie suprême, c'est qu'il n'y a dans *Goat's Head Soup* rien qui soit aussi fort et stonien que « Watch that Man » sur *Aladdin Sane*. Éliminer la concurrence…

Notes d'un fan : alors maintenant, il est question de la réputation de bon garçon de Mick, après toute cette merdouille diabolique ? Mais il est tout simplement impossible de beaucoup s'y intéresser. L'année dernière, il chantait de quoi il aurait l'air cette année. Ça sonnait mieux que ce à quoi il ressemble. Comme sur la pochette de *Goat's Head Soup*, cette écharpe ou je ne sais quoi le fait un peu ressembler à Judy Garland dans *Meet Me in St. Louis*… je n'aime pas ce sourire, il est vide… qui c'est ce type, de toute façon… et Charlie et Bill n'ont plus l'air adorables, sans pour autant être ne serait-ce que déplaisants d'une manière intéressante… tout le truc est simplement prétentieux. Mick Taylor est un gros connard qui manifestement s'efforce d'avoir l'air mauvais, amoral, comme le premier Lou Reed ou quelque chose du genre : au bout de quatre ans, il s'achemine enfin vers ce qu'il juge conforme à l'image des Stones. Mais ce n'est plus la leur, Mick. Et quelle est-elle ? Rien. Un fabuleux tout à fait quelconque. Une perte de couleur générale. Le seul qui paraisse humain, c'est Keith, mais seulement parce que cette fois il a vraiment l'air d'être au bout du rouleau, ses yeux sont à ce point désynchronisés qu'on dirait qu'ils n'appartiennent pas au même visage. Suintant un charisme mortellement préservé jusqu'au dégoût informe...

Je dis donc : qu'ils aillent se faire foutre. Le 28 septembre de cette année, Jagger a chanté « Angie », lourdement maquillé et en travelo tout cuir dans le *Midnight Special* de Don Kirshner, sur ABC-TV. La veille, Mickey Rooney et Milton Berle avaient chanté un truc extrait d'une vieille comédie musicale comme quoi Flo Ziegfeld était un sacré mec, et transsexuellement parlant c'était autrement élaboré. Ça fait vingt ans que Berle fait ce machin et Mick (en dépit de la pochette de « Have You Seen Your Mother », qui était plus une plaisanterie qu'une avancée) a dû attendre Alice Cooper et Bowie pour savoir s'y prendre. Autrefois les Stones ont eu de la classe, pourquoi donc se donnent-ils tant de mal aujourd'hui pour conserver trois fois rien de leur caractère scandaleux en faisant des trucs qu'ils n'ont pas besoin de faire ? Quand ce qui compte vraiment, la musique, commence finalement à tourner fadasse.

Pour autant, il ne sert à rien de les accuser. Ils n'y peuvent rien. Au cours des dix dernières années, les Rolling Stones ont créé une énorme situation dont ils ne sont plus aujourd'hui qu'un facteur. Ironie du sort, ils sont les victimes du monde incessamment nouveau dont la création fut leur triomphe, parce que leurs efforts ont permis à des hordes d'autres postulants d'entrer dans une atmosphère, relativement vide, d'électricité, d'espérances et d'argent. Inondant le marché. Et c'est là que nous et les Stones sommes aujourd'hui même, jusqu'au cul dans des eaux saumâtres.

Quand ça en arrive là, il vous faut vous surpasser sans arrêt, rien que pour rester à votre propre niveau, même si le bilan de votre œuvre passée n'était pas si brillant que ça. Car en raison de l'éminence cumulative de l'énorme pile de vos anciennes réussites, comme du simple fait que vous avez réussi à durer, vous avez défini une norme impossible avec laquelle vous allez devoir lutter constamment pour la satisfaire, ne serait-ce que pour vous empêcher d'être noyé dans toute la gadoue qui passe. Comme les New York Dolls – le nouvel album des Stones se doit d'être un classique sinon tous les prétendus arbitres des élégances sauteront dessus et proclameront que les Stones sont des has-been séniles et les Dolls la vraie folie nouvelle. Non d'ailleurs que tout cela ait la moindre importance, mais ces petites clameurs s'accumulent, et chacune pompe aux Stones un peu d'énergie et d'élan.

Un autre danger, c'est que, si excellent que vous soyez toujours, les gens se lasseront de vous, tout simplement. Ce n'est la faute de personne en particulier. Mais les Stones, mon dieu... de combien de manières différentes pouvez-vous recycler les riffs de Chuck Berry ? Combien de phrases pouvez-vous employer pour parler de baise avant de devoir recourir à la franche grossièreté ? Et une fois que vous en êtes là (ce qui signifie que vous avez commencé à perdre la bataille), combien de temps croyez-vous pouvoir essayer de nouvelles variations sur la crudité et l'obscénité avant que ça ne devienne simplement déprimant ? Le crade n'est pas si vaste que ça, et les artistes, dans leur majorité, produisent leurs meilleures œuvres sur une période de trois à cinq ans, au mieux de dix. Que les Rolling Stones en durent vingt, trente... – quelle idée idiote ! Personne ne dure aussi longtemps – très peu de romanciers ; les plus grands cinéastes ne donnent pas de films classiques sur une période de quarante ans. C'est ainsi qu'à mesure que les idées s'épuisent, l'intérêt personnel et artistique des créateurs est voué à décliner.

En d'autres termes, les gars, pourquoi n'iriez-vous pas fertiliser les forêts ?

Q : Que peut-on dire aujourd'hui qui n'ait pas encore été dit des Rolling Stones ?

R : Allumez la radio, là où vous entendrez une ballade, chantée de manière dépenaillée, qui vous envoûte, c'est assurément la meilleure chanson de *Goat's Head Soup*.

Q : Oui, mais pourquoi sauter sur une ballade pour la première fois de l'Histoire ?

R : Parce qu'aucun des titres rapides n'est un hit. Ils ne sont d'ailleurs pas grand-chose, tout au plus inécoutables sur un label agréable, inoffensif et vite oublié.

Il y a quelque chose de triste chez les Stones, maintenant, parce qu'ils se réduisent à un aussi énorme « Et alors ? ». Cette tristesse survient quand vous mesurez non pas un seul album, mais tout ce qu'ils proposent aujourd'hui à l'aune de ce qu'ils ont signifié autrefois.

Ils fournissaient un contexte ; un ami à qui je passais les Yardbirds m'a dit une fois : « On dirait qu'ils se sont assis là et qu'ils ont dit : "D'accord, bande d'enfoirés, voilà ce que vous allez faire pour les cinq ans qui viennent." »

Les Stones disaient la même chose dans « Honky Tonk Women », « Brown Sugar » et « Sympathy for the Devil ». Ils ont fourni un véritable arsenal que les groupes mineurs pourraient piller à volonté : riffs, mélodies, attitudes, approche des paroles, concepts de packaging et même fringues et coupes de douilles. C'est ainsi qu'en un sens ils soutenaient toute l'industrie musicale, parce que s'il n'y a pas au moins un groupe qui explore des territoires nouveaux, la hype ne peut plus aller nulle part.

Quelqu'un doit dire aux gens ce qu'ils feront demain, sinon il se pourrait qu'ils ne sortent même pas du lit. C'est malheureux, mais c'est comme ça. Chaque jour sort un nouvel album d'un groupe venu d'Angleterre ou de L.A., ou d'où on veut, et la première chanson est entièrement piquée sur « Honky Tonk Women », avec par-dessus un style vocal à la Allman Brothers ou à la Winwood ou autre. La deuxième est entièrement piquée au « Sweet Jane » de Lou Reed, combinée avec des plans de guitare des Stones. Etc.

Ces disques ne cessent de s'entasser, et tous ou presque ne valent pas un clou, mais l'important est que quelqu'un va devoir fournir des idées neuves à ces débiles sans cervelle, et vite, sinon tout le truc va s'effondrer ! Combien de fois peut-on recycler « Honky Tonk Women » ? Que les Stones aient abdiqué leurs responsabilités n'est pas une raison pour que nous la fermions devant cette merde !

Parce qu'il n'arrive littéralement rien de neuf. Bowie est un collectionneur de styles qui n'a pratiquement pas d'idées personnelles, Lou Reed, fondamentalement, retravaille les siennes du temps du Velvet, des gens comme Elton John se tournent vers la nostalgie mais c'est une impasse, et tous les autres jouent du blues.

Si bien qu'à moins que nous ne contraignions les Rolling Stones à se magner le cul, CE SERA LA FIN DU ROCK ! J'aimerais simplement leur faire un doigt d'honneur, parce que je suis furieux contre eux, mais malheureusement je ne suis pas en position pour ça, ni vous non plus. Nous ne sommes pas en position de faire quoi que ce soit, sinon aller chercher ces branleurs flageolants et défoncés et leur éclater la tronche, ou bien non seulement il n'y aura plus de disques des Stones, mais il n'y aura plus de disques des New York Dolls ou de Lynyrd Skynyrd pour tirer la chasse sur toutes ces idées des Stones. Il n'y aura plus rien du tout !

Je lance donc ici même un défi aux Stones en mon nom, au nom du magazine *Creem*, et au vôtre si vous le désirez. Je défie ces enfoirés fainéants, avachis et larmoyants de PRODUIRE – ou de compter les jours jusqu'à leur prochaine tournée américaine, car nous allons les projeter contre les murs de chaque salle de concert de l'hémisphère occidental !

Creem, décembre 1973

C'est rien (que les Rolling Stones) mais on aime ça !

La routine à laquelle nous sommes désormais tous habitués : on reste là six mois durant en marmonnant et on sait que vont venir le single et l'album des Stones qui sauveront nos ondes et notre été et nos âmes et notre foi chancelante. Et pourtant chaque année nous attendons sur des charbons de moins en moins ardents parce que nous sommes simplement pragmatiques et nous heurtons en ce cas précis au caractère inéluctable de l'érosion. Si bien que lorsque le single sort, il est très en deçà de l'héroïsme qui n'a jamais été là que par intermittences, et satisfait notre envie frénétique de tirer un trait sur eux une bonne fois pour toutes. Des losers et bon dieu Brian n'a même pas eu le bon sens de mourir sur la route.

Ouais, les revoilà, à ciné-fourguer leur douteuse magie de manière encore plus éhontée que les Mad Dogs & Englishmen de Joe Cocker, et qu'est-ce qu'on chope à la radio sinon ce petit titre crispé qui au premier abord sonne comme quelque chose que Leon Russell aurait pu concocter pour T. Rex ? La voix de Jagger est plus forcée et mince et maniérée que jamais, Keith (pour dieu sait quelle raison, espérons-le) dégueule son truc habituel avec une maigre ferveur, et tout le foutoir bourdonne deux fois trop longtemps mais ça devient un hit quand même parce qu'il n'y a rien d'autre à la radio. Et vu qu'il n'y a rien d'autre dans les bacs sinon des pompeurs lourdingues d'Aerosmith façon Bad Company, on se retrouve à acheter le single. On rentre chez soi, on met le casque et, à la deuxième écoute, on commence à saisir un dernier soupir familier, beaucoup trop pinaillé mais, dieu sait comment, toujours émouvant :

If I could stick a knife in my heart
Commit suicide right on the stage
Would it be enough for your teenage lust
Would it help to ease the pain
Ease your brain

[*Si je pouvais me planter un couteau dans le cœur / Me suicider en plein sur la scène / Cela suffirait-il à vos désirs d'adolescents / Cela aiderait-il à apaiser la souffrance / À apaiser votre cerveau*]

Pas mal, une référence au MC5 et une prophétie à la Iggy dans la même strophe. Dans le même temps on le voit en pantalon blanc jouer au con en coulisses lors des concerts d'Eric Clapton. Il est clair que ce vieux gamin a des problèmes de crédibilité.

* * *

Si vous croyez que je vais rendre compte de leur nouvel album, *It's Only Rock'n'Roll*, vous êtes cinglé. Par contre, je vais nager dedans…

* * *

S'ils ne s'en sortent pas, vous avez de la chance, parce que vous pourrez toujours vous en remettre à vous-même, alors ne vous inquiétez pas, mais d'ici là vous allez arracher ces images de vos murs et coller quelques icônes nouvelles qui probablement n'existent pas encore.

N'est-il pas typiquement américain de croire que Mick Jagger est aussi défoncé que vous et moi, errant de bistrot en backstage comme s'il n'avait rien de mieux à faire, par exemple rester chez lui à lire le nouveau livre de Joseph Heller[47] (dont les deux ouvrages sont là où se trouve la véritable terreur), préservant sa mystique, mais non, ce gars veut avoir l'air réglo comme Dylan avant lui si ce n'est qu'il veut aussi être admis comme Lennon quand il a épousé Yoko et s'est compromis ce faisant. C'est qu'un adolescent incompris qu'a besoin d'amour alors lattez-le dans la tronche pendant qu'il est temps. Je me souviens d'une période où les Stones représentaient quelque chose mais aujourd'hui c'est banal de dire ça et il nous faudra turbiner davantage. Des heures à bosser comme des nègres pour le luxe de savourer les Rolling Stones. C'est pas comme ça que ça devrait être, d'accord ? D'accord ?

On s'en fout, on avale le produit aussi cyniquement qu'ils l'ont servi, tant pis. Après tout, les Stones représentent encore beaucoup de choses. Après tout, nous aussi. L'ennui est relatif, non ? Si bien qu'ils nous posent des questions neuneus. Vous êtes-vous jamais demandé ce qui se passerait si on lançait le rock dans l'espace et qu'on l'oubliait là-haut ? Avez-vous jamais voulu tuer ce qui vous privait ? Allez-y mollo quand même ! La génération qui vient ne vivra pas sur le mythe du cramé toxico et alors de quoi aurons-nous tous l'air à nous accrocher à cette merde et à la rationaliser ? Les mômes de huit ans vont dans très peu de temps exiger que quelqu'un dise quelque chose. Cet album ne durera pas, mais *Blonde on Blonde* non plus n'a pas duré. Ils ne surferont plus jamais. Alors, mes vieux copains, peut-être devrions essayer d'apprécier le bruit qu'ils font en se noyant.

* * *

Cher Mick,

Tu persistes à jouer à l'ignorant. Pourquoi ?
Tu te projettes sur moi depuis le début.
Tu me fais penser à un anticorps apathique. Mais c'est OK.
Il y a en toi une certaine résignation. Mais tu ne stagnes pas.
Tu détestes la prétention sous toutes ses formes, alors tu surcompenses.
Tu aimes les choses pour de mauvaises raisons. Toujours.
Si jamais tu tombes malade jamais je ne serai là. Jamais je ne te verrai. Pourquoi courir des risques ?

Nous ne nous connaissons pas depuis si longtemps que ça.
Les meilleures choses sont celles qui commencent lentement, de manière hésitante, et s'édifient peu à peu.
Je ne t'aime pas. J'aime simplement être près de toi.

* * *

Dans leur vieillesse les Stones sont devenus obliques, ce qui est un autre terme pour « pervers », sauf que « pervers » est le concept le plus ringard qui soit, comme ils l'ont compris depuis le début, ce qui n'est pas le cas de Lou Reed qui a dû entamer une carrière en solo pour s'en rendre compte. Une franche rigolade, voilà ce que vous ne tirerez pas de tout nouvel album des Stones et c'est d'autant plus dommage. C'est comme s'ils croyaient cette pouffe hollywoodienne dans *Star*, qui disait que Mick n'était qu'une vieille buse, et avaient décidé de refaire leurs preuves tandis que nous perdions tout intérêt pour la chose, des grommellements éclaboussés font surface ici et là, comme ce fracas que Charlie balance au début de ce foutu single et qui, comme les briques qui se heurtent lors du second chorus de « Hip Shake », prouve qu'il est toujours le plus grand batteur du rock, parce que le plus subtil. Il vous frappe quand vous vous y attendez le moins tout en abattant un sacré boulot, et c'est là la vraie histoire. Vous allez tous tourner normaux et découvrir votre propre aliénation et pourquoi croyez-vous gamins que les Stones bossent si dur tournant toute l'année comme me l'a dit Bill Wyman dans une interview que je n'ai jamais retranscrite parce qu'elle était tellement cryptique : « On est trop occupés pour être décadents. » D'accord, d'accord, ma mère aussi, pourquoi ne pas servir à table un moment, prendre des vacances, ou au moins vous suicider pour de vrai ? Sentiment de lutte dans le moindre remplissage qui est peut-être drôle, en définitive. *Exile* était comme un nerf dans son fourreau, émergeant au bout de plusieurs semaines. *Soup* était sympa et sans danger. Je veux la limite et cet album ne me garantit pas que je l'aurai, quelle curieuse manière de se retrouver coincé, mais peut-être est-ce la beauté des Stones que cette foutue situation, ah, ah, gamin ?

Cet album est faux comme un jeton. Engourdi. Mais il tranche comme une lame émoussée. Qui tranche, eux ou nous ? Que voulons-nous tuer ? C'est déjà mort, prenez plaisir aux Rolling Stones tandis qu'ils s'avancent, comme des athlètes en cire, au milieu de notre communauté, arborant leur parfait linceul et le mettant en place pour un instant vu que le temps n'attend pas et que le rock n'est qu'un moment tandis que nous attendons que la prochaine présence se manifeste. Et je ne parle pas de stars, chérie.

The Village Voice, 31 octobre 1974

Rolling Stones :
la grande débandaison

Il y a deux choses à dire de ce nouvel album des Stones avant l'heure de la fermeture : l'une est qu'ils sont toujours parfaitement en phase avec l'époque (c'est-à-dire, parfois, très mode), l'autre est qu'ils n'ont plus de jus, parce que tout est fini, foutu, ils n'ont plus d'importance réelle ou ne représentent plus rien, ce qui est très certainement une chance pour eux comme pour nous : le fardeau était bien lourd à porter pour tout le monde. Voici donc le premier album des Stones *qui ne veuille rien dire*, dieu merci. Aucune explication – ils peuvent désormais s'en aller concourir avec Aerosmith ou, plus précisément, le marché « pop adulte » et même Barry Manilow, puisque, comme sur les deux albums qui l'ont précédé, les moments les plus forts de celuici, c'est quand Jagger chante des ballades.

Je ne déteste même pas *Black & Blue* à l'instar du nouveau Led Zep, qui certes est indigne d'être haï par qui que ce soit, sinon par un vrai fan qui s'attendait à davantage que ce qu'on savait devoir obtenir – ce que vous avez ici, c'est un agréable bavardage, flot de Muzak pour cabinet de dentiste, où des yeux vifs brillent dans le visage du néant qu'ils n'affronteront même pas et ils en sont d'autant plus forts. Ouais, je l'ai regardé mourir. Merde, je n'ai même pas l'impression d'être un voyeur, tout est fait au nom de l'art ou de la fanfaronnade ou de quelque chose, c'est bon Mick, je t'aime toujours comme on aime un vieux copain pas très futé qu'on garde auprès de soi pour des raisons de pure compassion (d'empathie ?) et parce qu'on se souvient du temps où. Du temps où quelqu'un a monté le Velvet. Tu es coincé en plein rechapage, laisse tomber, non, c'est pas assez, je t'entends grogner mais tu ne peux pas t'arrêter de bavasser, surtout que tu tiens à invoquer la Jamaïque/le reggae, t'es peut-être allé là-bas mais à en juger par les preuves discographiques tu n'y connais rien ou du moins tu n'es plus capable de traduire, ce qu'autrefois tu faisais si foutrement bien.

Te voici donc lessivé. C'est pourquoi je t'aime bien désormais. Je m'identifie aux damnés de la terre, comme tout libéral qui se respecte, sorti de là tous les mornes fantasmes par procuration sont des non-codes inertes, et tant pis si tu n'as pas fait tes preuves depuis un certain temps donc bienvenue au musée, saute et hurle bosses-y vas-y vas-yyy avec de la pédale wah-wah à l'envers. Tous les « titres » rapides de cet album à l'exception bien entendu de celui, « reggae », désormais obligatoire et de la scie disco qui est moins bizarre ou choquante que franchement agréable genre bon d'accord tu veux te réduire au niveau de la musique la plus banale parce que tu as toujours tenté de suivre, très bien, mais tous les autres rockers sonnent comme une version javellisée de « Brown Sugar », et même ça c'est bien parce que bon dieu à la limite, je veux dire c'est des braves mecs même s'ils semblent avoir bousillé Ron Wood parce que pendant la dernière tournée l'été d'avant il jouait de la guitare de manière si démente avec les Faces (en tel contraste avec sa manière de se fondre allégrement dans la marqueterie sans vie de la tournée des Stones) sauf qu'apparemment il haïssait les Faces (en tout cas quiconque ayant une sensibilité intacte le pourrait dans une telle situation) et peut-être est-ce pourquoi il était si bon là-dedans du moins à la fin, mais maintenant il claque des paumes synapses frontaux effondrés avec son idole Keith (ce qui fait de lui le nouveau Nick Kent, je suppose) et le résultat est que, pour s'en tenir strictement à cet album, Ron Wood n'est plus un guitar hero. Il a réussi à devenir aussi anonyme et plat et mort que Keith. Jetez un coup d'œil à la pochette et comprenez qu'ils lui apprennent même à avoir l'air sinistre de rigueur, on ne peut pas être un Rolling Stone fidèle chieur et SOURIRE, bois de chauffe supplémentaire pour un blues trop-tard-dommage, parce que Ron Wood a montré qu'il était l'un des plus grands sourieurs de tous les temps. C'est comme s'il était à l'école de Keith, et arrivé là le truc le plus intelligent que m'sieur Richards puisse faire, c'est de lancer un cours par correspondance griffonné sur des boîtes d'allumettes pour apprendre à avoir l'air à la fois défunt et sexy.

Parce que Keith n'est qu'un connard borné qui n'a jamais compris qu'il n'y avait plus rien de bon à dire à la guitare après Chuck Berry, il est le pire genre de fétichiste des vieilleries, et merde à son image, vous aussi vous pourriez ressembler à ça si vous étiez un riche junkie, hors-la-loi mon cul, il fait chier, mot que j'utilise rarement parce qu'il y a trop de bons livres à lire pour s'ennuyer jamais.

Je ne commenterai même pas les paroles parce qu'elles ne veulent rien dire. Elles sont idiotes, comme il fallait s'y attendre. Même « Memory Motel », dont je pouvais tirer une vanne facile en renvoyant à l'expéditeur le vers « You're just a memory, that used to mean so much to me », qui s'applique aux Stones, mais je ne crois pas que je les aime simplement parce qu'ils sont bousillés à ce point, mourant lentement avec un sens du timing tellement impeccable, ils ne peuvent toujours pas mal agir, sauf si vous êtes vraiment assez naze pour attendre une Grande Déclaration, bon, IL N'Y EN A PAS ICI. Ils ont même fait machine arrière sur la pochette SM prévue à l'origine[48], ce dont en fait je suis heureux, plus heureux que de la musique qu'elle contient, parce qu'il y a déjà bien trop d'ersatz pléthoriques de la culture SM comme ça, et même les freaks du sado-maso vont sans doute en vouloir aux Stones parce qu'ils n'y contribuent pas mais sont toujours à jouer avec les gimmicks les plus chichiteux à la mode et rebattus du genre. Alors qu'en fait ils ont toujours été enchaînés à je ne sais quelle idée à la con d'eux-mêmes. Je veux dire : Jagger et Townshend – *qui se soucie qu'ils aient 30 ans*? Ne serait-ce qu'un seul lecteur de ce magazine? Non. Tout le monde se fout de leur fixation là-dessus, sauf Jagger et Townshend, bien sûr. Patti Smith a 30 ans, l'auteur de ces lignes en a 27, et il peut encore se tenir debout sur la tête en faisant la roue dans les soirées, Charlie Mingus a 54 ans et il crache toujours le feu dans son attitude, bien que peut-être pas dans sa musique la plus récente. Il a appris l'évidente leçon que « vieux » peut vouloir dire patine à la Ellington, pas forcément le dépôt d'ordures, mais les Stones veulent y être, à quel autre endroit va-t-on balancer des hors-la-loi, mais désolé, je ne peux y voir autre chose qu'un produit, qui de surcroît a demandé un an et demi de travail, ah, quelle vanne, quelle rigolade, quel groupe quel groupe quelle charge quel groupe de rock quel groupe quel groupe quel groupe, adieu.

P.S. (ben voyons)

Oui mais aussi et à cette époque, je me souviens avec mon vieux pote Mick, des scènes nageaient sous un bon vent cannabisalé en dessous du promenoir, on a écouté un air une ou deux fois, et à des conclusions nous parvînmes bel et bien, plus spécifiquement que ceci n'est que sauterie fumette et arnaque de grand dadais parce que c'est marrant et aussi bon que ça peut l'être dans le genre parti – « Hot Stuuuff » – quand Mick se lance dans ce bavassage grommelé rasta bidon et a le culot de dire « Allayoupeapalinnyyaksitay, I know yall goin' broke, to everybody in Jamaica, livin' workin' in the sun, yer hot stuff », ouais, des péquenots bien chauds qui se branlent, laissons donc ces rude boys Jam-à-Ricains te poser les mimines sur le kiki, papa, ils serreront jusqu'à ce que t'oublies d'essayer d'être le chieur de tout le monde, mais bien que tu sois qu'un maquereau aux doigts gourds t'es très bien. Parce que pour commencer nous avons découvert que Bianca est plus futée que toi, ça te sidère qu'un tel phénomène puisse exister alors tu écris toutes ces ballades amoureuses à l'eau de rose sur tes derniers albums tandis qu'elle se tape Ryan O'Neal (entre autres). « Hey honey would you like to get something to eat... ? » Sex and sun sur seigle, lent ou rapide kif-kif, gamin larmoyant et perdu tu es à l'âge où tu te déclames toi-même, et ce « Hand of Fate » pure connerie, tu pourrais encore si tu voulais mais tu ne veux plus mais c'est OK parce qu'on t'aime pour ce que tu es. Alors merci de ne pas avoir d'ambition ; tu es une source d'inspiration pour la *blank generation* tout entière.

Creem, juillet 1976

Plutôt sinistre : démêler l'embrouille Miles

Je lutte avec toutes ces histoires de Miles Davis depuis ce qui représente maintenant des années, et bien que je n'aie toujours pas compris, peut-être qu'une dissection interprétative de ma confusion peut être instructive pour vous, si ça vous intéresse. Il ne fait aucun doute que Miles mène nombre d'entre nous par le bout du nez, faisant des nœuds avec nos tympans et nos normes (surtout chez les critiques) tandis que nous nous efforçons de déterminer si la relative absence d'impact de toute cette merde tient à lui ou à nous. Voici donc le problème, avec un éventail de solutions alternatives (choisissez, si vous voulez choisir).

Depuis *Jack Johnson*, sorti en 1971 et qui fut son dernier album indéniablement magistral, Miles est devenu ce dont il avait été l'antithèse pendant les vingt premières années de sa carrière : erratique. C'est ainsi que les critiques ont eu beaucoup de mal à décider si des albums comme *Miles Davis in Concert* étaient des chefs-d'œuvre difficiles et denses, ou de la simple gadoue prétentieuse. Ce n'était pas uniquement que Miles est une figure traditionnellement considérée comme au-dessus de la critique, mais plutôt que personne ne voulait se faire gauler, assis sur le trottoir d'hier, à s'astiquer le jonc sur de vieilles séances, pendant que Miles sculpte des voies express et des monorails nouveaux. Pour aller vite, il nous a jeté d'aussi grosses pommes de discorde (bien que peu de gens soient désireux de l'avouer en public) que *Miles at Fillmore*, *On the Corner*, *Big Fun*, et *Get Up with It*.

Bon. Pour quiconque suit sa carrière depuis plus longtemps que *Bitches Brew*, il y avait dans chacun d'eux au minimum des passages un peu durs à avaler. Du moins si votre intégrité d'auditeur s'étendait à vous-même (et que le public aille se faire foutre : quiconque achète des albums de Stanley Clarke n'a que ce qu'il mérite). Je me souviens que *Miles at Fillmore*, en 70-71, fut le premier à me gonfler un peu : il était évident qu'il y élargissait l'approche *In a Silent Way/Bitches Brew* (pour laquelle Joe Zawinul n'a jamais été suffisamment crédité, au point de s'être fait totalement piller, tout bien considéré, en dépit de la bouillie avant-garde/Middle of the Road qu'il baratte avec Weather Report), non, plutôt il réitérait les bonds en avant de ces albums d'une manière qui, non seulement n'y ajoutait rien mais, littéralement, n'était pas au niveau des normes impeccablement mandarinales de Miles.

Je n'ai vu là-dedans qu'un vague machin inexplicablement gravé sur vinyle, mais ensuite il a fait suivre la brillance de *Jack Johnson* et le relatif come-back de *Live-Evil* par *On the Corner*, qui détient toujours le titre de pire album que ce type ait jamais sorti. Sur cette expérience électronique/percus, le peu de trompette qu'on pouvait extraire du bzz-bzz et du chlouca-chlouca était distordu au point d'en être méconnaissable. Et ceci de la part d'un homme qui a bâti une bonne part de sa réputation sur sa capacité à trouver dans son âme et sa trompette des profondeurs transcendantes et dévastatrices d'émotion pure. Cela revenait presque à une forme de suicide, ou au moins, artistiquement parlant, à un acte pervers de calibre maximal.

Les Fidèles, bien entendu, déclaraient fermement, comme Jann Wenner du *Wedding Album* de John et Yoko, que Miles Sait Ce Qu'Il Fait Même Si Moi Pas. Ralph J. Gleason, homme dont le penchant pour les sermons bavards et le *name-dropping* pourrait être éternellement excusé par sa passion sans limites pour l'art musical, consacra un article entier dans *Rolling Stone* au compte rendu simultané de *On the Corner* et du dernier album de Santana. Il s'agissait dans les deux cas, dit-il, d'un genre nouveau de « musique de rue », avec de fortes ramifications tiers-monde (ou du moins ethno-culturelles minoritaires américaines) à l'intention des publics correspondants, l'implication, évidente mais non formulée, étant que si nous autres amateurs de jazz (vraisemblablement) blancs ne pouvions nous convertir à ça, c'était parce que seulement destiné aux frangins.

J'ai entendu en mon temps des affirmations similaires, en des termes plus spécifiques et plus stridents, relatives à des albums, allant du médiocre à l'atroce, de gens tels qu'Archie Shepp, Joseph Jarman & l'Art Ensemble of Chicago et Sun Ra, et c'étaient très exactement d'aussi grosses conneries que pour Miles. Gleason m'a dit une fois que Shepp œuvrait dans un domaine où il était vraiment très difficile de distinguer le « bon » jeu du « mauvais », et que par conséquent *Three for a Quarter, One for a Dime* était l'un de ces albums, alors proliférants, simplement imperméables à tout arbitrage critique. Si on y adhère à la lettre aux critères de jeu du « free », alors ce n'est pas notre affaire que de dire à Archie Shepp, par exemple, qu'il exploite depuis près de cinq ans l'ethnocentrisme, et la colère née de l'oppression, de son propre peuple, non ? Simple bande de gamins blancs qui n'avons jamais subi le poids de la répression, qui sommes-nous pour dire que *Three for a Quarter* n'est rien de plus et rien de moins qu'un album merdique branlette tut-tut balancé par un artiste qui ne semble pas avoir grand respect pour son public ?

Non, il nous faut admettre que nous, ou nos ancêtres, ou dieu sait qui, sommes coupables de 400 ans de VOUS SAVEZ QUOI. Mais je tiens également à déclarer publiquement que j'écoute toutes sortes de jazz, dont plus de délires « free » que la majorité des gens sains d'esprit (j'ai eu pour habitude de passer *Ascension* de Coltrane et *Spiritual Unity* d'Albert Ayler en prenant mon petit-déjeuner), et que si je ne connais rien aux aspects techniques de la musique, je peux faire la différence entre le bon jazz, free ou pas, et le mauvais, et Archie Shepp a sorti tout un tas d'albums qui sont soit charabia (*Three for a Quarter*) soit conneries blaxploitation (*Attica Blues*). Demandez à n'importe quel musicien, et il vous dira qu'à de mineures exceptions près, tel ou tel titre isolé et ainsi de suite, depuis la mort de Coltrane Pharoah Sanders est totalement dépourvu d'inspiration et impardonnablement porté aux gimmicks ; et j'ai eu hurlé de rire en voyant, il y a quelques années, Sun Ra à Berkeley : le vieux barjot crâne d'œuf lui-même, avec une troupe complète de danseurs, de percussionnistes, etc., deux saxos se poursuivant à travers le public tout en imitant un pseudo-combat de coqs avec leurs instruments : SQUEEKASWANKASQUOOONKRRRR-RONKKARGGHHHH etc., au grand ravissement d'un public blanc à 99,999 pour cent.

La connexion entre tout cela et l'œuvre de Miles est, précisément, une connexion. Même s'il ne se fait pas autant de blé que Stanley Clarke ou des McLaughlin-aux-yeux-las, on peut présumer sans grand risque qu'en 1976 au moins deux ou trois doubles galettes d'électro-Miles bourbeux sont des éléments aussi essentiels dans l'appart' d'un célibataire sniffeur de coke que la bonne marque de chandelles parfumées. Miles n'est donc pas simple musique de fond mais une part décisive des voyantes mœurs consuméristes d'une certaine sous-culture actuelle, et peut-être ne faudrait-il pas la critiquer en tant que musique, mais plutôt par rapport à la hausse et à la baisse de ces mœurs au baromètre des étudiants et du hip chic-maquereau. Si bien que peut-être Tom Wolfe devrait rendre compte de ses albums à ma place.

D'un autre côté, Miles a représenté beaucoup de choses pour moi depuis que j'ai écouté pour la première fois *Birth of the Cool* quand j'étais trop jeune pour le comprendre, et si je pense toujours pouvoir distinguer le bon Miles du mauvais (ce dernier restant inconnu sur vinyle, du moins jusqu'à la présente décennie), je ne suis toujours pas prêt à faire une croix sur lui, comme tant d'autres, du bout des lèvres ou non. Ceci en dépit du fait que, la seule fois où j'ai enfin eu l'occasion de l'écouter live, en 1973, il s'est tellement comporté en con que son groupe, super (et bien entendu anonyme) lui faisait honte, tandis que le titan lui-même se contentait d'arpenter la scène d'un air maussade, interrompant sa bouderie de grincheux prématuré toutes les cinq minutes pour lever sa trompette et jouer au hasard de trois à six notes bâclées et totalement hors sujet, ou se retrouvait à errer derrière un orgue électrique sur lequel il risquait des trucs à deux doigts plus dignes d'une démonstration en magasin que de ce qui se passait autour de lui. Le plus grand moment du concert, ce fut quand un petit malin dans le public lui jeta un frisbee qui l'atteignit en plein dans son collier de chien chieur sado-maso, et le fit tomber. Tout ce que fit Miles, de sa musique à son comportement personnel, fut un « allez vous faire foutre » géant à toutes les personnes présentes (y compris ses musiciens ?), et je l'ai haï passionnément. Si l'on voulait rationaliser cette merde de manière universitaire, on pourrait y voir une extension logique de sa légendaire propension à tourner le dos au public, à ceci près que quand il y cédait autrefois, il jouait une musique qui pouvait en même temps vous briser l'âme en deux, d'ailleurs c'est une simple question de commodité (après tout, pourquoi devrions-nous lui témoigner la moindre courtoisie ?) que de rejeter des idées de ce genre, qui ne peuvent qu'encourager davantage d'infantilisme, et de nous contenter de tirer un trait sur le gars, en disant que c'est un simple connard. Et très certainement cramé, en plus.

Mais me voilà, près de trois ans plus tard, et ce type et sa musique tiennent toujours mes goûts, plus, mes émotions, à la gorge, et refusent de desserrer l'étreinte. Il m'obsède parce qu'il a autrefois sorti *Sketches of Spain*, qui dans le « Concerto d'Aranjuez » de Rodrigo comporte un adagio qui pourrait contenir plus de chagrin pur que tout solo, par qui que ce soit, que j'aie pu écouter ; il m'obsède parce que *Kind of Blue*, comme *Birth of the Cool* une décennie auparavant, a défini une époque et donné une des musiques les plus belles, les plus amples, les plus chaleureusement inspirées que cette période devait connaître ; il m'obsède parce que *In a Silent Way* a bien failli changer ma vie, me réinsufflant un respect nouveau pour les aspects authentiquement spirituels de la musique alors que j'étais occupé à me vautrer dans les graviers et le métal ; il m'obsède, simplement parce qu'il est Miles, l'un des plus grands musiciens ayant jamais vécu, et quand un géant est atteint d'un cancer de l'âme, il vous faut pleurer ou du moins réclamer une enquête médicale.

C'est pourquoi j'ai étudié l'œuvre de Miles depuis l'année dernière, en essayant de voir où (si ?) il a déraillé. Songez que ce type fait des disques de « jazz » depuis la fin des années 40, et que nombre d'entre eux, beaucoup plus en tout cas que pour n'importe quel autre musicien, sont devenus des classiques. Ce gars a défini au moins trois périodes dans la musique américaine – Dylan peut-il en dire autant ? Peu importe que lorsque *In a Silent Way* sortit, il ait eu le même effet que Charlie Parker et son influence sur ses disciples – à savoir qu'il ruina une génération entière de musiciens qui furent à ce point estomaqués par son éblouissante nouveauté qu'ils ne purent qu'imiter servilement, si bien que chaque fichu album que vous écoutiez était la même copie dégoulinante, avachie et kitsch de la cathédrale de Miles – ce qu'elle demeure ; sept ans plus tard, *In a Silent Way* non seulement ne date pas, mais reste, avec *Sketches of Spain* et quelques autres albums de Miles, l'un des monuments sonores de notre temps. Et ce n'est là ni hype ni hyperbole.

Mais depuis, les années, les problèmes personnels, la célébrité, la complaisance – *quelque chose, n'importe quoi*, a fait sentir ses effets. *On the Corner*, c'était de la merde. Comme, à la possible exception d'un passage dont on m'a parlé mais que je suis incapable de retrouver sur ses quatre faces non-stop de 30 minutes, *Miles Davis in Concert*. *Big Fun* et *Get Up with It* étaient en grande partie des fonds de tiroir, avec des résultats erratiques prévisibles. « Go Ahead John », sur le premier cité, était super, mais une trop grosse part du reste se réduisait à ce que jamais auparavant on n'aurait attendu de Miles : des idées simplistes répétées sur des faces entières, jusqu'à une demi-heure chacune, avec un caractère répétitif électronisé, et une distorsion gratuite, peut-être conçus pour avoir un effet hypnotique, mais qui finissaient par être simplement statiques. Plus inquiétant encore peut-être, une fois qu'on avait dépassé le côté prévisible et la déception pour analyser le contenu réel de la musique, ça entraînait Miles au-delà de son penchant traditionnel (et traditionnellement à vous déchirer le cœur) pour des accès prolongés de profonde tristesse, vers une région nouvelle évoquant davantage un chagrin par moments métallique et nébuleux. Il aurait dû appeler un de ces albums *Kind of Grim*, « plutôt sinistre ». Et le simple chagrin, fût-il ressassé jusqu'à toute la prolixité électro-technocratique qu'on voudra, est loin d'être la même chose que l'angoisse.

Une bonne part de la plus belle musique de Miles, de *Blue Moods* à « Prayer », sur *Porgy & Bess*, en passant par *Sketches of Spain* et *My Funny Valentine*, parle de la souffrance intérieure, qu'elle traduit en une poésie profondément mélancolique, si intense et si épurée que parfois j'ai été (et d'autres ont rapporté des expériences similaires) parfaitement incapable de l'encaisser. J'ai toujours été offensé que les gens me demandent d'enlever un disque de jazz parce qu'ils le jugeaient « déprimant », mais j'ai toujours su secrètement ce qu'ils voulaient dire. Car il y a eu des moments où je trouvais l'angoisse de Miles non pas cathartique mais dépressive, où j'ai dû virer *Jack Johnson* de l'autoradio parce que je ne pouvais pas me rendre à la laverie avec un tel poids sur le cœur, mais je savais également pourquoi (et, si je puis me montrer présomptueux, les anti-jazz cotonneux que je viens de mentionner aussi) j'étais déprimé : *parce qu'à ce moment quelque chose n'allait pas chez moi*, quelque chose d'une telle gravité que ça pouvait peu à peu passer de ma conscience à mon cœur et à mon âme ; parce que je balayais une profonde angoisse latente sous le tapis des émotions, ou que je ne m'affrontais pas moi-même à un niveau primordial – et *Miles me transperçait jusqu'à ce niveau*. Sa musique était en effet puissante à ce point : elle me révélait à moi-même, elle dévoilait ma propre fausseté, ma propre lâcheté face à l'effroi ou à la douleur contournée. Car ne vous y trompez pas, Miles comprend la douleur – et il l'extirpera du centre même de votre âme quand il joue cette note suprême et que vous vous trouvez, par coïncidence, être à ce moment une sorte de plaie ouverte affective. C'est ce don de chirurgie à cœur ouvert qui fait de lui l'artiste absolu qu'il est. Si bien que, de toute évidence, il m'est impossible de me débarrasser de lui d'un simple haussement d'épaules. Je m'en vais démembrer ces foutus albums et découvrir quelle est la source du cancer qui les ronge, en priant pour trouver un remède.

La rumeur charrie diverses théories relatives à l'état présent de Miles, dont beaucoup évoquent ses problèmes personnels (santé, relations sentimentales, etc.), qui sont sans aucun doute un facteur majeur de son déclin, mais réduire un dépérissement de cette ampleur à des ragots serait trop facile, et comme, contrairement à certains artistes, il n'a pas incorporé ses problèmes à sa hype/légende, ils ne regardent personne. Il est trop aisé de pipeauter des démonologies chimiques ou sexuelles. Ce qui émerge de *Big Fun* et de *Get Up with It*, c'est un sentiment de dépression si inconsolable et si profond, qu'il en devient aussi glacé que le carrelage d'une morgue. Quand on pense aux sniffeurs de coke qui achètent ces albums parce que *c'est Miles, mec,* pour je ne sais quelle image idiote, il est impossible de les imaginer écoutant toute la demi-heure de « He Loved Him Madly », premier titre de *Get Up*, et l'un des morceaux de musique les plus authentiquement funèbres jamais enregistrés. Bien qu'il lui soit dédié, ce titre ne sonnait guère comme Duke Ellington, récemment décédé ; mais il avait très certainement le son de la mort. Comme une affliction au-delà de toutes les plaintes, obscurité, obscurité et solitude devenue positivement claustrophobe, comme une condamnation à perpétuité dans une cloche à plongeur au sein des profondeurs les plus noires du fond de l'océan. Combien de gens pourraient simplement encaisser pareille musique, surtout d'une telle durée ?

Bien entendu, le reste de l'album était le souk habituel, nous fourguant de la franche merde, une vieille prise avec le groupe de superstars qu'il dirigeait au début des années 70, un beau titre hispanisant occupant une face entière, et un exercice laconique, plein d'un humour diabolique, juxtaposant un blues funky standard au jeu de trompette le plus mordant de Miles depuis des années. Tout cela ne pouvait guère se réduire à l'habituel cliché artiste-excentrique-et-d'avant-garde (« Je suis Miles, je peux sortir ce que je veux ») – cette musique indiquait clairement que quelque chose n'allait pas chez son créateur, qu'il n'était pas à sec, simplement perdu ou en train de se faire plaisir, mais que son âme était malade.

Ce qui bien entendu, et à condition d'y croire, ne résolvait toujours pas le problème : EST-CE DE LA BONNE MUSIQUE

OU NON ? Et : NE VAUT-IL PAS MIEUX QUE CERTAINS ACTES COURAGEUX RESTENT PRIVÉS ?

Agharta, son tout dernier album, n'offre que peu d'indices : c'est l'enregistrement en public d'un concert au Japon, Miles laisse ses sidemen prendre des solos d'une longueur respectable mais sans doute disproportionnée, et ses propres interventions sont ce que nous en sommes venus à attendre, exception faite d'un bref moment de vieux Miles plein-de-sincérité-à-vous-couper-le-souffle au milieu de « Theme from Jack Johnson » qui, soit dit en passant, ne ressemble guère au titre d'origine, à supposer que ça ait de l'importance. Je m'en vais donc compliquer encore l'énigme Miles en répondant par d'autres questions à toutes celles soulevées plus haut :

1. Cette musique est-elle bonne ou mauvaise ?
2. Si elle est mauvaise, est-ce que Miles le sait ?
3. Si elle est mauvaise et qu'il le sait, est-ce qu'il
   (a) est en train de dire à son public d'aller se faire foutre ;
   (b) remplit des obligations contractuelles ;
   (c) tâtonne vers quelque chose qu'il est actuellement incapable d'accomplir ;
   (d) sort simplement un produit parce que, comme Dylan, John Lennon, etc., il n'a rien de mieux à faire et ne peut admettre qu'il est lessivé ?
4. Si cette musique est bonne, cela signifie-t-il que Miles essaie de nous dire quelque chose que peut-être nous ne tenons pas à entendre (cf. la théorie de l'angoisse latente) ?
5. Si cette musique est bonne, l'est-elle pour nous aussi ?
6. Si elle est bonne, et que l'effet de cette qualité est de nous déprimer, pourquoi devrions-nous continuer à écouter ?
7. Si elle est mauvaise, les comptes rendus tels que celui-ci ne sont-ils pas le pire remède possible aux afflictions de Miles ? Devrions-nous lui dire qu'il se goure, et le boycotter jusqu'à ce qu'il se reconvertisse ?
8. Si elle est mauvaise, pourquoi suis-je beaucoup plus fasciné par Miles en plein déclin que quand il faisait un bel album *mainstream* après l'autre ?

Je ne prétends pas avoir la réponse à la moindre de ces questions, mais je dirai ceci : le fait même qu'il faille les poser rend cette musique plus intéressante et provocante que 90 pour cent de tout ce qui sort aujourd'hui. Aux Milesophiles, je suggérerai d'en revenir à deux albums anciens pour un précédent à son dilemme actuel : *Miles in the Sky* pour un avant-goût de ce côté aérien qui rend *Bitches Brew* presque trop éthéré et certains de ses disciples presque invisibles ; et à quelque chose qui ici s'est appelé successivement *Jazz Track*, *Frenzy* et *Elevator to the Scaffold.* C'était la bande sonore d'un polar français[49] que Miles, en 1958, enregistra avec un groupe d'Européens inconnus ; ça différait complètement de tout ce qu'il faisait à l'époque et, par l'humeur désespérée, couleur de nuit, qui s'y exprime, est demeuré au fil des années un classique prophétisant la récente dégringolade psychique de l'artiste.

Pour ce qui est de la dernière musique de Miles, je me retrouve, à la fin d'*Agharta*, avec au fond du cœur un poids caoutchouteux. Je ne suis pas masochiste, et personne ne pourrait jamais écrire que Miles est larmoyant, mais je ne regrette rien. J'ai enfin appris à voir que sa musique la plus récente, et ce qu'il a fait à son art, est comme de prendre un joyau, un diamant aux facettes parfaites, aussi gros que la Terre, brillant d'un éclat plus vif que dix mille soleils, et supposez qu'avec des mains implacables, surhumaines, maléfiques, vous entrepreniez de le *broyer*, de le comprimer par une force au-delà de toute compréhension, jusqu'à ce qu'il ne fasse plus que la moitié de sa taille d'origine, et qu'il soit entièrement noir, bloc glacé et incassable. Ce diamant, c'est pour moi les capacités émotives de la musique de Miles, le cœur même de Miles ; ma théorie relative à sa personnalité musicale est qu'il s'est fait à lui-même, à son cœur, très exactement ce qu'on a fait à ce diamant, pour des raisons liées à une grande souffrance peut-être insupportable. Pour reprendre une formule de Patti Smith, sa musique est désormais pour moi « une branche de flamme froide », et je pense que, si broyé que soit ce cœur, l'âme au-delà n'est pas et ne pourra jamais être détruite. Comme pour le « cas d'épuisement » de Graham Greene (et il ne faisait pas référence à la drogue), peut-être est-ce tout ce qui reste. Mais curieusement, elle brille d'une lueur presque plus vive encore dans sa propre froideur glacée ; et cela, qui est tout ce qui demeure, est tout simplement l'univers.

Phonograph Record, juin 1976
Repris dans le *New Musical Express*, 30 avril 1983

Miles Davis : musique pour les morts-vivants

Miles, espèce de minos ! On t'attend toutes ces années – D'accord ! C'est hip pour tous les mondains sans oreilles de la planète d'aimer *On the Corner*, maintenant ! Satisfait ? – et tu nous tends ce plateau Mort du Cool de machins *Bitches Brew* à moitié congelés ! Et ce *chant* ! Bon dieu, mon gars, pour ce qui est de se mettre en valeur via des acolytes serviles, James Chance était plus cool que ça quand il faisait gazouiller à une fille « Il est presque noir… » tout en gargouillant un de ses solos de sax hideux, presque aussi hideux que les petits bruits suintants que tu émets sous ces minauderies proto-Earth Wind & Fire ! Miles, tu aurais mieux fait de mourir !

Maintenant que ça c'est calmé, le terme le plus approprié pour décrire l'album marquant le « come-back » de Miles Davis, *The Man with the Horn*, et sa série concomitante de concerts publics, serait sans doute « hésitant ». Dans le *Village Voice*, Stanley Crouch écrit ainsi à propos de celui du Avery Fisher Hall, auquel j'ai assisté : « La performance de Miles Davis m'a frappé comme étant une arnaque par son évidente manipulation d'un public avide d'aimer tout ce qu'il faisait… pourtant le son post-be-bop mais très personnel est toujours plus émouvant que tout ce que j'ai pu entendre à la trompette depuis Clifford Brown. » Bob Blumenthal, du *Boston Phoenix*, cite un de ses amis qui demandait : « Quel titre de Davis résume au mieux ce qui se passe ici ? » Blumenthal choisit « Great Expectations », quelqu'un d'autre « So What », et moi je choisirais « Stuff » ou « Paraphernalia ». Il écrit ensuite : « Il semble désormais absurde que quiconque ait pu attendre que Davis revienne soit avec une autre rupture radicale d'avec, soit une remise en question de, sa musique pré-électrique. Nous aurions dû savoir qu'il reprendrait là où il s'était arrêté, avec un jamming électrique ouvert, improvisé et funky. »

Ouais, sauf que ça n'est pas là qu'il s'est arrêté. Il s'était arrêté avec *Agharta* et *Pangaea*, deux concerts enregistrés le même jour au Japon. Le premier, celui de l'après-midi, fut le dernier LP « nouveau » de Davis à paraître aux États-Unis (en 1976) avant *The Man with the Horn*, tandis que *Pangaea*, concert du soir, n'est disponible ici que depuis peu, en import. Et il y avait dans cette musique une furie totalement absente de *Man* comme des récents concerts, en particulier dans *Pangaea*, dont la première face, violent assaut tête baissée, m'avait conduit plus d'une fois à l'appeler « le premier jazz des années 80 ».

La vérité est que le jazz des années 80, à supposer qu'il doive y en avoir un qui compte, a probablement commencé en 1972 avec *On the Corner*. Dieu sait que pendant cette décennie peu de gens ont su quoi en faire, moi compris, qui avais suivi et aimé tout ce que Miles avait fait depuis *Birth of the Cool*, et n'ai même pas pu écouter ça, et encore moins ressentir sa flamme glacée ni comprendre ses intentions, pendant les cinq ans qui ont suivi sa sortie.

Je crois qu'une raison pour laquelle tant d'entre nous ont eu du mal avec ce qui est l'une des ruptures les plus radicales de Miles, c'est que nous percevions dans cet album comme une absence de cette qualité émotive même dont parle Crouch. Cela a toujours été une vérité axiomatique que, même si d'autres avaient plus de technique, ou que, dans les années 60, il ait pu sembler « dépassé » par ses confrères tels que Coltrane, voire qu'il paraisse à beaucoup avoir joué depuis des décennies le même solo de blues dans des décors différents, *Miles avait plus d'âme*. On pouvait difficilement accuser *On the Corner* d'être le même solo, mais on pouvait, et on ne s'en est pas privé, lui reprocher de ne comporter aucune émotion discernable.

Les deux clés qui nous manquaient étaient le rythme et l'attitude. Pour la première fois, un album de Miles Davis était conçu non comme un cadre pour le jeu de trompette profondément délicat d'albums comme *Sketches of Spain* ou *My Funny Valentine*, mais comme un monde, et un point de vue sur ce monde, pleinement accomplis, dans lesquels tous les éléments faisaient partie à égalité de l'ensemble. C'était comme une vaste peinture d'une ville entière, présentée comme sur une carte, et qui serait venue à la vie en frétillant, c'était comme une ruche. Le meilleur conseil à donner à ceux qui ne pigent toujours pas pourrait bien être de l'enregistrer sur cassette, puis de l'écouter en marchant dans le quartier des affaires de Détroit, dans la 14e rue de New York, ou dans toute zone urbaine vraiment affairée, encombrée. (Bien que, chose intéressante, je ne l'aie vraiment écouté pour la première fois que quand j'étais en Jamaïque, où il paraissait d'un seul coup vivant, de manière effrayante, presque obscène, et où on ne pouvait plus manquer son caractère menaçant.) Comme me l'a dit une fois une ex à moi alors que nous roulions à travers le ghetto de Détroit tandis qu'il passait sur l'autoradio : « Je pige, c'est un disque environnemental. » Mais cet environnement n'a pas besoin d'être funky ; ce qui, dans la musique, a d'abord été perçu comme dépourvu d'émotion s'est révélé être, en réalité, une aliénation à ce point extrême que nous ne pouvions que nous y faire peu à peu, comme à l'album, tandis que le temps nous rattrapait, et que nous rattrapions Miles. En fait, la musique paraît changer avec des environnements différents, dont elle est comme un commentaire : dans les quartiers pauvres, au coin de la (vraie) rue, non seulement elle saisit les rythmes du déplacement humain, mais chaque instrument, et chaque petite figure mélodique ou rythmique (ce qui semblait autrefois gribouillages ou griffonnages) qui apparaît brièvement, disparaît puis réapparaît quelques minutes plus tard, est comme l'un de ces différents personnages que vous voyez régulièrement passer dans votre quartier, se mêlant d'abord puis finissant par devenir le casting d'un drame urbain sans début ni fin, dans lequel tous viennent traîner. Passez-le chez Macy ou en plein Manhattan ou dans le centre commercial du coin et il devient nettement plus froid, et les entités qui s'agitent plus sinistres.

En fait, il est assez froid partout, mais c'est la froideur d'une rage face au cœur même de la mort. Si Miles paraissait perdre sa capacité à ressentir, il ne faisait que prédire ce qui ne tarderait pas à nous arriver à tous. Vous êtes-vous déjà senti affectivement pris au piège ? C'est de cela que parlent *On the Corner* et tous les disques ultérieurs (avant *Man*) de Miles. Prenez le cœur le plus chaleureux du monde, comprimez-le, écrasez-le sans pitié jusqu'à ce qu'il ne soit plus qu'une petite boule de haine glacée couleur anthracite. Ensuite, regardez-le tournoyer dans le vide, en crachant d'occasionnelles aiguilles de lumière. C'est ce que j'entends dans cette musique, avec le sentiment d'être constamment entouré d'entités extraterrestres, insectoïdes et reptiliennes, grouillant tout autour de moi. Dans les œuvres ultérieures le sentiment de menace ne fait que croître – « Rated X » sur *Get Up with It* est si implacablement malveillant que c'est comme d'être dévoré vif par des insectes géants – comme d'ailleurs le sentiment de claustrophobie et de dépression (« He Loved Him Madly » pourrait bien être le morceau de musique le plus déprimé des années 70, ce qui veut tout dire), jusqu'à ce que finalement il explose, sur la première face de *Pangaea*, en un hurlement de liberté confus (qui s'efforce, mais n'y réussit qu'à moitié, de s'arracher à la dépression et à l'impasse de la fureur en circuit fermé dans *Agharta*).

Tenant compte du fait que tous ces albums (*On the Corner, Miles Davis in Concert, Big Fun, Get Up with It, Agharta, Pangaea*) ne sont pas sortis dans l'ordre selon lequel ils avaient été enregistrés – les choses sont particulièrement épineuses s'agissant de *Big Fun* et de *Get Up with It* –, et qu'une partie en a été « assemblée » par Teo Macero à partir de bandes, on ne peut pour autant nier qu'un point de vue sur la société, ou disons la place qu'on occupe dans l'ordre des choses, ce qu'on ressent à ce sujet, s'y trouve mis en œuvre. Certains critiques et fans aliénés ont fait une croix sur cette musique, n'y voyant qu'expériences ratées qu'on aurait dû laisser dans leurs boîtes, ou même des chutes de studio qui ne révèlent qu'un échec de leur créateur, mais c'est uniquement parce que la plupart d'entre eux sont incapables de l'écouter et, dans la mesure où ils y parviennent, ne peuvent pas aimer ça. Après tout, qui veut s'entendre dire VOUS ÊTES MORTS, une demi-heure ou une heure d'affilée ? Personne, si bien que, évidemment, cela se traduit par des choses comme ce que m'avait déclaré une fois un batteur de jazz : « La plupart des musiciens qui disent aimer *On the Corner* de Miles essaient en fait d'avoir l'air hip. »

Ce qui peut être vrai aussi, mais n'annule pas (et ne peut pas annuler) la vérité, plus manifeste chaque jour dirais-je, que cette musique parle de quelque chose, à savoir que nous devenons post-humains et, de manière concomitante, obsédés par la technologie. C'est là le poison qui vrombit à travers le câblage d'une supersociété devenue prison, ce que prophétisait Max Weber quand, avant la Première Guerre mondiale, il parlait d'un peuple « embrassant... une pétrification mécanisée, pour embellir une sorte de sentiment d'auto-importance convulsif. Car à ce stade de ce développement culturel, on pourrait dire en vérité : "Des spécialistes sans esprit, des sensualistes sans cœur ; cette nullité s'imagine qu'elle a atteint un niveau de civilisation auquel on n'est jamais parvenu auparavant." »

Arrivés là, sans doute pensez-vous que j'ai poussé beaucoup trop loin une simple impression subjective. D'accord, alors regardez autour de vous. Est-ce que ça ressemble vraiment à des gens ? Bon dieu, ils ne seraient même pas capables d'être des animaux. Androïdes conviendrait davantage, au mieux des mutants. Ils sont devenus les machines qu'ils vénèrent. Maintenant, allez jeter un coup d'œil dans le miroir. Vous aimez ce que vous voyez ? Vous vous croyez vachement cool, hé ? Bon, alors réfléchissez au fait que tous pensent la même chose en se regardant dans la glace. Et vous avez l'air aussi grotesque pour eux qu'eux pour vous. Maintenant, allez mettre, disons, la face 2 de *On the Corner*. Vous vous sentez en terrain plus familier ?

Bon, je ne m'attends pas à ce que Miles Davis se lève et dise : « Oui, toute ma musique du milieu des années 70 entendait refléter une société dans laquelle le narcissisme cédait la place au solipsisme », ni même : « Vous dites que j'ai cessé de jouer avec âme, mais c'est vous qui avez perdu la vôtre. » Et je pourrais avoir tort sur toute la ligne, mais je pense vraiment que je l'entends dire, musicalement, dans des morceaux comme « Rated X » et « Mtume » : « Vous pensez que c'est oppressant ? C'est bien ce dont vous m'avez l'air. » Et je sais que cette musique a un pouvoir et une pertinence étranges qui, même dans un album de second ordre comme *Miles Davis in Concert* (qui, comme le disait un ami, a l'air d'avoir été enregistré un jour où tous les membres du groupe avaient de sacrées gueules de bois), lui donnent une importance au minimum différente de celle de choses comme *E.S.P.* et *Nefertiti*. Oui, pour moi, personnellement, elle signifie davantage qu'autrefois (mais pas plus que *Sketches of Spain* ou *Kind of Blue*), bien que peut-être ce soit parce que je me sens si prisonnier affectivement que j'ai réussi à me servir des faces 2 et 4 de *Get Up with It* pour m'arracher en plus d'une occasion à de graves dépressions. Et je ne mens pas ; des amis me signalent des résultats semblables avec « He Loved Him Madly ». Il semble, on ne sait trop comment, que la froideur de la mort affective dans cette musique touche les répressions émotionnelles qui sont en nous et ont culminé dans de tels gouffres de malheur apparemment sans objet, que le cœur de Miles, même s'il meurt (à supposer qu'il meure), touche les nôtres et les fait revivre d'une manière dont même « My Funny Valentine » ou le « Concerto d'Aranjuez » ne seraient peut-être plus capables aujourd'hui. Parce que, même dans leurs moments les plus méditatifs, c'étaient des musiques chaleureuses, et avant que nous puissions les ressentir de nouveau il faut que quelque chose éclaire les paramètres de la cage. Comme quelqu'un l'a dit autrefois : « Il n'y a rien dans mes rêves, sinon des souvenirs hideux. »

En attendant, voici *The Man with the Horn*, de toute évidence simple coup médiatique, assez agréable, mais où Miles (dont il faut dire que, lors du concert, il ressemblait à quelqu'un qui a été gravement malade) ne fait, au mieux, que plonger un orteil dans l'eau froide. Il m'a renvoyé à *Bitches Brew*, qui (exception faite de la guitare surpuissante merdique) est en grande partie là où il patouille, et fait que cet album sonne franchement *lourd*, et non plus un petit peu trop aérien, comme toujours auparavant. Mais voyez ça comme ça : que ressentiriez-vous si vous étiez Miles Davis et, ouvrant *Billboard*, appreniez que Chuck Mangione a un album classé n° 3 dans tout le pays, tandis que CBS est en train de supprimer de son catalogue quelques-uns des vôtres parmi les plus récents ? Vous passeriez d'abord par une période d'amertume complète, puis commenceriez à penser stratégie. C'est moins le chant lui-même (et Bob Dorough chantant « Nothing Like You » sur *Sorcerer*, ou ce titre des séances *Birth of the Cool* ?) que sa *nature* et ses *paroles* qui sont mauvais, mais s'il permet à Miles de passer à la radio, de vendre l'album au milieu de tous les autres trucs bidons et clinquants, si ça pousse le public de Chuck Mangione à se lancer sur son prochain album, alors mon espoir le plus cher serait qu'il leur cogne dessus avec un « Rated X » d'une demi-heure. Ils n'aimeront peut-être pas ça, mais peut-être qu'alors, dix ans seulement après *On the Corner*, ils auront au moins une certaine idée de ce qui les frappe. Et pourquoi.

Music and Sound Output, décembre 1981

Le cri lointain de Captain Beefheart : il est vivant, mais la peinture aussi. Et vous ?

Don Van Vliet, âgé de 39 ans, est un homme qui vit avec son épouse dans une caravane, au milieu du désert du Mojave. Ils ont très peu d'argent, alors ça doit parfois être assez dur pour eux, mais je ne l'ai jamais entendu se plaindre. Don Van Vliet est plus connu sous le nom de Captain Beefheart, légende mondiale qu'une génération entière de groupes New Wave a citée comme étant l'un de ses plus importants précurseurs spirituels et musicaux : John Lydon/Rotten, Joe Strummer des Clash, Devo, Pere Ubu et bien d'autres ont attesté avoir grandi avec son album de 1969, *Trout Mask Replica*, et passé sans arrêt ses quatre faces de saumure de marais/paella/roogalator discordantes mais savoureuses, jusqu'à connaître des passages entiers de ses paroles, qui constituent une forme sauvage et totalement originale de poésie reposant sur la libre association.

Certains d'entre nous pensent qu'il est l'un des géants de la musique du XXe siècle, et en tout cas de l'après-guerre. Il n'a jamais pris de cours de musique, apprenant seul à jouer d'une demi-douzaine d'instruments, dont le saxo soprano, la clarinette basse, l'harmonica, la guitare, le piano et, tout récemment, le mellotron. Il chante sur une étendue de sept octaves et demie, et on a comparé son style à Howlin' Wolf et à plusieurs espèces d'animaux primitifs. Sa musique, qu'il compose pour des ensembles, avant d'enseigner – littéralement – à ses groupes comment la jouer, est souvent atonale, mais swingue toujours d'une manière pratiquement inconnue du rock. Son concept de rythme est unique. J'y entends du blues du Delta, du free jazz, des chants de ramasseurs de coton, du rock et, récemment, quelque chose de nouveau sur lequel je ne peux mettre le doigt, mais qui s'apparente plus ou moins à ce qu'on appelle la musique « savante ». Vous y entendriez sans doute plusieurs autres choses très différentes.

Ceci va être un portrait, en partie à l'occasion de la sortie de son douzième album (et le meilleur depuis *Clear Spot* en 1972), *Doc at the Radar Station.* Ce sera aussi, et j'hésite vivement à le dire parce que je hais ces articles où l'auteur braille à quel point il a fait copain-copain avec les rock stars, consacré à quelqu'un que je considère depuis longtemps comme un ami dont, au bout de onze ans, je commence seulement à penser que je le comprends. Ce qui n'est peut-être pas si long que ça pour dire qu'on a appris quelque chose sur n'importe qui.

* * *

Pendant ce temps, dans le désert du Mojave, Don Van Vliet savoure une conversation extrêmement courtoise, pleine d'un esprit taquin (anecdotes et reparties jonchent les sables lunaires comme paillettes et confettis le plancher d'une discothèque le soir d'Halloween) et totalement passionnante avec un monstre de gila[50]. « GRAAUUWWWKKK ! » dit le gros reptile somnolent, regardant de ses yeux protubérants vert laser sans paupières et ne manquant rien. « Des chauve-souris de brique descendent dans ma cheminée, répond Van Vliet. Je les vois tête en bas dans le feu. Elles y glapissent et y rôtissent. Des ailes bondissent sur le plancher. » « KRAAUUAUUWWWKKK ! » conseille le gila, insensible à la chaleur. Van Vliet le Captain acquiesce de la tête et réfléchit à l'efficacité d'une telle méthode. Tous deux viennent juste d'achever un reste brûlant de haricots rouges vénusiens à gros yeux qui vous contemplent d'un air accusateur tandis que vous vous les fourrez dans la bouche en direction du bas. Le Captain, Van Vliet, appelez-le comme vous voulez, a choisi de vivre ici, depuis des années, wampum échoué sur ce sol stérile blasonné. Il n'y voit pas trop la variante humaine de la famille des vermines, mais ça va tout à fait au Cap Vliet, « Doc », comme l'appellent les prospecteurs bourrus installés là depuis des temps bien antérieurs à son émigration en ces lieux.

⋆ ⋆ ⋆

Y a-t-il jamais eu quelqu'un que tu aies idolâtré ou admiré en tant qu'artiste ?

Je ne vois personne, sinon que je pensais que Van Gogh était excellent.

Et en musique ?

En musique, jamais. Jamais. Un héros en musique… Non, heureusement.

Donc, tu n'écoutais pas de trucs du genre blues du Delta, free jazz et autres avant de commencer à…

Pas vraiment… J'ai rencontré Eric Dolphy. Il était sympa, mais pour moi c'était vraiment limité, du genre *bliddle-liddle-diddlenopdedit-bop*. « J'ai fait bien du chemin depuis Saint-Louis », comme Ornette, tu vois. Ça ne m'a pas ému.

Dolphy ne t'a pas ÉMU ?

Bon, il m'a ému, mais pas autant qu'une oie, disons. Qui pourrait être un héros, un jars pourrait être un héros, la manière dont il lâche ce qu'il a sur le cœur pour rien, comme ça.

Est-ce parce que tu crois que les gens, en général, font ça pour des questions d'ego ?

Hmmm, oui, ce qui, je crois, est bien, parce que ça te permet de nouer tes lacets. Tu vois ce que je veux dire, ça ne fait pas peur aux vieilles dames, tu t'es fringué. Alors je pense que c'est sympa.

Crois-tu qu'il est possible de créer un art sans ego, qui s'écoulerait simplement à travers toi ?

C'est possible, c'est ce que j'essaie de faire, et très certainement sur ce dernier album.

Une chose que j'ai découverte, c'est que plus j'en sais moins j'en sais.

Moi aussi. Je ne connais rien à la musique.

⋆ ⋆ ⋆

Comme l'ont démontré bien des comptes rendus au fil des années, il est toujours difficile d'écrire sur Don Van Vliet quoi que ce soit qui dise vraiment quelque chose sur lui. Peut-être (bien qu'il puisse détester cette comparaison) parce que, comme Brian Eno, il aborde la musique avec des instincts de peintre – et dans le cas de Beefheart, avec aussi ceux d'un sculpteur (l'autre jour, au téléphone, comme j'essayais de le coincer sur un détail de son nouvel album, il m'a dit : « Tu as vu des Franz Kline récemment ? Tu devrais aller au Musée Guggenheim, et voir son "Number Seven", ils l'ont placé dans un si bel endroit. Il est sans doute plus proche de ma musique que n'importe quel peintre, parce que ce qui sort de ce qu'il fait est vitesse et émotion pures. »). Quand il donne des directives aux musiciens de son Magic Band, il dessine souvent ses chansons sous forme de diagrammes. Avant cela, il enregistre ses compositions lui-même, généralement au piano ou avec un Moog. « Ensuite, je peux façonner ça de telle sorte que ça soit exactement comme je veux, après que j'y sois arrivé. C'est presque comme une sculpture, en fait c'est ce que je fais, je crois... parce que je ne peux évidemment pas me permettre le marbre, à supposer que j'en trouve. »

Une bonne part de ce qui en résulte ne pouvait être fait, selon les lois « normales » de la musique. Pour ce qui est des paroles, là encore comme Eno, il les compose souvent à partir d'une sorte de ravissement enfantin devant la nature même des sons, ou de certains mots, si bien que, pour prendre un exemple au hasard, si « anthrax » ou même « amour » apparaît dans un vers, il ne veut pas nécessairement dire ce que vous trouverez dans le dictionnaire en y jetant un coup d'œil. Mais là encore, il pourrait aussi. Contrairement à ce que prétend *Rolling Stone*, « Ashtray Heart », sur le nouvel album, n'a rien à voir avec la réaction de Beefheart face aux rockers punk, sorti d'un aparté répété qui pourrait bien être une fausse piste. (« Let's open up another case of the punks » [*« Ouvrons de nouveau l'affaire des punks »*] est la phrase résumant l'opinion passablement médiocre qu'il a des membres de la New Wave fiers de reconnaître qu'il les a influencés. « Je ne les écoute jamais, tu vois, ce qui n'est pas très gentil de ma part mais… encore une fois, pourquoi devrais-je contempler mon propre vomi ? Je pense qu'ils oublient un fait – ils remettent ça dans le rock : *bomp, bomp, bomp*, c'est ce dont j'ai essayé de sortir, ce truc du genre battements de cœur maternels. Mais je crois qu'ils doivent bien gagner leur vie. ») Il rit de cette erreur d'interprétation mais, comme la chanson parle, assez clairement, de trahison, je lui ai demandé : « Qu'est-ce qu'il y avait, dans la personne dont tu parles, qui pouvait te toucher suffisamment pour être blessé à ce point ? »

Il répond : « L'humanité. Le fait que les gens ne l'entendent pas de la manière dont tu l'entends réellement. Sans doute pour la même raison que Van Gogh quand il a donné à une fille un morceau de sa chair, parce qu'elle était trop sotte pour comprendre ce qu'il faisait. J'ai toujours pensé qu'il le lui avait donné comme un objet matériel à quoi se raccrocher, parce qu'elle n'acceptait pas la valeur esthétique de ce qu'il était en train de dire. »

« We don't have to suffer, we're the best batch yet » [« Nous n'avons pas à souffrir, nous sommes le meilleur lot qu'on ait vu jusqu'ici »]. Est-ce que tu accepterais de commenter ce que ce vers peut bien vouloir dire ?

Oui, ce que je faisais là c'était de veiller à ce que ces petites sculptures en boules de carton, ces fausses perles, ces cercles de carton bon marché, tu vois ce que je veux dire, flottent à travers cette musique. À la vérité, j'avais peur de chanter sur ce titre, j'aimais tant cette musique, elle était si parfaite sans que je sois dessus. C'est pourquoi j'ai mis là ces mots, tu vois, c'est simplement des constructions de boules en carton bon marché pour simuler des perles flottant à travers, et c'est une technique irrésistible qui les fait ressembler à des perles. « We don't have to suffer, we're the best batch yet », ce sont les perles qui se parlent à elles-mêmes.

Par opposition aux autres. Qu'est-ce que signifie « White flesh waves to black » [« La chair blanche s'agite et vire au noir »] ?

Bon dieu, je n'en sais rien. Ça veut dire… c'est simplement un… euh… c'est simplement une peinture, tu vois, c'est une licence poétique.

Je pensais que tu parlais du racisme.

Oh, non, je ne sais pas quoi faire des problèmes raciaux ou politiques. Pour moi, c'était simplement un poème, un poème en soi.

Je pensais au passage où tu te promènes en regardant des gens qui se sont transformés en marchandises.

Oui, « we're the best batch yet ! » Nous sommes ce qui s'est fait de mieux et de plus nouveau. Ah, ça a aussi à voir avec ça. Tu sais, je suis… euh… comment appeler ça, c'est pas schizophrène mais c'est, hmm, ce que les gens de l'Ouest pensent des gens de l'Est, tu vois, ce qui veut dire que dans certains cas ils estiment que les gens sont cinglés de penser par facettes multiples et de croire qu'il y a bien des manières d'interpréter les choses. Je les accepte toutes. Je ne peux prétendre ignorer ce que mes paroles signifient, mais je peux dire que… oui, je sais ce qu'elles veulent dire, mais si on lui donne un nom ça interrompt le flux.

* * *

Van Morrison a déclaré ignorer ce que signifiait une bonne part de ses propres paroles, et même si ce n'est pas le cas de Beefheart, ou si elles veulent dire des choses différentes pour chacun de nous, je pense, comme pour Morrison, qu'à l'occasion on sent que la voix d'un Autre pourrait simplement parler à travers ce chanteur, à ce moment précis, comme s'il était un instrument recevant des messages de… Doc à la station radar ? (Sur les voix diverses qu'il prend tour à tour, souvent dans la même chanson : « Je vais te dire la vérité, certaines me flanquent la trouille en sortant de moi quand je fais certaines choses, comme "Sheriff of Hong Kong". Je ne l'ai jamais rencontré. Ou rencontrée, je ne sais pas… c'est vraiment différent… euh… tu vois, je ne pense pas que je fais de la musique. Je crois que je jette des sorts. »)

Où que Don Van Vliet trouve ses règles et ses messages, c'est rarement à l'extérieur, dans la société « civilisée » prétendument rationnelle, et qui me paraît psychotique, que nous connaissons et dans laquelle nous vivons. Il choisit de vivre *en dehors* d'elle, mentalement et physiquement, et a commencé très tôt à vouloir lui échapper :

Je ne suis jamais allé à l'école. J'ai pissé dans mon froc, ma mère est venue et m'a rattrapé alors que je partais en courant et je lui ai dit que je ne pouvais pas y aller parce qu'alors je sculptais énormément. Je crois que c'était à l'école maternelle. À trois ans, j'ai tenté de sauter dans les puits de bitume de La Brea, ils m'ont rattrapé juste à temps. J'étais intrigué par ces bulles qui faisaient *bmp bmp*. Je pensais que j'allais trouver un dinosaure là-dedans. À cet âge-là j'ai dit à ma mère – elle me l'a montré voilà pas longtemps, dans ce petit livret avec cette horrible méthode d'écriture qu'on apprend à l'école et qu'elle employait, avec ces trucs aux fantastiques fioritures sans aucun rapport avec ce dont il était question, c'est écrit sur ce vieux bout de papier jauni – que si elle restait d'un côté de la pièce et moi de l'autre, nous pourrions être amis pour le restant de nos jours. Quand j'avais trois, cinq, six ans, je m'enfermais dans une pièce et je sculptais.

Quel genre de choses ?

Oh, bon dieu, des trucs que j'essayais de faire bouger cinétiquement, j'essayais de les remuer. C'étaient mes amis, ces petits animaux que je faisais, comme des dinosaures et… en fait, je n'étais pas vraiment dans la réalité.

Tu le regrettes ?

Non. J'en suis heureux. J'avais raison. Je n'aime pas la façon dont les gens traitent les animaux. L'un de mes plus horribles souvenirs, c'est le Grand Auk[51], le fait qu'il ait disparu avant que je sois né. Quel oiseau superbe !

Comment étaient tes parents ?

Très normaux. Ils m'ont installé dans le Mojave, c'est là qu'on gardait les Nippo-Américains pendant la Seconde Guerre mondiale. Ils m'ont installé ici pour m'empêcher d'avoir une bourse de sculpture en Europe. Ils voulaient me tenir à l'écart de tous les artistes « homos ». N'est-ce pas horrible ? Des périscopes dans la baignoire, tu vois ?

* * *

D'une certaine façon, il n'est toujours pas beaucoup dans la « réalité ». Ses problèmes avec ses maisons de disques successives sont légendaires. Et pourtant il a, on ne sait trop comment, continué à faire ces albums étonnants ; juste au moment où vous aviez presque abandonné tout espoir, quelqu'un d'autre arrive et lui propose un contrat, il en enregistre un nouveau et il ne se vend pas. Jon Landau m'a dit en 1970, quand il était mon chef de rubrique à *Rolling Stone* : « Grand Funk sera plus important dans l'histoire du rock que Captain Beefheart. Et tu peux me citer ! » Mais il y a d'autres occasions, comme cette fois où j'ai rencontré dans un bar une jeune femme qui n'était ni faiseuse de modes ni portée sur l'avant-garde rock, et quand je lui ai demandé quel genre de musique elle aimait, elle a dit : « Ce type que j'ai entendu, qui s'appelle Captain Beefheart. Il y avait là quelque chose de vraiment sensuel et musqué… Je ne sais pas… c'était différent, mais j'ai adoré ça. »

Beefheart lui-même pense que les femmes tendent à mieux comprendre sa musique que les hommes, c'est pourquoi – d'autant plus qu'il peut être, par ses ellipses obscurantistes, difficile à piéger dans une interview – décrire sa musique en prose est un peu comme d'essayer de saisir le prisme d'une aile de libellule et de le tenir intact dans la paume de la main. Je parlerai donc de son épouse. Jan est une jeune femme d'une telle radiance et d'une telle sincérité sans réserve que ça peut être un peu étourdissant lors d'une première rencontre. Des formules telles que « Mère-Terre » seraient désuètes, atrocement à côté de la plaque. Artistiquement, elle est aussi active que lui, et les complexités de son esprit à elle sont tout à fait à la hauteur de ses changements d'humeur à lui, ce qui peut vous donner le vertige. Ce qui ne veut pas dire non plus qu'elle soit la Nourrice du Grand Artiste archétypale – elle ne le laissera pas l'emmerder, et il peut parfois être un bébé tyrannique. Comme beaucoup d'entre nous.

En termes de communication, Jan contribue puissamment à établir une sorte de rapprochement entre cet homme et le monde en général. En d'autres termes, elle traduit. Dans les deux sens. Vous verriez la même chose à l'ONU. Et si Don n'est pas exactement du genre à psalmodier « Klaatu baraada niktu[52] », par moments il donne bel et bien l'impression d'être un visiteur venu d'une autre planète, ou plus précisément quelqu'un d'encore stupéfait par sa première vision de celle-ci, comme il le sera sans doute toujours. Peut-être est-il simplement dépourvu de ces mécanismes filtrants qui permettent à la plupart d'entre nous d'affronter la « réalité » parce qu'ils en bloquent au moins 80 pour cent.

Selon ses propres filtres, les objets inanimés sont vivants, les plantes et les animaux partagent avec eux la capacité de penser, comme de sentir. Don accorde de la perspicacité à un moustique, et même à un vieux manche à balai. Au final, si ses paroles parlent de quoi que ce soit, c'est d'écologie.

* * *

Tu es peintre. Dans « Run Paint Run Run », es-tu en train de dire que la peinture en soi est une entité consciente qui a une volonté propre ?

Ouais ! Tout à fait ! Ouais, t'as saisi. Oui, elle a une volonté propre.

Est-ce que tu as la même impression, en général, à propos des choses qui t'entourent, des objets inanimés ?

Um hm. Oui, vraiment, je pense qu'ils sont tous vivants. Pas toi ?

Je n'en sais rien.

Allez, allez, tu le penses aussi…

Alors, comment la peinture et toi vous entendez-vous ?

Fichtrement bien, c'est moi qui te le dis. J'attends simplement d'avoir assez d'argent pour peindre vraiment en grand. Je ne veux plus peindre sur moins d'un mètre cinquante sur un mètre cinquante, j'aimerais vraiment peindre en sept mètres sur sept.

Vous avez des querelles, la peinture et toi ?

Oui, absolument.

As-tu la même impression avec la guitare électrique, que quand tu la branches dans la prise, c'est une sorte d'affrontement de volontés ?

Je pense. Elle crache vers toi tout ce qui est là-bas.

C'était ce dont tu parlais dans « Electricity » ?

Ouais, ça a beaucoup de rapport avec ça... ça semble toujours sortir comme ça veut, tu sais.

* * *

Je pense que Don anthropomorphise, en partie, les animaux et les objets pour se protéger des humains, dont l'observation empirique lui a montré qu'ils sont incompréhensibles, pour eux-mêmes aussi bien que pour lui, quand ils ne veulent pas votre peau. Il est comme un Androclès qui taillerait une petite bavette avec le lion, mais qui voit des crocs et des griffes chez un garçon de courses. Dépourvu des filtres mentionnés plus haut, il a conçu un système de points de contrôle élaboré, pour tenir à l'écart la plupart des humains méprisants. Cela peut parfois être frustrant. Autrefois, sa méthode préférée était de toujours lancer un quelconque machin bien incongru gonzo dada (« Tous les chemins mènent à Coca-Cola » est le premier que j'aie entendu) puis de vous regarder droit dans les yeux et de demander avec insistance : « Tu vois ce que je veux dire ? »

« Ouais, sûr, Doc, sûr » bafouillait toujours tout le monde (sauf Jan). C'est quelqu'un de très charismatique, une espèce de gourou. Il sait comment charmer, et il a une manière de vous flatter en vous posant toutes sortes de questions qui suggèrent un intérêt véritable. Il le pense réellement aussi, sa philosophie de base s'est toujours résumée à une franche invitation à partager la lumière de son soleil brusquement plus vive dans « Frownland », sur *Trout Mask Replica*. Mais voyez-vous, ça n'est que ça : ça a toujours été *son* soleil, à un autre niveau toutes ces choses étaient et sont des dispositifs de mise à distance (bien qu'il soit beaucoup moins égocentriquement défensif qu'il ne l'a été), et ça peut être extrêmement frustrant, parce qu'aussi intime que vous deveniez avec des gens, si tout ce qu'ils disent jamais se réduit à des choses de ce genre, qui ont l'air sorties de leurs paroles argotango (une autre technique consiste à vous demander de préciser quand vous posez une question puis simplement de se déclarer d'accord avec vous), on rentre chez soi avec un magnétophone plein de mots qui ne veulent rien dire de particulier et la triste intuition qu'il y avait quelque chose d'un peu impersonnel dans toute l'affaire. On m'a dit qu'avec Don la meilleure contre-attaque est d'essayer de le coincer : « *Qu'est-ce que tu veux dire exactement ?* » Mais d'une manière ou d'une autre je n'ai jamais été capable de tracer une ligne aussi franche. L'homme est, littéralement, trop magique. Une fois, à Détroit, je suis entré dans un théâtre par la porte de service pendant qu'il était sur scène. Au moment précis où j'arrivais au bord du rideau, sur la droite, d'où je pourrais le voir haranguer le public, il a dit, très clairement : « Lester ! » Il me tournait le dos. Plus tard, il m'a demandé si je l'avais remarqué. J'ai été un peu secoué.

Les années de ce que les gens soucieux de leur carrière qualifieraient de « traversée du désert » ont mûri et adouci Don : comme nous tous ou presque, il a un peu grandi, bien que peut-être contre sa volonté. Autrefois je l'écoutais délirer, ivre et amer, toute la nuit ; maintenant je lui demande : « Crois-tu que l'industrie musicale te trouvera jamais commercial – et est-ce que tu t'en soucies ? »

« Je ne pense pas qu'un truc pareil arrive jamais, dit-il en riant, et je m'en fous. Je suis simplement reconnaissant qu'un public m'écoute. »

Il laisse tout ça tourner en même temps que la Terre, bien qu'il ait été particulièrement furieux autrefois qu'un groupe à qui il avait littéralement appris à jouer enregistre plusieurs titres sous son nom sans même le lui dire. Nous sommes également nombreux à penser que Frank Zappa, avec qui il a grandi, ne serait même pas au clou dans un crachoir, et encore moins « compositeur » (quiconque emploie ce terme certifie par là qu'il est un crétin) s'il n'y avait jamais eu un Don Van Vliet sur cette terre. En 1968, quand Zappa fonda Straight Records, il invita Don a rejoindre une troupe de fête foraine qui comprenait également les GTO's, Alice Cooper et Wild Man Fischer, et produisit *Trout Mask Replica* ou du moins fut crédité en ce sens. Cet album de quatre faces comprenait 27 chansons, mises en boîte en deux jours d'un chahut sans aucun parallèle dans les annales de l'enregistrement sonore. Après des albums relativement confus pour Buddah (avec qui il eut même un petit hit en 1968, « Diddy Wah Diddy ») et Blue Thumb, Beefheart et sa cabale d'acolytes spasmophiles d'allure extraterrestre semblaient y inventer sans effort la déclaration jusqu'à présent toujours définitive sur les possibilités d'un terrain d'entente (la « fusion », comme je crois qu'on appela quelques années plus tard quelques tâcherons eau de baignoire, qui n'avaient avec ça qu'une lointaine relation) sur lequel le rock primitif, le blues du Delta joué *slide* au lance-pierre et le free jazz post-Coltrane/Shepp/Ayler pourraient sanctifier ensemble un lit de fortune.

Comme presque toute l'œuvre enregistrée de Beefheart, ça n'était même pas « en avance » sur son temps en 1968. À l'époque comme aujourd'hui, c'était en dehors du temps, des courants, des modes, des hypes, de la montée et de la chute de genres entiers, aussi éclectique que des arbres de Noël ambulants et constituant un genre en soi : un monolithe musical s'il en fut jamais. Beefheart, derrière une galerie vraiment terrifiante de voix différentes, y devient à divers moment un prospecteur perdu dans la sauge, des Juifs qui hurlent dans les fours d'Auschwitz, un *pachuco* gominé de L.A., un cochon cassable, une automobile, « Ant Man Bee » (titre d'une chanson), une petite fille et son père âgé buriné par les embruns (dans le même titre), un Pa Kettle[53] espiègle « Old Fart at Play », et plusieurs espèces de vie florale, piscicole et amphibie. Le groupe, sous son égide, réinventa là, du sol au plafond, le rythme, la mélodie, l'harmonie, et peut-être ce que nos étroits paramètres habituels définissaient comme « la musique » elle-même.

Depuis, il a sorti sept albums de qualité variable. Le suivant, *Lick My Decals Off, Baby*, était brillant, encore qu'un peu abrasif même pour mes oreilles quand il sortit en 1973. *The Spotlight Kid* était plus commercial, bien que peu porté aux compromis, et certains considèrent *Clear Spot* (1972) comme une sorte de petit chef-d'œuvre, un album de danse déguisé. Deux disques ultérieurs sur Mercury, *Unconditionally Guaranteed* et *Blue Jeans and Moonbeams*, sont des tentatives commerciales éhontées. En 1978, Warner sortit *Shiny Beast (Bat Chain Puller)*, ouvrage charmant mais relativement mineur. Aucun de ces albums ne s'est vendu à plus de 50 ou 60 000 exemplaires, et ce sur une longue période : en fait, seuls *Trout Mask Replica* et *Shiny Beast* sont encore au catalogue.

C'est peut-être le « succès » (le « triomphe » ?) de la New Wave qui a enhardi la Warner. En tout cas, *Doc at the Radar Station* est l'une des plus brillantes réussites de quelque artiste que ce soit en quelque année que ce soit. Et en 1980, ça tient du miracle. Il n'a certainement pas fait de compromis, et je doute que ça passe à la radio, dans ce pays du moins, mais il est vrai que j'ai bien dit que les Clash n'avaient pas l'ombre d'une chance. Tandis que certains de ses acolytes autoproclamés sont devenus des stars, avec méga-dollars et panier-repas à ressorts, l'ancêtre demeure dans sa caravane du Mojave, où il a à peine la place de caser un chevalet (si donc un mécène néo-Florentin lit ceci, je lui demanderai ce que jamais Don ne ferait, ou ne demanderait à quiconque de faire pour lui : soutenir un véritable artiste). Il ne regrette rien et quand, fin 1977, il refit son apparition au Bottom Line avec un nouveau groupe et *Shiny Beast* en coulisses, il avait vraiment l'air d'un, ah, je ne crois même pas que « survivant » convienne. Un patriarche, peut-être, un grand prêtre, ressuscité de l'ancienne Égypte, souriant comme les sources écumantes du Nil, corps buriné abritant tant de mystères, les secrets ésotériques des textes à demi apocryphes de formules de guérison hoodoo mojo Coptes touffues, comme ceux dont Ishmael Reed[54] aime à rêver.

En comparaison, Dr John ressemblerait à Gary Glitter : tout gadoue mais pas zazou. Il pourrait faire quinze rounds, ondes cérébrales contre ondes cérébrales, face à Screamin' Jay Hawkins, et des juges qui de toute façon n'y connaissent rien diraient qu'il y a match nul. Il pourrait être le Leadbelly blanc. Trop amoureux de la vie pour être Robert Johnson. À la fin des années 60, un jeune con[55] devint célèbre en proclamant que Don Van Vliet, s'il le voulait, pourrait être « le plus grand chanteur de blues blanc du monde ». Cela aurait été aussi débile que d'accrocher une tête d'élan au-dessus de l'âtre, alors que vous avez capturé le monstre du Loch Ness au lasso et l'avez emmené dîner au restaurant et danser. Comme si Van Gogh faisait des collages pour Bloomingdale. Ne vous y trompez pas, Captain Beefheart est un bloc de racines américaines absolument authentique, niveau Mark Twain, avec une stature à la Paul Bunyan[56].

Mais aujourd'hui, on attend d'un artiste, pour qu'il soit reconnu de tous, qu'il se vende comme une marchandise. En un sens, il n'est donc pas surprenant que Don ait fait retraite dans le désert du Mojave. D'un autre côté, le vieux truc de la mansarde ne marche plus vraiment non plus. Et Don a eu une phase où il a beaucoup tiré parti du cliché de l'Artiste Génie /Idiot. L'autre jour, au téléphone, j'ai fait allusion à Andy Warhol, et il a dit : « Il gonfle les choses. Mais n'est-ce pas agréable de pouvoir dire que nous ne sommes pas comme lui ? » Sur le coup, j'ai pensé que c'était une vanne exténuée, combinée à une attitude totalement infantile : « N'est-ce pas agréable de pouvoir dire que nous ne sommes pas comme Lui ? » Bon, oui, en effet, et M. Rogers sera là à 15 h 30. Ceci, plus le fait que les artistes savent jusqu'à quel point ils pourront toujours s'en sortir, à quel point en fait nous attendons ça d'eux, peut mener à des situations vraiment malsaines, désastreuses pour tout le monde : « N'est-ce pas agréable d'être l'animal de compagnie de quelqu'un d'autre ? » J'ai l'impression que même le mot « génie » devrait être mis entre guillemets, parce que le concept, en lui-même, a l'art d'échapper à tout contrôle, comme un enfant turbulent. Les artistes finissent souvent par conspirer avec leur public d'adorateurs pour assurer leur propre isolement. Une fois, il y a très longtemps, j'ai vu Don sortir d'un air impérieux d'un hôtel après l'autre jusqu'à ce qu'il en ait trouvé un qui réponde à ses exigences esthétiques, son entourage (j'étais du lot) traînant derrière l'air gêné, pendant que tout du long, vêtu d'une cape, il griffonnait sur un bloc-note.

Pourtant, il y a chez lui quelque chose d'ingénument naturel. Je ne pense pas, par exemple, qu'il « essaie » nécessairement de « créer » toutes ces choses, elles lui… arrivent (se produisent grâce à lui ?). Au cours de ce processus, il a réussi à pratiquement réinventer aussi bien la musique que la langue anglaise. Et si vous pensez que c'est un buisson de défense bien épineux à traverser pour parvenir à la personne réelle qui s'y trouve, vous avez raison. Ses effusions vous mettent mal à l'aise, il se sent incompris et désire désespérément parler avec quiconque, pense-t-il, comprend ce qu'il essaie de faire. Je ne sais pas pourquoi il croit que j'y arrive, je n'en comprends qu'un petit peu. Une bonne part en reste du sanscrit pour moi aussi. Mais vous ne manquerez jamais le feeling, si absconse que soit la structure, parce que cet homme est presque 100 pour cent feeling, il peut se montrer fébrile là-dessus, il fonce tous nerfs ouverts jusqu'à ce que parfois vous vous demandiez s'il a un esprit, ou bien si un jour il a jeté celui qu'il avait, parce que chaque pore de sa peau est un petit œil averti qui s'élance farouchement sur une expérience.

Bon, il n'y a aucune raison pour qu'une créature de ce genre soit capable de s'exprimer. Sinon qu'il le peut – mais, la plupart du temps, selon ses propres termes. Et c'est ce qui m'a toujours turlupiné. À quoi bon être un artiste, créer toutes ces choses superbes, si on ne peut pas abaisser ses défenses *de temps à autre* et les partager avec les autres à un niveau commun ? C'est stérile et, en définitive, pathétique. Sans un peu de ça, ça ne pourra jamais être considéré comme art. Parce que l'art vient du cœur. Et je parle du cœur qui vole entre deux êtres humains, ou plus, non du fantôme du Grand Auk, ou d'une goutte de peinture ou de n'importe lequel de ses autres petits amis. Toute cette semaine, une chanson de *Trout Mask Replica* n'a cessé de me trotter dans la tête : « Orange Claw Hammer », poème sans accompagnement, braillé comme autrefois dans les champs de coton, histoire d'un homme parti en mer pendant des années, et qui revoit sa fille pour la première fois depuis qu'elle était dans les langes. Il lui prend les mains et lui dit : « Take you down to the foamin' brine 'n' water, and show you the wooden tits on the goddess with the pole out full-sail that tempted away your pegleg father. I was shanghaied by a highhat beaver-moustache man and his pirate friend. I woke up in vomit and beer in a banana bin, and a soft lass with brown skin bore me seven babies with snappin' black eyes and beautiful ebony skin, and here it is I'm with you my daughter. Thirty years away can make a seaman's eyes, a roundhouse man's eyes flow out with water, salt water. » [*« Je t'emmènerai vers la saumure écumante et vers l'eau, et te montrerai les tétons de bois de la déesse dont dépasse le mât pleines voiles qui a tenté ton père et sa jambe de bois. J'ai été embarqué de force par un poseur à moustache de castor et son ami pirate. Je me suis réveillé dans le vomi et la bière sur un casier à bananes, et une fille douce à la peau brune m'a donné sept bébés avec des yeux noirs très vifs et une superbe peau d'ébène, et voici je suis avec toi ma fille. Trente ans au loin, cela remplit d'eau, d'eau salée, les yeux d'un matelot, les yeux d'un gardien de rotonde. »*]

Si ça n'est pas de l'authentique folklore américain, alors vous pouvez tout balancer à la poubelle, de Washington Irving à Carl Sandburg et au-delà. Je dis que Don Van Vliet, le « Captain Beefheart », est à ce niveau. Mais ce que j'ai compris ce matin, c'est pourquoi cette chanson se détache des 26 autres : elle ne parle pas de la « Neon Meate Dream of an Octafish », mais de quelque chose qui se passe entre deux personnes.

* * *

Pourquoi, presque toujours, parles-tu par ellipses ?

C'est dû au fait que probablement il m'est très difficile de m'expliquer, sauf par la musique et la peinture.

Mais ne penses-tu pas que parler comme ça a un effet un peu impersonnel, de mise à distance ?

Ça sort sans doute très personnel dans la musique. C'est là que je suis honnête et véridique. Je ne sais pas comment ça se passe exactement, mais mon esprit *devient* le piano et la guitare.

Et quand tu es seul avec Jan ?

Nous ne parlons pas beaucoup. Parce que nous avons confiance l'un en l'autre, et que nous ne croyons pas tant que ça aux mots. Je crois qu'il est vrai que, dans la conversation, je parle vraiment de manière égocentrique.

Ne crois-tu pas que de cette manière tu manques quelque chose que tu pourrais tirer des autres ?

Sûr, mais de toute façon, d'ordinaire ils ne m'acceptent pas. Je me sens à l'aise en te parlant. Peu de gens semblent avoir des choses en commun avec moi. Je crois que ce qui m'intrigue le plus, c'est de voir quelqu'un laver mes fenêtres – c'est comme une symphonie. Mais si toi et moi sommes amis, et si tu me fais confiance, nous devrions pouvoir avoir une conversation réciproque. Nous parlons sans parler. J'entends ça dans le bon sens. Nous disons des choses qui ne peuvent être déposées sur la langue. C'est comme de la bonne musique.

* * *

En définitive je ne sais pas trop lequel de nous deux a raison. Je suis sans doute injuste en réclamant de tout le monde que tout soit explicitement défini, en exigeant du reste de la race humaine (ce qui peut-être est tout particulièrement ironique avec les artistes et les musiciens) qu'il se montre aussi verbal et verbeux que moi. Je ne peux dire qu'il ait tort de choisir de vivre en dehors de la société, parce que celle-ci ne semble pas avoir beaucoup d'avenir, ni d'ailleurs s'en soucier. Une chèvre et un cadre d'entreprise, ou d'ailleurs la plupart des yuppies de cette ville, sont à peu près à égalité, côté conversation, la chèvre a meilleure odeur et c'est amusant de s'en occuper, alors voilà où on en est. Pour ce qui est de l'art traitant de situations humaines, presque rien de ce qu'on produit au sein de la société ces temps-ci n'y parvient, alors pourquoi choisir Beefheart – parce qu'il converse intimement avec la peinture et les chauve-souris dans la cheminée ? Il ne fait pas de doute qu'il en dit plus sur le cœur, mais aussi le bas-ventre, humains, que tous ces artistes cultivés et « minimalistes » secs et morts et tous ces compositeurs dépourvus de jus. Pour ce qui est de l'homme Don Van Vliet, chaque année qui passe semble l'éloigner davantage d'un obscurantisme défensif, il est sensiblement plus ouvert et confiant, ce qui en soi est vraiment fou, car le monde qui l'entoure donne de la bande dans une direction exactement opposée.

Ce qui d'ailleurs, à un autre niveau, ne me regarde pas, de toute façon, sinon dans la mesure où il a choisi qu'il en soit ainsi. S'il est quelque peu en retrait, on peut le justifier à tous les niveaux ci-dessus et plusieurs autres encore, j'en suis sûr, au demeurant qui ne l'est pas ces temps-ci ? Les gens comme lui ont plus de courage que la plupart, et en tant qu'artiste il est à ce point éloigné de tout épuisement qu'on ne peut même pas dire qu'il est un survivant, comme je l'ai dit précédemment, comme tous les Neil Young et les Lou Reed qui sont passés de la fin des sixties à aujourd'hui en restant relativement intacts. Il est plutôt une ressource naturelle. En définitive, la différence est que, pour paraphraser l'un de ses auteurs favoris, il ne nous donnera jamais sa version de *Macbeth*. Il préférerait plutôt être le Grand Canyon.

The Village Voice, 1er octobre 1980

Sourd-muet dans une cabine téléphonique : une parfaite journée avec Lou Reed

Vous entrez dans la salle à manger de l'Holiday Inn rempli d'espoir à l'idée de pouvoir enfin rencontrer l'un des explorateurs des frontières musicales et psychologiques de notre temps, Lou Reed, qui avec son groupe, le Velvet Underground, chantait les travestis et l'héroïne au moins cinq ans avant que de telles obsessions n'atteignent les masses. Qui a entamé un come-back en solo l'été dernier en Angleterre et, sous l'égide de David Bowie, nous a donné *Transformer*, un classique du rock *mondo bendo*. Qui ensuite, étant enfin sorti du placard, est rentré dans son home de New York et a entamé 1973 en épousant une actrice/serveuse de cocktails nommée Betty (nom de scène : Krista) Kronstadt.

Pour couronner le tout, *Transformer* et le single qui en a été tiré sont d'énormes hits. Lou Reed n'est pas qu'une légende : c'est une star. Dans l'une des interviews qu'il a données l'été dernier, il disait : « Je peux créer des vibrations sans dire quoi que ce soit, rien qu'en étant dans la pièce. »

Il avait raison. Vous vous asseyez, et certes vous prenez vite conscience qu'il y a là ce type gras, vaguement déplaisant, assis à une table pleine de gens, dont sa blonde épouse. Très vite il vient vous rejoindre et le tic devient beaucoup trop voyant pour qu'on se sente à l'aise. Ce n'est pas seulement parce que Lou Reed n'a plus l'air d'une rock star. Son visage a une pâleur de clinique, et la graisse lui ceint les flancs. Il boit des Johnny Walker Black doubles tout l'après-midi, ses mains tremblent sans arrêt et quand il lève son verre il doit baisser la tête comme s'il ne pouvait le porter à sa bouche autrement. À mesure qu'il s'enivre, son œil gauche commence à se déphaser.

En dépit de tout ça, pourtant, il parvient à se montrer à la hauteur de la réputation qu'il a de mettre les interviewers mal à l'aise. Il vous fixe de cet œil exorbité et rouillé, grince et croasse et vous ment ouvertement et vous restez là, impuissant. Il ment sur sa musique et sur les pochettes de ses albums (« sur le verso de *Transformer*, c'est moi en travelo »). Avant tout, il ment sur lui-même. Mais il le nuance en précisant : « La plupart du temps, je ne dis pas particulièrement la vérité, de toute façon. »

Il est vraiment cool sur l'essentiel, cependant, si bien que vous n'en êtes pas trop furieux. Ainsi Nick Kent, qui est là pour le *New Musical Express*, est en train de lui poser une question quand Lou l'interrompt : « Tu n'as pas chaud avec cette écharpe ? »

« Non », répond Nick d'une voix rauque, perplexe. « J'ai pris froid. »

« Essaie Vicks Vaporub », improvise Lou. « J'avais chopé un sacré coup de froid à Boston, et ça marche ! Il faut que tu restes allongé deux ou trois jours avec ce machin sur la poitrine, et une serviette ou un truc du genre, et de temps à autre il faut que quelqu'un ait le courage de plonger dans ce bol de merde et de l'étaler. Je me souviens, poursuit-il en associant librement, du temps où tout le monde prenait de l'acide et où on a découvert le Dippity-Do, chacun disait : “C'est comme une cramouille, c'est fantastique !” Et on courait tous aux toilettes tripoter le récipient de Dippity-Do. »

Tout est bon à prendre pour ce bozo aviné ; il tient vraiment à s'amuser un peu ! Bien que ses amis et ses fans s'inquiètent réellement de le voir en si chancelante santé. Mais même là il peut trouver une vanne. À un moment, je lui ai demandé quand il comptait mourir.

« J'aimerais vivre jusqu'à un âge avancé et faire pousser des pastèques dans le Wyoming. » Puis il boit une nouvelle gorgée et roule des mécaniques : « Je bois deux fois plus que toi ! »

« Et tu es fier de toi ? »

« Ouais. Enfin non, pas vraiment, c'est simplement qu'une lampée de scotch est si petite qu'il faut la protéger comme si c'était un enfant ou je ne sais quoi. Je bois constamment. »

« Et quel effet ça a sur ton système nerveux ? » me suis-je enquis.

« Ça le détruit », a-t-il répondu, rayonnant.

« Alors, comment comptes-tu pouvoir cultiver tes pastèques ? »

« Ah, mon temps viendra. En ce moment je commence à me fatiguer de l'alcool parce qu'il n'y a rien d'assez fort. Bon, si on buvait du saké à 150 degrés ou des choses du genre, *alors* oui, je pourrais être *ivre*… »

Il est tout aussi franc sur la question des drogues : « J'en prends simplement parce qu'au XXe siècle, dans un âge technologique, quand on vit en ville, il y a certaines drogues qu'il faut prendre rien que pour rester aussi normal qu'un homme des cavernes. Pas que pour se remonter ou se calmer, mais pour atteindre l'équilibre il faut en prendre certaines. Elles ne vous font pas planer, elles vous rendent simplement normal. »

Lou Reed le Normal a pris une Marlboro et, en s'efforçant d'arracher une allumette de la pochette et de l'enflammer, ses mains tremblaient si farouchement que vous vous demandiez s'il y arriverait jamais.

L'interview se révélait si fabuleuse que je savais qu'il était temps désormais de lancer quelques hameçons pour la pêche aux choses sérieuses, et de parler sexe. Et la relation artistique que tu entretiens avec la scène gay, en général et spécifiquement ?

Montrez-vous éloquent, pour une fois et pour finir, et il y va. Écoutez, les gamins, vous pourriez penser que vous avez des crises d'identité et des pétrissages sexuels latéraux qui se terminent mal simplement parce que vous avez sorti le rouge à lèvre et les paillettes pour le dernier concert de David Bowie, mais écoutez votre papa Lou. Il a d'autres pensées pour vous autres petits malins punk :

« Le coup du maquillage, c'est simplement une histoire de style, aujourd'hui, comme les pompes à semelles compensées. Si les gens ont de l'homosexualité en eux, pour commencer, ça n'implique pas forcément le maquillage. On ne peut pas faire semblant d'être gay, parce que ça veut dire qu'il vous faudra sucer des bites ou vous faire enfiler. Je pense qu'il y a quelque chose de très simple chez un gars qui est hétéro, il va dire “Non, je vais jouer au gay, je ferai ceci et cela, mais je ne peux pas faire ça”. C'est comme un gay qui veut jouer à l'hétéro et tout ça, mais si tu lui dis : “D'accord, vas-y, va au lit avec une fille”, il faudra d'abord qu'il ait une érection, et il ne peut pas faire ça. »

« L'idée que tout le monde est bisexuel est très populaire actuellement, mais je pense qu'elle est d'une validité limitée. Je pourrais dire quelque chose du genre, si en quelque façon que ce soit mes albums aident les gens à décider qui ils sont, ce qu'ils sont, alors j'aurai le sentiment d'avoir accompli quelque chose dans ma vie. Mais ce n'est pas du tout ce que je ressens. Je ne pense pas qu'un album puisse faire quoi que ce soit. On ne peut pas écouter un disque et dire : “Oh, ça m'a vraiment branché sur la vie gay. Je vais être gay.” Beaucoup de gens auront une ou deux expériences, et ça sera tout. Les choses peuvent ne pas changer d'un iota. C'est au-delà du pouvoir de quelqu'un qui est hétéro de devenir gay à l'âge où il a l'occasion d'écouter ou de lire des trucs comme ça ; il sera déjà déterminé psychologiquement. C'est comme Franco qui disait : “Donnez-moi un enfant jusqu'à ce qu'il ait sept ans et il sera à moi.” Le temps qu'un gamin atteigne la puberté, il est déterminé. Les gens qui se promènent maquillés, c'est pour se marrer. Pourquoi est-ce que les hommes ne pourraient pas se maquiller et s'amuser, comme les femmes ? »

Il se pourrait que Lou Reed ait une meilleure perspective que tous les Gore Vidal et toutes les Jill Johnston du monde sur ce supposé bouleversement des rôles sexuels. Les gars sortent du placard en foule et découvrent qu'ils sont homosexuels ! Pff ! Le seul problème, c'est que la pensée de Lou fait aussi de lui un produit de l'ère rigidement dualiste durant laquelle il a grandi, l'enfer des années 50 pour quelqu'un qui a contribué à définir les années 70. Il pense que vous êtes soit un hétéro banlieusard du dimanche allégrement « normal » en tant que tel, soit une épave dépravée crasseuse, rôdant furtivement à quatre pattes dans le caniveau. À l'écouter parler, vous ne pouvez vous empêcher de vous demander jusqu'à quel point les chansons de Lou Reed parlent de gens qu'il invente, comme il l'affirme, et combien parlent de lui-même. Auquel cas – si « Perfect Day », disons, est autobiographique – il doit être l'individu le plus dévoré de culpabilité de toute la planète. Ce qui rendrait difficile à qui que ce soit d'être à la hauteur de sa propre légende.

Si Lou Reed semble être le pédé caché ultime du rock, en vertu du fait qu'il est sorti du placard *puis qu'il y est retourné*, il faut faire observer que beaucoup de gens, en particulier beaucoup de gays, pensent qu'il n'est qu'un dilettante hétérosexuel, qui exploite la culture gay à ses propres fins. Et qui sait si ceux-là n'ont pas raison. Quand je lui ai demandé quels étaient ses projets pour son nouvel album, il m'a dit : « Je pourrais sortir un album prolo. Avec une chanson anti-gay, qui dirait : "Retournez dans vos placards, bande de foutues pédales !", ça cartonnerait vraiment ! »

Mais supposons simplement que Lou Reed soit gay. Si c'est le cas, pouvez-vous imaginer quel genre d'homosexuel pourrait dire quelque chose de ce genre ? Peut-être est-ce ce qui fait de lui un maître de la pop song – il a un si grand sens de la honte. Ou alors c'est la preuve définitive que son absolue normalité est la banalité totalement répugnante de son Anormalité affichée. Comme s'il n'y avait pas de trip plus ringard que le sado-maso, chaque mouvement est prévu à l'avance selon un ensemble de règles rigides vieilles de plusieurs siècles, si bien que chaque libertin finit par bâiller à s'en décrocher les couilles. C'est tout à fait ce que Lou disait précédemment en ce même jour : « Il n'y a en fait aucune information intéressante à dissimuler. Tout le monde prétend qu'il y a quelque chose là, et en réalité il n'y a rien. C'est comme une palourde qu'on a déjà mangée. »

* * *

Le concert était bien. Les comptes rendus de la tournée varient de manière spectaculaire – en fonction des attentes comme de ce que Lou se trouve ressentir, je crois – et son groupe, une bande de collégiens rassemblés par Steve Katz, est plus qu'à la hauteur.

Mais il se passe sans doute plus de choses à ce sujet qu'on ne le croirait à première vue. Katz doit avoir choisi parmi beaucoup de musiciens – on peut imaginer qu'il aurait rassemblé un ensemble rentre-dedans à la Elephant's Memory, il aurait très certainement pu se trouver une bande de requins de studio anonymes high-tech si on ne voulait pas que tout le monde diminue Lou. Mais il a fini avec une bande de collégiens compétents sortis du premier immeuble venu, *et qui se trouvent également être quelques-uns des plus hideux crétins jamais réunis sur une scène !* Ces gars sont l'apothéose absolue du club des péquenots de NY ou de Hoboken, New Jersey. Ils sont à ce point nada qu'ils cessent d'être anonymes, on ne peut les ignorer, ils contrastent si vivement avec le trip cuir de Lou Reed.

Pour quelqu'un qui a fondé une si grande part de sa carrière sur le sexe, Lou s'est sans doute aucun entouré d'un groupe asexué. Il serait facile d'en conclure que c'est simplement parce qu'il ne voulait pas que quiconque puisse lui voler la vedette (auquel cas c'est raté – son bassiste est l'individu le plus hideux que j'aie jamais vu), ou bien qu'il est tellement azimuté qu'il n'a même pas pensé à ça (ce qui est fort improbable). Vous vous retrouvez donc avec la possibilité que Lou ait pu *intentionnellement* se doter d'un groupe asexué, en réaction au glam rock comme à sa propre image. Ce qui, si vous suivez cette logique jusqu'au bout, empeste la culpabilité autodestructrice. Imaginez simplement que Lou fasse à son guitariste ce que Bowie fait à Mick Ronson – feindre de le sucer –, il aurait l'air du criminel homosexuel archétypal. Ce serait le spectacle le plus répugnant de toute l'histoire du rock (en un sens auquel des gens tels qu'Alice Cooper n'ont jamais rêvé).

En règle générale, pourtant, le public adore les concerts, et il est gratifiant de le voir se ruer vers la scène, donnant enfin à Lou Reed l'adulation qu'il mérite depuis si longtemps. C'est seulement quand vous commencez à penser à la ringardise fondamentale de son groupe, au tempo d'enterrement auquel il chante presque toutes ses chansons, à l'atmosphère généralement funèbre, et aux spéculations auxquelles tout cela vous mène, que l'affaire commence à vous faire chier. Parce que Lou a enfin une chance d'atteindre un statut de star durable, et il la *fout en l'air*. Il surfe encore sur la légende pour le moment, mais les gens vont vite se lasser d'un mythe qui glandouille avec une bande de taches derrière lui, reste aussi immobile que si on l'avait embaumé, se souvient toutes les cinq minutes environ de tortiller du cul ou d'agiter la main, que ce soit le bon moment ou non.

Mon apothéose personnelle avec Lou est survenue quand nous sommes rentrés à l'hôtel après le concert. Une douzaine de personnes étaient assises dans une suite mal éclairée tandis que le Pourvoyeur Fantôme Originel du Nouveau Rock s'enivrait, assis sur son cul, tout en délirant jusqu'au bafouillage. J'étais moi-même complètement pété, ma déception est remontée, et j'ai commencé à l'asticoter :

« Hé Lou, tu ne penses pas que Judy Garland était une vraie merde, et qu'il vaut mieux qu'elle soit morte ? »

« Non ! C'était une vraie dame ! Une dame merveilleusement sagace et pleine d'esprit… »

« Hé Lou, tu crois pas que David Bowie est un connard sans talent ? »

« Non ! C'est un génie ! Il est brillant ! »

(Il est normal que Lou dise ça, puisque, dit-on, il s'était couvert de ridicule en tombant amoureux de Bowie l'été dernier, quand il était en Angleterre.)

« Ah, allons, allons, qu'est-ce que c'est que cette merde de "Space Oddity" ! Des conneries à la Jefferson Starship ! »

« Pas du tout ! C'est un chef-d'œuvre ! Tu racontes vraiment n'importe quoi ! »

« C'est de la merde ! Pourquoi ne pas te débarrasser de toutes ces merdes et essayer d'être banal, pour une fois ? Pourquoi n'écris-tu pas une chanson du genre "Sugar, Sugar" ? Ça, ça en vaudrait la peine ! »

« Je ne saurais pas comment faire. Si je pouvais, je le ferais… Si seulement j'avais écrit ça… » Bon dieu, le pauvre enfoiré devenait si pathétique que même son côté larmoyant démesuré commençait à me courir ! C'est comme l'année dernière, chaque fois que son nom vient dans la conversation, vous entendez « Pauvre Lou ! » Pauvre Lou, pauvre Lou, pauvre pauvre pauvre Lou Reed ! Vous ne voudriez pas être à sa place ! L'artiste torturé ! La malheureuse sensibilité a qui on a tranché les jarrets ! Mais j'étais trop ivre pour m'arrêter, si bien que je suis devenu encore plus personnel et insultant : « Hé Lou, pourquoi ne pas recommencer à te shooter au speed ? Ça te permettrait peut-être de produire quelque chose de bon. »

« Je m'y shoote encore… mon médecin m'en donne… Bon, pas vraiment, c'est de la méthédrine mélangée à des vitamines… Bon, pas vraiment, c'est des injections de… vitamine C. »

Ça a continué comme ça un moment ; pour finir, tout le truc a pour ainsi dire floconné jusqu'au silence, et une fille de son organisation a dû venir et l'emmener jusqu'à sa chambre. Mais je garderai toujours cette dernière image de lui, affalé dans son fauteuil comme un sac de patates, sirotant son éternel verre de scotch la tête pendouillant dans l'ombre, ayant tout à fait l'air d'un sourd-muet dans une cabine téléphonique (pour autant, il est encore vachement cool ; je lui ai volé cette dernière formule).

Si tout cela vous fait de la peine pour lui, alors vous pouvez vous féliciter d'être un vrai fan de Lou Reed, parce que c'est exactement ce qu'il veut.

* * *

Mais là encore, peut-être le temps est-il encore du côté de Lou. Quelques jours plus tard, j'étais dans ma chambre quand la porte s'est ouverte en grand, et Josh a fait irruption – c'est le fils, âgé de neuf ans, d'une des personnes avec qui je vis. C'est l'un de ces petits malins prépubères typiques, cheveux longs et grande gueule, qui m'a aussitôt demandé :

« Où c'est qu't'as tous les disques ? »

Un mignon petit gars, pensé-je, je vais peut-être lui donner la bande-son de *The Electric Company*.

« Hé ! braille-t-il. T'aurais du *Vaaan* Morrison ou du *Leeon* Russell ? »

D'accord, petit lécheur de sucettes, je commence à en avoir marre de ce flagrant mépris du respect dû aux anciens. Alors je sors un exemplaire de *Transformer* : « Tu veux écouter ça ? »

« Naaaan, dit-il, méprisant. J'l'ai d'jà. »

« Ah bon. Et quelle est ta chanson préférée ? »

« "New York Telephone Conversation". Mais mon frère préfère celle où on dit "shaved 'er legs an' then he was a she" [*"s'est rasé les jambes, et il est devenu elle"*]. » Son frère a huit ans.

« Et toi, qu'est-ce que t'en penses ? » J'étais un homme brisé.

« Je trouve ça super ! On la passe tout le temps ! »

Et nous y voilà. Peu après j'ai tenté de passer un album d'America et ce môme m'a dit que j'étais un « bouffeur bio ». C'est manifestement un gniard prodige, mais on ne peut ignorer l'évidence : il se pourrait que Lou Reed soit, créativement, au bout du rouleau, qu'il ne soit plus qu'une silhouette de star en voie de détérioration…

Mais donnez-lui un enfant de neuf ans…

Creem, juillet 1973

Monolithe ou Monotone ? Metal Machine Music *de Lou Reed*

J'ai quelques théories concernant ce nouvel album de Lou Reed.

1. En règle générale, Lou ne témoigne pas d'une affection excessive pour les autres membres de la race humaine, aussi cet album est-il, ou veut-il être, une sorte d'acte antisocial ultime. Quand le MC5 fit ses débuts, John Sinclair déclara que leur musique « vous contraindrait à la ressentir, ou à quitter la pièce ». Lou veut faire de la musique qui vous contraigne à la ressentir *et* à quitter la pièce. Comme ça, il peut être heureux : seul, avec ses machines. A-t-il réussi ? *Non.* Tout le monde est resté de marbre quand c'est sorti. Ça les a fait marrer, et ils sont retournés à leurs occupations. (Si Lou veut vraiment aborder l'irritation de manière scientifique, il devrait étudier l'œuvre de gens comme les Sparks.) Il a réussi à produire un sifflement Muzak. Peut-être devrais-je aussi mentionner que j'aime cet album. Pourquoi ? Parce que je suis un fana de la Mort Insectoïde.

2. Que ça ne soit qu'un défoncé aux amphés jouant avec l'électronique et les magnétophones ne signifie pas que ça n'est pas valide. Une tendance croissante à l'agression parcourt « European Son », « I Heard Her Call My Name », « Sister Ray », et le *Fun House* des Stooges, pour parvenir enfin à la psychose dans *Metal Machine Music*, et Lou joue de l'ampli au même titre qu'il joue de la guitare.

3. Vous savez, quand vous êtes si tendu et si tourmenté par l'angoisse que tous les nerfs de votre nuque se nouent en une

boule brûlante ? Eh bien, si elle pouvait faire de la musique, elle sonnerait comme cet album.

4. C'est le son qu'on entend dans le système circulatoire de Lou.

5. Presque tous ceux qui achèteront *Metal Machine Music* seront furieux contre Lou, mais c'est une encore plus grosse blague envers RCA, et l'artiste lui-même est le dindon de la farce ultime. Car ce à quoi nous assistons est un suicide commercial. *Sally Can't Dance* fut le premier, et sans doute le seul, de ses albums à entrer dans le Top Ten. Le recueil de chutes de *Rock'n'Roll Animal* qu'il a mis en vente au printemps dernier était compétent, mais trop « ballade » pour un album live et, plus généralement, inférieur à son prédécesseur. Même les fans endurcis comme l'auteur de ces lignes, qui est plus du genre fanatique, se sont retrouvés à le passer deux ou trois fois avant de le ranger sur l'étagère. *Animal* a fini par percer dans les charts, il a aidé Lou à passer à la radio dans des régions jusque-là hostiles au « glam rock », comme le Sud, mais le *Live*, après être resté deux ou trois semaines à une peu impressionnante 62ᵉ place, est mort très vite. Et voilà que maintenant il vient de sortir cette migraine, qui ne passera en radio nulle part, et qui va se planter si fort qu'en comparaison *Berlin* aura l'air d'un album d'Elton John. Tout ceci assurera que les acheteurs s'abstiendront massivement quand, en septembre, il sortira son nouvel ensemble de « chansons », *Coney Island Baby*. Il est réconfortant que ce type ne se contente pas de moudre simplement un album par an, mais ne croyez-vous pas que cette pseudo-activité frénétique est la réaction terrifiée de Lou à l'idée d'avoir, une seule fois dans sa vie, grimpé assez loin de ses racines (prétentions) « street punk » pour se retrouver dans le Top Ten ? En tout cas, un vœu de mort est accompli sous nos yeux, *commercialement parlant*.

6. Quiconque ne se branle pas au moins trois fois par jour est une tapette.

Creem, septembre 1975

Votre ombre a peur de vous : une tentative de ne pas avoir la trouille de Nico[57]

À l'automne 68 sortit un album qui changea ma vie. Il continue, d'ailleurs, et apparemment il a eu un impact similaire sur les autres, car la rédactrice en chef du présent organe non seulement m'a demandé d'écrire cet article, mais m'a appelé, cajolé et presque menacé pour que je m'y mette. Ceci de la part de quelqu'un qui dirige un magazine commercial, de diffusion nationale, pour un album vieux de dix ans et introuvable, que la plupart des gens n'ont jamais entendu et ne voudraient pas écouter même s'ils savaient ce qu'il y a dedans.

Je crois donc qu'elle et moi sommes épris. Mais la nature de cette passion est plus qu'étrange ; ce texte a été commandé et écrit par peur autant que par amour, ou par amour de la peur. Dans *Hyperstar*, son livre poétique et définitif sur l'univers warholien des années 60, Stephen Koch tentait de comprendre Warhol, aussi bien pour lui-même que pour ses lecteurs, en citant Baudelaire : « À demi amoureux d'une mort facile ». Puis, pour bien faire comprendre ce qu'il voulait expliquer du rapport intime entre le narcissisme et la mortelle altérité warholienne, il ajoutait : « *À demi* amoureux. Exactement. »

Quiconque serait plus qu'à demi amoureux de la mort devrait être un monstre, bien entendu. Peut-être un Gilles de Rais, un Idi Amin Dada, un Adolf Hitler. Mais certains n'infligeraient les atrocités raréfiées de Gilles de Rais, la nullification à coups de gourdin d'Idi Amin Dada, et la mise au pas totalitaire hurlante mais systématique de Hitler – à personne d'autre qu'eux-mêmes. Parfois, parce qu'ils se livrent à des actes aussi stupéfiants sur leur propre personne, de tels individus, fondamentalement pathétiques, deviennent des héros culturels. Dans un tel contexte, la relation entre l'artiste (car ce sont d'eux que je parle, bien qu'il y ait beaucoup de gens qui se torturent et se flinguent de la même façon) et son public doit être extrêmement bizarre.

L'autre soir, Lou Reed est venu à la radio, ici à New York, pour passer certains de ses titres favoris et répondre aux auditeurs. Un môme a appelé pour dire : « Cette fille qui meurt dans "Street Hassle", c'était quelqu'un que tu connaissais ? » « Pourquoi cette question ? » a demandé Lou. « Ben, a répondu le môme, je veux dire, ça s'est vraiment passé ? Quelqu'un est vraiment mort ? »

« Ça en ferait une meilleure chanson ? » a répliqué Lou.

Il est très facile de dire que ce gamin n'était qu'un connard, jusqu'à ce que vous commenciez à vous demander pourquoi vous tenez à écouter, en permanence, une chanson sur quelqu'un qui meurt d'une overdose d'héroïne. Vous pourriez alors vous demander si ce n'est pas vous le junkie, un junkie des coups d'œil au fond du puits, au mieux à demi amoureux d'une mort facile – ou, au pire, décollant par procuration sur la souffrance des autres en appelant ça ravissante décadence.

Le seul problème est qu'à la laideur se mêle tant de beauté. Nous avons donc simultanément une œuvre d'art transcendante et déformée par une force créatrice dont la vision est elle-même déformée par les circonstances, mais à cause de cela, et aussi parce que le mélange de beauté et d'horreur va si loin, le créateur, perversement, continue à vouloir mêler ses éléments les plus purs et les plus vils. Et si vous êtes le genre d'individu qui aime fréquenter régulièrement un tel art, alors vous finirez un peu tordu aussi, si vous ne l'étiez pas au départ.

Auquel cas vous aurez un petit problème que vous ne pourrez jamais partager avec les autres. Un petit problème et un petit joyau. Un joyau aux facettes malsaines. Vous pourrez le retourner dans tous les sens, le regarder sous n'importe quelle lumière ou n'importe quel angle, mais vous devrez lui tourner le dos pour ne pas être… souillé ? par la grâce de ce qui est en fait la main douce de la mort.

Et cela aussi serait injuste, en un sens, pour vous-même comme pour l'artiste. Parce qu'en élevant le vil ou l'estropié ou le tourmenté ou le mutilé à un tel niveau, il a, semble-t-il, fait quelque chose d'à la fois noble et plutôt mauvais. En l'aimant, vous aussi deviendrez coupable, et ensuite vous tenterez de séduire les autres, en espérant secrètement qu'un jour le monde entier en viendra à porter vos stigmates. D'où cet article sur *The Marble Index*, album d'une Allemande qui se fait appeler Nico, avec des arrangements de John Cale. Comme Lou Reed, tous deux ont fait partie du Velvet Underground, bien que ni l'un ni l'autre n'ait autant retenu l'attention des médias, ni vendu autant de disques, que lui, loin s'en faut. Il y a des raisons à cela, bien sûr : qu'il sorte de grands trucs comme *Street Hassle*, ou de la merde comme *Rock'n'Roll Heart*, Lou Reed semble incarner une idée du négatif que la plupart des gens peuvent accepter, ou même trouver drôle.

Je pense que *The Marble Index* est, jusqu'à présent, le chef-d'œuvre de la « Musique classique d'avant-garde » ou « savante » de la seconde moitié du XXe siècle. L'autre soir, je l'ai passé à ma nouvelle copine, qui l'a trouvé « déprimant ». Ce qui ne m'éloigne pas particulièrement d'elle, car ce n'est pas comme si Peter Frampton était pour elle la seule alternative, mais plutôt que sa réaction était parfaitement raisonnable et même, du fait de son caractère négatif, peut-être en définitive correcte. Le grand art a toujours confirmé les valeurs humaines, mais qu'allons-nous faire si ce que nos plus grandes œuvres peuvent affirmer avant tout est que leur créateur craint de perdre, lentement mais sûrement, toute son humanité, avec le reste de la planète ?

Je ne sais pas si je le classerais comme opprimant ou déprimant, mais je sais que *The Marble Index* me fout une trouille bleue. Ce qui m'effraie encore plus, toutefois, c'est ce que les gens semblent vouloir à la place. Chaque fois que je vois un môme avec des cheveux coupés courts genre camp de concentration, peut-être teints en vert, avec peut-être un sac poubelle par-dessus sa petite carcasse authentiquement pathétique, j'ai envie de gerber, voire de pleurer un peu en même temps. Parce qu'une bonne part de cette connerie punk repose sur une compréhension et une affirmation parfaitement stupides de la fierté qu'on peut éprouver à « ne rien ressentir » (« We don't *feel* »), sans même se rendre compte de l'horreur et de l'ironie que Johnny Rotten crachait dans cette formule. Quand *The Marble Index* sortit, beaucoup d'acheteurs de disques recherchaient une quelconque apocalypse prétentieuse, et maintenant ils veulent ou bien être cajolés à la Frampton et s'entendre dire que tout va bien mes petits chéris ou bien se faire matraquer jusqu'à un stade d'insensibilité terminale qu'ils prennent pour la liberté en raison des contradictions de leurs existences et d'environnements qui les dévorent vivants, ou s'entendre dire que tout ça n'est qu'un tas de merde et que le meilleur est aussi bon que le pire. Mais ce n'est tout simplement pas vrai, et ils le savent au plus profond d'eux-mêmes, alors, de désespoir, ils s'en remettent à quelque chose comme Elvis Costello qui, la dernière fois qu'il a joué dans une grande salle à New York, a balancé cette vanne vaseuse comme quoi il ne voulait pas « be your lover / I just wanna be your victim », et le public a bel et bien *applaudi*, bon dieu de merde, comme s'il n'y avait rien de vivant entre les poteaux gants-de-velours du bonheur bienheureux et ce qui n'est, en définitive, que mesquinerie banalement répugnante.

Peut-être tout ceci serait-il plus clair pour vous si je vous disais que je ne veux surtout pas me risquer à définir, ou même à décrire, cet album, parce que je l'aime si passionnément que je suis terrifié à l'idée de ce que ça pourrait révéler de moi. Il n'y a pas de frissons de pacotille dans *The Marble Index*, pas de pubs pour le sado-masochisme, la bisexualité ou les drogues dures balancées pour un public avide, mais qui vit par procuration – plutôt, il contemple, pour un temps relativement bref qui pourrait vous sembler une éternité, le cœur des ténèbres, les yeux grands ouverts et sans ciller, et offre son cœur à ce qu'il y trouve, puis vous dit l'effet que ça fait, en vous laissant le soin de porter vos propres jugements de valeur.

Il y a près d'un an, j'ai passé *The Marble Index* à une femme que j'aimais. Elle n'avait jamais entendu parler de Nico, ni de John Cale, jamais vraiment écouté le Velvet, sauf dans le contexte de ce jeu médiatique amusant mais fondamentalement bidon que j'avais monté un moment avec Lou Reed. Elle a écouté tout le truc dans un état de fascination hypnotique proche de l'horreur, puis a dit de Cale : « Il a bâti une cathédrale pour une femme en enfer, non ? » Aujourd'hui, je l'ai appelée parce que j'étais coincé sur cet article et elle a dit, sans avoir réécouté l'album depuis, que Nico était perdue dans sa propre noirceur. J'ai répondu : « Mais il y a une perle dedans. » Je l'ai entendue hausser les épaules à l'autre bout du fil, puis tout d'un coup elle s'est mise à parler très vite, et voilà ce qu'elle a déclaré tandis que je picorais ma machine à écrire en essayant de suivre : « Tout son corps peut luire, elle est comme une graine, la graine originelle de la relation, tout son corps peut briller comme le soleil frappe l'eau de gouttelettes de lumière, elle a pourtant été choisie pour dé-créer depuis la surface, dé-créer encore et encore jusqu'à ce que le seul message soit : "Je suis la force de la vie elle-même, je suis la volonté de vivre", un embryon humain sans espoir de grandir, qui se contente d'envoyer des signaux. ELLE EST DANS LA MATRICE, et ce que tu appelles la perle, c'est celle dans le ventre de maman, le battement du pouls. Elle a accompli la dé-création : "Laissez-moi être derrière chaque humain, ô dieu, le fait de capturer une étoile dans ton œil, ou de toucher un autre être humain, un autre univers, n'est rien, simplement une frontière gelée" – il n'y a aucune connexion, rien que la retraite jusqu'à la frontière gelée, jusqu'à ce que tout ce que tu ressens soit la lumière blanche de la survie et l'abysse de l'océan autour d'elle. C'est une étoile adolescente, une micro-étoile dans le macrocosme de son corps, et c'est tout ce qu'elle a choisi d'avoir, elle a tout oublié, tout piétiné. Elle est un trou noir dans l'espace dont ne subsiste qu'un point. Et voilà ce qu'elle dit : "C'est vide, c'est noir, c'est solitaire, c'est un tourbillon, un remous, ce n'est rien." Mais ce n'est pas rien, c'est elle qui n'est rien. Et c'est pourquoi elle peut mutiler un insecte, parce que cette petite guêpe ou cette petite sauterelle a plus de vie qu'elle n'en pourrait jamais avoir. Elle veut la mutiler aussi parce que c'est un acte supplémentaire de négation, parce que ça étouffe encore plus de lumière de son étoile. Elle est comme la pièce de Beckett, *Souffle*, elle essaie de trouver le dernier souffle pour nier le souffle, l'amour, tout. Un doux regard la tuerait. »

Ma vieille copine est une sacrée rock critic – parfois elle me fiche encore plus la trouille que Nico. Mais il est vrai que j'ai peur de tout le monde – même de vous ! Son éloquence est l'une des raisons pour lesquelles je l'ai aimée au premier regard ou presque, mais ça n'est pas pour ça que j'ai dû aller à mi-chemin de l'autre moitié du monde géographique pour pouvoir écrire une chanson disant à quel point je l'aimais. C'était à cause de quelque chose manifestement de traviole en moi, peut-être en voie de guérison, du moins désormais s'affrontant soi-même, ce qui est une façon de ne pas – peut-être – pourrir. Il naît un fantôme à chaque seconde, et si vous les laissez vous prendre aux tripes par la simple force du nombre, vous n'avez aucune chance, bien que sans doute personne n'ait le droit de vous juger. (Et d'ailleurs, les fantômes ont certainement tout autant la trouille de vous que vous d'eux.) Nico est à ce point possédée par eux qu'elle a l'air d'en être un, mais c'est plutôt à force d'affronter le fait d'avoir dû aller si atrocement loin de la socialisation humaine pour pouvoir décrire de manière si nue son amour pour à peu près tout le monde et simultanément, ce qui est décisif, l'impossibilité de cet amour à jamais porter ses fruits, non parce que nous sommes nés stériles, bien au contraire, nous poussons et croissons toujours si farouchement dans une telle souffrance que nous pourrions dévorer les fragments d'une cathédrale fracassée plutôt que de risquer une fois de plus ces possibles annihilations physiques, psychiques et affectives que l'amour entre deux êtres humains peut non simplement provoquer mais créer totalement à titre d'acte logique de la nature dans sa pleine floraison. Un fruit étrange[58], en effet. Mais étrange seulement pour ceux qui par peur nient l'authentique nature de leur propre chair et de leur propre esprit, ce qui me rappelle je ne sais trop pourquoi que si vous cherchez cet album vous devriez savoir que c'est une catholique qui chante ces chansons, et peut-être son message ultime, pour moi, est-il que la crainte la plus paralysante n'est pas un péché, ni même fuite devant l'objet/événement/confrontation/*on s'en fout de quoi* redouté – que le seul péché est la dénégation, vous qui non seulement détourneriez les yeux de ce que vous craignez tout comme je dois parfois détourner les oreilles de cet album, mais de surcroît affirmeriez que ça n'existe pas.

Mais nous demande-t-elle simplement de laisser la perception de la peur envahir nos cœurs, ou nous conduire à étreindre la mort ? Je n'en sais rien. Ce que je sais, c'est que quand j'ai entrepris d'écrire cet article j'étais franchement défoncé – j'étais si con que je pensais qu'il me suffirait de laisser la drogue me faciliter la traversée du domaine des fantômes de Nico, avant de repartir au petit trot et d'écrire ce que j'y avais trouvé. Mais quand je suis allé prendre l'album, son visage sur la pochette, image que j'ai vue mille fois, semblait regarder fixement tout droit *à l'intérieur* de moi avec une malveillance si paisible qu'elle en était inhumaine. C'était comme de tenir en main un serpent qui vous regarderait bien en face. J'ai reposé l'album et me suis éloigné, mais en me retournant j'ai vu ces deux yeux qui me suivaient dans la pièce. J'ajouterai qu'en règle générale la dope ne me fait pas cet effet, du moins pas depuis les sixties. Après cette expérience j'ai finalement rassemblé le courage de mettre l'album, mais l'ai trouvé presque insupportable à écouter. Non qu'il ne soit pas beau, il est enchanteur, mais parce que sa beauté est à ce point mortelle et que l'extase vient d'une telle souffrance. Il dépose des poids morts dans mon cœur parce que je ne veux pas l'écouter en ce moment (et bien entendu ces poids morts ne sont pas *The Marble Index* mais son reflet en moi de mes peurs et de mes angoisses inconnues), mais il me faut réunir des notes et des extraits de paroles pour finir cet article, alors pendant que je m'y mets vous feriez mieux de sortir en courant pour aller l'acheter, d'accord gamins ? Sauf que vous ne pourrez pas, parce qu'il n'est même plus disponible. Je peux simplement imaginer la manif réclamant sa réédition ; tout le monde vêtu de cagoules et de tuniques noires, portant des torches au feu glacé et un cercueil contenant l'effigie en cire d'un insecte géant. Mais assez de dérobades ; je vais me soumettre une fois de plus à ce foutu machin. Et j'espère très certainement que vous autres salopards apprécierez la passion derrière cette futile torture que je m'impose.

* * *

Voilà deux chansons. À chaque fois je citerai les paroles, avec un minimum d'interprétation, et vous dirai ensuite comment sonne la musique de Cale. Non qu'elles constituent deux entités séparées, toutefois : ceci est un mariage célébré au purgatoire.

« Frozen Warnings »

Into numberless reflections
Rises a smile from your eyes
Into mine
Frozen warnings close to mine
Close to the frozen borderline

[*Au milieu d'innombrables reflets / Se dresse le sourire de tes yeux / Vers les miens / Des mises en garde glacées proches des miennes / Proches de la frontière gelée*]

À travers la pâle lumière d'un soleil matinal arctique qui scintille faiblement sur la neige, une banquise d'altos émet une interminable note aiguë qui pour finir est électroniquement déformée par des pointes de glace allant et venant dans l'espace entre vos oreilles, descendant puis croissant impossiblement en volume et en intensité inéluctables jusqu'à ce qu'elles soient presque insupportables bien que d'une grâce infinie dans leur beauté ; enfin elles se dispersent dans les cieux, comme des volutes de rayons qui disparaissent.

« Evening of Light »

Midnight winds are
landing at the end of time
The story is telling air to lie
Mandolins are ringing
to his fires singing
Conscience sink into a

slumber till the end of time
... the doorbells hum
unto the undead end of time
In the morning of my winter
When my eyes are still asleep
A dragonfly lay in the cold
dark snows I'd sent to kiss your
heart for me

[*Les vents de minuit / se posent à la fin des temps / L'histoire dit à l'air de s'étendre / Les mandolines résonnent / près de son feu chantant / La conscience plonge dans le / sommeil jusqu'à la fin des temps / ... les sonnettes fredonnent / vers la fin des temps toujours vivants / Dans le matin de mon hiver / Quand mes yeux sont encore endormis / Une libellule est étendue dans / les neiges noires et froides je l'avais envoyée / embrasser ton cœur pour moi*]

(Le concept d'amour selon Nico : tandis qu'elle gît enterrée dans les étendues infinies de la nuit arctique, elle envoie un *insecte* à l'objet de son affection, pour embrasser son cœur. Mais l'insecte lui-même doit mourir avant de l'atteindre, le doux bruissement de ses douces ailes est étouffé sous des congères qui préserveront pour l'éternité son cadavre gelé sous une couche de neige qui devient une montagne de glace, lui et Nico ne faisant plus qu'un au sein d'un sommeil sans fin, car après tout ils étaient les véritables amants.)

The children are jumping
in the evening of light
The tears and sins are heavy
in the evening of light
Midnight winds are landing
at the end of time

[*Les enfants sautent / dans le soir de lumière / Les larmes et les péchés sont lourds / dans le soir de lumière / Les vents de minuit se posent / à la fin des temps*]

Un mince filet de clavecins venus du ciel, qui tombe d'abord doucement puis peu à peu gagne en volume et en présence dans le mixage jusqu'à ce qu'il semble presque lacérer, ponctué à l'occasion par les mouvements et les grognements de contrebasses jouées à l'archet semblables à des carnivores affamés dans quelque marais profond dont elles émergent avec la même intensité violente que les clavecins, eux-mêmes accompagnés désormais par un bruit électronique grinçant qui ressemble aux nerfs de quelqu'un qu'on ferait grésiller à la broche. Tout cela se fait toujours plus intense jusqu'à ce que les altos en reviennent à former comme une voûte en une série de cris déformés de ptérodactyles, les clavecins martelant comme des grêlons meurtriers, les contrebasses sonnant sur deux notes des alarmes de raids aériens militants, avant de s'effondrer et de mourir, le tout étant aspiré par une série de traitements électroniques sifflants, cliquetants, bourdonnants, à mesure qu'une information morte est détruite.

What Goes On, janvier 1983

Jim Morrison : Dionysos Bozo une décennie plus tard

On dirait qu'on est en plein revival de grande envergure des Doors. L'affaire prenait de l'ampleur depuis un moment, mais quand la biographie que Jerry Hopkins et Daniel Sugerman ont consacrée à Jim Morrison, *Personne ne sortira d'ici vivant*, est devenue l'année dernière n° 1 de la liste des best-sellers, les albums des Doors ont recommencé à beaucoup se vendre. Et voilà qu'on parle inévitablement d'un film sur la vie de Morrison, avec peut-être (frisson) les rumeurs tout aussi inévitables que John Travolta pourrait décrocher le rôle principal. La première question à se poser pourrait être celle de la première personne à qui j'ai dit que j'écrivais cet article : « Ouais, pourquoi de nouveau tout ce grand fanatisme pour les Doors, de toute façon ? » La réponse n'est pas très difficile à trouver, bien qu'en définitive on puisse se demander jusqu'à quel point ça a vraiment quelque chose à voir avec eux. Je me suis souvenu du frère cadet d'une ex-copine – il vient de sortir du lycée, il vit toujours chez leurs parents à Détroit, et quand elle m'a dit qu'il jouait dans un groupe de rock et que je lui ai demandé quels étaient ses artistes favoris, elle m'a répondu : « Ses trois groupes préférés sont les Yardbirds, Cream et les Doors. »

Réfléchissez-y une minute. Ce môme va entrer en fac. En juillet, cela fera dix ans que les Doors ont splitté – bon, d'accord, Morrison est mort à ce moment-là, et si vous voulez appeler Doors le trio qui a continué après vous pouvez, mais vous serez bien le seul – et Cream et les Yardbirds étaient morts depuis 68-69. Tous trois étaient certes de grands groupes, mais avaient-ils à ce point marqué leur époque pour que quelqu'un qui allait à l'école primaire quand ils ont connu leurs plus grands triomphes puisse les regarder comme ça, tenir autant à eux après tant d'années ? Oui, les Beatles c'était une chose, mais enfin, *Cream* ?

Une question peut-être plus pertinente, toutefois, serait : est-ce que vous pouvez imaginer être un ado des années 80, absolument dépourvu de toute culture que vous puissiez considérer comme la vôtre ? Car ça se réduit à ça, en définitive – à ça et à un autre point qui pourrait tout autant être admis : vous pourrez le nier tant que vous voudrez, mais aucun ou presque des groupes qu'on a proposés au public ces dernières années ne peut se comparer aux meilleurs de l'époque des sixties. Et ce n'est pas simple nostalgie – il suffit de les écouter côte à côte et de noter la relative absence de passion, de chaleur et d'engagement même des meilleurs de ceux d'aujourd'hui. Il y a un manque de conviction, une hésitation et, peut-être pire, une tendance à se dissimuler derrière l'ironie qui, après tout, reflète parfaitement notre temps, mais qui ne contribue guère à nous faire aimer ces prétendants au trône. Certes, étant donné le climat économique, tout comme les autres facteurs, il était foutrement plus facile de devenir complètement cinglé, et pourtant de s'en tenir aux principes, quels qu'ils soient, du temps des sixties – les groupes d'aujourd'hui sont si impatients d'être achetés et formés et vendus au kilo que le plus populaire et le plus coloré du lot existe à peine, et ne saurait encore moins représenter quoi que ce soit.

Et les Doors, ils représentaient quoi ? Si je me souviens bien, en 1968, quand je vivais dans une turne hippie de San Diego, Californie, tous mes compagnons de chambrée avaient régulièrement de ferventes discussions entre hommes, qui duraient jusque tard dans la nuit, sur le « trip de mort » dans lequel les Doors étaient censément lancés. Je me souviens de ce type qui restait assis là jour et nuit à tirer sur son joint et à psalmodier des trucs du genre : « Le *génie*... est *très près*... de la folie... » au lieu de faire ses devoirs, et il avait une vive estime pour les premiers albums des Doors. Moi, j'ai toujours plus ou moins voulu que Morrison soit meilleur qu'il ne l'était réellement, tout comme j'aurais voulu que toutes ses chansons aient la puissance discrète de, par exemple, « People Are Strange » (« Faces look ugly when you're alone / Women seem wicked when you're unwanted... » [*« Les visages ont l'air hideux quand vous êtes seul / Les femmes semblent perverses quand on ne veut pas de vous... »*]) et, comme beaucoup, c'est après avoir été déçu que j'ai pu apprendre à ramasser la poésie et la terreur authentiques partout où on pouvait les trouver, et à me faire une opinion toujours plus haute du reste de son œuvre comme Action Bozo de premier choix.

S'agissant du Poète lui-même, le livre de Hopkins et Sugerman est intéressant par ce qu'il révèle, apparemment par inadvertance. Dans la préface, à la toute première page, Sugerman lâche deux phrases qui ont découragé plus d'une personne de ma connaissance d'aller plus loin : « Je veux simplement dire qu'à mon avis Jim Morrison était un dieu des temps modernes. Oh, diable, au moins un prince. »

On ne nous dit à aucun moment si Hopkins partage cette opinion, mais les deux auteurs continuent ensuite, sur près de quatre cents pages, amassant des montagnes de preuves, dont presque toutes, pour la majorité des lecteurs, ne peuvent mener qu'à une seule conclusion : Jim Morrison était apparemment un connard à peu près complet, de l'instant où il surgit de la matrice jusqu'à sa mort dans une baignoire parisienne (si c'est bien là qu'il mourut, les auteurs nous laissent courageusement en plan). La première scène de l'ouvrage se déroule en 1955, quand Jim avait douze ans. Elle le montre faisant de la luge avec sa sœur et son frère cadets dans les montagnes couronnées de neige d'Albuquerque, Nouveau-Mexique. Selon Hopkins et Sugerman, Jim fourra les deux autres devant lui sur la luge, de telle sorte qu'ils ne puissent bouger, remonta une pente effrayante et les lança tous les trois droit vers le flanc d'une cabane en rondins :

> La luge était à moins de vingt mètres d'un mur. Le choc était imminent, l'horreur certaine. Anne avait les yeux fixés droit devant, le visage figé de terreur. Andy poussait des cris plaintifs.

> La luge passa sous une rambarde et fut stoppée à un mètre de la cabane par le père des enfants. Quand les rescapés dégringolèrent en tremblant de l'engin, la petite Anne, hystérique, raconta que Jim les avait poussés vers l'avant pour qu'ils ne puissent pas sauter. Andy pleurait sans s'arrêter. Steve et Clara Morrison essayèrent de rassurer les deux petits.
> Jim, debout près d'eux, avait l'air content de lui. « On s'amusait, quoi, c'est tout », dit-il[59].

C'est très certainement un épisode de bon augure par quoi commencer le récit de la vie d'un dieu. Mais ce n'est que le début. Plus tard, nous verrons le petit frère de Jim, respirant bruyamment la nuit, en raison d'une amygdalite chronique, et le futur Roi Lézard lui obturant la bouche avec de la cellophane et du chatterton, avant d'éclater de rire en le voyant proche de la suffocation. Ou bien se moquant d'un paralytique. Ou, à l'âge de dix-sept ans, enduisant de crotte de chien le visage de son frère.

Ce que le livre rend clair, c'est que tout ça n'était pas différent des bouffonneries ultérieures de la période Doors, comme de couvrir tout un studio d'enregistrement (quand ils y entrèrent pour enregistrer « The End ») de mousse d'extincteur, ou de traîner un taxi rempli de gens, en pleine nuit, jusque chez Jac Holzman, le président d'Elektra Records, où Jim arracha des quantités massives de moquette avant de vomir dans tout le salon. Et pourtant c'était le genre de chose que les auteurs, mais aussi les amis et les fans des sixties, semblaient admirer et même encourager. À un certain niveau, c'est simplement un nouvel exemple de héros culturel dont on ne serait guère surpris d'apprendre que jamais on n'aurait voulu être en sa présence. À un autre, cependant, ce n'est qu'un cas supplémentaire de dinguerie sixties qui se réduit peu à peu à des spectacles aussi pathétiques que celui d'Iggy Pop venant à bout d'une chanson intitulée « Dog Food » en 1981, lors de l'émission *Tomorrow*, avant d'expliquer à Tom Snyder qu'il était un type d'interprète « dionysiaque », par opposition à « apollinien ». Mais il fut un temps où c'était vrai d'Iggy comme de Jim, bien qu'il faille se demander ce que les ados atrocement conservateurs de notre époque suprêmement apollinienne pourraient voir dans ce type de comportement qui, si jamais quelqu'un de leur connaissance l'imitait, les pousserait à appeler les flics sur-le-champ. Ces mômes se sentiraient menacés par un artiste qui débarquerait aujourd'hui et se mettrait à agir comme Morrison, donc est-ce simplement la mise à distance d'une décennie qui leur permet d'apprécier ses pitreries en toute sécurité ? Ou bien, tout comme ils pourraient partir en marchant au pas se faire tailler en pièces au Salvador ou en Afghanistan sur l'air de « The Unknown Soldier », sans y percevoir la moindre ironie, peuvent-ils considérer la vie et la mort de Jim Morrison comme une émission télé de plus, avec une bande-son super ? Et se pourrait-il qu'ils aient raison ? Si Morrison se souciait si peu de sa propre vie, s'il était si désireux de la réduire à une énorme plaisanterie exhibitionniste et alcoolisée, pourquoi eux – ou nous, ou tout le monde – devraient-ils s'en soucier, en définitive, sauf dans la mesure où les détails sordides nous procurent un peu de distraction trash ? Ou bien, comme Danny Sugerman, prennent-ils exactement ces rodomontades et ces dégueulis comme autant de preuves qu'il était « un dieu », ou au moins « un prince » ?

Pareillement, lors du légendaire incident du « montrage de bite » de Miami, le livre révèle que, selon toute vraisemblance, ce qui s'est vraiment passé, c'est qu'il s'est comporté comme un crétin, passant de manière amusante mais non sans à-coups de « Personne ne veut aimer mon cul ? » à « Vous n'êtes qu'une bande d'abrutis », ce qui est très certainement un hommage approprié au *Paradise Now* du Living Theatre. Quand vous lisez ça, vous pourriez bien ressentir de l'envie ; moi aussi j'aimerais pouvoir piquer une colère plein pot chaque fois que je le désire, et non seulement que tous ceux qui m'entourent s'occupent de moi, mais aussi qu'on m'appelle génie et artiste rien que pour me laisser aller de cette manière. Or en fait, tous ceux d'entre nous dont on ne s'occupe pas comme ça peuvent se dire heureux, car c'est suprêmement malsain. D'une certaine façon, on pourrait faire une croix sur la vie et la mort de Jim Morrison comme étant simplement l'un des épisodes les plus dérisoires de l'histoire du star-system, ou comme ce mythe repoussant auquel nous persistons à croire, et qui veut que les artistes constituent une sorte de race à part, donc qu'ils ont le droit de pisser sur ma femme, de vous flanquer par la fenêtre, de saccager la baraque, et plus généralement de faire tout ce qu'ils veulent. J'ai vu beaucoup de trucs de ce genre au fil des années, et le plus ironique dans tout ça c'est que ça passe toujours selon le principe que leur refuser ces éclats pourrait on ne sait trop comment entraver leur créativité, alors que la réalité, pour autant que je puisse voir, est que c'est exactement la *tolérance* démente envers ce genre d'insanités qui contribue à les dessécher en tant qu'artistes. Parce que comment pouvez-vous finalement créer quoi que ce soit de réel ou de beau, quand vous n'avez absolument aucune contribution du monde réel, parce que tous ceux qui vous entourent s'occupent de vous et vous protègent ? C'est impossible, et ce système est la raison pour laquelle, dirai-je, nous avons vu presque tous ceux de nos héros rock qui, contrairement à Morrison, ont réussi à survivre aux sixties, finir par n'avoir plus rien à dire. Imaginez simplement qu'il soit encore là, à 37 ans : il ne pourrait plus chanter le chaos et la révolution. Il y a des gens qui pensent que tout ce qu'il a traversé lui avait finalement imposé une sorte de sagesse péniblement acquise qui, s'il avait vécu, lui aurait permis de mûrir, d'être peut-être moins un héros culturel, et un meilleur poète. Bien qu'il y ait par ailleurs une autre école de pensée pour qui il avait tout dit dès le premier album des Doors, et qu'à partir de là tout le reste n'a fait que se casser la figure.

Ma réponse est quelque part entre les deux. Je n'ai jamais pris Jim Morrison au sérieux en tant que Roi Lézard, mais je suis aussi fan des Doors aujourd'hui qu'en 1967 ; ce qui me vint assez tôt, en fait, fut d'accepter leurs limites, et le fait que Morrison ne serait jamais Baudelaire et Villon, mais un Prince Bozo. Il fut certainement le père de la New Wave, par l'intermédiaire d'Iggy Pop et de Patti Smith, mais tous deux ont prouvé, à un degré plus ou moins grand, qu'ils étaient eux-mêmes des Bozos. Une chose qu'on ne peut dénier à Morrison, c'est que dans ses meilleurs moments (comme dans les pires, ou au moins une partie) il avait du style et, tout comme il était au mieux de sa forme en poète de l'effroi, du désir et de la dislocation psychique, il l'était aussi en clown. Il n'est donc pas étonnant que nos réactions aient été, et demeurent, confuses.

Il y a très certainement de grands moments Bozo dispersés dans les albums des Doors : la pseudo-solennité de la coda « Tu te souviens quand nous étions en Afrique ? » de « Wild Child », le sermon hurlé et bourré *Yew CAN-NOT pe-TISH-SHON the lo-WARD with PRAY-yer* au début de « The Soft Parade » ; l'idée même de chansons comme « Five to One » et « Land Ho ! », jusqu'au rebond rythmique de cette dernière. Hopkins et Sugerman relèvent le vers « I see the bathroom is clear » dans « Hyacinth House », et bien entendu nombre d'entre nous ont toujours pensé que « The End » n'était qu'une plaisanterie, pour ne pas parler du « cri du papillon[60] ». Je me souviens d'avoir été dans une autre turne hippie à Berkeley, pendant le « Summer of Love », quand un soir, au sein de notre petit cercle de fumeurs de dope assis par terre, nous n'avons pas été du tout surpris d'entendre le DJ d'une radio FM couper « The End » en plein milieu et l'ensevelir sous des commentaires narquois avant d'en revenir à son groupe de Frisco favori ; certes, il y avait là sans doute un peu du chauvinisme San Francisco contre Los Angeles à l'œuvre, mais nous avons ri avec lui de ce « chef-d'œuvre ». Pour finir, le classique bozo ultime fut probablement *Absolutely Live*, qui comportait d'aussi grands moments que Morrison interrompant « When the Music's Over » pour hurler au public de fermer sa gueule ; sa façon de dire *Pritty neat, pritty neat, pritty good, pritty good*, avant « Build Me a Woman », qui commence par *I got the poontang blues* ; l'intro de « Close to You » : *Mesdames et messieurs… je ne sais pas si vous vous en rendez compte, mais ce soir vous allez avoir droit à une faveur spéciale* – la foule applaudit follement – *Non, non, pas ça, pas ça… la dernière fois que ça s'est produit, des hommes adultes pleuraient, des policiers rendaient leurs insignes…* ; et le meilleur, l'intro chantée, presque certainement improvisée, de « Break on Through #2 » : « Dead cat in a top hat suckin' on a young man's blood / wishin' that he could come… thinks he can kill and slaughter / thinks he can shoot my daughter… dead cats / dead rat / thinks he's an aristocrat / that's crap… » [*« Un chat mort en chapeau haut-de-forme suce le sang d'un jeune homme / en espérant pouvoir jouir… il croit qu'il peut tuer, massacrer / il croit qu'il peut flinguer ma fille… chats morts / rat mort / s'prend pour un aristocrate / quelle merde… »*] Authentique poésie urbaine, tu parles ! Plus le bonus d'une brève reprise du passage « Petition the Lord with Prayer », dans lequel, cette fois, il sonne tout à fait comme Lenny Bruce incarnant Oral Roberts dans son sketch « Religions, Inc. » – écoutez et comparez.

En définitive, peut-être que tous les moments comme ceux-ci constituent l'héritage réel qu'il nous a laissé, la manière dont il a pris toute l'angoisse, la peur et même les explosions d'apparente liberté des années 60, et les a fait d'abord paraître encore plus bizarres, dangereuses et apocalyptiques que nous ne le pensions déjà, puis a transformé tout ce que nous prenions tellement au sérieux en une énorme plaisanterie grand public. Bien sûr, il y a toujours les autres chansons, qui seront toujours d'une poésie frappante dans les allusions à un *gazing on a city under television skies*, peut-être les meilleures évocations du mythe de L.A. dans la chanson populaire : « End of the Night », « People Are Strange », « My Eyes Have Seen You », « Cars Hiss by My Window », « L.A. Woman », « Riders on the Storm ». Mais même là il y a des vers, tous les « Mr. Mojo Risings », qui révèlent son propre sens de l'humour envers, sinon son talent de poète, très certainement son propre personnage et même la manière très réelle dont il a laissé sa célébrité le conduire à une trahison de ses talents poétiques. Et nous conclurons peut-être qu'il n'est pas vraiment nécessaire de séparer le clown du poète, qu'ils étaient en fait inextricablement liés, et même que nous avons eu de la chance de ne pas être plus près que nécessaire de ces nourrissons « dionysiaques », si bien que nous avons eu celle d'avoir toute la superbe musique de ces albums, qui définira les normes du rock pour un sacré bout de temps encore…

Musician, août 1981

Emmenez votre mère à la chambre à gaz !

PREMIÈRE PARTIE

Les Black Sabbath sont-ils vraiment les nouveaux chamans ?

J'ai besoin que quelqu'un me montre
Les choses que je peux trouver dans la vie
Je ne peux voir celles
Qui apportent le vrai bonheur
Je dois être aveugle

Black Sabbath, « Paranoid »

Le monde touche à sa fin

Un policier britannique, interviewé à la télé aux débuts de la Beatlemania

Nous avons connu des jours sombres ; le catalogue des horreurs présentes et des pénibles lendemains est désormais si familier qu'il est inutile de le parcourir une fois de plus. C'est peut-être un prétexte, mais les gens feront n'importe quoi pour échapper au linceul. Le (premier) Âge de l'Angoisse céda la place à l'étouffant repli des années 50, du temps où chaque citoyen avait chez lui un abri anti-atomique bien tenu, puis au sentiment de changement massif des années 60, mais la fin de cette décennie agitée a suscité un nouvel Âge de l'Implosion, les *war babies* iconoclastes d'hier étant siphonnés en masse, trébuchant et se gerbant dessus lors de festivals qui voilà si peu de temps étaient encore des célébrations. Renonçant à leur potentiel et le flinguant dans le vide de pièces lugubres.

C'est une époque désespérée dans un « pays désespéré », comme l'avait dit Jim Morrison au moment où les choses paraissaient plus belles que jamais. Si les drames ultimes des Doors et du Velvet Underground avaient quelque chose de prophétique, leurs intrigues « sordides » sont désormais devenues la substance banale de la vie quotidienne, ce qui certes ne fait pas décroître une angoisse envahissante, mais implique bel et bien la nécessité d'une musique nouvelle, qui traite des effondrements et du smog psychique à un autre niveau et, espérons-le, indique une résolution positive des conflits.

Nous avons vu les Stooges lutter férocement contre la nuit et culbuter dans sa gueule, et Alice Cooper exploite tout ça à fond, en le transformant en spectacle de cirque. Mais il n'y a qu'un groupe qui a affronté ça honnêtement, en des termes significatifs pour de larges portions du grand public, non seulement en se colletant avec au sein d'une structure mythique à la fois personnelle et universelle, mais en réussissant de surcroît à en vivre. Ce groupe n'est autre que Black Sabbath.

Son premier album entra dans le Top 20 anglais, le second devint n° 1, le single qui en était extrait finit n° 3 dans les charts britanniques, et le temps qu'ils arrivent en Amérique leur compagnie de disques avait concocté une hype résumée par les banderoles « PLUS BRUYANT QUE LED ZEPPELIN », bien que, comme le dit le chanteur Ozzy Osbourne : « Ils ont dû laisser tomber ça assez vite, parce qu'on leur a dit d'arrêter les conneries. » Ladite compagnie n'a jamais su ce qu'était ce groupe, ni comment le gérer. Mais en fait ça n'avait aucune importance, parce que les Black Sabbath ne perdirent pas de temps à reproduire ici leur triomphe anglais ; trois de leurs albums se retrouvèrent en même temps dans les charts, des mois durant.

Le public, cherchant sans fin un son à vous secouer les os, et quelqu'un pour mettre en perspective les traumatismes psychologiques et sociaux actuels, trouva les deux en Black Sabbath. Ils étaient réellement bruyants, plus bruyants, avec Grand Funk, que tout ce qu'on avait entendu de toute l'histoire humaine ; ils avaient une sombre vision de la société et de l'âme humaine, empruntée à la magie noire et à la mythologie chrétienne ; ils allaient droit au cœur adolescent de la pénombre avec des blocs de sons écrasants, lancinants, et des mots qui « touchent pile votre douleur, des mots qui n'ont aucun lendemain », comme le chantait Ozzy Osbourne dans « Warning », sur le premier album.

Les critiques, comme ceux qui ne pouvaient écouter ça, soit qu'ils en aient été si loin que James Taylor en devenait leur porte-parole, soit simplement qu'ils aient pensé que l'essence du riff avait déjà été beaucoup mieux traitée par les Stooges ou le MC5, réagirent comme un seul homme en condamnant ça comme de la « downer music ». Une bonne part de celle-ci manquant bel et bien des impératifs adrénalinés insatiables de ses prédécesseurs, et un coup d'œil dans une salle de concert suffisant à vous dire où avait mené la Révolution Psychédélique, il a semblé valoir la peine d'examiner cette accusation.

Beaucoup de fans de Black Sabbath prennent des *downers*, mais d'autres non, et il y a autant de victimes des barbituriques et de l'héroïne qui n'ont aucun rapport avec le groupe, dont bien des accros de ce son acoustique moelleux censé les conduire à des modes de vie plus sains que les laquais de la musique du désespoir. Mais il est toujours plus facile de dépeindre le kid du bloc d'immeubles voisin comme aussi bousillé que nous l'avons vu l'être, vautré dans sa chambre gorgé de Tuinal, à écouter Black Sabbath dégoiser sur le diable et la guerre nucléaire et quelle cruelle salade est ce monde, hochant la tête comme il le fait toujours et trouvant là la justification de son apathie cancéreuse.

Tel est le mythe public. Mais ce n'est pas exactement celui de Black Sabbath, pas vraiment, et un examen de la véritable vision inhérente à leur *downer rock* révèle la phrase exactement pour ce qu'elle est.

* * *

You that never done nothin'
But build to destroy
You play with my world
Like it's your little toy
You put a gun in my hand
And you hide from my eyes
Then you turn and run farther
When the fast bullets fly

Bob Dylan, « Masters of War »

[*Toi qui n'as jamais rien fait / Que bâtir pour détruire / Tu joues avec mon monde / Comme si c'était ton petit jouet / Tu me mets une arme en main / Et tu échappes à mes yeux / Puis tu te tournes et cours au loin / Quand les balles volent à toute allure*]

Now in darkness world stops turning
Ashes where the bodies burning
No more war pigs of the power
And as God has struck the hour
Day of judgment, God is calling
On their knees the war pigs crawling
Begging mercies for their sins
Satan laughing spreads his wings

Black Sabbath, « War Pigs »

[*Dans la pénombre le monde cesse de tourner / Des cendres, là où les corps brûlaient / Plus de porcs belliqueux du pouvoir / Et Dieu a sonné l'heure / Le jour du Jugement, Dieu appelle / Les porcs belliqueux rampent à genoux / Suppliants, demandant grâce pour leurs péchés / Satan rit et ouvre ses ailes*]

Écoutez mes dernières paroles partout. Écoutez mes dernières paroles tous les mondes. Écoutez tous, vous conseils d'administration, consortiums et gouvernements de la Terre. Et vous pouvoirs derrière dieu sait quels accords dégueulasses consommés dans dieu sait quelles toilettes pour vous emparer de ce qui n'est pas à vous. Pour vendre le sol volé à jamais aux pieds à naître…

Et qu'est-ce que mon programme de résistance totale et d'austérité totale a à vous offrir ? Je ne vous offre rien. Je ne suis pas un politicien. Ce sont des conditions d'urgence totale. Et voici mes instructions pour une urgence totale qui, si elles sont mises en œuvre maintenant, pourraient prévenir le désastre total qui se prépare maintenant : Peuples de la Terre, vous avez été empoisonnés... cinquante millions d'adolescents niaquoués vont à tout moment descendre dans la rue avec des crans d'arrêt, des chaînes de vélo et des pavés...

William S. Burroughs,
« Dernières paroles [de Hassan I Sabbah] », *Nova Express*

En dépit de la nature blitzkrieg de leur son, les Black Sabbath sont des moralistes – comme Bob Dylan, comme William Burroughs, comme presque tous les artistes s'efforçant d'affronter honnêtement une situation grave. Ils ne sont peut-être pas au même niveau de profondeur ; ils sont certainement beaucoup moins éloquents, soumis au caractère éphémère du rock, mais c'est un groupe qui a une conscience, qui regarde autour de lui et se charge de refléter le chaos d'une manière qu'ils considèrent comme positive. Aujourd'hui, ils ont fait quelques pas un peu hésitants en vue de proposer des alternatives.

Dans *The Making of a Counter Culture,* Theodore Roszak laissait entendre qu'étant donné l'actuelle rareté de dirigeants envers qui on pouvait nourrir un vague espoir, la coalition des jeunes et de l'aile informelle de la gauche devrait se tourner vers la vieille idée du chaman, fou sacré dont les prescriptions s'inspirent non de la logique ou des *think tanks* ou même des mots, mais d'une perception extraordinairement aiguë du flux de l'univers. Le scénario de Roszak est partout, désormais : il y a un chaman vautré à chaque coin de rue, et les messies en fer-blanc se ramassent à la pelle. Certains sont « politiques », certains « mystiques », d'autres se bâtissent un royaume sur un ragoût « cosmique » des deux, et chacun semble avoir sa petite escouade de bousillés à l'acide chargée de faire, le regard vitreux, du prosélytisme pour lui.

Mais il y a également les chamans culturels, dont Dylan est le meilleur exemple : biblique, enraciné dans la tourbe et la tradition, comme dans son genre de conscience Ancien Testament. Burroughs aussi, bien sûr, et son Vieux de la Montagne, « Hassan i Sabbah », n'est qu'une forme particulièrement malveillante de chaman, tandis que la « Nova Police » est une agence de régulation bienveillante chargée de sauver l'univers de l'addiction aux drogues et du contrôle. Burroughs est l'un des plus grands moralistes de la littérature américaine ; son œuvre est une démonologie pour notre temps, dépeignant les forces qui menacent la survie de notre planète comme autant de dieux mauvais opérant de l'extérieur.

Revenons à Black Sabbath, qui s'insère dans cette apparente digression en ceci qu'ils unifient une démonologie assez proche de celle de Burroughs (bien que beaucoup plus évidente) avec un moralisme biblique en comparaison duquel celui de Dylan paraît franchement falot, encore qu'ils puissent être aussi vindicatifs que lui dans leurs jugements jéhovesques.

C'est sans doute le premier groupe de rock authentiquement catholique, en tout cas le premier à s'immerger complètement dans la Chute et la Rédemption, traditionnel dualisme chrétien affirmant que si vous ne marchez pas vers la lumière du Seigneur alors c'est très certainement Satan qui tire vos ficelles, et on peut s'attendre à ce que ça se termine très mal, très vite.

Ils peuvent bien sûr le nier ; à une question sur les origines du concept du groupe, Ozzy Osbourne répondit par un vague « Je n'en sais rien. J'ai rencontré les gars, on s'est réunis et on a répété pendant près de deux ans, on a crevé la dalle et on a glandouillé en espérant percer, et c'est bien ce qui s'est passé. Tu me dis que c'est à propos du destin ou je ne sais quoi, mais je ne peux te répondre parce que je suis en plein dedans. »

Mais qu'ils soient conscients ou non de ce qu'ils disent ne change rien. Le message est accessible à quiconque a des oreilles, et on ne peut s'y tromper. Les thèmes en sont la perdition, la destruction, la rédemption, et leur quête de justice et d'harmonie dans un monde de nuit devient toujours plus explicitement sociale. Dans leur premier album, cela n'apparaît que dans une chanson, « Wicked World ». Mais l'ambiance dominante est un sentiment proprement médiéval de pouvoirs surnaturels cherchant à s'emparer d'âmes sans méfiance pour les réduire à une servitude éternelle.

Le groupe a emprunté son nom à un assez bon film d'horreur britannique de la Hammer, avec Boris Karloff en vedette, et la chanson éponyme commence par la pluie qui tombe et une cloche sonnant le glas, auxquelles fait écho la fuzz guitar lente et douloureuse qui donnera le ton pour les albums suivants, et donne pas mal de crédibilité au stigmate « downer rock ». Satan y apparaît pour la première fois dans leurs textes, ricanant et se pourléchant les babines tandis qu'il fait l'addition des âmes fraîchement capturées.

Le nom du groupe étant ce qu'il est, et le contenu thématique de l'album, comme son packaging, allant si loin dans le même sens, il est facile de voir pourquoi on peut réduire BS à un stéréotype, qui exploiterait ou qui diffuserait la forme de magie noire pop qui pousse les lycéennes à lire avec passion des livres sur la manière de devenir sorcière, en essayant des sorts sur leurs futurs boy-friends (et un petit malin comme Anton LaVey[61] venant ensuite réparer les dégâts), même des organisations aussi mortellement (c'est le cas de le dire) sérieuses que The Process accomplissent leurs sinistres rites à Los Angeles, Mexico, New York, et ailleurs, prêchant un nihilisme complet et la fin du monde, s'engageant dans d'incroyables machinations pour, oui, soumettre les gens à leur pouvoir (obtenant ainsi des zombies pour n'importe quel boulot pour lequel ils ne veulent pas se salir les mains), et même, dans plusieurs cas, commettant des meurtres avec la précision rituelle du psychopathe absolu. Il y a partout des salamandres calculatrices à la Charlie Manson, qui se révèlent d'une utilité fantastique quand on en vient à leurs propres fins moins bizarrement « religieuses ». Ce dont parle la magie noire, c'est de contrôle absolu ; le rock étant une musique puissante qui a des effets étranges sur les gens, avec des courants profonds évoquant une domination fasciste presque absolue, et la sujétion allant des blues les plus anciens aux Stones et à Alice Cooper, il était inévitable que certaines connections psychiques et sous-culturelles s'effectuent. Aucun doute qu'il y ait des fans de Black Sabbath qui aiment le groupe parce qu'il semble refléter leur propre intérêt pour le charabia et les manipulations surnaturelles, tout comme autrefois les gens faisaient du Velvet Underground la bande-son de films sur les drogues dures qu'ils vivaient à fond les potards.

Mais le groupe lui-même ne veut rien savoir de tout cela, selon Ozzy : « Nous n'avons jamais été dans le trip magie noire. Mais une fois, rien que pour changer, on a décidé de faire un truc inédit – les croix, tout ça, la messe noire sur scène, mais on ne comptait pas que ça soit un truc où on arrive avec des cornes, et pourtant aujourd'hui encore les gens viennent en croyant qu'on va leur jeter un putain de sort. Une fois, après le concert, on était rentrés à l'hôtel, j'entendais des bruits de pas dehors, alors je suis allé ouvrir, et il y avait tous ces types bizarres avec des bougies noires, qui marchaient de long en large en traçant des croix sur les portes, des trucs comme ça, et ils m'ont vraiment foutu la trouille, c'est moi qui te le dis. Nous avons éteint les bougies en soufflant dessus, et chanté "Happy Birthday to you", ils n'ont pas apprécié ça du tout. »

Quand on commence à écouter la musique du Sabbath d'une oreille attentive, il devient vite apparent que la sorcellerie rock n'est qu'un prétexte conçu pour faire de Black Sabbath un concept plus facilement compréhensible. Quant à Satan, au Dieu vengeur de l'Ancien Testament et aux souffrances spirituelles-surnaturelles qui reviennent dans leur musique, ils sont presque invariablement prétexte à des déclarations morales.

La vision que Black Sabbath se fait de la vie sur terre et de la machinerie de la civilisation prend forme concrète sur leur deuxième album, *Paranoid*, dont la toute première chanson (« War Pigs ») reprend l'épithète appliquée à tort et à travers depuis cinq ans à quiconque avec qui le locuteur est en désaccord, et la pousse à son ultime caractérisation grossière, dans une vignette qui rappelle, par son contenu verbal comme par son amertume sans limites, à la fois les « Masters of War » de Dylan et la rhétorique enflammée de brochures d'agit-prop des Socialist Workers et autres partis encore plus à gauche d'avant 14-18.

Je me souviens d'avoir vu de vieux livres ornés de dessins au vitriol de Porcs Capitalistes (littéralement) se promenant en chapeaux haut-de-forme et en gilets prêts à éclater sous l'entassement de graisse, allumant d'énormes havanes avec des billets de cent dollars. La seule différence entre ceci ou la chanson de Dylan est que ces dessins étaient propagande consciente et enflammée, et c'est cela (vous pouvez le prendre à n'importe quel niveau – je tends à y croire à fond) la véritable culture populaire, où la haine est plus organique et sensorielle, vous remuant les tripes en catharsis de fureur aussi apocalyptique que la Fin qu'ils visualisent dans cette chanson et dans « Electric Funeral », qui sont sans doute les déclarations les plus féroces que nous entendrons jamais de la part de ce groupe. Dylan lui-même, après avoir trouvé en lui la force d'écrire « I hope that you die », comprit qu'il ne pouvait rien dire de plus sur un sujet aussi risqué.

« War Pigs » prend fin par un fantasme de Jugement Dernier, l'épée de l'Archange tranchant les cous de ceux qui ont choisi de servir Lucifer et doivent désormais le suivre dans la Géhenne. Vous pouvez ricaner, mais les Black Sabbath sont les Milton du rock'n'roll : « You turned to me with all your wordly greed and pride / But will you turn to me when it's your turn to die ? » [*« Tu t'es tourné vers moi avec ton orgueil et ta cupidité matérialiste / Mais le feras-tu encore quand ce sera à toi de mourir ? »*]. Le christianisme qu'on décèle dans toutes leurs chansons est cruel et assoiffé de sang, comme seul le christianisme peut l'être (à savoir : couper des têtes avec un plaisir fiévreux, drapé tout du long dans le vêtement de la rectitude morale et de la vertu). « Electric Funeral » est leur vision de la guerre atomique considérée comme Retour du Messie.

Et le motif de la vengeance n'est pas limité à des référents bibliques, car « Iron Man », une de leurs plus grandes chansons, est une musique à programme presque pure qui recourt à une batterie lugubre claudiquant comme des pieds de golem, et un riff de guitare descendant en piqué téméraire comme le bras de Hulk démolissant des buildings, pour dépeindre un scélérat, qui rappelle beaucoup le Frankenstein interprété par Karloff, qui voulait réellement jouer avec les autres enfants, se retrouve ostracisé parce que considéré comme un freak en raison de sa taille et de son pesant manque de grâce (Iron Man est peut-être, en réalité, un symbole et un fantasme pour tout adolescent torturé par la gaucherie et la « différence ») et réagit par une fureur compréhensible et un déchaînement dévastateur. « People are strange, when you're a stranger[62] ». « Iron Man » est le mélodrame de l'aliénation, tout comme « Paranoid » est une description dépouillée, d'une précision glaciale, de ce qui se passe réellement quand vous découvrez que, sans trop savoir comment, vous avez dérivé un tout petit peu hors du monde tel que vous et les autres continuez à le percevoir. « Paranoid » rend parfaitement le sentiment claustrophobe de savoir qu'il n'y a plus personne sur la planète dont vous puissiez vous faire comprendre ou aider. « All alone, like a real rolling stone » ; pas étonnant, en de telles circonstances, que l'imagination puisse devenir un peu effrayante, et se transformer en rêves de revanche science-fictionnesques. J'ai moi-même ressenti, à un moment ou l'autre, le poids arctique de la disjonction, prisonnier d'un endroit douloureux d'où on ne peut qu'envoyer des mises en garde glacées, inévitablement déformées, par-dessus la frontière. Parce qu'ils ont si bien décrit cet état de nerfs, Black Sabbath veut dire beaucoup de choses pour moi et nombre de mes amis, rien que pour « Paranoid ». L'expérience étant si commune ces temps-ci, faut-il s'étonner que ce groupe ait conquis le monde (pour ainsi dire) ?

Et maintenant qu'ils l'ont conquis en détaillant quelques-unes des formes les plus répandues du malaise, qu'ont-ils à offrir comme remède ? Ah, c'est là que leur moralisme commence à prendre l'eau, du moins pour beaucoup d'entre nous, car qu'est-ce qu'un groupe Ancien Testament pourrait offrir, sinon Jéhovah ? Ou, pour sauter quelques siècles et passer aux Écritures grecques, Jésus ? Ce n'est pas qu'ils se comportent en sycophantes de la virulente prolifération de sectes intégristes hippies. *Master of Reality* donne l'impression que vu le nuage de ténèbres planant au-dessus de leurs personnages, et avec l'étiquette « downer rock », ils se sentent obligés de transformer leur moralisme en franc prosélytisme, ce que suggère « Lord of This World » et que souligne « After Forever », qui suit un hommage aux joies du cannabis (voyez, gamins, on prend pas ces horribles pilules, on ne fait usage et on ne défend que ce truc si sain...) intitulé « Sweet Leaf » et qui dit :

Well I have seen the truth
Yes I have seen the light
And I've changed my ways
And I'll be prepared
When you're lonely and
scared
At the end of your days

[*Ah, j'ai vu la vérité / Oui j'ai vu la lumière / Et j'ai changé de conduite / Et je serai prêt / Quand tu seras seul / Et mort de trouille / À la fin de tes jours*]

La chanson va jusqu'à affirmer que « God... is the only one who can save you now from all this sin and hate » [*« Dieu... est le seul à pouvoir te sauver maintenant de tous ces péchés, de toute cette haine »*], et ajoute même : « Would you like to see the Pope on the end of a rope – do you think he's a fool ? » [*« Aimeriez-vous voir le Pape au bout d'une corde – vous le prenez pour un imbécile ? »*] Eh bien... la réponse est oui, dans les deux cas, en fait, car le Pape est un War Pig s'il y en a jamais eu un, ou du moins un ange mauvais. Peut-être suis-je en train de me couvrir de ridicule, mais je pense que ce groupe essaie de donner des directives à une génération très occupée à s'immoler elle-même, aussi vite que possible. Et comme personne, pour autant que je sache, ne semble avoir de meilleur conseil à lui donner que Black Sabbath, il m'est douloureux, peut-être à tort, de les voir recommander l'arnaque la plus éculée jamais concoctée en deux mille ans. Après tout, quelle différence y a-t-il entre un légume babillant combien de speed il peut avaler sans en crever, et un autre enfermé dans la répétition, obstinée et mécanique, d'une litanie zélote, à l'adresse de chaque inconnu descendant la rue ?

Mais il est vrai que je ne devrais sans doute pas m'attendre à ce que les réponses de Black Sabbath soient très sophistiquées. *Master of Reality* a, de toute façon, plus d'une alternative dans son sac. « Into the Void » est un fantasme d'évasion face au foutoir qui règne sur la présente orbite planétaire, grâce à des « Rocket engines burning fuel so fast / Up into the night sky they blast… » [*« Fusées brûlant le carburant si vite / Elles explosent dans le ciel nocturne »*] à la Jefferson Starship, récemment sélectionné par l'Antenne Musicale des Victimes de la Coke du Comté de Marin[63]. Cette version du fantasme a au moins l'avantage de s'appuyer sur une musique solide et démolisseuse.

« Children of the Grave » donne une solution beaucoup plus intéressante. C'est un titre profond, impérieux, qui a des tripes, et l'un de leurs plus grands moments sur scène lors de la dernière tournée. Il reprend les allusions attendues à la catastrophe latente (« Must the world live in the shadow of atomic fear ? » [*« Le monde doit-il vivre dans l'ombre de la peur atomique ? »*]) dans une image romantique d'enfants nés dans une ombre mégatonnique et tout à la nécessité de sauver la planète, avec une fin aussi heureuse que tout à fait inattendue : « They'll fight the world / Until they've won / And love comes flowing through » [*« Ils combattront le monde / Jusqu'à ce qu'ils aient gagné / Et que l'amour vienne s'écouler »*].

Ce qui me convient tout à fait. Le romantisme éthéré de la chanson la protège des limites de l'Utopie de toutes les factions qu'on voudra, même s'il s'y prend de manière aussi dialectique que si Grand Funk chantait : « Hé les gars, arrêtons la guerre ! »

DEUXIÈME PARTIE
Black Sabbath et la vérité sur les orgies de sang & de désir

D'ordinaire, quand il est question de politique, les groupes de rock ont plus à dire dans leur musique (ou dans ce qu'on peut y lire, ce qui revient au même) que quand ils s'expriment réellement sur le fond de la question. À la base, Ozzy Osbourne est à peu près aussi politisé que le musicien moyen, et s'il a réagi d'un geste de la main à un commentaire venu de l'autre bout de la pièce selon lequel il faudrait flinguer Nixon – « Ils sont tous aussi nuls les uns que les autres, les politiciens » –, il considérait les chansons elles-mêmes en termes tout à fait littéraux, des rendus graphiques de l'état des choses actuel : « En ce qui me concerne, j'en ai marre d'écrire des conneries. J'aime à penser que si les gens écoutent les paroles, ils auront la vérité de la chanson, par exemple le texte de "Children of the Grave". Elle parle des kids d'aujourd'hui. En Amérique, la révolution que les gens ont en tête est ridicule, parce que s'ils y croient assez fort, et si c'est pour de bon et s'ils veulent en tirer quelque chose, alors qu'ils se révoltent ! Vous allez blesser des gens des deux côtés, que vous laissiez les choses en l'état ou que vous alliez jusqu'au bout ou que vous fassiez quelque chose de différent. Ça ne peut pas être pire que ça l'est maintenant, et vous pourriez avoir quelque chose de bien meilleur. »

Au moins, Ozzy est sincère, et si ses positions semblent un peu naïves, elles peuvent être prises non seulement au second degré mais, avec la musique elle-même, comme le signe d'une inquiétude réelle, ce qui peut même vous amener à conclure qu'en dépit de toute la laideur et de la haine que comporte cette musique, en dépit de tous les divers ennemis rampant à genoux à travers le soufre vers la base d'un nuage en forme de champignon chauffé à blanc, ce que dit, ou tente de dire, Black Sabbath, est en définitive motivé par une impulsion humaniste assez peu répandue. Et parce qu'ils s'intéressent à ce qui se passe, parce qu'ils frappent juste aussi souvent, parce que même leurs fantasmagories de malédictions et de châtiments sont si vivantes, parce qu'ils sont meilleurs à ça (musicalement et thématiquement) que Grand Funk et pratiquement tout autre groupe Troisième Génération à la possible exception d'Alice Cooper, et parce qu'Alice Cooper ne parle pas sérieusement, contrairement à Black Sabbath, ce n'est nullement exagérer que de dire combien nous avions et aurons encore besoin d'eux.

Laissons donc reposer la vieille calomnie « downer music », parce qu'arrivé à ce stade il est difficile d'imaginer quoi que ce soit qui puisse réellement rabaisser Black Sabbath. Ils ont une bonne idée de leur position dans l'arène mythique sous le regard du public, et prennent la culture de la drogue et les produits de base qui les y connectent de la seule façon qu'ils connaissent, avec grandeur d'âme : « On se fait démolir par un millier de gens braillant que c'est du *downer* rock, observe Ozzy. Si on n'était pas là, ils seraient toujours à les prendre, leurs *downers* ! Les gens se défoncent, qu'ils aillent voir James Taylor ou Englebert Humperdinck. Il m'est impossible d'admettre que nous ayons déclenché ça. T'as pas commencé à prendre de la dope parce que t'avais écouté notre musique... »

« Pas depuis. »

Ignorant la vanne complaisamment hip, il poursuit :

« Quand on prend de la dope, c'est parce qu'on aime être défoncé, pas parce que quatre gars se font du blé en disant : "Il faut prendre de la dope !" S'ils veulent que nous leur servions de prétexte, qu'ils y aillent ! »

Le problème d'une telle position, bien qu'elle soit parfaitement correcte, est que les gens voient les choses de la manière la plus effroyable, la plus déplacée. Black Sabbath a une chanson sur la drogue intitulée « Hand of Doom » qui, outre des arrangements d'une dynamique incroyable, est l'une des déclarations les plus fortes et les plus fermes proférées sur la peste chimique jamais sortie de la musique pop. Elle est presque aussi bonne que « Heroin » de Lou Reed, et démolit positivement les sentiments bidons de trucs comme « The Needle and the Damage Done » de Neil Young ou le « Sam Stone » de John Prine, parce qu'elle ne romantise pas trop le sujet (ce qui est inévitable) ni ne le transforme en *soap opera*. Bien au contraire, dans un langage sévère et direct, elle décrit quelqu'un qui meurt lentement de sa propre faute, et en souligne fermement l'absurdité.

Mais il y a des gens qui prendront une chanson comme celle-là et en extirperont mécaniquement, au nom d'une logique très spéciale, certains des passages les plus âpres, pour y voir une affirmation de ce cycle autodestructeur. Ils croient qu'Ozzy dit : « Prenez de l'acide ! Plantez l'aiguille ! Ne réfléchissez pas aux conséquences, parce que d'ici quatre secondes nous pourrions tous être d'infimes poussières d'excréments radioactifs. Entre autres bonnes raisons ! » Je dois admettre qu'ayant moi-même vécu ce syndrome à petite échelle, c'est aussi ce que j'en tire, éprouvant un véritable frisson à entendre une rock star, soutenue par une section rythmique impérieuse, cracher les injonctions les plus nihilistes et les plus amorales possibles ; j'ai souvent eu ce sentiment à écouter le premier Velvet Underground, et Mick Jagger donne la même impression dans certains de ses moments les plus décadents. C'est ça et rien de plus, une sensation, comme celle qu'on éprouve au cinéma à voir au ralenti quelqu'un se faire exploser les tripes d'un coup de fusil, un vieux pied rouillé qui se déclenche quand *plaf!* un peu de morale commence à franchir votre palais sans qu'il l'identifie, alors que vous vouliez simplement approcher d'aussi près que possible les orgies de sang, de désir, de mort et de complète dégradation sans en faire l'expérience véritable. C'est la forme la plus déshonorante de plaisir par procuration, sans même ajouter que c'est l'essence même de la couardise. Mais apparemment c'est ainsi que tout se passe aujourd'hui.

Ozzy a prévu de telles réactions, et sait se montrer philosophe : « Le plus bizarre, avec le public, c'est qu'ils prennent une chanson et la triturent pour que ça ressemble à ce qu'ils pensent. Les paroles de "Hand of Doom" sont, pour des drogués, les plus sanglantes et les plus dégueulasses qui soient… C'est comme quand j'étais gamin, j'allais voir un western et je me disais : "Waouh, le Cow-boy Solitaire vient de loger une balle dans la tête de Dick West, et c'est ridicule de voir ce type mourir de manière aussi théâtrale." Mais maintenant c'est devenu plus réaliste, on les voit tirer sur des gens qui explosent littéralement à l'écran. Et c'est comme ça dans la réalité. Quand quelqu'un vous pose le canon d'une arme à feu sur le crâne et appuie sur la détente, vous êtes foutu, et quand on se défonce comme ça c'est comme si quelqu'un vous plantait une arme dans le bras pour vous tuer. Après un concert en Amérique, je ne sais plus où, il y avait plus d'un millier de putains de seringues jonchant le sol ; j'ai été sidéré, ça m'a donné envie de gerber, j'étais vraiment mal à l'idée de penser que je venais de jouer devant des types qui étaient à un doigt de la tombe. Je comprends que les gens se défoncent ; fondamentalement, c'est une question de pression et de peur. Ce pays fout la trouille à la jeune génération parce qu'il est en guerre. »

Si parfois ses propos semblent repris directement des chansons du groupe, c'est parce que celles-ci reflètent fortement les attitudes de la jeunesse actuelle d'ici et d'Europe. Ozzy Osbourne est quelqu'un avec qui on aurait tous pu aller au lycée. Mais je ne peux tout à fait admettre que la guerre au Viêtnam, et le spectre de la conscription, pèsent suffisamment lourd pour expliquer que tant de gens se bousillent avec les drogues ; il doit y avoir autre chose. J'ai donc dit que quand j'allais à des concerts de rock, j'avais souvent l'impression que les gens étaient dans des tranchées tout aussi dégradées et pénibles que les vraies, et j'ai demandé à Ozzy s'il croyait qu'ils faisaient tout ça pour ne pas se retrouver dans d'autres tranchées Là-Bas, si les gens se tuaient en réaction à la possibilité d'avoir à tuer quelqu'un d'autre.

Il a réfléchi un instant et a redressé la serviette enroulée autour de sa tête (il venait de se laver les cheveux pour le concert du soir) : « Je ne peux pas dire. Je crois que c'est lié au fait de vivre en ville, toutes les grandes cités sont des poubelles géantes. Birmingham, ma ville natale, est exactement comme ici [*Détroit*], la violence et tout ça, j'ai bien connu ça, j'ai fait de la taule, j'ai zoné, mais c'est la grande ville qui vous fait faire des trucs. J'ai eu de la chance – je pourrais décrire la manière dont j'ai grandi, j'ai traversé beaucoup de choses que vos gars traversent aujourd'hui, la violence, se faire découper en tranches ou poignarder, tout ça… alors, tout naturellement, une bonne part de tout ça ressort dans notre musique. Je ne sais pas si nous sommes toujours aussi bons sur le coup que les gens semblent le croire de notre musique, je dirais non, mais parfois on en a franchement marre, alors on écrit ce type de chanson. À d'autres moments, ça sort, tout simplement, comme pour “Paranoid”, on l'a écrit et enregistré en une demi-heure. »

En dépit de leur imagerie phosphorescente, ce qui distingue les Black Sabbath c'est qu'ils tendent à penser tout à fait littéralement, et le pourcentage d'artifice et de frelaté de leur musique, pour ne pas parler de malhonnêteté envers le public, est étonnamment bas. Comparez-les à Alice Cooper, qui est un grand rocker, un véritable original et un bon chanteur dans la tradition Freddy Cannon et tout ça, mais qui à chaque tournée s'enveloppe davantage dans des oripeaux arrachés aux hanches pourrissantes du Barnum Circus, qui pour autant que je puisse voir ne pense pas un mot de ce qu'il dit, et considère tout le truc, avec une bonne humeur cynique et un professionnalisme haute énergie, comme du simple Show-Business. Il vend un produit ; comme Black Sabbath, je crois, mais ils ne le savent pas vraiment, ou du moins se soucient davantage de partager leur compréhension du monde que d'être le groupe le plus flashy et le plus bosseur du circuit. Et cela commande notre respect, aussi brut que le produit puisse être parfois. Ils disent ce qu'ils doivent dire, et parlent sérieusement, mais il y a de temps en temps des collisions discordantes entre leur perception du cyclone, dont ils occupent l'œil, et la réalité de leur public.

Ozzy se souvient : « On a donné un concert une fois, et ils étaient tous assis au premier rang à secouer le poing en nous jetant des regards mauvais... à décoller sur notre “downer music”, dit-il en riant sans grande conviction. Je tenais le pied du micro, je le secouais, et les cinq premiers rangs avaient tous des bouteilles à la main ! J'ai eu des visions de quelqu'un me faisant sauter la tête. J'aime voir les gens se lever, prendre leur pied, danser et se donner du bon temps. Mais il m'arrive de penser, quand ils deviennent vraiment cinglés, est-ce qu'ils savent sur quoi ils dansent, est-ce qu'ils tiennent compte des paroles et du sens de la chanson ? Je veux avant tout monter sur scène pour distraire les gens, mais parfois je me demande où ils sont exactement. »

J'ai entendu sur les concerts de Black Sabbath des choses qui feraient blêmir une âme fragile : Sandy Pearlman m'a ainsi raconté que lors du dernier auquel il a assisté, personne dans le public n'était capable de se lever voire d'applaudir, et qu'il y avait des corps vautrés partout. Mais celui que j'ai suivi peu de temps après l'interview avec Ozzy était, contrairement à la légende, très semblable à n'importe quel concert rock, pas d'excès d'overdose ou d'incidents pénibles suite à la concentration de trop de gens au même endroit en même temps, et si bousillés qu'ils n'ont pas la moindre idée de ce qu'ils font, ni pourquoi.

D'un autre côté, c'est Yes qui fait la première partie. Ce qui a permis un concert à guichets fermés au Cobo Hall, le plus énorme palais des plaisirs de la ville, qui en semaine accueille les matches de hockey et les catcheurs, et que seuls les plus gros vendeurs rock peuvent remplir. Même sans tenir compte des courants d'air dans un tel endroit, où le volume, si puissant qu'il soit, peut se perdre dans des corridors moisis et des obscurités spacieuses, le public était, à 60 pour cent au moins, composé de fans de Yes. Le groupe vient tout juste d'accéder au statut de superstar avec « Roundabout » et son album *Fragile* et, comme on peut s'y attendre avec des titres pareils, les fans constituent une race d'andouilles légèrement différente. Relevant l'âge moyen vers la fac, je dirais.

En fait, j'ai été étonné de voir à quel point la foule semblait en bonne condition et se comportait bien. Errant dans le public, on voyait simplement des visages, des corps, des vêtements parfaitement normaux, ce qu'on manque parfois d'oublier, et on ne pouvait lire sur le visage de tel ou tel son état psychique, comme si c'était un baromètre un peu bizarre. Si certains étaient envapés, ils cachaient bien leur jeu.

Le présent article devant être au départ un examen tragique et pittoresque du champ de bataille jonché de corps des concerts contemporains, avec de pitoyables panoramas de pubères perdant pied et autres gimmicks allitératifs, nous autres de *Creem* nous sommes préparés à cette expérience déchirante en ingérant un ou deux *downers*. Et nous étions là, pratiquement (du moins c'est ce qu'il m'a semblé) les seuls défoncés aux barbituriques en vue, et ce sur des kilomètres. Toujours en quête de détails bien crades, Jaan Uhelszki[64] m'a fait savoir que quelqu'un avait tenté de lui vendre aux toilettes une pilule d'un truc appelé Carbotrol, et qu'à un moment elle avait vu une fille gerber. Une seule misérable petite gerbe !

La marijuana était par ailleurs légale dans le Michigan pour les trois semaines à venir, en raison d'une décision de la Cour Suprême de l'État, au terme de laquelle la possession de dope ne serait plus qu'un simple délit, et qu'entre-temps l'ancienne loi ne serait pas appliquée, si bien que tout le monde pouvait fumer jusqu'à la débilité complète sans craindre rien de plus que l'emphysème. De la vraie dynamite journalistique ! Je m'attendais à voir les gens se promener d'un air détaché, tirant languissamment sur des joints gros comme des battes de base-ball, sans jamais les ôter de leurs bouches, voire s'adonnant à ces fumettes orgiastiques prophétisées par John Sinclair et Jerry Rubin, mais que je sois damné si j'ai vu quelqu'un tirer une taffe de toute la soirée. Tout le monde était là, assis à sa place, les mains croisées, à écouter la musique. Un spectacle à vous donner la chair de poule.

Yes a joué un rock arty-formica facile et flashy, qui a porté la foule au septième ciel. Ils ont eu droit à un rappel et à une ovation debout incroyable, alors que Black Sabbath, la tête d'affiche, ne s'est rien vu demander de tel ; au moment même où mouraient les échos de « Paranoid », leur dernière chanson, et où ils sortaient de scène, le public, comme s'il avait compris, a commencé à se diriger vers la sortie. Moi qui croyais qu'un rappel était devenu une coutume sociale incontournable !

Bien entendu, ils n'ont pas donné un concert vraiment époustouflant ce soir-là : la chimie entre un groupe et un public est toujours un peu plus délicate que certains ne semblent le croire. Pour couronner le tout, Black Sabbath, à mon absolue stupéfaction et démentant une fois de plus la légende, a joué à un volume grossièrement comparable à celui de n'importe quel groupe traînant les pieds et n'ayant sorti qu'un album qui jouerait en milieu d'affiche à l'Eastown Ballroom, rade trashy de réputation locale. Après toute la gadoue dans la presse sur les responsables de Warner Brothers s'équipant de boules Quiès en permanence au cas où ils assisteraient à un concert du groupe dans le cadre de leurs fonctions, je ne pouvais croire à cette avalanche de feed-back chuchoté et de chant proche de la conversation – j'en ai été furieux !

Il faut également remarquer qu'ils n'ont pas le show du siècle – Geezer Butler fait le coup du Rosbif voûté-vu-de-dos à la basse, Bill Ward est dans la moyenne côté pitreries de batteur, mais Tony Iommi joue de la guitare presque immobile, les yeux fixés sur le manche, comme s'il se concentrait tellement qu'il aurait aussi bien pu être chez lui à Birmingham, dans son salon, avec pour seul public une mésange solitaire. Ozzy s'amuse beaucoup sur scène, plus en tout cas qu'on ne l'aurait cru au vu du répertoire spécialisé du groupe, confirmant sa précédente remarque : « Notre musique apaise, jusqu'à un certain point, la tension qui s'accumule chez les gens. Quand je monte sur scène et commence à déconner, je ressens un vif soulagement. Je sais que quelque chose est libéré. »

Oui, moi aussi, que j'écoute vos disques dans mon propre salon histoire de faire passer une mauvaise journée avec une bouteille de vin, ou en suivant tes petits sauts de cabri scéniques, qui sont super, petit gars. T'es pas Mick Jagger, mais t'es pas prétentieux côté tortillement non plus. En fait, ton enthousiasme bondissant, confirmant l'ingénuité dont témoignent tes manières et ta conversation, est franchement contagieux, et j'ai vraiment voulu me donner du bon temps même si mon grand article sur « La zone délire des Teenagers » a été sabré et même si le volume sonore était aux abonnés absents et bien que j'aie eu mal au dos et aux pieds et en plus j'étais fatigué j'avais froid et surtout je m'ennuyais. Je voulais me donner du bon temps non seulement parce que j'aime Black Sabbath mais aussi parce que c'est grâce à toi que je le voulais, et je crois que c'est pourquoi je suis en rogne, parce que sauf quelques minutes de barattage et de grognements à reprendre en chœur avec « Children of the Grave » et le beaucoup trop court « Paranoid », j'ai simplement tué le temps, je suis resté assis là à attendre, écoutant à moitié, comme je le fais d'ordinaire dans les concerts, et ce n'était vraiment la faute de personne, ni même la mienne. Je me demande presque si en fait je ne préfère pas quand tout le monde est défoncé et infect.

Quand tu as enlevé ta chemise, ça n'avait pas tout à fait le caractère spectaculaire à la James Brown de Mark Farner[65] et de son Dévoilement Symbolique des Biceps du Prince Rocker Laboureur, mais c'était sympa quand même et une des deux adolescentes cintrées assises derrière moi, qui ont gloussé pour toi toute la soirée, a hurlé : « Enlève tout, Ozzy ! » Elles avaient des fringues en velours noir avec des capes edwardiennes tourbillonnantes et des croix de bois noir pendues au cou avec un lacet de cuir (alors que j'ai remarqué que dans le groupe seul Geezer arborait encore son crucifix porte-bonheur), et au début du concert l'une des deux a braillé : « Bande de démons ! »

Quand la marée humaine s'est massivement élancée dans la travée centrale, alors que le concert démarrait, j'ai commencé à avoir quelque espoir, surtout quand une dizaine de vigiles débordés et d'agents de sécurité est arrivée en courant depuis les côtés de la scène, et s'est livrée à des tentatives futiles de briser la congrégation Black Sabbath à grand renfort de mains et de lampes torches accusatrices. Les fidèles sont toutefois restés sur place (de toute façon, la plupart n'auraient pas pu bouger), et bientôt un grand crucifix fait de deux planches enveloppées dans du papier alu et clouées ensemble – qu'un quelconque zélote devait avoir traîné depuis Pontiac ou je ne sais où – s'est dressé à l'arrière du rassemblement et, passé de mains en mains, lentement et sans doute difficilement, est arrivé à l'avant, jusqu'à ce que quelqu'un tienne cette icône, véritable éléphant d'argent, devant ton visage tandis que tu chantais, bouchant la vue aux gens derrière et quelque peu absurde, suscité par le besoin de faire quelque chose qui pourrait provoquer un signe de reconnaissance de leurs héros. Même si c'est seulement parce qu'ils te trouvent un peu étrange (ne change pas...) et sans doute au moins incroyablement excentrique et au mieux innommablement dépravé, et qu'ils espèrent saisir furtivement quelque geste révélateur qui donnera une idée des vies que tu dois mener.

Ce qui est un sacré défi à relever, peut-être. Extraits supplémentaires de l'interview :

« Les gens disent : "Hé merde, mec, tu te rends compte à quel point vous êtes énormes ?" Et moi je monte dans un avion, je descends d'un avion, je rentre à la maison... Tout le monde croit qu'une tournée n'est qu'une énorme orgie dope-sexe-rock, qu'on rencontre des gonzesses incroyables qui feront n'importe quoi pour arriver jusqu'au groupe. Tiens, l'autre matin, je dormais encore quand le téléphone sonne : "Allô ?" Et une voix très rauque à l'autre bout dit : "Allôôôô." Moi : "Qui êtes-vous ?" La voix : "La Reine des Pipes." Vraiment ! Elle me demande qui je suis, alors je réponds "Geezer" et je lui donne le numéro de chambre du bassiste. Et voilà qu'il m'appelle pour me dire qu'il n'arrive pas à la flanquer dehors. Alors on y va tous, on lui dit de s'en aller, elle répond : "Non, pourquoi ? Je taille les meilleures pipes de l'Ouest. Vous ne me croyez pas ?" On ne veut pas lui faire de peine, on ne sait quoi faire ni quoi dire, alors finalement on menace de lui pisser dessus si elle ne s'en va pas, et elle se casse. Les gens sont vraiment bizarres, c'est parfois foutrement drôle, ils disent : "Touche ma main !" Vous répondez "Quoi ?", ils hurlent "Il a touché ma main !" et retournent en courant dans le public. »

Il rit : « Parfois ils ont tendance à croire qu'on est des foutus faiseurs de miracles ou un truc du genre. Peter Green, de Fleetwood Mac, que j'ai rencontré une fois, était vraiment quelqu'un de grand. Je lui ai demandé pourquoi il avait quitté le groupe et il m'a répondu que ça faisait dix ans qu'il trimait sans arrêt, et qu'il avait commencé à perdre toute identité. Et c'est ce que je ne veux pas faire. Je ne veux pas être "OZZY OSBOURNE", je veux simplement être moi, comme toi tu es toi, et mener une vie ordinaire. Maintenant, je suis à peu près à l'abri financièrement, je me suis acheté une baraque, j'ai une femme et deux mômes et c'est tout ce que je veux. Je ne suis qu'un type ordinaire qui fait de la musique. Personnellement, je suis très déprimé, je suis un putain de névrosé. Mais les gens ont tendance à croire que nous vivons Black Sabbath. Bon, j'adore le groupe, j'ai travaillé à toutes les étapes avec lui, mais j'aime mille fois plus mon chez moi et ma famille. Parce que ça c'est la réalité, c'est pour ça que je vis. Les gens croient que quand je rentre je fouette ma femme, enfin tu vois… »

Il rit de nouveau :

« Je ne dis pas que je ne le fais pas ! Mais bon, ils croient que ma mère était une vampire, mon père un pilleur de tombes. Les gens trouvent ça excitant, comme la violence. Récemment, Kim Fowley m'a dit : "Je vais te dire ce que tu devrais faire ensuite, mon gars, aller au Mexique, acheter un cadavre, le monter sur scène et le poignarder." Et ça en arrive vraiment là. On compte être là un moment, mais on ne nourrit pas d'illusions non plus. Black Sabbath c'était simplement l'histoire d'un succès, on ne peut pas prédire pourquoi ni comment, c'est simplement un de ces trucs tordus qui arrivent. Je ne pourrai pas faire ça indéfiniment. Tôt ou tard ça va partir en sucette, quand ce foutu Hitler et sa Gestapo vont se mettre à nous courir après. Et ensuite il y aura un nouveau truc appelée le Rock Chambre à Gaz : "Emmenez votre mère à la chambre à gaz !" »

Creem, juin-juillet 1972

Eno chante avec les poissons

Je n'ai jamais vu quelqu'un se donner autant de mal que Brian Eno. Il crée ces albums superbes, brillants, par des processus si compliqués que toute discussion de sa musique mène souvent à la conclusion qu'il est soit un sorcier de la technologie complètement flippé, soit un dilettante qui aurait fait les beaux-arts.

C'est ainsi que les foules sont détournées des albums superbes et brillants en question, parfait exemple de méthodologie se mettant en travers du résultat désiré, à savoir (enfin, on le suppose) la communication de masse. Mais comme l'explication de ladite méthodologie est essentielle à une description adéquate de la musique (mais pas au simple plaisir d'écoute), je vais tenter une brève traduction : ce type pense que si vous savez à l'avance où vous arriverez, autant ne pas bouger, alors il a conçu toutes sortes de tactiques de diversion (il appelle ça les Stratégies Obliques, qu'il a mises en vente sous forme d'un jeu de cartes, dont la première est « Honore ton erreur en intention cachée »), pour veiller à ce que chaque fois que vous vous mettez en quête d'une œuvre d'art, vous finirez par vous perdre irrémédiablement, et parviendrez ainsi au chef-d'œuvre.

Bien entendu, cela fait des années que, dans tous les domaines, les artistes jouent avec une telle approche, et peu importe avec quelle assiduité Eno l'applique par le biais d'interminables prises (*Before and After Science*, son nouvel album de chansons, a demandé deux ans de travail et 120 titres), elle semble toujours trahir un certain désir de passivité, une volonté de laisser un

Autre anonyme prendre le contrôle de la création et dicter le résultat grâce à ses propres processus mystérieux.

Je ne suis pas pour autant en train de débiner les méthodes d'Eno. En discuter longuement est chiant à mourir, elles sont sans doute inutilement compliquées, mais elles nous ont donné quelques-uns des albums les plus étonnants de la décennie. À lui seul, « Baby's on Fire », sur *Here Come the Warm Jets*, dépasse en audace conceptuelle et en puissance sauvage tout ce qu'a pu faire Roxy Music, et son second collage sonore, *Taking Tiger Mountain (by Strategy)*, était d'une complexité infinie, qui pullulait de tant d'inspirations jamais entendues qu'il faudra peut-être dix ans avant que le rock ne le rattrape (et la dernière fois que j'ai été aussi prodigue de superlatifs, je rendais compte de *In a Silent Way* de Miles Davis, alors écoutez avant de rire !).

Another Green World – sa première expérience en solo avec ce qu'il appelait la musique « qui n'engage à rien » – a ses fans, bien qu'une bonne part m'en ait paru un peu trop, disons, « Becalmed » [*litt. « encalminé »*], comme le disait l'un de ses titres si précisément programmatiques. Ces petites mares de sons dans les faubourgs du silence me semblaient la conséquence logique du désir de laisser les processus et la technologie partager votre fardeau conceptuel – musique crépusculaire parfaitement adaptée à la passivité que cultive Eno. Elle est très certainement relaxante – je connais même des gens qui font du yoga en l'écoutant – et, poussée à ses ultimes conséquences, donne de charmants papiers peints sonores, comme les deux albums avec Robert Fripp, l'hypnotique *Discreet Music*, ou un récent import allemand, *Cluster and Eno*, méditation instrumentale à la ECM, avec deux claviéristes allemands qui font une musique si placide que vous comprenez à quel point les pastorales feed-back de Fripp ont toujours eu un côté heavy metal.

Moi, je suis un gars moderne[66], mais pas au point de ne pas aimer une musique qui a un *contenu* réel bien défini, qu'on peut véritablement écouter pour elle-même. C'est pourquoi je suis heureux de dire que, s'il n'est sans doute pas au niveau de *Taking Tiger Mountain*, *Before and After Science* est un album inspiré et inspirant. Et, comme d'habitude, Eno a quelque chose à nous dire sur la manière dont ses muses travaillent, il affirme que cet album est une « musique océanique », par opposition à la « musique céleste » de *Another Green World*. Il va même jusqu'à employer sans honte le genre d'effets – cloches, synthétiseurs, etc. – qu'un bon compositeur de musiques de film utiliserait pour suggérer le monde sous-marin, et les références nautiques ne cessent d'apparaître dans les paroles.

La face 2 semble dériver sur des courants qui ont leur logique propre, ce qui, détail intéressant, mène ses mélodies très près des berceuses (peut-être est-ce à quoi conduit ce flirt avec l'Autre : à la régression). Je parie que les petits enfants n'auraient pas besoin d'explications techniques compliquées pour aimer sa musique. Peut-être même pourraient-ils expliquer les paroles de « Here He Comes », chanson sur un jeune garçon (« sad blue eyes… fill the deep blue sky »), mieux que je ne pourrais jamais le faire. Eno déclare que ses textes lui viennent uniquement par associations et que ce qu'ils veulent dire ne l'intéresse pas particulièrement, ce qui conduit l'auditeur à imposer ses propres scénarios même aux chansons les plus spécifiques. « Julie with… » pourrait être les ruminations d'un meurtrier ou simplement l'évocation d'un nid d'amour… ou bien Julie pourrait avoir trois ans. En tout cas, cette chanson, où aucun mot, aucune note, ne sont gaspillés, crée un petit monde parfait. Comme toutes celles de *Before and After Science*, et des albums qui l'ont précédé, c'est de la musique à programme mais, comme toujours, elle laisse à l'auditeur, en définitive, le soin de compléter le tableau lui-même.

Sur l'autre face de l'album, divers musiciens ont permuté d'un titre à l'autre, d'une manière qui vous fait tout oublier des théorèmes d'Eno, et suggère que tout ceci pourrait bien être le véritable accord perdu de la musique fusion-expérimentale-rock-jazz. « No One Receiving » a un rythme un peu disco qui semble décrire un arc puis se perdre dans l'espace avec des paroles envoûtantes (« in these metal ways / in these metal days »), « Kurt's rejoinder » est un tourbillon de cordes jouées pizzicato, de percussions, de voix de synthèse, et « King's Lead Hat[67] » souligne les affinités d'Eno avec la New Wave par ses rythmes mécaniques précipités et ses dissonances claquantes ; il a davantage la force et l'abattage à la Velvet Underground de « Third Uncle », sur *Tiger Mountain*. C'est de la musique qu'on peut presque littéralement *voir*, comme il faut s'y attendre étant donné l'intérêt qu'Eno témoigne actuellement à la musique de film. En fait, l'album est vendu avec quatre reproductions d'aquarelles de Peter Schmidt, parallèle pictural de la musique en ceci qu'elles dépeignent très peu de chose – des mondes intérieurs solitaires et hantés, où souvent la seule présence humaine semble être l'œil passif du spectateur.

The Village Voice, 3 avril 1978

John Lydon : au-delà de la frontière

La comédie rééducatrice ne marche pas toujours.

Si le joyau que tout le monde désirait posséder se trouvait très loin sur un lac gelé où la glace est très mince... tandis que, plus près, elle est parfaitement sûre, alors, dans un âge passionné, les foules applaudiraient le courage de l'homme qui s'avance... Mais dans un âge sans passion... les gens se jugeraient subtils s'ils convenaient que c'est déraisonnable... d'avancer aussi loin... les yeux des connaisseurs loueraient le patineur accompli qui pourrait s'avancer jusqu'au bord (i. e. aussi loin que la glace est sûre, avant que le danger ne commence), puis ferait demi-tour... Puis, stimulés par une bouffée d'admiration, ils conviendraient tous confortablement qu'ils pourraient tout aussi bien s'admirer eux-mêmes.

Kierkegaard, *L'Âge présent*

Kill Someone
Be someone
Kill yourself!

Sex Pistols, « Belsen Was a Gas »

Et sur ce hurlement furieux la (véritable) carrière discographique des Sex Pistols s'arrête. Il y a un instant de silence, puis le public de San Francisco devient cinglé. C'est l'une des choses les plus effrayantes que j'aie jamais entendues, mais ça explique pourquoi les Pistols devaient splitter. Parce qu'on ne peut dire quelque chose aux gens, en bon anglais, qu'un certain nombre de fois, avant de se rendre compte qu'ils ne saisissent pas l'ironie, même là-dedans ; ils n'écoutent pas les paroles. Ils ne voient qu'un reflet d'une idée fausse du moi, et une passion tout aussi feinte, alors vous cessez de vouloir communiquer. Si les gens veulent croire que Belsen était une vanne facile, c'est leur problème.

Peut-être comprenez-vous simplement que vous ne pouvez réveiller à coups de pied des gens volontairement infirmes, alors vous dites à tous ce à quoi il ne faut pas s'attendre (premier album de Public Image Ltd.), vous leur donnez ce que vous voulez vraiment faire (deuxième) et, si ça ne leur plaît pas, tant mieux. Parce que vous restez seul pour faire de la musique, ce qui finalement est plus important que de baisouiller avec les médias.

Second Edition, née *The Metal Box* (qui est peut-être le plus grand concept de l'histoire du packaging, et je me fous du prix, j'en ai déjà acheté deux exemplaires et de toute façon qu'est-ce qu'il y a d'autre qui vaille la peine de claquer son pognon ?), est un des meilleurs albums que j'aie écoutés depuis oh, disons peut-être *White Light/White Heat.* C'est certain. Et ça n'est pas une vanne, sauf si vous voulez que c'en soit une, auquel cas à vous tous les Gary Numan. C'est un véritable ensemble qui fait une musique passionnée à partir du bruit et de bribes sonores. Vous pouvez me citer : « La première musique des eighties. » Elle n'est pas entièrement nouvelle ; il y a de la guitare espagnole dans « Memories », et la fin de « Swan Lake » renvoie à celle du « Loop » du Velvet et à celle de « White Light/White Heat ». « Radio Four » sonne même un peu comme Eno, mais toutes ces heures de studio et tous ces remixes (il y en a eu entre trois et cinq – je ne sais plus trop – pour « Swan Lake », alias « Death Disco », sur divers disques) ont fini par payer. Et elle n'est pas arty non plus – c'est amer et diversifié, une heure bien remplie. Elle n'a aucune chance, commercialement parlant, et n'a pas forcément été conçue dans ce but, pas plus qu'elle n'est particulièrement obscure – rien ne peut être plus parlant que le nom du groupe lui-même.

Sur cet album, John Lydon se défait d'une image dont il voudrait désespérément que le reste du monde la lui laisse oublier

(« Albatross », 12 minutes de bonds presque funk qui prouvent, comme le reste de l'album, que question dub ce groupe est bien au-delà de toute imitation servile, et qu'en fait il a un concept de basse comme personne n'en a jamais eu dans l'histoire de la musique blanche), et combat toute la culture Ang.-Mod/ Américaine-*Happy Days* et sa nostalgie ou son cannibalisme en définitive entropiques (« Memories », dans lequel le mix change de braquet de manière vraiment saisissante) ; puis il y a « Train Round the Bend » pour les fans des films de la Hammer combiné avec encore un peu de bile anti-lavasse pop (« Poptones » – avec une imagerie pareille, ce gars devrait travailler pour les E.C. Comics). « Careering » est d'un sinistre inéluctable avec en plus ce qui sonne comme des croassements de corbeaux et des coups de pétard, et peut ou non traiter de ce qui se passe en Irlande ; dans un cas comme dans l'autre, la vitesse pure d'un vers tel que « A face is raining across the border » [*« Un visage pleut à travers la frontière »*] suffit à vous percuter. « And No Birds Can Sing » dépeint des manoirs sans vie aux pelouses parfaitement taillées, en Grande-Bretagne ou à Beverly Hills (aucune différence) ; il est construit sur un riff en ascension constante, comme les miaulements de tous les fœtus avortés entassés dans la décharge municipale, tandis que « The Suit » décrit un arriviste qui est ce qu'il porte, si bien que ses vêtements, et même sa peau, ne valent pas plus que la dernière épingle à nourrice rouillée de Babylone. « Swan Lake » parle des morts-vivants sans romantisme (« Words could never say the way / I see it in your eyes » [*« Les mots ne pourraient jamais dire la manière / dont je le vois dans vos yeux »*]). Dans « Graveyard », tous les solos de guitare des chansons ont été délibérément fondus en une masse unique, tandis que « Socialist » est le meilleur instrumental au clavier depuis « The Happy Organ » de Dave « Baby » Cortez, et sonne comme une extraction de lobes cérébraux qui se tortilleraient sur la table d'opération tandis que les cymbales s'affligent aussi vite et aussi bien qu'elles peuvent. Le reste de l'album consiste en une déclaration d'intention qui, pour autant que je puisse la déchiffrer, ressasse « Pop-Rock-Peur-Haine » à n'en plus finir tandis que Lydon déclare après un peu de guitare tout aussi peu portée aux compromis : « Voice moaning in a speaker / Never really getting too close » [*« Voix geignant dans un haut-parleur / Sans jamais venir trop près »*].

Mais en dépit de toutes ses protestations, *Second Edition* est aussi proche qu'il peut l'être. La raison de ces protestations, du nom du groupe, des photos franchement pas glamour, de la boîte elle-même, c'est qu'il ne veut plus être une pop star. Et qui pourrait l'en blâmer ? On peut *épater les bourgeois* jusqu'à la mort, mais en fait on n'a pas à prouver quoi que ce soit à qui que ce soit, et de toute façon ils n'écouteront pas. Ma seule critique est que parfois il a l'air un peu trop satisfait de lui-même (« You never listened to a word that I said » [*« Vous n'avez jamais écouté un seul mot de ce que je disais »*] ou « You make me feel ashamed » [*« Vous me faites honte »*] – pour qui il se prend, merde ?), mais cet album montre clairement que lui, Keith Levine, Jah Wobble – et quiconque entre ou sort de Public Image – vont être là un moment. Pour parler en mon propre nom, je me moque qu'ils préfèrent passer tout leur temps en studio, et en sortent avec quelque chose d'aussi bon que ça, plutôt que de partir en tournée. Tu as réussi, petit salopard narquois. Maintenant, fais-en un autre. Reste dans ton coin. On n'a pas envie de te voir, de toute façon.

The Village Voice, 24 mars 1980

NOTES DE VOYAGES

Killers francaouis dans un blitz transatlantique : un chronologue franco-américain – starring Les Variations –, 1975

Les innocents de Babylone : à la recherche de la Jamaïque, avec Bob Marley et un casting de plusieurs milliers de personnes !, 1976

La mort peut être votre Père Noël : une interview exclusive, à jour, avec Jimi Hendrix, 1976

Extrait de notes sur Austin, 1980

La Californie, 1979-80

Killers francaouis dans un blitz transatlantique : un chronologue franco-américain – starring Les Variations –

Allen Park, Michigan, USA, avril 1974 – Nous sommes tout un tas dans la Patinoire de Hockey d'Allen Park, arène suprême de ce patelin popote, à regarder Bachman-Turner Overdrive faire la conquête de Cobo Hall tandis que la sueur émise par les ados se condense dans l'air, quand voilà que survient cette bande de types basanés aux nez rigolos, vêtus de paillettes et de strass, croisement improbable entre les Mille et Une Nuits et hé-man-jsuis-une-rock-star. Ils s'installent et commencent à jouer ce bizarre barattage tournoyant qui sonne comme « Jumpin' Jack Flash » avec de vrais morceaux de Joujouka dedans et, étant les vieux cyniques à lobes d'acier que nous sommes, nous nous retirons dans la loge de BTO pour écluser la bière de ces Mormons.

Et c'est là que, plus tard, je fais la connaissance des Variations, premier groupe de hard rock franco-marocain du monde. Ils sortent de leur concert pleins d'une gaieté nettement peu française, et se présentent tout à fait ingénument : « Salut, Lestère, je suis Alain Tobaly, voilà mon frère Marc, notre guitariste, ça c'est notre batteur Jacky Bitton, Jo Leb, qui chante, on adore l'Amérique et le rock, hé mec, t'aimes Fats Domino ? » La cerise sur le gâteau, c'est un type assez corpulent d'une quarantaine d'années, en trench-coat noir et petite moustache de maître d'hôtel genre trait de crayon ; c'est Maurice Meymon, principal maître queux du rhythm'n'druze du groupe, à savoir que son oud (instrument marocain traditionnel un peu semblable à un luth en plus swinguant, popularisé ici par Ahmed Abdul-Malik) et son violon assurent le vrai bourdon arabe tourbillonnant qui est ce à quoi ils se réfèrent en appelant leur nouvel album *Moroccan Roll*, et ce qui leur donne la promesse d'être le premier groupe à porter le mariage de la musique orientale et du rock un vermicelle modal plus loin que le Velvet du temps de « Black Angel's Death Song ».

C'est une bande hétéroclite de francaouis, excités comme des puces à l'idée de jouer dans ce puits à sueur de troisième ordre, et la star de l'heure est le bassiste Jacques « P'tit Pois » Grande. Il provoque des « aaargh ! » à droite et à gauche en essayant de parler avec l'accent du Michigan, ce qui, sorti de son gosier français, évoque un Mexicain enrhumé tentant d'imiter Donald Duck. Mais le voilà préoccupé, ce qui n'est pas contre nature, de choses charnelles, m'importunant, me secouant presque par les épaules : « Ze groopeez, Lestère, wair are ze groopeez ? »

Je temporise : « Écoute, mon gars, je n'ai pas à m'enquiquiner avec ce genre de merde. Ma copine est avec moi. » Laquelle copine me jette un regard à clouer net un barracuda tandis que je conduis Jacques vers la cage aux mottes. Et il y en a bel et bien une pleine rangée contre le mur d'en face, assises sur des chaises de cafétéria, jambes croisées, fumant des cigarettes, jetant des regards approbateurs dans tous les sens comme autant de langues d'iguanes dans les forêts tropicales. Mais voilà qu'en route les yeux du pauvre Jacques s'accrochent à une des filles de *Creem*, d'allure très classique mais qui est accompagnée : « Ah, Lezlee Brown, la supeeerbe Lezlee ! Je t'aime mais tu es avec un autre, qu'est-ce que je peux faire ? » Offrant son cœur en gémissant, bon dieu maintenant je comprends Charles Aznavour et aussi pourquoi ils ont perdu la guerre, mais j'essaie de lui expliquer, je l'attire dans un coin et lui dis juste au-dessus de l'oreille : « Écoute, mon gars, il y en a plein partout, alors vas-y pendant que tu en as l'occasion ! » « Oh non, j'aime Lezlee, mais elle ne m'aime pas, oh… » Leslie pouffe de rire, tout le monde dans la pièce est en plein tumulte, et je commence à adorer ces types.

* * *

New York, mai 1974 – Je suis à New York pour l'ouverture de Mott the Hoople au Uris Theatre, à Broadway, et qui repéré-je dans le lobby, traînaillant au milieu des célébrités et des rock critics qui ont fui le concert de Queen, sinon les Variations ? C'est d'abord à Alain, le manager, de m'accueillir avec tant d'effusion que c'en est gênant : « Lester, mon ami, comment ça va, tu as l'air magnifique ! », tout en me serrant dans ses bras et en m'embrassant presque en une démonstration chaleureuse bien de lui, qui attire et fait beaucoup rire les homos majoritaires dans l'assistance. Et l'important c'est que ça n'est pas du baratin, il est réellement heureux de me voir, comme les autres membres du groupe, on dirait une meute de Will Rogers francisés, ils sont si pleins d'excitation et d'affection sincères à la simple idée d'être en Amérique que les pauvres niais se baladent partout en étreignant tout le monde, ravis. Et si vous êtes jamais venus à New York, vous pouvez imaginer à quel point leur ingénuité peut paraître incongrue, et comment ils réussissent à charmer la presse rock et presque tous ceux qu'ils rencontrent. Je croise P'tit Pois (Jacques) et, bien qu'il ait à chaque bras une groupie modérément classe, les premiers mots sortis de sa bouche sont : « Est-ce que Lezlee Brown est là ? »

* * *

Paris, France, juillet 1974 – Bourré à l'absinthe, je suis au George V, l'un des hôtels les plus classieux du bled, m'étant frayé un chemin au-dessus de la Grande Mare pour surprendre sur leurs terres les Variations, qui sont désormais mes meilleurs amis, bien que je ne les aie toujours pas vus live, et que je n'aime guère leur nouvel album. Paris serait une cité super si on pouvait se débarrasser des gens, qui sont l'amas de bonnets de nuit le plus mort, glacé et pleurnichard que j'aie jamais vu de ma vie en un seul endroit. J'avais entendu parler de leur hostilité et de leur anti-américanisme légendaires, et j'espérais au moins voir s'agiter une bouteille de vin au-dessus de ma tête, ou entendre « À bas la guerre au Viêtnam, sale porc ! », mais pas de chance. Au lieu de ça nous visitons tous les vieux bars mythiques de l'avant-garde, la Coupole, le Café de Flore, et ils sont pleins de types ternes et abattus qui passent leurs journées en discussions intenses et maussades sur les mérites comparés de Samuel Beckett et de Robbe-Grillet. Au Flore, je demande à Alain : « Comment ça se fait que tout le monde ait l'air si lugubre ? »

« C'est un bar gay », répond-il.

Je vois, tout s'explique, les vieux abreuvoirs de l'avant-garde se sont transformés en endroits où traînent de vieux pédés, sauf qu'il y a autre chose, c'est le sentiment de mornitude et de défaite étouffant, mélodramatique et typiquement français, qui vient du fait, entre autres raisons, qu'ils se la sont fait mettre dans le cul au cours de deux guerres mondiales successives. J'essaie de les agacer en hurlant « On est cernés par les *beatniks* ! » ou « Y a-t-il un existentialiste dans la salle ? » Mais ça n'a servi à rien, ils sont tous restés assis là à mourir. J'ai commencé à m'interroger sur l'apparente contradiction entre la flamboyance généreuse de tous les membres des Variations, et la misère suffocante, prétentieuse, *ostentatoire* qui nous entourait, mais la réponse tient peut-être au fait que les Variations sont des hybrides, des nomades, voire des gitans. Ils sont venus de la Méditerranée depuis leur Maroc natal, et ils ont été le premier groupe de rock à mettre un terme à la mainmise sur les charts français des ballades traditionnelles, entre sublime et ridicule, ou des imitations d'Elvis de troisième ordre comme Johnny Hallyday.

Devenus célèbres pratiquement du jour au lendemain, ils ont donné aux mômes de France quelque chose à quoi se rallier, en plus de toutes les miettes d'Amérique dont ils peuvent s'emparer. Et croyez-moi, ils courent après ! Par exemple, saviez-vous qu'en France il existe un fan club Robot A. Hull[68] ? Mais oui, et je vais même jusqu'à m'arracher à l'absinthe pour me rendre dans une boutique de disques nommée Open Market, où on vend des trucs du genre pirates des Flamin' Groovies (cultissime là-bas), de Lou Reed (représenté avec des crocs sur la pochette), et d'une jam atroce entre Jimi Hendrix, Johnny Winter et Jim Morrison, qui ne chantait pas mais jouait de la batterie (la couverture est un classique : un crâne à la Grateful Dead, mais avec une moumoute hendrixienne, et sur la pochette, en bas à gauche, *une tache de vrai sang sur chaque exemplaire !*). La même boutique propose également de grosses piles de vieux numéros écornés de *Creem*, sans aucun doute vendus à des prix astronomiques, et la clientèle de cet établissement, comme de beaucoup d'autres du même genre, se compose d'adolescents underground qui se surnomment les Ponques, et font des choses telles que porter de grosses vestes en cuir noir, écouter de vieux albums du MC5 et lire *Creem*.

C'est de ce miasme de croisements que les Variations ont émergé comme un phare impétueux, premiers flashes d'orgueil national en jeu dans le rêve rock, et c'est à l'Olympia, palace parisien du sordide, que j'ai enfin l'occasion de les voir faire leur truc. Je suis plein d'impatience et plus que prêt à voir couler un peu de sang, connaissant le légendaire hooliganisme des audiences parisiennes, qui aiment peut-être le rock, mais uniquement à titre accessoire pendant qu'elles saccagent les lieux. Les Variations en sont un peu choqués, étant des partisans de la musique pure. Comme le dit Marc : « J'adore le public en Amérique, il comprend la musique beaucoup plus qu'en France. Ici quand tu joues, ils comprennent que dalle, ils sont venus là pour s'éclater, mais pas dans le bon sens du terme, simplement pour se briser des canettes de bière sur le crâne. Quand tu leur donnes le rythme tout va bien, mais tu ne peux rien jouer de doux ou des trucs comme ça, mais en Amérique on peut leur faire comprendre parce qu'ils sont plus cultivés musicalement. »

Les Variations leur donnent donc le rythme, Jo Leb hurle quelque chose du genre : « Je suis un singer dans un rock'n'roll band », court jusqu'à l'avant-scène puis repart en arrière. Marc évite avec soin tout ce qui est doux, moulinant des riffs qui me rappellent le genre d'échanges entre Fred Smith et Wayne Kramer au sein du vieux MC5. Maurice se contente de rester là, immobile, très digne et quelque peu distant, comme il convient à son âge, tirant de son violon, à grands coups d'archet, une bande sonore pour danseuse du ventre en plein tortillement qui, on ne sait trop comment, s'adapte aux riffs stoniens de base du groupe, de la même manière que le bouzin de Roxy Music parvenait à accoupler le côté caniveau du Velvet et des sonorités euroclassiques, sans passer pour le fils bâtard idiot[69] de Van Der Graaf Generator. Et les mômes hurlent et trépignent comme si c'était écrit dans le scénario.

Au cours des mois qui ont suivi, les Variations ont sorti un nouvel album, un peu conceptuel (Jacques explique que c'est quand « toutes les chansons se suivent… pas de break… un peu comme *Tommy* »), que Marc appelle « notre autobiographie, notre jeunesse au Maroc, comment nous avons grandi en France, comment nous sommes allés en Amérique et vers le rock ». Il y a eu aussi des changements de personnel, avec l'addition du claviériste Jim Morris, tandis que Jo Leb (qui m'avait dit l'année dernière : « Je ne veux pas être la star, je ne suis que le chanteur. En France les gens tenteront de te dire : “Tu es débile. Je peux faire de toi une star en six mois, si tu quittes ce groupe”, mais je leur réponds d'aller se faire foutre, je ne veux pas faire partie de leur système ») est parti enregistrer un album solo et tourner un film avec Catherine Deneuve. Il est remplacé par Robert Fitoussi, nom fort connu du show-biz français, né en Afrique du Nord comme le reste du groupe, qui a chanté sur *Earth*, l'album de Vangelis Papathanassiou, claviériste de Yes [*sic*] ; il a eu aussi une flopée de hits mondiaux sous son propre nom, dont « Superman Superman », n° 1 au Brésil. Mais en définitive, ce ne sont pas les personnalités, ou les gimmicks musicaux (concept albums, vibrations Casbah lourdement mises en avant, etc.) qui les rendront chers aux mioches américains : c'est le même genre d'excitation pleine d'aisance qui plaît aux critiques, et qu'un groupe comme Bachman-Turner Overdrive possède aussi : c'est peut-être leur ingénuité qui les fera sortir du lot.

Creem, février 1975

Les innocents de Babylone : à la recherche de la Jamaïque, avec Bob Marley et un casting de plusieurs milliers de personnes !

La première chose à souligner, c'est que je ne suis resté en Jamaïque qu'une semaine, et qu'il est impossible de les comprimer, elle et sa scène musicale, en un délai aussi court, ou en un article, aussi long soit-il. Vous n'aurez donc droit qu'à la coquille, la surface. Mais j'espère que si vous regardez en dessous, vous commencerez, comme moi, à comprendre beaucoup de ce qui se passe au sein de la musique de l'île, et un peu de l'agitation qui accable actuellement la société jamaïcaine.

Même du point de vue d'un observateur extérieur, je ne peux dire que ce texte soit vraiment représentatif, parce que je ne suis jamais sorti de Kingston, métropole industrielle grêlée de balles, un peu semblable en ce sens à Détroit. Bien que la Jamaïque soit un pays où 2 pour cent de la population détient 80 pour cent des richesses, tandis que le reste endure l'une des pires pauvretés de la planète, il est vrai aussi que là-bas, du moins dans les régions les moins urbanisées, le pauvre peut vivre plus confortablement que presque partout ailleurs : il peut se bâtir une cahute sommaire, avoir son jardin, faire pousser des légumes et de l'herbe, cueillir des fruits sur les arbres, ou aller pêcher du poisson dans l'océan. Les problèmes commencent quand les gens de la campagne se rendent à Kingston, attirés par les promesses d'une vie meilleure dans la grande ville. Ils finissent dans des taudis comme Trenchtown et Jones Town, où règne une misère incroyable. Bien entendu, il en résulte une délinquance et une violence à la fois « anarchiques » et « politiques ».

Pourtant, et comme d'autres Noirs opprimés avant eux, les Jamaïcains ont créé à partir de tout cela une forme musicale autochtone pleine d'énergie qu'on appelle le reggae. Il est intimement lié – les Blancs en sont de plus en plus conscients – au rastafarisme, secte mystico-religieuse primitive établie en Jamaïque depuis plusieurs décennies. Les rastas croient que Marcus Garvey, père du mouvement de retour en Afrique, était un prophète qui avait prévu l'arrivée de Jah, Sauveur annoncé par la Bible, qui mènera tous les Noirs opprimés vers la Terre Promise. Garvey avait déclaré qu'il viendrait en 1927, et trois ans plus tard Hailé Sélassié était couronné empereur d'Éthiopie, devenant ainsi le premier chef d'État noir du XXe siècle. Son nom d'origine était Ras Tafari, et il a gouverné l'Éthiopie presque jusqu'à sa mort, dans les années 70. Les rastas sont donc persuadés qu'il est/était Jah ; et que bientôt il reviendra pour les emmener, eux qui se considèrent comme la tribu perdue d'Israël, en Éthiopie, c'est-à-dire à Sion. D'ici là, ils attendent Armageddon[70], prophétisé dans ces Bibles qu'ils lisent journellement, laissent pousser leurs cheveux en longues mèches rebelles et touffues appelées *dreadlocks*, et fument beaucoup d'herbe, alias ganja alias marie/shit/fumette, ce qui pour eux est un sacrement mystique de Jah. Bientôt, grâce aux forces combinées de celui-ci et d'une conscience supérieure obtenue grâce à l'herbe, Armageddon viendra, sous la forme d'une révolution mystique qui renversera Babylone et permettra à tous les enfants de Jah de s'en retourner au Paradis.

En d'autres termes, une sorte de croisement tiers-monde entre John Sinclair[71] et les Témoins de Jéhovah.

De tout ceci est sorti une figure musicale de premier plan, qui est à peu près pour les Jamaïcains ce que, voilà dix ans, Bob Dylan fut pour les étudiants américains blancs : Bob Marley. Lui et son groupe, les Wailers, ont sorti quatre albums (plus deux autres, plus anciens, en Grande-Bretagne, et plusieurs autres encore en Jamaïque) qui ont fait de lui une star de la jeunesse blanche anglaise, mais il a à peine percé en Amérique, où le reggae est encore considéré comme une sorte de curiosité exotique par les Blancs, quand il n'est pas franchement dédaigné par les Noirs.

Et c'est pourquoi, en compagnie d'un tas de journalistes et de photographes blancs, j'ai été emmené par Island Records pour une sorte de visite guidée de la musique jamaïcaine, et une interview, plus ou moins obligatoire, avec Marley.

* * *

J'étais au téléphone avec un représentant de L.A. d'Island, dorénavant désigné sous le nom de Wooly[72], en raison de la casquette de laine qu'il a portée, à l'imitation des rastas, tout au long de son séjour jamaïcain. Je lui ai dit que, bien que j'aime le reggae avec une passion qui menace de me coûter certains amis, j'ai toujours considéré les albums de Marley comme plutôt froids, et qu'en fait il est l'artiste de reggae que j'aime le moins.

Il rit : « Chut ! Tu n'es pas censé dire des choses pareilles ! »

« Bon, alors, à quoi il joue, ce Marley ? »

« On peut résumer la philosophie de Bob en un mot : "droiture." »

« Tu veux dire action vertueuse, juste colère de Jéhovah, ou frères et sœurs pleins de vertu vivant des produits de la terre ? »

« Une sorte de combinaison des trois. »

« Je vois : c'est un hippie. »

« Exact. »

* * *

La Jamaïque connaît encore ce qu'on pourrait appeler une gueule de bois coloniale. Elle n'a plus de population autochtone, même réduite à quelques enclaves dispersées comme pour les Indiens d'Amérique : les Jamaïcains d'origine, les Arawaks, ont tous été massacrés par Christophe Colomb et les Espagnols. Pendant des siècles, l'île ne fut qu'un protectorat de l'empire britannique, et n'obtint son indépendance qu'en 1962. Depuis, elle a fait peu de progrès vers l'autonomie, et il y a, au sein de la population, un manque de motivation qu'on ne peut simplement expliquer par le climat tropical. On trouve à Kingston toutes les connotations les plus négatives du « relax » – les gens sont lents, indolents, les faits se perdent dans le brouillard de ganja, le temps existe à peine. « Je serai de retour dans 45 minutes » signifie entre trois et six heures. « On s'y met cet après-midi » peut vouloir dire demain soir, ou jamais. Lors de notre voyage, un journaliste du groupe affirma que tous les horoscopes du *Daily Gleaner* conseillaient la « patience », et on entend constamment une expression qui résume parfaitement le tempo paresseux, dieu-sait-quand-on-y-arrivera de la vie en Jamaïque : *Soon come*, « c'est pour bientôt ». Je crois que ce manque de motivation chez tant de Jamaïcains peut être attribué à une combinaison passablement complexe de ganja, d'absence d'éducation, et du fait qu'ils n'ont pas la moindre idée de ce qu'ils doivent faire d'eux-mêmes en tant que peuple, une fois disparu le colonialisme. Beaucoup de gens (surtout les Américains) croient que légaliser l'herbe serait la réponse aux problèmes économiques de l'île ; je pense que la situation qui y règne est l'argument le plus fort que je connaisse en faveur de sa non-légalisation, et que tout le monde en fume ne contredit en rien mon opinion. Bien entendu, on pourrait arguer que si les gens recourent si largement à la dope – loin d'être aussi forte que le voudrait la légende, et qui, de tout ce que j'ai pu fumer, a l'effet le plus apaisant – c'est pour oublier leur sentiment d'impuissance face aux réalités ; c'est ainsi que Michael Manley, actuel Premier ministre arrivé au pouvoir avec un programme de réformes libéral, commence à prendre des allures de dictateur. Pour ce qui est des rastas, il est compréhensible qu'ils rêvent à un pèlerinage qui les ramènerait au berceau éthiopien, puisque tous les Noirs de Jamaïque sont les descendants de gens qu'on y a amenés comme esclaves, mais il y a un petit problème : l'actuel gouvernement d'Éthiopie est violemment anti-Sélassié, et ne risque guère d'accueillir à bras ouverts Jah sait combien de milliers de défoncés à dreadlocks qui n'ont ni instruction ni qualification. Je doute fortement que les rastas, dans leur majorité, le sachent, tout comme je doute que la plupart des Jamaïcains sachent, ou se soucient, que leur « liberté » a fait que l'île est plus ouverte que jamais aux *carpetbaggers*[73] colonialistes.

Le rapport avec le reggae, c'est que, pour les connaisseurs du genre, la vieille scène musicale jamaïcaine est résumée, sur le ton de l'insurrection, par *The Harder They Come*, film de Perry Henzell racontant l'histoire d'un jeune qui enregistre une chanson à lui pour le compte d'un producteur sans scrupules (et archétypal) qui lui donne vingt dollars et lui dit de dégager. Il en est réduit à vendre de l'herbe pour se faire un peu d'argent, le producteur l'escroque de toutes ses royalties, ses activités le mènent à des échanges de coups de feu, et la grande trouvaille sur laquelle repose ce film volontairement amateur est que le chanteur devient l'ennemi public n° 1, alors même que sa chanson est n° 1 au hit parade : une vraie pollution nocturne à la Bob Dylan.

Le film, on le comprendra sans peine, est interdit en Jamaïque. Mais l'opinion générale est que la situation qu'il dépeint appartient au passé, avant tout grâce à Chris Blackwell, le fondateur et président d'Island Records. À la fin des années 60 et au début des années 70, quand le reggae devint un article d'exportation en Angleterre, le plus gros label britannique était Trojan, où arrivaient des boîtes de bandes ne portant, écrits à la main, que le nom des artistes et les titres des chansons, pour qu'elles soient pressées et vendues – sans que les interprètes, la plupart du temps, touchent quoi que ce soit. Il faut se souvenir que la plupart d'entre eux sont issus d'un milieu où règnent une pauvreté et un analphabétisme tels, qu'ils n'ont pas la moindre idée de l'argent qu'on peut faire avec leur musique : nombre d'entre eux sont, sans aucun doute, simplement contents de voir sortir un disque portant leur nom, avec leur voix dans les sillons. Dans une telle situation, beaucoup d'interprètes et de musiciens importants, comme les Pioneers et même Desmond Dekker (qui en 69 eut un hit aux États-Unis avec « Israelites »), pouvaient bien crever ; et Chris Blackwell fut le premier à faire exception – le premier à tenter de bâtir les carrières de ces artistes, et de leur ouvrir le marché international.

Toutefois, beaucoup de gens ont l'impression que les conditions actuelles n'ont guère changé depuis *The Harder They Come*, même si aujourd'hui la plupart des musiciens n'en sont plus réduits à prendre un flingue. Le contenu des disques qui sortent est de plus en plus tourné vers des visions de révolution rasta du cœur et de l'esprit, bien qu'il soit difficile de voir comment Babylone pourrait s'effondrer en laissant debout les maisons de disques, paradoxe que le musicien rasta moyen contourne avec une adresse véritablement cosmique. En dépit de toutes leurs parlotes de « Jah veillera à tout », les rastas pourraient bien être le premier peuple à collaborer activement (et certes innocemment) à sa propre exploitation par l'industrie discographique. Robert Johnson aussi s'était fait voler, mais je doute que cela ait été un principe de sa religion. Mais là encore, il se pourrait que les rastas soient la simple extension logique de la triste léthargie, ponctuée au hasard de fusillades furieuses, qui imprègne la Jamaïque comme le smog qui s'élève au-dessus de Kingston.

* * *

Et là encore, cette apathie pourrait bien être aussi illusoire que beaucoup de choses en Jamaïque. Marley chante que « a hungry mob is a angry mob », les *rude boys* (les petits voyous de l'île au début des années 60) n'étaient nullement léthargiques, et un Blanc se rendant dans un pays noir ne l'est certainement pas, du moins s'il tient à sa peau. Il y a une ironie presque obscène dans le besoin de trouver quelque chose d'exotique chez des gens qui n'ont nullement l'impression de l'être, et qui sont si loin de vous ; comme dans le désir du blanc de se perdre dans le noir.

Lundi. Survolant Cuba, j'ai enfin compris que je me dirigeais vers le célèbre tiers-monde. Ce qui pour nous ne signifie que « pauvres gens », plus pauvres en tout cas que vous et moi ne pourrions jamais l'imaginer. Impossible qu'ils ne nous haïssent pas, et impossible de ne pas vous encanailler, qui que vous soyez – on m'a dit qu'ils haïssaient les Noirs américains autant que les Blancs (ce qui est étrangement réconfortant) –, et quand je suis arrivé là-bas j'ai découvert que la haine qu'on sent chez beaucoup de Jamaïcains est bien plus liée à des questions de classe et de statut économique que de race, que nombre d'entre eux pouvaient vous témoigner une chaleur authentique sans lien aucun avec les flagorneries, la rage au cœur, pour extorquer de l'argent au bwana. Alors, autant t'amuser, grand dadais, en essayant de ne pas te faire descendre. Pour les autochtones, ça n'a rien d'un paradis tropical ; je me souviens d'un type qui chantait une chanson sur les temps qui changent[74], et je commence à comprendre ce que ça veut dire.

De Montego Bay à Kingston en avion, impressions de Californie : verdoyantes collines parsemées d'élégantes piscines en terrasse, mais la musique qui résonnait dans ma tête ne parlait que de Trenchtown et contredisait tellement ce que je voyais en dessous que je ne pouvais que me demander combien de temps il faudrait avant qu'ils ne ravagent l'endroit, pillant et brûlant sans métaphore et sans métaphysique ganjaïsée au-dessus-de-tout-ça. Vous vous demandez si vous pourrez encore visiter ce pays dans quelques années, et votre étonnement ne fait que croître pendant votre séjour, quand vous lisez dans les journaux que Manley fait copain-copain avec Castro, censément parce que les Cubains travaillent sur un coupeur de canne mécanique qui pourrait révolutionner la culture de la canne à sucre en Jamaïque (où elle est encore coupée à la main), et donc peut-être sauver l'économie locale. Dans le même temps, le seul peuple à être plus violemment anticommuniste que les réfugiés cubains est, apparemment, celui de Jamaïque, toutes classes sociales confondues ; on se demande parfois qui ils haïssent davantage – les touristes américains et canadiens, avec leur condescendance idiote, ou les communistes. Quoi qu'il en soit, il y a dans l'air quelque chose qu'on peut respirer et goûter, comme autant de cendres affectives, et ça n'a pas le goût de l'amour. Quand on descend de l'avion à Montego Bay et qu'on va faire tamponner sa carte de santé, des indigènes en chapeau de paille dignes de Disney World vous jouent une sérénade calypso avec en arrière-plan une pancarte Holiday Inn, un poster vantant les plages de Negril (où vont tous les hippies blancs), ainsi qu'une plaque vert latrine vous prévenant en deux langues que la possession, la consommation ou la vente de ganja (« marijuana », ajoute-t-on entre parenthèses pour les petits naïfs) est un crime passible de prison. Du hublot, j'aperçois, en baissant les yeux, un lac rouge qui, découvrirai-je plus tard, a pris cette couleur, et s'est transformé en marais de sables mouvants, suite à l'exploitation de la bauxite par Alcoa Corporation.

En arrivant à l'aéroport de Kingston, la première chose que j'entends, c'est de la Muzak jouée à fond, reprise jamaïcaine de la version de « Hey Jude » par Otis Redding, ce qui m'a paru assez drôle jusqu'à ce que je découvre que les radios de l'île ne passent pratiquement jamais de reggae. Au bout d'une semaine d'à peu près rien au-delà d'Helen Reddy et de Neil Diamond, je n'avais qu'une envie, foutre le camp et rentrer à la maison, rien que pour pouvoir écouter Toots and the Maytals.

Kingston n'est guère plus qu'un immense taudis entourant les inquiétantes tours de Babel d'un énorme hôtel Sheraton aux palmiers en plastique, que les touristes quittent rarement, restant près de la piscine, autour de laquelle se traite une bonne part des affaires d'Island Records. L'endroit possède une salle Marcus Garvey (j'ai jeté un coup d'œil depuis l'entrée ; elle ressemblait à celles où, du temps du lycée, je prenais la parole lors des banquets du Rotary Club) mais, lors de votre arrivée ou plus tard, n'achetez sous aucun prétexte dope, bracelets « en or » ou quoi que ce soit aux types qui glandent non loin du parking. Mon collègue de *Rolling Stone*, arrivé en naïf sans personne pour le mettre en garde, fit ainsi l'acquisition auprès d'eux d'une maigre quantité d'herbe pas très bonne, pour la somme scandaleuse de 25 dollars. J'ai décidé que c'était vérité, à défaut d'être un droit, qu'à Kingston vous vous ferez plumer, quelle que soit votre race, votre religion ou votre couleur, même si vous ne sortez jamais de votre chambre.

* * *

Mardi. Un autre journaliste, cette fois de *Swank*, vient dans ma chambre et me branche sur l'herbe légendaire. Elle est bonne, d'accord, mais très inférieure à sa réputation. Elle n'a pas dirigé mon attention vers des lieux inattendus, transformé des idées triviales en digressions fascinantes, ou même ne m'a pas plongé plus avant dans la musique, comme la dope américaine. Toutefois, elle m'a bel et bien défoncé.

Plus tard, nous sommes partis avec Wooly pour une balade en voiture à travers Kingston. Cela m'a évoqué un morne mélange de Détroit et de la Californie, avec des taudis si moches que ceux de la seconde ressemblent au Sheraton en comparaison. Wooly nous emmène au studio de Lee « Scratch » Perry, un des plus prolifiques producteurs jamaïcains. Comme il fallait s'y attendre, il n'est pas chez lui. Le gars de *Time*, qui à son arrivée est resté debout toute la nuit à finir son dernier article, et qui a un emploi du temps très serré, est manifestement très mécontent, et dans la voiture M. Swank se plaint que tout le monde attend que Marley soit prêt pour l'interview. Apparemment on lui a promis une audience avec Bob hier, et il s'agace d'apprendre qu'il ne le rencontrera pas aujourd'hui non plus.

Wooly explique patiemment que personne ne peut écrire de bon article sur la Jamaïque sans d'abord prendre le tempo de la vie locale, et qu'en fait tout le monde rapporte de l'île ce qu'il y avait apporté. De toute évidence, lui-même est vraiment pris par le rythme et le style de vie, même s'il séjourne au Sheraton.

Nous allons faire des achats chez Aquarius Records, où je découvre ce syndrome typiquement jamaïcain : j'entre dans une boutique de disques après l'autre, je demande des singles ou des albums comme *Best of the Maytals*, et ils me répètent à chaque fois qu'ils n'ont pas ça. J'avais une longue liste d'albums que je voulais acheter, et n'ai pu en acquérir que quelques-uns pendant mon séjour là-bas. J'ai fini par découvrir que c'était parce que le music business local (cf. *The Harder They Come*) est presque entièrement contrôlé par les producteurs, dont la plupart ont leurs propres boutiques de disques, où l'on était quasiment contraint d'aller pour trouver les albums qu'ils avaient produits. Lesquels ne sont pas bon marché non plus – la plupart sont à 6 dollars, les singles à un dollar, un type d'Aquarius a dit à Wooly qu'un album de dub était vendu dix dollars. Je me demandais comment un pays aussi pauvre que la Jamaïque pouvait connaître les plus grosses sorties de singles du monde (trente par semaine), et on m'a répondu que les Jamaïcains n'achetaient pratiquement jamais d'albums – apparemment surtout pressés pour l'exportation et les touristes amateurs de reggae –, mais que parfois ils n'hésitaient pas à se priver pour pouvoir acheter un bon single.

J'ai aussi été très impressionné de constater que la Jamaïque est, de tous les endroits que j'ai visités, le seul où les gens aiment jouer la musique encore plus fort que moi. Quand on entre dans les boutiques de disques, elle braille à un volume dangereusement proche du seuil de la douleur : le vendeur fait aussi le DJ, il passe d'une platine à l'autre, avec deux haut-parleurs, un dans la boutique et un dans la rue. La tête vous bringuebale comme une boule de flipper entre deux titres beuglants, un haut-parleur dehors et un autre juste au-dessus de vous. C'est très discordant, et ça met en valeur la violence qui sous-tend le côté détendu, « gentil », du reggae. Nombre de ces disques se réduisent peut-être à un simple rythme avec une guitare qui cisaille deux ou trois accords, il n'y a pas de solos, rien qu'un type qui braille des choses que vous comprenez à peine par-dessus tout le truc ; mais le rythme est fermement rock, les guitares tranchent dans le vif, et le chanteur, une fois sur deux, décrit l'oppression de classe ou la guerre des rues. Cela participe d'une idée de l'auditeur-artiste qui est l'une des plus superbement développées que je connaisse. Pour commencer, tous les singles ont en face B une version instrumentale du titre, si bien que les DJ peuvent les retourner pour improviser dessus des harangues bien défoncées. La radio jamaïcaine passant très peu de reggae, ces DJ s'en vont dans les rues, où jusqu'à une date récente existaient des boîtes « roots ». Des stars comme Big Youth et I Roy en sont sorties qui, avec des producteurs comme Lee Perry et Augustus « King Tubby » Pablo, ont été les pionniers d'une forme technologisée d'art populaire absolument fascinante, qu'on appelle le dub. Un album de I Roy peut remercier, au dos de la pochette, six producteurs différents « pour l'usage de leurs rythmes ». Et ne me demandez pas où vont les droits d'auteur. Ne demandez ça à personne, en fait. Ni ce que peuvent ressentir les musiciens qui jouent sur une séance au forfait, et la voient ensuite reprise sur un ou plusieurs hits. La clé du dub, c'est la spontanéité, la sculpture et la greffe immensément créatives de contrepoints entièrement nouveaux sur des titres qui existent déjà. Et que le gars qui passe le titre soit, lui aussi, un artiste, s'étend aux boutiques de disques, où les vendeurs changent de haut-parleurs, de titres et de volume sonore avec des doigts de magiciens, simple partie d'une danse extrêmement complexe, créant dans le magasin une véritable émeute sonore, et dans leurs esprits des productions nouvelles bien à eux : *C'est moi qui suis aux manettes.*

* * *

Mercredi. Attente autour de la piscine pour Marley. L'ambiance est à l'exaspération face au célèbre tempo jamaïcain, que nombre de visiteurs venus là pour affaires considèrent avec un dégoût à ce point extrême qu'il cède la place à l'amusement. Un musicien anglais venu faire des sessions a ri quand je lui ai demandé si l'industrie discographique de l'île avait beaucoup changé depuis *The Harder They Come* : « Pas tant que ça. Avant que Chris Blackwell ne monte Island, les musiciens touchaient six dollars par séance. Blackwell a tout révolutionné en leur en donnant douze, et je crois qu'aujourd'hui c'est parfois quinze. Mais je dois dire que c'est la seule personne que j'aie jamais rencontrée dans le business, et surtout en Jamaïque, qui ait une quelconque intégrité. Quand on voit des types comme I Roy, qui ont tant de hits – tu crois qu'ils touchent du pognon ? » De nouveau il éclate de rire : « Peut-être que ça leur vaut une belle bagnole. Bien entendu, on est tous impliqués dans ce foutu colonialisme et dans l'exploitation des gens d'ici, avec toutes ces maisons de disques, c'est inévitable, pas moyen d'y couper. Mais je crois qu'il y a aussi un certain prix à payer pour nous, tu vois. Je déteste cet endroit, je meurs d'envie de me tirer, parce que c'est la galère pour commencer une session et plus encore pour la terminer, tout le monde est si foutrement relax qu'on ne peut compter sur personne pour être à une certaine heure à un certain endroit et faire quoi que ce soit. Ça me rend cinglé. C'est toujours "c'est pour bientôt, *mon*, c'est pour bientôt". »

J'ai également une conversation très instructive avec un vieux pro new-yorkais qui a été autrefois le manager de Mountain. Il s'occupe désormais d'un des artistes de reggae les plus connus au monde, qui a sorti des disques aux États-Unis, et il est venu signer Peter Tosh, ancien des Wailers comme Marley, auteur et chanteur d'un gros hit – interdit – en Jamaïque, « Legalize It (and I'll Advertise It) ». Le vieux briscard rit et me dit : « C'est bien le seul endroit que je connaisse où le coq chante alors que je suis déjà en train de déjeuner. Le seul où on peut acheter, pour dix dollars, un bracelet en or à un type dans le parking, et quand on y regarde de plus près, "carat" est mal orthographié. Ça fait une semaine que je suis là, à attendre une bande de Peter Tosh. »

« Et pourquoi il te l'a pas donnée ? »

« Parce qu'il n'a pas eu le temps d'en faire une copie. »

« Il l'a bel et bien, alors ? Pourquoi ne pas la lui emprunter et en faire une copie toi-même ? »

« Ah, tu vois, quand tu vas au studio, les ingénieurs sont là ou pas, et quand ils sont là ils peuvent ou non arriver à faire ceci ou cela… Et Tosh ne voulait pas parler au type de *Time* désireux de l'interviewer. C'est trop "establishment". » Il rit de nouveau (j'ai appris plus tard que Tosh avait fini par accepter). Comme la conversation en vient à l'artiste dont mon ami s'occupe, il dit qu'il « ne sait pas très bien écrire. Quand il doit signer, il s'y prend si lentement que c'en est gênant. »

« Pourquoi ne pas lui dire de se servir d'un tampon ? »

« J'y ai pensé ! Il veut surtout éviter d'avoir à signer des autographes. Pour ce qui est du business, c'est moi seul qui m'en occupe, bien sûr. »

« Ça doit être une sacrée responsabilité. »

« Tu l'as dit ! Il est incapable de signer un contrat, mais sans doute parvient-il à signer les chèques de ses royalties quand ils lui arrivent. »

On a beau être sous les tropiques, je crois que je viens d'entrevoir la pointe d'un iceberg.

* * *

Crépuscule. Swank et Stephen Davis, journaliste qui écrit un livre sur la Jamaïque[75], ont enfin obtenu leur entretien avec Marley, et me demandent de les accompagner. J'aurais préféré rester en dehors de tout ça. Sentiment très vif qu'on nous accorde une audience, et tout le monde s'attend à passer un moment difficile avec un gars qui pourrait bien se prendre pour le Lion de Judée. Wooly nous conduit là-bas, et nous attendons près de la voiture tandis qu'il entre dans la maison de Bob voir quelles sont les vibrations. C'est un bâtiment d'allure délabrée, robuste et spacieux selon les normes jamaïcaines, mais qui donne la curieuse impression que quelqu'un a commencé à le refaire voilà trois ans et n'est jamais arrivé au bout. Le toit tombe littéralement en pièces, il y a à l'arrière des piles de bois dont on ne voit pas à quoi elles servent.

Quand Bob fait enfin son apparition, c'est aussitôt un soulagement général : un type mince, pieds nus, de taille moyenne, d'une contenance pleine de ferveur, mais dont émane une affabilité qui contredit sa réputation. Ce qui est d'ailleurs normal : ce gars est présenté, implicitement, comme une sorte de Noble Sauvage, de révolutionnaire cosmique, et pourtant la vérité est que s'il est bien né en Jamaïque, il a passé deux ans à Wilmington, Delaware, où sa mère vit toujours ; et son père était blanc, lieutenant dans l'armée britannique. Bien qu'il commence à faire sombre, il flotte dans l'air comme un sentiment qu'il ne serait pas cool d'interviewer Bob chez lui, alors il nous conduit d'abord dans un coin de sa cour, près d'une clôture. Je lui explique que ça ne va pas, parce qu'on est tout près de la rue, que le bruit des voitures qui passent noiera nos voix sur la bande. Ce qui compliquerait encore les choses car, comme presque tous les Jamaïcains et tous les rastas, Bob s'exprime dans le patois local, si prononcé que *The Harder They Come* a sans doute été le premier film en anglais de l'Histoire à devoir être sous-titré lors de sa sortie aux États-Unis. Bien sûr, il est capable d'adoucir suffisamment ce dialecte parfois impénétrable pour faciliter la compréhension, comme beaucoup de Jamaïcains que j'ai rencontrés lors de mon séjour, des producteurs de disques aux chauffeurs de taxi – mais alors il ne serait plus, du moins de manière aussi voyante, le plus éminent représentant médiatique de la révolution rasta. Il préfère donc parler plus lentement que le rasta moyen, et s'arrêter de temps à autre pour demander si nous suivons. Je ne me souviens pas qu'aucun d'entre nous ait répondu non, bien que plus tard nous soyons tombés d'accord pour dire qu'une grande partie de son baratin nous était passée au-dessus de la tête.

Nous avons traversé la pelouse pour aller derrière la maison, dans la cour, où Bob s'est perché sur le capot de sa BMW bleue, s'est appuyé contre le pare-brise, spliff en main, et a répondu à toutes nos questions entre deux exposés de l'évangile rasta. Il y avait souvent des pauses entre ses déclarations, de grandioses ellipses au milieu de cumulus cannabisés, mais tout a été cool. Nous avions tous trois déposé nos magnétophones sur le capot, face à Bob, et nous étions installés en demi-cercle devant le pare-chocs, car nous n'avions rien pour nous asseoir, et tout cela soulignait un sentiment d'ethno-collision doucement ironique. Bob riait souvent, esquivait les questions gênantes comme un vrai pro des médias, et plus généralement se comportait admirablement pour quelqu'un qui était sans doute raide défoncé, tandis que d'autres rastas sortaient de la maison pour s'appuyer contre la voiture et écouter dans la nuit qui tombait.

Stephen Davis a commencé sur un terrain un peu délicat en demandant à Bob s'il ne ressentait pas la pression, vu que beaucoup de musiciens jamaïcains attendent que son succès pave la voie à celui du reggae dans le monde extérieur. Bob a ri. « Je ne ressens pas tant de pression que ça. Mais quelle est la raison à ça ?… je n'en sais rien… » Il a ri de nouveau, et s'est mis à expliquer ce qu'il connaissait le mieux : « J'ai un message et je veux qu'il soit transmis… le message c'est… vivre… voyez… comme tout le monde croit à la vie et à la mort… tout le monde peut vivre… en rasta… alors… c'est tout… Je suis rasta maintenant… donc mon message appelle le monde rastafari… »

« Vous aimeriez voir les mômes blancs aux États-Unis porter des dreadlocks ? » ai-je demandé.

« Ouais *mon* ! » Il a ri. « Sûr ! voyez… la vertu couvrira la terre comme l'eau couvre la mer… comprenez ? alors… pour ce qui est de savoir où nous allons… Nous allons vivre… nous sommes tous les enfants de la terre… mais dans l'esprit – dans l'extase… »

« D'après les rastas, qu'est-ce qui va arriver en Jamaïque ? »

« Ouais, *mon*… ouais, *mon*, quoi qu'il arrive, le rasta doit partir en Afrique… »

« Est-ce que les rastas veulent que la Jamaïque ressemble davantage à l'Afrique, et y rester ? »

« Non, non, personne n'a choisi la Jamaïque… on l'aime, hein, mais elle est gâchée… en un sens le rasta est concerné par l'histoire de la Jamaïque, y a une prophétie voyez, c'est quelque chose que personne peut changer. Si vous cassez un œuf, personne peut le recoller… la Jamaïque est comme ça. Quelque chose doit arriver dans la création, pour que nous de l'Ouest retournions à l'Est… la Jamaïque peut pas maintenir *I and I*, le rasta. Le seul moyen de maintenir la Jamaïque c'est de s'incliner devant le colon, un truc comme ça… »

Stephen Davis ne suivait pas tout à fait : « Êtes-vous aussi déçu par le gouvernement actuel que beaucoup d'autres rastas semblent l'être, d'après les discussions que j'ai eues avec eux ? »

« Ah ! Le gouvernement actuel – passé, actuel – y a qu'un gouvernement que j'aime : celui de Rastafari. Pour moi on vit pas dans le truc de ces gens, voyez, on vit en dehors. C'est comme l'oiseau – on vérifie des choses, parce qu'on sait ce qui se passe, on sait que le pouvoir vient pas des quartiers chics, d'un de ces petits gars, bon dieu *mon*, y s'passe rien… »

« Êtes-vous intéressé par un changement de gouvernement ici en Jamaïque, si les rastas ne votent pas ? » a demandé Swank.

« Ça changera jamais, *mon*. Voyez, ce qui est beau là-dedans, en Jamaïque, c'est qu'on est venus d'Afrique, et aucun dirigeant ne veut accepter ça. Ils veulent tous nous appeler des Jamaïcains, et on n'est pas des Jamaïcains. Ils vivent tous un truc, vous devez rester et mourir ici ».

Que la dernière personne quittant la Jamaïque éteigne les lumières. Swank a insisté, un peu crispé :

« D'après vous, combien de gens retourneraient en Afrique si on leur donnait ce qu'ils voulaient ? »

« Ah, regardez-moi ! Aujourd'hui c'est pas le jour, *mon*, mais 144 000, plus une multitude, suivraient. »

« Quelle serait la réaction des rastas s'il y avait beaucoup de violence ? »

« Ces gars-là ont pas affaire aux douze tribus d'Israël. On parle pas gouvernement, le gouvernement a tort, on parle douze tribus d'Israël. On veut l'unité, et la seule qu'on peut avoir c'est le vrai rasta. Et le seul moyen d'avoir le vrai message c'est le vrai reggae. »

Swank a tenté d'en revenir aux choses sérieuses : « Depuis que Chris Blackwell a fondé Island Records, il a l'air de pouvoir très bien communiquer avec vous… et avec tous ceux qui font la musique. Mais CBS, ou les grandes maisons de disques américaines, ont senti le vent et commencent à venir ici, que voyez-vous se passer à partir de là, avec les maîtres de Babylone venant exploiter la musique ? »

« Ça arrive plus vite. Ça aide les gens à comprendre plus vite ce qui se passe. On peut pas arrêter ça. Parce que c'est pas pour l'argent, voyez, la grosse compagnie, l'argent, c'est vite fini. Parce que pour nous les frères, l'argent c'est rien entre nous. » Bien sûr, tout ce que Dylan voulait au début c'étaient des canapés et des motos. Marley avait toutefois des conseils à donner aux musiciens novices : « Faut être prudent, vous pouvez vous faire avoir là-bas. Les gens m'ont volé, voyez, mais une fois que vous voyez que ça se passe, je sais, je vois que ça se passe, alors le truc s'arrête, voyez. » Il a ri : « Vous faites un disque et vous le vendez, en Jamaïque y a pas de royalties depuis longtemps… Comme Trojan Records, qui m'ont volé, *mon* ! C'est tous des voleurs chez Trojan, toutes les compagnies anglaises prennent la musique caraïbe. »

Stephen Davis a fait observer qu'apparemment on n'entendait jamais de reggae à la radio jamaïcaine. « Parce que la musique, a dit Bob, montrerait la situation en Jamaïque, et certains n'aiment pas entendre la vérité, voyez. Alors ils ne disent pas ce qui se passe vraiment ici. Mais s'ils la passent pas à la radio, man, les gens l'ont chez eux. Y vont danser et l'entendent. La radio c'est important, mais une fois que la musique sort et qu'ils veulent pas la passer à la radio, alors la promo c'est qu'une fois qu'elle est interdite tout le monde veut l'écouter ! » Il a ri une fois de plus.

« Mais, intervient Swank, est-ce que Manley n'a pas promis de ne pas interdire les chansons ? »

Bob s'est contenté de sourire : « Je sais pas, *mon*... Manley peut pas arrêter la prophétie... la prophétie suivra son cours... » Quelqu'un l'a interrogé sur la réputation de non-violence des rastas, et il nous a tous surpris : « Non, les rastas c'est physique. Vous voyez ce que je veux dire, on n'est pas comme des moutons à l'abattoir... »

« Comme avant », a dit un rasta qui s'appuyait contre le capot en écoutant. Il faisait désormais si sombre que je pouvais à peine distinguer le visage de Marley, et les dreadlocks de l'autre gars avaient l'air d'une tarentule qui lui rampait sur le front.

« Comme avant, a dit Bob. On ne néglige pas la guerre. »

« Vu la situation actuelle à Kingston, a demandé Davis, vous ne craignez pas pour votre sécurité personnelle ? »

« Non, *mon*. J'ai pas peur d'eux. Si je peux les éviter je les évite, je descends la rue, je vois un barrage, et y a une rue où je peux tourner avant d'y arriver, pouvez être sûr que je tourne ! J'ai pas envie de me faire fouiller. »

« Vous avez fait de la prison ? » ai-je demandé – question bateau, en fait.

« Une fois. »

« Pourquoi ? »

Il a tiré une longue taffe. « Conduite sans permis. » Et il a ri. Comme nous tous, mais Swank a repris l'offensive une fois de plus : « Avez-vous le sentiment que cette voiture représente Babylone ? »

Bob a paru sincèrement surpris : « La voiture ? Le système représente Babylone, le système représente la mort, nous vivons dans ce système... »

« Je me demandais simplement quel était votre sentiment à l'idée d'avoir cette voiture, pendant que... »

« Elle m'appartient pas, *mon* », a simplement répondu Bob en frappant le capot. Wooly nous avait déclaré la veille que selon

Bob, BMW voulait dire « Bob Marley and the Wailers », alors Swank a répété la chose, de manière un peu sarcastique, et Bob a répliqué, dans la bonne humeur comme d'habitude, par une vanne encore pire : « British Made... Warcar... »

J'ai tenté d'apaiser les choses, en bon libéral radoteur. « Alors cette voiture appartient à tous vos frères et vos sœurs autant qu'à vous ? »

« Non, elle appartient à la route, *mon !* »

Davis a demandé à Bob ce qu'il pensait des gens qui venaient lui poser toutes ces questions. « Ah, tant qu'ils comprennent les réponses et les écrivent... parce que très souvent, beaucoup de gens écrivent pour se marrer, voyez, ils pensent que c'est une blague, alors que c'est une chose sérieuse... »

Marley a été très agacé par une interview récente, au cours de laquelle un journaliste new-yorkais lui a posé des questions du genre : « Où avez-vous trouvé vos jeans ? » et « Quand vous étiez à New York, vous avez fait des courses chez Bloomingdale ? »

Pour autant, et tout bien considéré, il n'avait pas l'air de quelqu'un de très solennel, alors je lui ai demandé, faisant allusion à un vieux sport jamaïcain, s'il avait jamais écrasé une chèvre avec sa voiture. Tout le monde a beaucoup ri, puis il a expliqué : « Non, non, non, pensez pas ça, man, les gens ont besoin de vivre en vue du bien... quand vous voyez une chèvre, vous êtes censé vous arrêter, communiquer avec elle, faire en sorte qu'elle sache ce qui se passe... c'est malin une chèvre, vous savez... quand on en heurte une, man, on est triste ! »

« Ouais, rasta ! » a lancé le gars de l'autre côté du capot, avec la tarentule sur le front. Bob a ensuite expliqué qu'écraser une chèvre était considéré comme néfaste. Nous étions tous en train de ranger nos magnétos, en nous préparant au voyage de retour vers le Sheraton, mais Swank a lancé une dernière flèche question signification sociale : « C'est cette année, les élections, non ? »

Bob a tiré une longue taffe de son spliff. « Ah bon ? »

Le rasta à la tarentule a clarifié les choses : « On peut pas servir deux maîtres à la fois. » Derrière nous, un autre membre plus bagarreur de la communauté a décidé de s'en prendre à Swank :

« Vous connaissez les douze tribus d'Israël ? »

Pour Swank, c'en était trop : « Bien sûr que oui – je suis juif ! »

« Ah ouais ? Et c'est quoi vot' tribu ? »

« Euh, je ne suis pas trop sûr... »

« Ah ouais ? Alors comment vous savez que vous êtes membre des douze tribus ? »

« Parce que mon *père* me l'a dit ! »

« Votre père ? » Le rasta pensait, apparemment, que Swank faisait allusion au Père Céleste.

« Ouais, mon père et ma mère ! »

« Oh, vos *parents* ! »

« Ouais ! »

« Z'avez lu la Sainte Bible ? »

« *Bien sûr !* »

« Entièrement ? » De toute évidence, ce gars ne se laissait pas convaincre facilement ; dès le début, plusieurs des personnes présentes s'étaient montrées soupçonneuses des motivations de ces Blancs inconnus armés de magnétophones. Marley restait assis là, à fumer et à rire. Swank, connu pour prendre des amphés afin de perdre du poids et fréquenter la fondation *est*[76] pour avoir de la personnalité, commençait à en avoir marre, et a fini par se montrer vraiment combatif après avoir dû attendre pour rencontrer Marley et dû se contenter de réponses évasives : « Ouais, je l'ai lue entièrement ! »

« En combien de temps ? » a demandé le rasta.

« Comment ça, en combien de temps – c'était il y a longtemps ! »

L'autre, triomphant : « Vous lisez un chapitre par jour, vous pouvez lire toute la Bible en trois ans et demi ! »

Swank a suffisamment battu en retraite pour se rendre compte que mieux valait ne pas rétorquer : « Et alors ? » En fait, il n'avait pas grand-chose à dire, et le rasta s'est faufilé dans la brèche, en l'accusant de ne pas être un vrai membre des douze tribus d'Israël, puisqu'il ne savait même à laquelle il appartenait. Ils ont discuté un peu, et Swank a reconnu qu'il était tout à fait possible qu'il soit membre de celle des Lévi. Je crois même qu'à cet instant précis il aurait pratiquement signé une déclaration écrite en ce sens. Il a donc pu échapper à de nouvelles querelles, Bob est rentré chez lui pour dîner, et le second et le tiers-monde ont pu, du moins ce soir-là, se séparer à l'amiable et dans un agréable brouhaha.

* * *

Jeudi. Je suis avec John Martyn dans un taxi qui fonce à toute allure à travers les rues de Kingston en direction de Strawberry Hill. John est un auteur-compositeur anglais qui compte enregistrer en Jamaïque une partie de son nouvel album, mais là nous sommes en route vers une séance de Burning Spear où il doit faire des overdubs de guitare. Toutefois, il nous faut d'abord aller chercher l'instrument à Strawberry Hill, dans la demeure de Chris Blackwell. La route est longue, étroite et sinueuse, avec des courbes périlleuses et des précipices juste au-delà de l'épaule, mais le paysage est superbe, riche de verts et de jaunes éclatants. C'est là un répit bienvenu, et la seule fois de mon séjour où je verrai quelque chose ressemblant à la Jamaïque primitive, qui existe toujours. Pendant que nous grimpons, Martyn me montre du doigt la demeure princière des parents de Blackwell, dont la famille s'est fait des millions de dollars pendant des décennies d'entreprise coloniale dans l'île. En redescendant, nous croisons, pédalant sur une bicyclette rouillée comme s'il flottait, un ami de Martyn nommé Country Man. C'est un rasta qui est allé en fac, doué, sachant s'exprimer, et imprégné d'un mysticisme à ce point irréprochable que même un cynique tel que Martyn (qui bat votre serviteur en ce domaine) croit aux récits selon lesquels il léviterait de temps à autre. Pour vivre, Country Man s'en va nager ou ramer au large de la côte, s'accrochant d'un bras à un rocher et saisissant de l'autre les poissons qui passent. La meilleure histoire sur lui : sa femme se plaignit une fois parce qu'il partait trois jours de suite pour de telles expéditions, la laissant seule ; elle voulait une radio afin d'avoir de la compagnie. Alors Country Man, pour avoir l'argent nécessaire, vendit leur maison et en rebâtit une autre le même jour.

Quand nous arrivons à la séance d'enregistrement, nous découvrons, bien entendu, que nous sommes les premiers à débarquer, bien que nous ayons une heure de retard. Alors nous nous promenons aux environs, chose un peu risquée pour les Blancs en plein centre de Kingston, quelle que soit l'heure de la journée, et allons boire un verre dans un bar noir où des jeunes à l'air renfrogné jouent au billard. Je n'ai l'impression que d'une vague froideur. Un ancien se lève, me demande d'où je viens, et exprime un sentiment que j'entendrai reprendre par d'autres, généralement âgés, pendant mon séjour : « Beaucoup de gens disent des choses mauvaises sur la Jamaïque, que c'est un mauvais endroit pour vivre, qu'il y a de la violence. Ce n'est pas vrai. Vous connaissez la vieille formule : ne croyez que la moitié de ce que vous voyez… »

Je complète : « … et rien de ce que vous entendez. »

Il acquiesce de la tête et sourit : « Tout juste. »

Nous retournons à la séance, qui a lieu dans le studio de Randy, bien entendu situé au-dessus de sa boutique de disques, sans doute la meilleure de Jamaïque, et le premier endroit où vous rendre si vous avez une liste d'achats – Randy a tous les disques, pas seulement ceux de son studio ou de son producteur, Jack Ruby, qui est lui-même une sorte de légende. Il a d'abord travaillé comme serveur dans un hôtel, a commencé à produire voilà deux ans et demi, et son plus gros succès à ce jour c'est Burning Spear, groupe venu tout droit des collines, dont l'album *Marcus Garvey*, sorti aux États-Unis, incarne le côté le plus purement africain du reggae. Ces trois chanteurs ont quelque chose de presque primordial – Winston Rodney se dirige vers le micro et chante une nouvelle chanson évoquant la vie là-bas, pendant que Rupert Willington et Delroy Hines font les harmonies derrière, et il y a dans sa voix quelque chose de plaintif et de lancinant lorsqu'il évoque son frère allant jusqu'à la rivière chercher de l'eau pour sa famille. Pendant qu'il narre cette histoire d'allure très simple, une dizaine de jeunes Noirs, amis du producteur et du groupe, s'entassent dans la cabine de mixage, rient et échangent des commentaires approbateurs. Sans doute beaucoup d'entre eux ont-ils connu ce dont parle Rodney – passer la journée à faire l'aller-retour jusqu'à la rivière la plus proche, qui peut être à plusieurs kilomètres, un seau sur la tête, jusqu'à ce que le baril ou le tonneau qui est la seule réserve d'eau de la famille soit plein. Au milieu de la chanson, Rodney lance : « Voici les sons des collines », et se met à faire des chants d'oiseaux et des cris d'animaux. C'est pas du Martin Denny[77]. Par la suite, Martyn, qui s'est échauffé avec quelques riffs farouchement chargés à la Eric Clapton, ajoutera quelques lignes de guitare dépouillées, soutenues, avec un peu de wah-wah, qui complètent parfaitement la chanson, surtout quand il joue volontairement une note « fausse » qui, dans son étrangeté, est parfaite pour Burning Spear, dont le son, si arrangé qu'il puisse être, reste toujours primitif.

Le plus fascinant dans tout ça, c'est que ça se déroule sans qu'apparemment Ruby donne beaucoup de directives. Il observe un moment Spear pendant qu'ils chantent, puis, *en plein milieu d'une prise*, quitte la cabine de mixage pour bavarder avec les visiteurs et les autres musiciens qui traînent dans le studio, puis s'affale de tout son long pour lire un exemplaire de *Newsweek* que j'avais avec moi ; de temps à autre, il s'arrache brusquement à sa lecture ou à sa conversation pour hurler « Spear ! », arrêter la prise et foncer dans le studio pour leur dire d'ajouter ceci, d'enlever cela, de changer le truc autour jusqu'à ce que le son soit net et bien compact. Tout ceci contraste tellement avec ce qui se passe dans les studios américains, où même une épingle ne peut tomber dans la régie pendant une prise, où il y a une lumière rouge interdisant aux visiteurs d'entrer (alors qu'ils vont et viennent librement chez Randy) quand les bandes tournent, que c'en est sidérant. Mais par-delà cette apparente insouciance, au milieu des gens qui parlent, plaisantent ou roulent sans fin des joints, il y a une discipline intérieure énorme ; Ruby, qui semble indifférent pendant qu'il lit *Newsweek*, écoute avec la plus vive attention, et exerce tout du long un contrôle de fer. Je lui en ai parlé, et il m'a répondu : « Bien sûr, je sais toujours quel son je veux, et je l'obtiens toujours. » Il a aussi enregistré deux prises complètes en un après-midi, ce qui fait bonne figure par rapport à la production d'un studio new-yorkais, où l'on est pourtant plus carré.

Vers la fin de la séance, le journaliste et le photographe du *Time* arrivent pour interviewer Ruby, et plus tard Martyn et moi repartons en voiture avec eux vers le Sheraton. Il est neuf heures du soir, ce qui n'est pas une heure très sûre pour les Blancs, même s'ils sont à plusieurs, errant dans les rues de Kingston. Et il n'est *jamais* sûr pour eux d'aller à Trenchtown. Mais le gars de *Time* montre du doigt les myriades de petits bars à rhum brillamment illuminés que nous dépassons, et dit : « Allez quoi, qu'est-ce qu'on en a à foutre, j'ai envie d'une bière, allons nous en jeter un. » Martyn et moi nous rencognons à l'arrière, en riant, tout en priant pour que les autres ne s'arrêtent pas. Pendant ce temps, le scribe de *Time* ne cesse de répéter : « Faut vraiment que je trouve un moyen d'aller à Trenchtown… » Je lui dis de laisser tomber, et il réplique que peut-être à cinq heures du matin…

Nous arrivons à l'hôtel sous une pluie battante, et longeons en courant le bar au bord de la piscine, où des touristes canadiens chantent « Granada » sur une musique d'orgue presque aussi forte que dans les boutiques de disques.

J'aurais bien besoin moi-même d'un peu de relaxation transculturelle. Je me retire dans ma chambre, où je regarde *Hawaii Police d'État* et une vieille comédie musicale Universal de troisième ordre datant de la fin des années 30, avec des soldats qui chantent, sur le poste que j'ai dû demander quand je me suis installé. La télé jamaïcaine est assez bizarre – il n'y a qu'une chaîne, JBC, qui diffuse sur plusieurs canaux avec des trucs du genre « Une soirée avec les Jay-Teens », une heure de jeunes Noires se livrant à des danses folkloriques de diverses cultures devant un fond uni (il n'y avait aucune présentation, ça avait l'air d'une fête au lycée, et elles évoluaient avec une grande raideur sur une chorégraphie ringarde, sauf quand on en est venu aux danses africaines, que bien entendu elles ont exécuté de manière fantastique). Le mardi matin, la première chose que j'ai vue en allumant le poste, c'était une femme montrant comment se servir d'un fer à repasser à vapeur, et disant d'un ton guindé :

« Nous nous en servons pour laver et repasser le linge, pour rester propres et en bonne santé… » Des pubs pour les préservatifs et les pilules contraceptives passent aussi régulièrement. Chaque après-midi les programmes s'arrêtent, il ne reste plus qu'une mire et une radio qui diffuse l'habituelle bouillie américaine. Le reste de la programmation est tout aussi hétéroclite et bizarre, avec des choses comme *Père célibataire*, *L'Homme qui valait trois milliards* (à 8 h 45 le vendredi soir – certaines émissions commencent à 6 h 02, juste après le journal télévisé) et *Sesame Street*, qui semble fort apprécié ici. Comme il n'y avait rien d'autre, j'ai dû regarder deux soirs de suite les soldats chanteurs, ce qui m'a conduit à de sombres spéculations antipropagande, sans doute paranoïaques.

* * *

Vendredi. Après le petit-déjeuner, je vais me promener dans le bloc d'immeubles adjacent à l'hôtel, et je contemple des visages dont émane une haine non dissimulée. Quand j'arrête un jeune et lui demande où se trouve une boutique de disques des environs, il répond à contrecœur dans un patois que je suis incapable de comprendre. Depuis presque quatre jours que je suis ici, je suis crispé sans arrêt, et j'éprouve le vif désir de foutre le camp.

De retour à l'hôtel, je croise Chris Blackwell près de la piscine, et il m'invite à visiter des studios d'enregistrement en sa compagnie. Il a l'air à la fois optimiste et blasé – il vient d'une famille riche, maintenant il se fait encore plus d'argent, et tout en lui montre que la bonne vie lui est familière. Cheveux blond roux, bronzage éclatant comme j'en ai vu beaucoup à Hollywood, le genre d'individu qui paraît si sain, *trop* sain, que c'en est presque obscène. À moins que cette allure d'hédonisme un peu terne soit simplement endémique dans l'industrie du disque. En tout cas, Blackwell a toujours l'air de se rendre sur un court de tennis, ou d'en revenir. Nous voilà dans une limousine, en route vers les studios de Lee Perry et de King Tubby, qui vivent dans des quartiers relativement aisés de Kingston ; ce sont deux des plus gros producteurs de l'île. Leurs maisons ressemblent à celles des prolos américains vers 1954. Chez Tubby, je regarde un ingénieur du son faire le mastering d'un dub, et rencontre Vivian « Yabby » Jackson, leader (et producteur) d'un groupe appelé les Prophets, dont l'album, *Conquering Lion*, a été enregistré dans le studio de Harry J., à l'autre bout de la ville, et mixé ici ; je viens juste d'en acheter un exemplaire chez Micron Records (le label et sa boutique portent le même nom, ce qui n'a rien d'un hasard) et le lui montre. Puis je me penche et lui hurle dans l'oreille, par-dessus un rythme de dub assourdissant : « Combien d'argent avez-vous touché pour ça ? »

« Rien encore », répond-il.

Dans la cour de Tubby, je rencontre U Roy, qui n'est pas I Roy, et dont l'album, *Dread Ina Babylon*, vient tout juste de sortir chez Virgin en Angleterre. Nous nous serrons la main, je lui dis combien j'aime son disque. Je ne lui dis pas que j'ai pensé que sur le premier titre, « Runaway Girl », il chante exactement comme Jagger à l'époque d'*Aftermath*. Il est intéressant de noter que sur la pochette il a l'air d'un chaman en haillons, accroupi sur le sol et presque perdu dans un énorme nuage de fumée de ganja, les dreadlocks partant dans tous les sens. Là, en chair et en os, il est vêtu d'un béret, d'un sweater rouge et d'un pantalon de survêtement brun. Il pose un disque sur une platine, et le son reconnaissable entre mille, très « canonnade dans une caverne », du dub tonne à travers deux énormes haut-parleurs installés par terre, dans la poussière. Un gamin danse devant l'un d'eux, sur lequel « Tubby » est écrit en lettres d'allure chinoise, il pose les fesses tout contre pour décoller sur les vibrations, me regarde et rit. Le titre consiste en un lourd grondement de batterie passée à l'Echoplex[78], dont émerge de temps à autre une voix masculine avec écho et réverb (voix qui, je l'apprendrai plus tard, est celle de Big Youth, un des artistes les plus respectés de dub) qui braille : « What the world needs now is love, sweet love… » Je bats des paupières. Blackwell éclate de rire : « Je me demande ce que Burt Bacharach en penserait. » Je lui suggère de l'amener ici pour qu'il se rende compte. Une chose semble certaine, le vieux Burt ne touchera guère de droits d'auteur sur celui-là – non d'ailleurs qu'il en ait besoin. Je me dis un instant qu'il y a peut-être un côté démocratique dans les larcins qui infestent la musique jamaïcaine, puis repousse cette idée comme dangereuse, et commence à bavasser sur la « technologie folk » à l'adresse de Blackwell. Il convient que le dub est fascinant, mais ni lui ni moi n'avons la moindre idée de ce qu'on pourrait en faire. Ce qui est peut-être tout aussi bien. Les jeunes Noirs assis là à fumer des spliffs et à écouter la musique, au volume assourdissant habituel, nous ignorent, sauf un qui, plus tard dans le studio, se présente en disant s'appeler Clinton Williams et me fait signe de le suivre dehors. Il me tend alors un bout de papier ressemblant à une facture vierge, et sur lequel on lit en lettres imprimées « The Golden-Age Furnishing C° », avec un numéro de téléphone. Williams y a aussi écrit son nom, ça lui sert de carte de visite. Il me dit qu'il travaille comme producteur indépendant à Kingston, qu'il a déjà produit cinq disques, et a été candidat au titre de champion de Jamaïque des poids légers. Je lui demande comment il trouve le temps de concilier les deux, sans prendre la peine d'ajouter que le numéro qu'il m'a donné semble être celui d'un marchand de meubles. Il me répond qu'il veut devenir producteur à plein temps, que la concurrence est féroce, et que des gens connus comme Tubby et Scratch Perry ont un quasi-monopole, ce qui rend très difficile à un jeune gars de percer. En fait ça ressemble beaucoup à ce qui se passe aux States. J'insiste sur l'opposition boxe-production – laquelle passe après l'autre ? Il finit par dire en riant : « La boxe. » Je lui demande aussi s'il peut me donner une idée des pourcentages sur les bénéfices, tels qu'ils sont répartis entre artistes, producteurs et propriétaires des boutiques de disques. « Bien sûr, dit-il. D'habitude, 60 pour cent à la boutique, 30 pour cent au producteur, 10 pour cent à l'artiste. Mais parfois la boutique et le producteur ont 45 pour cent chacun. »

On remonte dans la limousine pour aller chez Lee Perry. C'est un grand homme de la scène musicale de l'île : il a produit les premiers titres (bien meilleurs) de Marley, et sa star actuelle est Max Romeo, dont « War Ina Babylon », avec les Upsetters, a été un gros hit en Jamaïque comme en Angleterre. « The Upsetters » est l'un des pseudos de Perry, et on peut voir à quel point les producteurs sont des stars ici au fait que l'employé de chez Aquarius m'ait montré un album intitulé *King Tubby Vs. The Upsetters*, sorte de duel de consoles ou de bande-son d'un pseudo-match de championnat, entièrement composé de dubs instrumentaux d'une violence à vous lacérer les tympans. Le studio de Perry est derrière sa maison ; il y est un petit potentat, mixant et passant ses bandes pour un flot ininterrompu d'admirateurs qui le contemplent, avec une crainte respectueuse fortement inspirée par l'herbe, tandis qu'il danse devant la console, modifiant le niveau sonore, poussant des boutons ou faisant tournoyer des cadrans avec de grands gestes et un sourire entendu pleins d'un humour infini. Je ne saurais dire comment ni pourquoi, mais le simple fait de le rencontrer, de l'observer quelques minutes, suffit pour être irrémédiablement impressionné, et savoir qu'on est en présence d'un génie. Le décor de son studio est également instructif : posters fluorescents et grandes images en couleur de Bruce Lee (grand héros sur l'île, où les armes à feu sont interdites, car lui se bat avec ses seuls poings) sur les murs, plafond couvert d'une alternance de moquette rouge et verte – couleurs qui, apprendrai-je plus tard, sont avec le jaune celles du drapeau éthiopien.

Mais ce type n'est pas un rasta, en dépit de ce que lui ou les autres peuvent dire. C'est un gars des quartiers chics, très hip. Cheveux gominés ramenés en arrière, barbe grisonnante, paradant d'un air à la fois suffisant et amusé, petit lion dans son royaume, il est venu danser jusqu'au coin où je me tenais en essayant de ne pas me faire remarquer, m'a dépassé, s'est emparé d'une bouteille et, se redressant, s'est interrompu un instant pour me regarder droit dans les yeux, puis a eu un sourire que je lui ai rendu. Après quoi il est venu vers moi, m'a dit : « Amateur de vin ! » et m'a tendu un gobelet en plastique et une bouteille de ce qu'on appelle Winecarnes, pinard local renforcé aux extraits de viande – qu'apparemment il boit toute la journée sans jamais perdre la cadence.

Bien sûr, ami lecteur, je sais que toute cette scène – un poivrot en reconnaissant un autre – n'est pas ce qui se fait de plus profond ou de plus miraculeux en ce monde, mais là, en plein milieu du Paradis de l'Herbe, où tout rasta vertueux et tout petit hippie américain déprécie la culture du rhum comme si on en était revenu à 1967, c'était vraiment de la lecture de pensée.

Comme nous sortions de chez Perry et nous dirigions vers la limousine, j'ai entendu des sons familiers et jeté un coup d'œil, à travers la porte grande ouverte, dans le séjour de sa maison. Et là, sur le sofa, ses enfants regardaient un dessin animé de Vil Coyote à la télé.

De retour à l'hôtel, j'ai convenu avec Blackwell de le retrouver à dîner. Au bord de la piscine, j'ai rencontré mon collègue de *Rolling Stone*, et autour d'un verre Blackwell lui a demandé sous quel angle il allait rédiger son article. « Oh, j'en sais rien, mec », a répondu l'autre sans savoir à qui il avait affaire. « Je vais recourir à la méthode gonzo. Je compte rédiger l'article au bar, en sortant de l'hôtel aussi peu que possible. De toute façon, tout le monde s'en fout, non ? Je suis là pour boire à l'œil et voir si je pourrais tirer mon coup. »

Blackwell a pris un air assez mauvais, mais il a demandé à Gonzo Man ce qu'il pensait du reggae.

« Je ne me souviens pas d'en avoir écouté. Le dernier album qui m'ait vraiment branché, c'était *The Allman Brothers Live at Fillmore East*. J'ai même pas de chaîne ! »

Blackwell en est resté bouche bée.

Plus tard, lors du dîner, il contemple avec aigreur Gonzo, qui délire à l'intention de Michael Butler, visage perdu sous un Van Dyke gris, ancien producteur de *Hair* qui se trouve ici pour en monter une version reggae, dont le titre provisoire est *Babylon*. Don Taylor, le manager de Marley, mince, la peau claire, coiffé d'un bonnet Toots and the Maytals, nous dit, au journaliste du *Melody Maker* et à moi, que beaucoup de Noirs américains en veulent aux immigrants jamaïcains parce que souvent ils bossent plus dur et réussissent mieux. Il cite l'exemple de sa propre mère, qui faisait des petits boulots mais a fini propriétaire de son appartement, puis ajoute : « C'est comme Bob. Il est très dévoué à sa musique, mais quand il est question d'argent, il ne laissera personne le gruger de la part qui lui revient. »

Certes. Aucun bon homme d'affaires n'y consentirait. Les rastas utilisent une formule qu'on entend dans beaucoup de chansons : « I and I ». Ça peut vouloir dire moi, vous, nous, etc., tous rassemblés en un seul grand paillis d'amour cosmique : c'est la vieille routine « I am he as you are me as you are we as we are all together[79] ». Mais en mettant les choses au pire… comme John Martyn le disait en riant, « *I and I* ça signifie moi et allez vous faire foutre ! » Ce qui pourrait ne pas être exactement ce que Burning Spear voulait dire quand ils chantaient : « Give me what is mine », mais bon – après tout, on est tous des gars du XXe siècle ici, non ?

* * *

S*amedi*. Gonzo et moi passons la journée à nous bourrer et à fumer de la dope dans sa chambre, en lisant *Rolling Stone* et le *Village Voice*, et en écoutant le reggae qui, pour dieu sait quelle inexplicable raison, sort aujourd'hui de la radio. Wooly appelle pour savoir ce qu'on devient, et on lui dit qu'on est devenus rastas, avant de lui demander de nous prêter son lecteur de cassettes pour écouter des bandes d'Iggy.

Le soir, on est au bar quand le photographe de *Time* fait son apparition et nous demande si on aimerait aller en boîte avec lui. Je réponds que oui, Gonzo reste scotché au bar. Le preneur de clichés et moi partons ensuite en voiture vers Beverly Hills, le ghetto des riches de Kingston, pour y prendre Clive, le fils de Randy, qui nous montrera où les mômes s'en vont danser. Nous dépassons de superbes demeures aux pelouses bien taillées, et celle du patron de Randy Records ne diffère guère des autres de ce point de vue. Clive nous dit même que leur voisin n'est autre que l'ambassadeur de France. Comparer tout cela aux maisons de Perry et de Tubby confirme les chiffres de Clinton Williams, et je commence à me demander à quoi ressemble celle de Burning Spear. Pour ce qui est des boîtes, elles ressemblent à celles des États-Unis : sol illuminé, couples dansant sur de la soul américaine. Le photographe ne cesse de répéter qu'il voudrait quelque chose de plus *roots*, et Clive hausse les épaules, alors je traduis :

« Ce qu'on cherche, c'est un de ces endroits où un DJ passe du dub et braille dans le micro tandis que tout le monde fume de l'herbe en vibrant. »

« Ah, ça », répond Clive. « C'est pas facile à trouver. Ça n'a jamais été quelque chose de très régulier. Chaque fois que ça avait lieu, un *gunman* se pointait et commençait à tirer. Alors maintenant c'est interdit. »

Tant pis. Je remarque brusquement que Clive est en train de boire à petites gorgées le contenu d'une petite bouteille. « Qu'est-ce que c'est ? »

« Roots ! » Il me la passe en soulignant qu'elle ne contient pas ce que dit l'étiquette : pas de rhum ici ! J'en bois un peu – extrait de cannabis liquide, mêlé à quelque chose à quoi on ne peut se tromper : « Hé, c'est du vin ! »

« Ouais. Un peu », répond-il avec un petit sourire. Puis il reprend la bouteille et se reverse à boire.

Le gars de *Time* et moi le ramenons chez lui, puis nous roulons dans un quartier résidentiel quand soudain nous entendons comme un bruit de pétards ; ce sont des coups de feu, et nous voyons des gens sortir en courant d'un bar devant nous, sur la gauche, puis s'égailler dans toutes les directions. Le type de *Time* ralentit, je commence à flipper : « Bon dieu, mec, foutons le camp d'ici ! Tourne dans cette rue ! » Il avait bien failli s'arrêter, sans doute en espérant prendre des clichés exclusifs d'une authentique violence de rue jamaïcaine, et c'est là un bon instinct de journaliste. Mais j'étais plus soucieux de ma propre peau.

Il est vrai que les rues de Kingston sont, tout compte fait, à peu près sûres pour un Blanc, par rapport à celles de Harlem ou du centre de Détroit. Quand, quelques minutes plus tard, nous nous sommes arrêtés devant un MacDonald (aucun lien avec la chaîne américaine), pour acheter un peu de chèvre au curry, le volant de la voiture s'est bloqué, et il a fallu près de vingt minutes à mon copain pour y remédier. Personne ne nous a importunés ; des Noirs dans un minibus à côté de nous nous ont demandé ce qui n'allait pas, et ont tenté de nous donner un coup de main. Il est vrai qu'on lisait « UNICEF » sur la portière du conducteur.

* * *

Dimanche. C'est censé être le grand jour, car on nous a dit qu'il va y avoir une *Grounation*, ce qui, d'après les vagues explications qu'on nous donne, me semble devoir être une sorte de sauterie rasta, et on nous invite à la suivre. Il me paraît douteux que les rastas tiennent à ce qu'un tas de blancs venus d'Angleterre et des États-Unis restent là, le cul sur les gradins, a béer devant leur convention annuelle, mais je suis quand même très désireux d'assister à ça. On nous précise que ça commencera en début de soirée pour finir vers une heure du matin, et je suis déjà en train de me demander comment nous allons pouvoir nous excuser avec élégance vers, disons, 21 h 30 si jamais ça devient trop ennuyeux. Je suis grand admirateur de Lowell Thomas[80], mais sept à huit heures d'évangile rastafari, ça paraît un peu beaucoup ; les types dans la cour de Marley ont déjà montré qu'un rasta est toujours prêt à témoigner là-dessus avec véhémence, et longuement, sans qu'on ait à le lui demander. Gonzo et moi passons l'après-midi au bord de la piscine à boire des Bloody Mary ; nous décidons derechef de lancer l'aile alcoolisée du mouvement rasta, et d'en répandre les vérités auprès des ignorants, en espérant que les plus éclairés finiront par migrer à Waterloo, Ontario, où se trouve la distillerie Seagram. Wooly et le photographe Peter Simon, frère de Carly (c'est la première chose qu'il ait dite à Gonzo en lui serrant la main), nous contemplent en secouant la tête tandis que nous leur expliquons que la gnôle a une capacité de dispenser la sagesse au moins égale à celle de l'herbe. Une chose est sûre, en tout cas : il n'y aura pas de bar à la *Grounation*.

Et bien entendu, en Jamaïque même ce genre de cérémonie ne peut commencer à l'heure – j'ai dans l'idée que ce serait peut-être sacrilège, alors nous attendons, jusque tard dans la soirée, au bord de la piscine, en compagnie de Tom Hayes, qui travaille pour Island et qui, m'a-t-on dit, est chargé d'une bonne part des tractations commerciales de la firme avec les artistes. Je lui demande donc : « Combien est-ce qu'un groupe comme Burning Spear touche comme avance ? »

« Il faut le leur demander, répond-il. Je ne crois pas que ce serait très correct de ma part de te le dire. » Il désigne Gonzo du doigt : « Ce serait comme si je lui demandais combien vous gagnez ; ce serait incorrect, non ? » Puis, se tournant vers Gonzo : « Une autre Heineken ? » Sur quoi il se lève et se dirige vers le bar pour nous offrir une nouvelle tournée.

Plus tard, nous sommes enfin prêts à partir, et quand les rastas le sont aussi, il semble un moment que nous ayons perdu Gonzo qui, sans tenir compte des leçons de l'expérience (à savoir l'arnaque dont il a été victime à l'arrivée), tente une fois de plus d'acheter de l'herbe au type du parking de l'hôtel. Quand il monte dans la voiture, je lui dis : « Qu'est-ce qui te prend, bon dieu ? On va à une Grounation, une fête de rastas, tu ne te rends pas compte qu'il y aura là-bas plus d'herbe que tu ne pourrais en fumer en trois vies entières ? »

« Je sais, répond-il, mais il m'en faudra un peu quand on sera rentrés à l'hôtel, pour tenir le coup pendant le vol jusqu'à New York demain. Je suis accro ! »

Quelques minutes plus tard, Wooly et moi en venons à parler de la sexualité des rastas. « C'est pas des gens très portés sur la chose, dit-il, avant d'ajouter : Je n'en ai jamais vu un draguer une nana. »

« Vraiment ? D'après toi, ça tient à quoi ? » J'avais déjà remarqué que les Jamaïcains semblaient penser que mieux valait laisser la femme à la maison, à s'occuper des mômes – on en voit rarement dans les boutiques de disques, par exemple –, bien qu'il soit par ailleurs connu que les rastas font beaucoup la cuisine et ne laisseront pas les femmes s'en occuper quand elles ont leurs règles. Les hommes semblent vraiment faire une fixette sur la menstruation – les injures les plus répandues sont « bloodclot » et « bummaclot pussyclot », et on ne peut rien dire de pire à quelqu'un.

Wooly répond : « Je crois que ça remonte à ce qu'on observe dans beaucoup de sociétés primitives : la croyance que les femmes sont polluées, qu'elles s'identifient avec les forces des ténèbres, comme les sorcières… »

« Je parie que je sais pourquoi ils se foutent de baiser ou non, intervient Gonzo. C'est parce qu'ils sont défoncés en permanence ! Bon dieu, mec, j'ai tellement fumé que je me fiche éperdument de tirer mon coup. »

Wooly est un peu sur la défensive – hé, mon gars, va pas traiter les rastas d'eunuques ! – et parle des quatre épouses, et des nombreux enfants, de Marley, avant de laisser tomber le sujet comme un lot de barres d'haltères, bien que j'aurais aimé en discuter plus longuement.

Nous sommes sept – moi, Wooly, Gonzo, Peter Simon et son collaborateur Stephen Davis, Tom Hayes, plus un rasta nommé Killy, qui nous emmène – et nous allons à la *Grounation* dans deux voitures. Je saute dans la Volkswagen que conduit Killy et lui demande s'il ne croit pas que l'arrivée des médias blancs pourrait compromettre la pureté des rituels rastas. Il a des dreadlocks longs et minces qui lui coulent sur les épaules comme des serpentins, et porte, comme Wooly et d'autres cette semaine, un tee-shirt sur lequel est écrit « ROOTS » avec une illustration, et qui commémore, au dos, le récent concert de Burning Spear au Chela Bay Hotel juste en dehors d'Ocho Rios. Wooly m'a déjà dit qu'Island ne rémunérait pas Killy pour des services de ce genre, si bien que je lui demande quelle est sa motivation. Il me balance le sermon rasta standard, ajoute que les rastas veulent diffuser leurs vérités et faire valoir leurs droits dans le monde entier, que c'est un moyen d'y parvenir, puis se lance dans une grande déclaration du genre « l'argent c'est l'énergie ». Pendant ce temps, nous nous sommes arrêtés dans une rue d'un quartier délabré mais pourtant encore classe moyenne, selon les normes de Kingston, où Killy achète de la dope pour Gonzo, qui commet l'erreur de ne pas la lui réclamer sur-le-champ.

Puis nous roulons le long des grands boulevards jusqu'à un quartier où des rues pleines de nids de poule serpentent autour d'un ensemble de baraques d'un modèle classique – tôle ondulée, argile, morceaux de bois et de métal, carton, fenêtres qu'on ne peut fermer, portes munies de rideaux ; on est en plein cœur de la pauvreté. Et ça n'est même pas Trenchtown, en fait c'est beaucoup mieux – le coin a un secteur appelé Olympic Gardens, mais qui n'a pas l'air d'un jardin. Ça ressemble à un taudis, parce que c'en est un, et je doute que les cabanes de métayers du Sud de l'Amérique, voilà un siècle, aient été beaucoup mieux que ça. Nous nous sommes finalement arrêtés dans une ruelle, sommes sortis des voitures, et avons marché vers un bâtiment dont sortait plein pot un reggae sous sa forme la moins commerciale. Il y avait des Noirs tout autour dehors, et l'intérieur semblait plein, mais j'ai jeté un coup d'œil par-dessus l'épaule de gens appuyés contre un mur et, par une fenêtre, j'ai vu une scène assez petite pour occuper l'extrémité d'un bâtiment à peu près aussi vaste qu'une chambre d'enfant dans une habitation classe moyenne américaine. Il y avait une table sur la scène, et sur la table un linge blanc, une chandelle allumée, un pot de fleurs rouges, une Bible, et un livre plus petit, bien abîmé, qui, ai-je présumé, était un recueil de cantiques. Autour de – et derrière – la table, en demi-cercle, un groupe appelé Ras Michael and the Sons of Negus, qui a sorti deux albums en Jamaïque : un organiste d'allure chinoise, un batteur, un bassiste dans un coin, près de la porte de service, un guitariste, des amplis primitifs, et au milieu Ras Michael, homme grand et mince coiffé d'un bonnet de laine et vêtu d'un sweater à rayures, qui chantait dans un micro avec une ferveur d'ecclésiastique. Devant lui, formant un autre demi-cercle, des musiciens assis sur des chaises ou au bord de la scène, huit paires de mains battant des congas et des tambours. Derrière eux, quelque chose comme six rangées de bancs, qui paraissaient avant tout occupés par des petits enfants, bien qu'il y ait eu aussi des femmes et des vieillards. De là où j'étais, j'ai aperçu, par une autre fenêtre en face, dos tourné à la rue, le visage maigre et barbu de Peter Simon, qui sautillait un peu et souriait, l'air ébloui. Ça semblait un bon moyen de se prendre un coup de couteau dans les côtes.

Au bout de quelques minutes on nous a trouvé de la place à l'intérieur, nous avons été conduits jusqu'à l'entrée de cette apparente chapelle et, y entrant, nous sommes assis aux premiers rangs, où Gonzo et moi nous sommes retrouvés au milieu d'une bande de galopins noirs qui nous regardaient avec un mélange de timidité, de crainte et de rire. J'ai fait une grimace à l'intention d'une gamine et elle a gloussé. Je n'étais pas sûr qu'il soit judicieux d'en faire autant, et chaque fois que Gonzo me disait quelque chose de marrant je me retenais de rire, ce qui naturellement avait le même effet que quand, enfant, vous étiez à table – tous ces gloussements réprimés ne cessaient de bouillonner férocement à l'intérieur, brûlant de sortir en hurlant, tandis que je m'efforçais de les traduire en sourires béats et défoncés et en ondulant sur la musique. Non que la situation ait eu quoi que ce soit d'amusant ; j'étais simplement nerveux. Ou plutôt, ces gens et leur musique n'étaient pas drôles, c'est nous qui l'étions ; notre présence aussi, ou du moins elle représentait quelque chose qui pouvait passer pour tel, et quand Gonzo m'a hurlé dans l'oreille : « Putain, c'est encore meilleur que Thelonious Monk au Five Spot ! Je vois la lumière, Lester, je découvre la religion ! Et n'oublie pas que nous pourrions perdre la vie à tout moment ! », il m'a bien fallu éclater de rire.

Fort heureusement, tout cela a été avalé par la musique, étonnante, ou qui semblait l'être, vu les circonstances. Ras Michael a chanté des chansons telles que « None a Jah Jah Children No Cry », « In Zion », ou « Glory Dawn », alternant reggae et psalmodies gospel tandis que les joueurs de tambour fumaient spliff sur spliff, certains en pleine transe ne les ôtant jamais de leur bouche, aspirant la fumée comme si c'était de l'oxygène, tenant une conversation rythmique extraordinairement complexe qui était Afrique pure. Assis devant l'une des congas, Killy a allumé deux spliffs et nous les a tendus. J'ai fumé en tentant de me perdre dans le rythme, tandis que Ras Michael chantait, parlant de s'envoler très loin pour rentrer à Sion, et que Gonzo me braillait dans l'oreille : « Ouais ! Ouais ! On rentre demain ! » Un titre (un titre ?) psalmodié particulièrement entraînant, qui sonnait comme un lien primitif entre Elvin Jones et les racines africaines du reggae, a envoûté toute la salle et, en cet instant, peut-être, nous avons tous été unis, volant à travers le rythme. La fin de chaque chanson était signalée par Ras Michael, qui lançait bruyamment dans le micro : « Jah Rastafari ! » – ce à quoi les enfants, les hommes et les femmes présents répondaient : « Rastafari ! » Je me souviens particulièrement d'un tout petit gamin derrière moi, hurlant : « Dieu Tout-Puissant ! » Toute l'affaire était comme un croisement entre une soirée de prières le mercredi soir et un concert dans un garage, par un groupe qui était lui-même un lien entre les feux tribaux de la préhistoire, le christianisme « revival » des Noirs américains, et l'électricité rock. Le guitariste se lançait dans des riffs qui, de temps à autre, suggéraient qu'il avait écouté Keith Richards, Duane Allman, voire Jerry Garcia, mais cela restait un service religieux et personne ne battait des mains. Sauf Peter Simon, qui ne cessait de se pencher pour me susurrer à l'oreille : « C'est-y pas super ? J'adore ça, pas toi ? » Il s'était mis à danser d'une manière que je ne peux comparer qu'à Joan Baez faisant le Funky Chicken au festival folk de Big Sur, et les petits mômes devant lui, s'extirpant de leurs boogaloos incroyablement compliqués, ont commencé à l'imiter. Il a cru que tous se retrouvaient au sein d'une fraternité dans un monde uni, a ri aussi, et a continué avec plus de ferveur encore – sans voir qu'ils riaient de lui avec d'autres gamins derrière. À la fin du set (set ?), je l'ai vu dans l'allée centrale, paumes jointes et tête baissée dans une attitude de prière. Pour le reste, l'effet de l'herbe se dissipait, le banc était dur et, comme à tant d'autres concerts, j'étais prêt à partir avant même que la musique ait pris fin.

Je ne voudrais pas paraître blasé. Musicalement et dans le contexte, ç'avait été intense, une expérience avec un E majuscule et, comme l'a dit Gonzo : « Regarde bien, Lester – jamais tu ne seras plus proche de l'Afrique ! » Mais il y avait dans cette Expérience une ironie envahissante à laquelle on ne pouvait échapper. Il nous a suffi de voir Peter Simon, après que Ras Michael et le groupe furent sortis, et pendant que les joueurs de tambour et la congrégation continuaient à crier et à chanter, monter sur scène et rester là, derrière la table avec la Bible et la bougie, et sourire en applaudissant comme s'il dirigeait les fidèles.

Et il y a eu une autre ironie quelques minutes plus tard, quand on nous a fait sortir de la chapelle pour aller derrière la maison voisine, où on nous a offert de la soupe à l'herbe (« en offrande », m'a-t-on dit) et quelques taffes du calice, une pipe de cérémonie délicatement sculptée. Ras Michael était là, je lui ai serré la main et lui ai dit : « J'aime vraiment votre musique, et je vais acheter votre album dès demain. » Nous avons ri, il y a peut-être eu un instant de reconnaissance mutuelle, puis il s'est lancé dans l'évangile rasta, à grand renfort de citations de la Bible et de prophéties sur Armageddon. C'était très ennuyeux, et au bout de quelques minutes je me suis poliment esquivé, après quoi on aurait dit que chaque membre de notre groupe faisait de même, jusqu'à ce que Ras Michael en arrive à Peter Simon, nom qu'il s'est délecté à changer en Simon Peter, tout en riant et en lui serrant la main (sur cette pierre je bâtirai mon église à… *Martha's Vineyard*[81] ?). Nous avons tous ri en entendant ça, et un peu plus tard j'ai vu Peter Simon dans la maison, où les rastas fumaient et témoignaient devant Jah. À travers la fumée, je l'ai aperçu d'abord dans la pièce principale puis, plus tard, sortant d'une autre située à l'arrière. Je me suis dit sur le moment que c'étaient les toilettes, et qu'il avait dû s'y rendre, puis plus tard j'ai compris que c'était ridicule, il n'y avait sans doute rien de tel aux environs, hormis le sol. Nous sommes restés près de la porte, à l'intérieur de la maison ; c'était avant que je me rende compte que derrière moi, dans la pénombre, toutes les femmes rastas s'étaient assises sur des chaises ou dans des hamacs le long de la clôture, observant en silence tandis que leurs enfants sautillaient autour d'elles et que les hommes déclamaient dans la maison. La seule que j'aie vue à l'intérieur avait une vingtaine d'années, la peau brune ; elle était assise dans un coin, avec à la main un spliff sur lequel elle tirait de temps à autre ; elle était belle, encore préservée des brutalités, du moins à la voir mais, tandis qu'elle regardait dans le vide, toute l'herbe du monde n'aurait pu dissimuler la complète désolation qui, par son silence, son immobilité, émanait de sa jeunesse et de sa beauté mêmes.

Des rastas plus âgés du voisinage sont venus jusqu'à la maison ; certains étaient en haillons. Je les ai regardés, puis j'ai regardé Hayes – pantalon qui avait dû coûter 50 dollars, tee-shirt Billy Preston (j'en portais un de Grand Funk) et coupe au rasoir –, et l'ironie s'est transformée en une absurdité à ce point extrême qu'elle en devenait presque obscène. Tout cela était, au grand minimum, embarrassant pour moi comme pour ces gens, et je doute sérieusement qu'en dépit de tous les discours fraternisateurs des rastas, il y ait jamais quoi que ce soit à partager audelà de cet embarras. Ce que je veux dire, c'est que j'ai pris part à des voyages aux frais de la princesse auparavant, mais que c'était le premier dans l'Afrique la plus noire. Ce que je veux dire, c'est que des tas de gens sont venus en avion en Jamaïque, tous frais payés, de façon à pouvoir observer ces gens, avant de repartir et d'écrire des articles qui aideront à vendre des albums à des gamins blancs de la classe moyenne pour qui c'est romantique d'être Noir, archi-pauvre, affamé et illettré, de souffrir de maladies que vous ne pouvez même pas nommer parce que vous n'êtes jamais allé voir un médecin, et de passer la journée à fumer de la ganja et à frapper sur des congas parce que vous n'avez pas d'autres options dans l'existence. Et je le sais, parce que je suis l'un de ces gamins, pris dans la fichue contradiction – bon dieu, mec, le groupe que je préfère en ce moment, c'est Burning Spear ! Mais je ne voudrais pas organiser une conférence de presse dans le village dont ils viennent, dans les collines qu'ils chantent. Non par refus de polluer la « pureté » de leur culture avec Babylone – mais parce qu'il y a là-dedans quelque chose de fondamentalement insultant.

Nous avons enfin réussi à sortir. Gonzo était déjà près de l'entrée, un peu crispé, pressant Wooly et Tom Hayes – qui, étant un Anglais fort buveur, se montrait plus sensible – de « foutre le camp pour rentrer à l'hôtel avant que le bar soit fermé ! » Nous nous sommes rassemblés dans la rue, et certains rastas nous ont suivis. Il s'est alors passé une chose curieuse : dans la maison ils n'avaient fumé que de l'herbe, mais dès que nous sommes arrivés dans la ruelle où nos voitures étaient garées, ils nous ont demandé des cigarettes, que bien sûr nous leur avons données. Comme Gonzo l'a dit plus tard : « J'avais l'impression qu'on aurait dû amener des plaques de chocolat à distribuer. » Ils nous ont dit qu'en plein milieu du concert du groupe (ce n'était pas, en fait, une *Grounation*, plutôt une sorte de concert religieux pour les enfants – jamais ils ne nous laisseraient assister à une cérémonie d'adultes), des flics et des soldats étaient arrivés en voiture, avaient jeté un coup d'œil depuis la porte, puis étaient repartis. Je leur ai répondu que c'était la même chose quand dans mon quartier un groupe de rock essayait de répéter, mais ça ne sonnait pas tout à fait pareil. (On me dit que la police de Kingston ne dédaigne pas entrer en pleine nuit, sans prévenir et sans raison précise, dans une maison où un couple est en train de baiser, puis qu'elle tire l'homme du lit pour l'embarquer en vue d'interrogatoires et autres sports divers qu'on imagine sans peine.) Levant les yeux, j'ai vu, en haut d'un poteau, deux bandes de métal noir fatiguées, sur lesquelles on avait écrit grossièrement, à la peinture blanche, comment se rendre à telle ou telle adresse du voisinage, pour recoudre des vêtements ou acheter du poisson. « Hé, ai-je dit à Gonzo et Tom Hayes, regardez : de la publicité ! » Nous les avons contemplées, rien de plus, sans mot dire.

Les rastas restaient là, s'asseyant parfois sur le pare-chocs arrière de la Volkswagen de Killy ; il y a eu des conversations polies et amicales ; ils nous ont invités à revenir les voir. Sûr. Pour finir, et sans véritables adieux, il y a eu une séparation mutuelle un peu embarrassée, ils sont rentrés dans la maison et nous nous sommes préparés à monter en voiture. C'est à ce moment que nous avons découvert qu'un membre du groupe manquait à l'appel : Peter Simon était toujours à l'intérieur. Personne ne semblait particulièrement disposé à aller le chercher, alors nous sommes simplement restés là jusqu'à ce que les autres nous le ramènent, défoncé, rayonnant, leur tenant les mains comme s'il était le frère du monde entier. C'est alors que Killy nous a dit qu'il devait raccompagner certains membres du groupe chez eux, que nous devrions rentrer dans la Toyota de Stephen Davis, en ramenant Chinna, le guitariste. Killy a aussi ajouté qu'il avait besoin d'essence, a sorti un tuyau et a siphonné de la Toyota une quantité indéterminée de carburant qu'il a mise dans la Volkswagen. Il nous a laissé quelques directives sur la manière de sortir du coin, a dit que de toute façon Chinna pourrait nous guider, et il est parti. Nous avons dû nous entasser à sept dans la Toyota – Gonzo, Hayes, Wooly et moi (dont trois d'un mètre quatre-vingt-cinq, et assez larges) à l'arrière, Stephen Davis au volant, Peter Simon à cheval entre les deux sièges, le bras posé sur celui où Chinna était assis à la place du mort. Personne ne lui a adressé la parole ; en fait, une fois sur la grand-route, plusieurs d'entre nous ont été pris de fous rires, et je me demande encore ce qu'il a pu en penser. Mais je ne sais quelle tension avait disparu, et si nous tenions à quatre à l'arrière, c'est parce que Wooly laissait pendre une jambe à l'extérieur. Stephen Davis a d'ailleurs failli quitter la route quand il a aperçu un pied se balançant à la hauteur de sa vitre. Nous avons roulé sur des kilomètres, suivi les indications de Chinna, et sommes enfin arrivés dans ce qui ressemblait à un lotissement banlieusard américain des années 50, sauf qu'il était entouré de champs. Tandis que Chinna emportait sa guitare jusqu'à l'entrée, Gonzo a lancé : « Je parie qu'il va dire : "Hé chérie, c'est moi !" ». Nous nous sommes demandé si Ras Michael et les autres habitaient des lieux aussi classe moyenne. Gonzo nous a également révélé que Killy l'avait truandé des quatre dollars de dope qu'il avait achetée pour lui en route pour la *Grounation*. Il avait fait avec une partie du lot quatre joints qu'il nous avait passés pendant que le groupe jouait, mais quand Gonzo, à la fin du concert, lui avait demandé le reste, Killy avait répondu que nous (I and I, Éthiopiens et blanchots) avions tout fumé. Ce qui prouvait, déclara Gonzo, que les rastas n'étaient pas si vertueux que ça, après tout.

De retour à l'hôtel, Tom Hayes, Gonzo et moi avons fait la fermeture du bar. J'ai alterné Courvoisier et Heineken. Gonzo a dit : « Ce soir, nous sommes allés là où peu de Blancs osent s'aventurer ! » Hayes a fait remarquer que Peter Simon ne savait pas quelle chance il avait d'être encore en vie.

* * *

Stephen Davis, Peter Simon, Wooly et moi nous rendons en voiture au studio de Harry J. Harry (Johnson) est un autre producteur prolifique de l'île (et d'Island) ; Marley a beaucoup enregistré chez lui, et quand nous arrivons là-bas, Wooly aperçoit un véhicule qui ressemble à sa fameuse BMW et, pour je ne sais quelle raison, devient incroyablement nerveux. Il semble sous-entendu que si Bob est venu chez Harry J., il nous faudra faire demi-tour et rentrer à l'hôtel, et l'idée me vient qu'il est incroyable que Marley ne pète pas les plombs si tout le monde le traite ainsi. Mais en définitive, ce n'est pas sa voiture, et nous entrons.

Toute la matinée Wooly a répété « Jah Rastafari ! » et chanté « None a Jah Jah Children No Cry » de Ras Michael. La veille au soir, comme nous attendions près de la porte, je lui avais demandé si Island songeait à signer Ras Michael, et il m'avait répondu que non, mais après ce que nous venons de voir cela pourrait être une bonne idée. Voilà qu'il me propose de me faire une copie du concert de Ras Michael, je lui réponds qu'il me faut une cassette, et que s'il ne peut m'en faire une facilement ce n'est pas la peine de se donner du mal, car j'ai l'impression que ce concert était l'un de ces trucs auxquels il fallait assister, mais que je ne la passerai pas beaucoup, surtout si c'est une bande, pour laquelle je n'ai pas l'équipement nécessaire. Mais il insiste : « Tu n'en veux pas une, histoire de la passer à tes potes pour les brancher ? »

Les films d'amateur me paraissent constituer la prochaine étape. Pourquoi personne n'a-t-il confié un Portapak[82] à Peter Simon ?

Dans le studio de Harry J., Wooly lui donne l'édition anglaise, sortie chez Island, de son hit jamaïcain avec les Heptones, « Mama Say ». Harry explose : « Qu'est-ce que c'est que cette merde ? J'ai produit ce foutu titre, et là c'est Danny Holloway [*un producteur anglais*] qui est crédité, alors qu'il n'a fait que le mixer ! Quel enfoiré ! » Je lui demande si ce genre de chose arrive fréquemment. « Avec Chris Blackwell, jamais jusqu'à présent. Je lui ai toujours fait confiance. » Il me vient, très tardivement, quelque chose de si élémentaire que je n'y ai pas pensé tout au long de mon séjour ; je lui demande s'il y a des artistes jamaïcains qui ont des managers. Il me regarde comme si j'étais le plus pathétique ignorant de la planète : « Pas beaucoup. »

De retour à l'hôtel, qui rencontrons-nous dans le lobby, sinon Chris Blackwell en personne ! Il vient juste de revenir d'Angleterre, où il a passé le week-end. Très agité, Wooly lui fait part des plaintes de Harry, et lui raconte toute l'histoire. Blackwell reste de marbre : « Le problème est très simple, en fait. Harry J. a un très gros ego, comme Danny Holloway. » Puis il sourit : « Et entre les deux, les Heptones n'ont pas l'ombre d'une chance. »

* * *

Deux heures plus tard. J'ai quitté le Sheraton, et je suis dans un taxi en route vers l'aéroport. Je demande au chauffeur de passer par Gun Court, une sorte d'attraction de l'île dont on m'a parlé, et que je voulais voir, avant même mon arrivée sur l'île – une légende qui a précédé mon excursion touristique. Elle a été créée par le régime Manley en vue de faire face aux pistoleros cinglés et aux agitateurs politiques violents. Cela veut dire que quiconque surpris par la police avec en sa possession ne serait-ce qu'une balle ou une douille, ou n'importe quel type d'explosif, est traîné devant un tribunal qui lui demande pourquoi il détient ces articles aussi dangereux qu'illégaux. Et s'il n'a pas la bonne réponse, il est fourré au bloc derrière Gun Court, et ce pour la vie. Oui. 99,9 pour cent des Jamaïcains présentés devant le tribunal donnent la mauvaise réponse. Et voici l'endroit : de hautes clôtures avec en haut d'énormes rouleaux de fil barbelé, une cour où on voit s'entasser de jeunes Noirs. L'avant du lieu est peint d'un rouge criard. Ça a l'air d'un camp de concentration, et c'en est un. Je demande à mon chauffeur ce qu'il en pense.

« Gun Court, ça ne me gêne pas trop, répond-il. Y a d'autres choses qui m'inquiètent davantage. Sur cette île, il y a peu de liberté réelle, et voilà que Manley traite avec les Cubains, et on a peur que la Jamaïque devienne comme Cuba, où il n'y a pas de liberté. Il n'y en a pas sous le communisme, et déjà je ne me sens plus trop libre ici. » Il a montré du doigt une pile de rochers géants au bord de la route, à un endroit où on avait creusé : « Vous les voyez ? C'est ça qu'on ressent en Jamaïque, on a peur d'être écrasés en dessous. Manley est un dictateur, évidemment. Aujourd'hui qu'il est au pouvoir, les gens ne sont pas contents, et parfois quand je conduis je ne dis pas ce que je pense si un client me pose une question sur la politique, parce que je ne sais pas qui il est. Il pourrait aller le répéter à la police, et après je ne serais plus là. Les rastas c'est pas pareil, ils n'ont aucune importance. J'ai toujours voulu vivre en Jamaïque, mais maintenant je ne suis plus si sûr. Tout ce que je veux, c'est ma liberté. »

Creem, juin-juillet 1976

La mort peut être votre Père Noël : une interview exclusive, à jour, avec Jimi Hendrix

(Inutile de dire qu'il a fallu beaucoup marcher, sur le gazon artificiel comme à côté, pour retrouver Jimi : cela fait maintenant près de cinq ans qu'il est vraiment reclus. Mais finalement, en utilisant tous les moyens et en tirant sur toutes les ficelles à ma disposition, j'ai réussi non seulement à le situer, mais aussi à bavasser avec lui pendant plusieurs années-lumière. Ce qui suit est une transcription directe, verbatim, *d'une discussion très planante, enregistrée dans son repaire, chicos et totalement dingue, avec l'un des titans du rock moderne, l'immortel Jimi Hendrix.)*

Jimi, vous chantiez beaucoup les plans astraux, le cosmos et tout ça quand vous étiez sur Terre. Maintenant que vous êtes ici, comment est-ce que ça se compare avec ce que vous envisagiez au départ ?

Ah, je vais vous dire, c'est pas comme dans les pubs. *(Rires.)* Mais moi non plus, il est vrai. Parce que voyez-vous, des tas de gens se faisaient une idée fausse de moi.

Qui, par exemple ?

Moi, pour commencer. Je ne savais pas ce que je pouvais bien foutre, sinon que j'aimais le Rhythm'n'Blues et Dylan, et que j'avais trouvé le moyen de tirer tous ces sons bizarres de ma gratte. C'est là que les choses sont devenues un peu confuses. Je suis là un soir au Fillmore à jammer à m'en défoncer le cul, à jouer une sorte de chevauchée à moto autour des anneaux de Saturne, je regarde la foule et elle est comme un grand flipper que j'allume, si bien qu'ils se mettent à bourdonner et à tilter, tout ça en jouant « See See Rider » à l'envers ou je ne sais quoi parce que mes doigts se transforment en branches de céleri et j'ai peur de regarder ça, alors je ferme les yeux une seconde mais il y avait là une sorte de Maîtresse de Thor dans un Marvel Comic sado-maso qui grognait en agitant son fouet dans ma direction alors j'ouvre de nouveau les paupières aussi vite que je peux et voilà maintenant que tout le monde dans le public est Bob Denver.

Comment ? Que voulez-vous dire ?

Je veux dire que chaque visage avait l'air identique, comme Bob Denver dans *Gilligan's Island*, avec le petit chapeau, le tee-shirt minable et tout ça, et ils me contemplaient avec ce chouette regard à la Gilligan du genre : « Qu'est-ce qu'on est censés faire maintenant ? », alors je me suis mis à hurler en plein milieu d'une autre chanson dont je toute façon j'avais oublié les paroles : *« Je suis le Patron et je veux que vous alliez chercher Mary Ann et me l'ameniez ici ! Je veux la garce À GENOUX ! »* Sur le moment ça semblait clair dans le contexte des paroles.

Ah, après tout c'était une grande période d'expériences et d'innovations.

Je sais que j'ai changé des choses, pas autant et de loin que certains me l'attribuent, mais j'aurais pu vraiment les CHANGER, je crois, si j'avais su alors ce que je sais maintenant. Mais à l'époque l'autre solution était bien trop tentante, et j'ai fini par suivre la voie de la facilité avec du baratin et des conneries. Ainsi le soir dont je vous parlais, à hurler à pleins poumons contre Gilligan. Je n'avais pas la moindre foutue idée de ce que Noel et Mitch fabriquaient, pour ce que j'en savais ils auraient pu tout aussi bien être dans un bus Greyhound à destination de Tucson, Arizona. Je suis donc passé à une longue note aiguë, je l'ai tenue, je l'ai déchiquetée, et j'ai décidé que j'allais foutre le bordel.

Et voilà qu'en sortant de scène je manque pratiquement me cogner le front avec qui ? Bill Graham ! Le connard était là, dans un coin de la scène, à me regarder pendant tout ce temps. Il me bloque le passage, me prend par le bras, me regarde droit dans les yeux et dit : « Jimi, pourquoi jouer de la merde de ce genre, quand nous savons tous les deux que tu es capable de jouer le meilleur blues que j'aie entendu de ma vie, mec ? »

Ah, ça m'est très pénible de dire ça, mais j'ai simplement joué au brav'nèg'et fait semblant d'être encore plus défoncé que je ne l'étais, parce que je ne voulais pas me chamailler avec ce type. Je voulais seulement me sortir de là. Mais si j'en avais été physiquement et psychologiquement capable, mec, j'aurais dit : « Parce qu'il y a des moments où je soupçonne fortement, au plus profond de moi, que je déteste ce putain de blues. N'importe quel nègre sans un rond derrière une mule qui ne lui appartient pas est capable de chanter le blues. J'en fais parce que c'est amusant et facile à faire une fois de temps en temps, et parce que je sais que tous ces blanchots pensent qu'un concert par un artiste noir ne vaudra jamais leur argent s'ils ne peuvent pas en entendre un peu. »

Oui, mais des titres comme « Red House » et « Voodoo Chile » ? C'étaient des chansons incroyables, fantastiquement jouées !

Ce n'était pas exactement ce qu'on peut appeler des compositions originales. De bonnes prises, surtout le second « Voodoo Chile ». La version longue était sympa, mais elle était là pour remplir un double album, et Winwood jouait le même fichu solo qu'il avait joué sur « Pearly Queen » et dans toutes les fichues séances qu'il faisait depuis près de trois ans. Je jouais un bon blues sur « Red House », mais ça a reçu beaucoup plus d'attention que ça n'en méritait, sans doute parce que pendant longtemps ça a été très difficile à trouver en Amérique. Je veux dire, « I Don't Live Today » c'est du vrai blues, du blues moderne – c'est ce qui arrive quand on lâche une bombe H sur le blues, ce qu'il a bien mérité.

Écoutez-moi bien. Le blues, c'est de la musique blanche, comme l'était presque tout le free jazz. Tous les musiciens le savent, comme tout le monde dans le ghetto, parce qu'ils guinchent sur James Brown et Stanley Turrentine, ils n'ont pas de disques de Muddy Waters et encore moins de Robert Johnson, et 98 pour cent d'entre eux n'ont seulement jamais *entendu parler* d'Albert Ayler. Ma musique était au moins à 70 pour cent blanche, si j'avais joué ce que les Noirs voulaient entendre à l'époque, j'aurais connu un insuccès spectaculaire dans le monde hip des superstars du rock, et si j'étais allé à l'Apollo pour jouer ce que je jouais au Fillmore, j'aurais sans doute dû sortir de scène sous les risées. Et le savoir m'a fait chier jusqu'à aujourd'hui. Ça, et le fait que dans une certaine mesure et pour l'intérêt de « l'image », je devais vanner et déconner parce que voyez-vous le nègre est censé être un chieur et bien baiser avec sa g'osse bite et claquer des doigts tout le temps. J'ai juste ajouté un peu d'acide et de feed-back. Et bon dieu, en dépit de tout ça je n'ai même pas tant tiré mon coup que ça, pas autant que j'aurais dû, on aurait pu penser qu'étant JIMI HENDRIX et tout le baratin qui allait avec, j'aurais eu plus de chattes que dans le harem d'Hailé Sélassié, et de meilleure qualité que, je ne sais pas, quelle est la chatte la plus bandante à laquelle vous puissiez penser ?

Hmmmmm… Wilma Pierrafeu.

Merci beaucoup. Comme disons Julie Christie, voyez, ou peut-être Ursula Andress, voyez, des clitos de stars de ciné européen super classe. Au lieu de ça je me ramasse toutes ces pouffes défoncées qui me tirent le tarot et ont toujours le *Yi King*, édition Bantam, dans la poche arrière de leurs jeans, prêtes à le sortir à tout moment et à me dire l'état exact du charabia. Et le charabia, j'en avais déjà à ne savoir quoi en faire, comme un simple auditeur occasionnel de mes chansons pourra vous le dire. Vous pensez que j'ai écrit toutes ces foutues paroles cosmiques parce que j'étais branché sur l'Esprit Universel ? Hunh. J'aimais *Star Trek*, mais je ne suis pas Paul Kantner. J'en ai tiré plus que lui, qui aurait dû profiter de mon mauvais exemple. Je laissais tomber ceci, je grommelais cela, et voilà que bientôt toute une merde s'est mise à me tournoyer autour de la tête. La même qui frappait tout le monde, à vrai dire, en particulier Dylan, qui a été pour moi, comme pour tous les autres, une aussi grande inspiration, et une aussi mauvaise influence. J'ai commencé sincèrement, mais la moitié du temps je n'étais pas foutu de penser droit, alors des trucs dont je savais que c'était du baratin pseudo-mystique bidon me sont tombés dessus, et les gens ont sauté dessus comme des putes sur une ligne de coke : « Waouh, Jimi, c'est dingue… » Et c'est peut-être là que les choses ont vraiment commencé à aller de travers – quand j'ai vu qu'ils trouvaient ce baratin profond, bon, j'en ai rajouté.

Vous êtes en train de dire que vous vous suicidiez ?

Je ne dis rien du tout, mec. Sinon peut-être qu'aucun nègre mort n'est un suicide. Mais ça n'a plus rien à voir avec moi. Parce qu'il n'y a pas de conneries sur les races ici. Y a pas de races – « Rien qu'nous aut' les anges, patron ! ». Peut-être que je reviendrai, rien qu'une fois, pour trois soirées, les Trombones de Dieu en opéra-rock, avec Gil Scott-Heron et Stevie. J'ai quelques vacheries à dire sur lui – ce type est à côté de la plaque et je me fous qu'il soit aveugle, je me fous que sa mère l'ait envoyé tous les jours dans sept églises différentes, il se plante jusqu'à la garde, point barre. Personne ne peut connaître cette connerie « Paradis » mieux que moi. Je me permets de me considérer comme une sorte d'expert en ce domaine. Depuis que j'ai clamsé en 70, ça n'a été que taillage de pipes et soma. Allez jamais au Paradis, mec, c'est vraiment chiant. La seule raison de ne pas laisser tomber, c'est que l'enfer c'est pire, on y est allés une fois en week-end lors d'une virée et c'est à se flinguer. Le Paradis c'est comme la staritude totale avec une clause de tournées incessantes, rien que des grandes salles et des hôtels, mais l'enfer ressemble à Baltimore. Tout le truc post mortem est truqué jusqu'aux sinus, et c'est un système dont on ne peut sortir, un peu comme les cartes de travail dans les cabarets new-yorkais.

Vos commentaires sont… euh… je ne peux penser à aucune autre question en ce moment.

C'est parfait, je suis sous speed, je vais combler. *(Il allume une cigarette avec une urgence compulsive, mais ses mains ne tremblent pas.)*

J'ai le sentiment que vous êtes très critique envers vos confrères musiciens, morts ou vivants.

Ouais, mais c'est cool, voyez, parce qu'il n'y a personne dont je sois plus férocement critique que moi-même. J'étais un bon guitariste, pas un Django, mais j'ai bel et bien réussi à trouver quelques riffs nouveaux, quelques idées nouvelles, sur les doigtés ou les moyens de sortir quelques bruits bizarres du truc.

Mais une fois qu'on est mort on n'a plus de pourcentage sur l'ego trip, alors autant que je dise de quoi il s'agissait. Les chansons que j'ai écrites et qui avaient une vraie mélodie, qu'on pouvait fredonner ou sur lesquelles on pouvait vraiment prendre son pied, on peut les compter sur les doigts d'une main. « Angel », j'en suis encore fier en tant que composition, avec deux ou trois autres. Mais le reste c'est presque uniquement des riffs métal, avec des paroles bidon que je disais au lieu de les chanter. On m'a beaucoup crédité d'avoir introduit dans le rock la « technologie avancée » ou je ne sais pas comment ils appellent ça aujourd'hui, mais le truc que personne ou presque n'a vu, c'est qu'une fois la distorsion et la technologie devenues parties « obligées » de tout le style, une fois institutionnalisées, c'était terminé. Parce que la technologie est froide – comme la technique, d'ailleurs – et que les humains sont chauds. Ou du moins, ils devraient l'être. Parce que l'émotion derrière la distorsion, il n'y a que ça qui compte. Et ce que nous n'avons pas compris, nous tous qui cultivions tant la distorsion, c'est que nous creusions nos tombes, affectivement parlant. Et littéralement aussi, je crois, dans certains cas.

À mesure que le temps passait, j'ai commencé à comprendre que ce que les gens réclamaient, c'était simplement le bruit. Bon, je me suis donné beaucoup de mal s'agissant de mes propres albums, ou du moins les trois premiers – ils ont été produits avec le plus grand soin, enfin toute cette merde. Ils étaient nickel. Mais je commençais vraiment, vraiment, à me demander... Parce que quand j'écoute *Are You Experienced?* au moins la moitié de ce que j'entends, et dont je me souviens, c'est simplement cette exaspération délirante incapable de comprendre quoi que ce soit à quoi que ce soit. C'est dans les paroles, et dans la musique aussi. C'est là où j'en étais à l'époque. Quand je disais « Il n'y a de vie nulle part », je le pensais sérieusement ! Et pendant tout ce temps je me demandais : est-ce qu'ils s'attendent à ce que chaque soir je m'amène sur scène avec le bidon d'essence à briquet ? Manifestement quelque chose ne va pas.

Qu'est-ce qu'il y avait dans la distorsion qui vous a tant préoccupé ?

Ah, Bill Graham veut du blues, les fans aussi, mais il ne veut pas de distorsion et eux si. Il pense que c'est de la merde, que le blues est « réel ». Bon, moi je ne sais pas ce que le « réel » peut bien être, merde, je ne l'ai jamais su vraiment. Par exemple, est-ce que je joue deux ou trois accords ou bien est-ce que je déconne simplement avec le trémolo et le feed-back et fais des bruits bizarres, brûle ma guitare, avale les cordes et cannibalise mes sidemen puis reste là, seul sur scène, avec les boutons de ma chemise qui pètent comme Brock Peters chantant « John Henry » ou « Cotton Fields » et une sélection de chansons de travail personnellement enregistrées par Alan Lomax à Parchman Farm ? Voyez, il me semble, quand je regarde en arrière, qu'il y avait quelque chose de plus vaste que j'aurais vraiment, vraiment, aimé faire, mais que je n'ai jamais pu tenir fermement.

À un certain niveau, je suis vraiment heureux d'être parti à ce moment-là. C'est comme Kennedy, voyez, une légende – tout le monde peut rester sur son cul à dire : « Ah, bon, rien ne se passe, mais si Jimi était encore là, lui nous montrerait où aller ! » Mais ils ont tort : je n'aurais pas la moindre foutue idée de ce qu'il faudrait faire, si j'avais le malheur d'être « là ». Je serais sans doute comme eux tous, à ressasser ma merde jusqu'à ce que tout le monde en ait autant marre que moi, et nous conviendrions mutuellement de laisser tomber et je partirais dans les îles où j'écouterais du reggae ou un autre truc. Ou peut-être, et ce serait encore pire, je serais l'un de ceux qui continuent à moudre la même vieille merde et ne s'en rendent pas compte : « Ah, Jimi, ton nouvel album *Toe Jam Asteroid* est le meilleur truc que t'aies jamais fait. » « Ouais, t'vois, j'suis hip, les mecs... soyez cool ! » Ouais, c'est comme ça que je m'en sortirais, le vrai négro chieur hors d'âge portant des lunettes noires tout le temps, petit chapeau et fumée de cigarette, le vieux truc du Musicien de Jazz Inapprochable, assis dans des clubs enfumés, en terrasse des cafés, à ne parler qu'en conneries jive be-bop. « Ouais, cool, ah, c'était vraiment cool. À plus. » *(Il éclate de rire.)* Le Thelonious Monk de la wah-wah. Ou alors, aller me cacher et faire des séances d'enregistrement. Je deviendrais comme Louie Shelton[83].

Parce que je sais que je ne pourrais faire ce que j'avais commencé à faire de telle façon que ça marche vraiment.

Et ça n'est pas parce que je n'ai pas le talent. Je l'ai. Tout le monde est trop foutrement branché là-dessus, pourtant. Je pense que le seul album studio que j'aie vraiment réussi de bout en bout, c'est le premier. Et ça après avoir pratiqué nuit et jour, année après année, en essayant de tout apprendre et de faire mieux, en m'accrochant ferme et en payant mon dû, à péter la tronche et à botter le cul de tout le monde, quand brusquement un beau jour j'ai découvert je ne sais trop comment que je ne pourrais être un Segovia à la noix et que si un autre composant bizarre manquait, alors je pourrais tout aussi bien être Louie Shelton.

Et quel était ce composant ?

Si seulement je le savais ! Je sais que je l'ai perdu en route. Je me console en pensant que tous ceux qui sont arrivés en même temps que moi l'ont perdu aussi. Peut-être que tout simplement on était trop défoncés.

Quel est votre sentiment face à des gens comme Eric Burdon et Buddy Miles, que certains observateurs ont accusés de tirer profit de votre nom, ou de leur association avec vous, après votre mort ?

Écoutez, une fois que vous avez clamsé, souvent vous laissez beaucoup d'emmerdes rien que du fait d'avoir passé l'arme à gauche. Rien à foutre, j'espère qu'ils se sont fait un peu de blé. D'ailleurs, personne ne vit éternellement, et il faudra que j'aie une discussion sérieuse avec ce vieil Eric quand il arrivera ici, au lieu de lui éclater la tronche. En fait, c'est amusant, et d'ailleurs, il n'y comprenait vraiment rien. Buddy Miles, c'est une autre affaire – moi j'aurais peur de me faire botter le cul, mais quiconque empile autant de mauvais disques que ce type finira probablement dans le premier wagonnet de charbon pour l'enfer, de toute façon, si bien que j'espère n'avoir jamais l'occasion de revoir sa tronche de gros lard.

Vous voyez quelques-uns des autres qui sont morts à peu près en même temps que vous ?

Non. J'entends parler d'eux une fois de temps en temps, mais je ne les fréquente pas. Vous en feriez autant. Morrison

– j'ai entendu parler de lui, mais je n'ai rien vu. Il a fait tout cet esclandre comme quoi il voulait aller en Enfer et pas ailleurs, s'ils le mettaient ici il leur ferait regretter qu'il soit mort, et ainsi de suite…

À un certain niveau je m'identifie à lui – nous sommes tous deux arrivés au bon et au mauvais moment, le bon pour devenir des symboles, le mauvais en termes de longévité. Nous étions pour ainsi dire les cobayes pour la merde du genre Alice Cooper et David Bowie. Nous nous sommes fait avoir tous les deux, mais je me plais à penser que pour lui c'était bien pire que pour moi. Il a eu, comment dire, plus de complicité dans sa propre destruction. Je crois que j'étais plus perdu, et à la base aussi bien musicalement que dans la vie, jusqu'à ce que ça soit trop le foutoir, et qu'il n'y ait plus de moyen d'en sortir. J'ai laissé foutrement trop de gens m'intimider, pour commencer, parce que je savais que j'étais à côté de la plaque, mais n'ai jamais eu le simple bon sens de me dire que peut-être eux aussi, peut-être dix mille fois plus que moi, alors j'ai pour ainsi dire fini par me confier aux mains de tout le monde. J'étais vraiment un innocent, mec. Rétrospectivement, c'est gênant, et sur le moment ça n'était guère facile.

Et Janis ?

J'espérais que vous ne me poseriez pas cette question. Bon dieu, vous autres foutus journaleux, toujours à la recherche d'un gros titre bien crade… Bon… elle était pathétique en bas, elle l'est encore ici. Ce n'est pas de sa faute, mais elle ne fait rien pour essayer de s'améliorer. C'est tout ce que j'ai à dire là-dessus.

Quel est votre sentiment à l'idée d'être toujours dans les charts, tandis que les maisons de disques enregistrent d'autres musiciens sur vos vieilles bandes ?

Que mes disques se vendent encore, c'est comme le Jefferson Starship qui est plus populaire que le Jefferson Airplane – la qualité n'a rien à voir, c'est simplement que les gens s'accrochent à des choses dont ils savent qu'elles étaient bonnes et représentaient quelque chose autrefois, au lieu de courir des risques sur un artiste inconnu peu fiable.

Pour ce qui est des histoires d'overdubbing, je me sens à peu près aussi indifférent. Ça fait un peu bizarre et égocentrique qu'un mort vienne se vanter d'avoir été un one-man-show à lui tout seul, surtout quand ses sidemen n'ont pas vraiment les moyens de rétorquer, alors de toute évidence le plus futé pour moi est de n'avoir pas de position là-dessus. Pourquoi ne pas aller poser la même question à Coltrane, et voir si la félicité conjugale s'étend au-delà de la tombe ?

Pourtant, vous semblez vous montrer très négatif envers les gens qui vous ont succédé musicalement sur Terre.

Oui, en effet. Parce qu'ils sont froids. Il se peut que j'aie joué de la vraie merde lors de certains concerts, et enregistré des titres un peu trop lisses à mon goût. Mais je me lâchais. Quelque chose de plus grand que moi me faisait avancer, et a fini par me tuer, mais il en est aussi sorti par moments une musique vraiment incroyable. Mon seul regret, c'est que je me demande, vu les circonstances, jusqu'à quel point c'était vraiment ma musique, quand on y vient. Si un putain d'éclair vous frappe, et qu'il en sort un chef-d'œuvre, c'est dû à l'éclair ou à vous ? Et si, en définitive, il n'y avait pas photo ? Vous savez que vous avez perdu le contrôle, vous laissez la musique et la vie vous jouer, et c'est pourquoi vous disparaissez. Mais c'est vraiment arrivé, c'était un vrai feu, et rien ne peut effacer ça. Il devrait être évident aujourd'hui que je considère ma vie et mon art comme un échec, mais c'était un échec honnête.

Ce qui me fait chier, c'est que ces gars d'aujourd'hui… pas d'éclair. Et aucune personnalité non plus ! Ça m'est égal que les gens piquent mes riffs, mais c'est vraiment un tas de foutus étudiants de fac ! J'ai piqué la plupart des miens à d'autres, mais ensuite je suis allé plus loin, j'ai joué et tout oublié. Je ne suis pas resté là avec sept cierges brûlant sur l'autel de Chuck Berry. Alors qu'est-ce qu'on en a à foutre que des gars comme ce Trower ou ce type du Canada réussissent ou pas, quelle différence, merde ? Il se passe plus de choses un vendredi soir dans n'importe quel bar, quand la piste de danse est pleine, que dans tous les albums et les concerts réunis de ces types.

Ce qui est encore pire, c'est qu'ils ont raté le plus gros truc de tous, ce qui a été si décourageant pour moi – à savoir que j'en ai vu arriver la fin. Je ne parle pas du rock, de la variété ou même du heavy metal – simplement la fin de cette branche expérimentale, technologique, qui nous portait et que nous avons sciée. Il devait y avoir quelque chose d'autre. Parce qu'un truc que j'ai appris pendant que je me tuais, c'est que tout un tas de cette merde n'était que bruit et fureur balancés pour dissimuler le fait que nous perdions nos émotions, ou du moins notre capacité à les transmettre. Aujourd'hui, la plus grosse part de *Electric Ladyland* et du deuxième album sonne vraiment froid pour moi. Je ne sais pas comment ça sonnait pour moi à l'époque, parce que j'étais trop à la masse pour porter un jugement précis, sinon que tous les ingrédients étaient là. J'avais vraiment donné, surtout dans des trucs comme « Voodoo Chile (Slight Return) », les albums étaient relativement lissés et je savais qu'ils se vendraient.

Je crois que c'est ce que j'ai essayé de désigner quand j'ai parlé du composant manquant. J'avais simplement oublié comment ressentir à moins de recourir aux électrochocs ou quelque chose du genre – et au bout d'un moment même eux commençaient à ne plus me faire d'effet. Et même le dire comme ça ne l'explique pas. C'est vraiment LE grand mystère pour tout le monde ici. Et personne n'a encore trouvé de réponses convaincantes. Alors quand vous retournerez là-bas, que vous publierez ça, si quelqu'un arrive et vous dit avoir une idée, je me fous que ça soit vague, et bon, vous me feriez la plus grande faveur de ma mort si vous me le transmettiez. Ça me plairait plus que n'importe quoi dans le… cosmos.

(Il a eu un nouveau petit rire, puis a regardé au loin à travers nous. Manifestement il était temps d'y aller.)

Creem, avril 1976

Repris dans le *New Musical Express*, 1er mai 1976

Extrait de notes sur Austin

Austin, tout relax et un peu complaisant qu'il soit, serait un endroit horrible pour quiconque, New-Yorkais ou autre, viendrait là pour secouer la culture ou les grandes entreprises, mais c'est indéniablement un bled super pour monter un groupe, comme je l'ai appris récemment. Pas de paranoïa, pas d'embrouilles de carrière, pas de trip superstar (enfin, d'ordinaire), pas d'héroïne, pas de batteur vous informant, lors de la répétition du jeudi, qu'il ne va pas jouer avec vous au CBGB, mais avec ce groupe copie conforme de Deep Purple le lendemain, et ce parce qu'il a désespérément besoin d'argent bien qu'il habite toujours chez ses parents à Westchester. Rien de tout ça. J'ai rencontré ce groupe appelé The Delinquents, on a dit : « OK, allons-y », j'ai apporté mes paroles et ma guitare, on a écrit trois chansons lors de la première répète, et enregistré CINQ pendant la seconde. Il m'avait fallu *des mois* pour en composer un ensemble décent avec la dernière bande de connards avec qui j'ai travaillé à New York, et plus encore pour monter sur scène avec un « show » au point mais pas si élaboré que ça. Ici, six semaines, de la première répète au premier soir au Duke, où nous avons provoqué avec elles une vraie danse de saint Guy dans les travées. C'est presque *trop* facile de faire de la musique dans cette ville. Outre travailler avec moi, les Delinquents font leur propre truc (en fait, ils sonnent complètement différents dans les deux contextes), et leur truc, c'est le surf punk. Dick Dale[84], « Telstar », les fêtes d'extraterrestres sur les plages, délirer sur quiconque a pu vous doubler, tandis que les guitares flamboient librement. Bien entendu, ils sont super (enfin, je crois), sinon pourquoi aurais-je bossé avec eux? Non, ils sont nuls. Parfois, quand ils chantent, on dirait de vrais cinglés. Ai-je l'air dédaigneux? Je n'en ai aucune intention. C'est simplement que je pense que ça, c'est l'essence du punk. Tout bien considéré. Ils ont aussi, à l'intérieur du groupe, un sous-groupe appelé Pelvic Thrust, qui s'aventure davantage en territoire RFE/Joy Division. Leur morceau le plus célèbre, dont j'ai oublié le titre, parle des différents copains du compositeur, qui ont overdosé ou ont claqué de ceci, de cela, de tout ce qu'on veut. Ça sonne exactement comme « I Wanna Be Your Dog », avec des overdubs de Joy Division, sinon que le chanteur est plus vivant que celui de JD. Nous avons joué lors d'une soirée organisée par une fraternité étudiante à l'occasion de Halloween, tous les membres de la frat' étaient habillés en punks, et avaient même décoré une salle entière avec des posters déchirés de STB, toutes sortes de petits machins pendouillant aux murs, tout était peint à la bombe en noir de jais, avec aux quatre coins des machines fumigènes géantes rotant de mystérieux effluves dans lesquels nos pieds disparaissaient, tandis qu'à un bout ils avaient construit une petite scène fermée de telle sorte qu'à y bien réfléchir, nous avions l'air de jouer sur un grand plateau télé. Peut-être pensaient-ils que comme ça leurs copines seraient plus en sécurité? Pendant ce temps, Becky espère qu'aucun superbranché frat' imbibé n'aura l'idée d'aller reluquer de trop près l'une de ces punkettes libérées. Becky joue la rythmique sur une Stratocaster. On dirait que ces gars-là ont des tas de pognon à foutre en l'air. Je n'ai jamais vu de soirée fringuée à ce point. On allait être des petites stars pour une nuit. Nous étions classieux, j'en suis certain. Moi, par exemple, quand j'ai overdosé sur les inhalateurs nasaux, le sirop antitoux, le Chlor-Trimeton et le whisky, au point que quand ils m'ont appelé pour que je monte sur scène chanter mes chansons, je n'étais pas en état pour ça, bien entendu, par le biais d'un quelconque transfert de souvenirs et d'associations je revoyais une scène traumatique de mon enfance et devenais (ou du moins avais l'impression d'être) cette jeune âme poétique lugubre terrassée tragique qui de toute évidence était trop sensible pour survivre en ce monde. J'ai bafouillé environ un vers et demi et je suis tombé de la scène, moitié glissant moitié trébuchant. Tout le baratin byronien de souffrance romantique, avec de palpables revêtements de dèche. Super, non ? Les mecs de la frat' n'en avaient cure. Ils ont adoré. Comme ils ont adoré tout ce qu'on faisait : Byron, Pelvic Thrust, le boucan de feed-back atonal, les dessins animés surf – tout ça était pain bénit pour eux. Avant le concert, je m'étais rendu dans une pièce à l'autre bout du bâtiment, où nous étions censés pouvoir engloutir gratis toute la bière que nous pourrions boire. Bien entendu il n'y avait rien de tel. Quelqu'un m'a montré du doigt une poubelle de cent litres flambant neuve placée au centre du local et remplie de je ne sais quelle substance liquide rouge et débordant presque, bien que personne ne veuille dire ce que c'était. « Essaie », disaient-ils avec un sourire enjôleur. Quels mecs sympa. La vraie hospitalité sudiste. On peut pas faire mieux. J'ai regardé ce qui, pour autant que je sache, aurait pu être le sang de fœtus avortés mêlé aux détritus chimiques du viol écologique de la bauxite et à une généreuse quantité de Mello Yello additionné de colorant alimentaire rouge. D'un autre côté, ça aurait pu tout aussi bien être un mélange consommé, incongru mais magistral, de plusieurs des meilleurs vignobles européens couverts de toiles d'araignée. On ne sait jamais. Momentanément submergé par l'indécision, j'ai fouillé dans mes souvenirs en quête d'un incident grossièrement analogue du temps du lycée et de toutes ces soirées à la bière horribles mais très amusantes au cours desquelles tout le monde tentait de branlocher sa copine ou celle d'un autre quelle importance avant de gerber tout partout sur nos pompes de tennis. Qu'est donc devenu le bon vieux temps ? Apparemment il était de retour pour ces jeunes citoyens et les dizaines, non, les *armées* de gens comme eux à travers toute la nation, qui peut-être avaient plus de chance que nous (qui étions là et réprimions des souvenirs traumatiques) ne nous en rendions compte, n'ayant jamais enduré la première tournée de ces anciens temps merveilleux, ce pourquoi, bien entendu, ils étaient tous à sauter dessus en ce moment. Peace and Love et qu'ils soient bénis, dis-je en lampant une autre copieuse Viking, parce que comme toujours le pouvoir au peuple et c'est là un genre de peuple aussi digne que les autres de sa journée au soleil, rien que des gens du coin, et pas les premiers de l'Histoire humaine à balancer un œuf pourri ou deux dans votre direction. Mais regardant affectueusement en arrière, je suis tombé sur quelque chose que j'avais presque oublié, et dont le souvenir délétère a suffi à me tirer de ma rêverie. J'ai contemplé la grande poubelle pleine de fluides rouges. « Ah, non, merci, ai-je dit. Euh, est-ce que ça ne serait pas un de ces trucs dont on entend parler parfois, où ils prennent environ cinquante gnôles différentes et les vident dans une grande cuve… » Ils m'ont jeté des regards lubriques. Je suis revenu à toute allure vers notre petite loge à gauche de la scène. Nos hôtes affables et cultivés avaient eu la bonté de la meubler : (1) de chaises pliantes ; (2) d'une table de jeu brisée, partiellement posée sur des boîtes en carton empilées ; (3) de grandes et historiques raquettes de ping-pong qui auraient pu réchauffer je ne sais combien de générations de culs d'étudiants, accrochées en formation symétrique rigoureuse tout autour de la pièce, ce qui n'était pas tant que ça puisqu'en fait elle n'avait que deux murs ; (4) et le plus beau, notre propre MACHINE À BIÈRE ! Oui, en effet : un distributeur de boissons, comme dans n'importe quelle station service, sauf qu'il y avait des canettes de Coors, de Miller et de Lite dedans. Il fallait payer, bien sûr. Mais à 50 cents la canette c'était raisonnable. Comme tant d'appareils magiques, le distributeur de boissons réservait une surprise : quand on mettait les sous et qu'on appuyait sur la poignée, pas de canette de Coors ! Mais écoutez : c'était vraiment classieux. Vous deviez alors vous mettre à genoux, glisser la main, puis le bras presque jusqu'à l'épaule, à l'intérieur, vers le haut, vers l'arrière, par en dessus, par en dessous, à travers ce monstre, jusqu'à ce que vous vous soyez presque brisé un humérus et que les genoux de votre jean soient troués, et alors, alors seulement, vos doigts engourdis et gauches tombaient tout d'un coup sur une petite canette de bière bien fraîche et dodue qui n'attendait que vous. Alors vous tendiez de nouveau le bras, vers le haut, vers le bas, etc., après quoi vous étiez libre de boire. Non, je ne crois pas que ce soit mon état chimique qui ait fait ressembler d'assez près cette opération à l'insertion d'un bras dans un grand robot sorti des rêves de Stanley Kubrick, peut-être pour en extirper une trompe de Fallope. Ce Freud, quel type ! En fait, ce à quoi je suis *toujours* à réfléchir, c'est que peut-être ce n'était pas, en réalité, une machine défectueuse attendant qu'on la répare. Que peut-être, *peut-être*, c'était un sabotage délibéré, tout du long, au nom d'une paillardise complice et d'une bruyante rigolade. Quel meilleur moyen de prouver votre virilité à toute l'assemblée que de risquer votre seul bon bras dans la gueule d'une cramouille industrielle moite et vibrante, avec même du caoutchouc autour de l'ouverture ? Plaisanteries sur la frigidité. Comparaisons avec quelques coups récents. Ah, les possibilités sont infinies. Ce qui m'a conduit à une spéculation supplémentaire : réservaient-ils ce petit safari manuel à des étrangers sans méfiance mais ayant bon fond (hé, je peux encaisser une vanne, alors quoi, les gars ?) comme nous, ou bien veillaient-ils à ce que tous doivent se livrer à ces fatigues et contorsions post-pénétration chaque fois qu'il leur fallait une autre bière ? Allez, dites-moi que c'est hors de question ! On ne sait jamais jusqu'à quel point ces gars sont dans le sado-maso, après tout. Ce dont il faut se féliciter. Mais quel que soit l'état des relations privées de chacun des membres de la frat' avec le distributeur de bière, ils nous ont adorés – et pourquoi pas ? Nous étions des phénomènes de foire ! Tous les membres du groupe, sauf moi, avaient toutes sortes de maquillages, paillettes, masques, barbes, conneries bizarres un max. Ajoutez que pour couronner le tout, chacun était ivre et défoncé et vous aviez un Halloween dont vous vous souviendriez, même après avoir oublié tous les détails exacts. J'étais tellement déchiré qu'à un moment, errant dans le smog de la piste de danse, j'ai vu la copine d'Andy, et j'ai pensé que nous étions désormais dans un club New Wave local plein de gens plus ou moins relativement normaux, et que de surcroît le groupe jouait depuis au moins huit heures, qu'il était six plombes du mat', je voyais l'aube se lever, céruléenne et rose, à travers le plafond, et j'ai pensé VINGUIEUX qu'est-ce qu'y travaillent dur les groupes ici. Bon dieu, je pourrai jamais être une rock star, j'ai pas l'endurance. J'ai songé que le groupe avait l'air atroce sur scène, cinq pauvres nabots hagards et bousillés sur un tapis de jogging à se tuer au nom de rêves d'un train vers nulle part, oh j'étais vraiment en plein ridicule, sauf qu'évidemment personne d'autre ne s'en rendait compte bien que je me sois dit qu'ils pourraient parce que tout ça survenait à l'intérieur comme toujours avec les psychotropes. Je suis sûr aujourd'hui que pour tout le monde j'avais l'air d'un vieux poivrot titubant partout. « Qu'est-ce que ce vieux blaireau fait là à traîner avec le groupe ? » « Merde, j'en sais rien, p'têt' que c'est l'oncle d'un gars ou un truc du genre. Tu sais comment sont les musicos ! » « Je crois qu'on d'vrait tout simplement le foutre dehors. » « Non, merde, de toute façon il est déjà à moitié zoné. Ça doit être leur mascotte ou leur grand-père, un machin comme ça. » Alors je suis reparti en titubant vers la loge, où j'avais réussi, lors de mon dernier passage, à m'effondrer sur la table, faisant tomber les boîtes en carton et renversant de la bière partout, et ce quatre fois de suite en quatre minutes. Mon exemplaire du *New York Rocker* était complètement trempé et de toute façon je n'étais plus en état de lire. La vie était nulle. J'ai ronflé sous une onde monolithique de désespoir existentiel. Sartre avait raison dans *La Nausée* : j'étais désormais sur ce porte-bagages au bord du précipice, où l'on peut frissonner d'horreur en constatant qu'on est incapable de soulever un simple verre de bière. Mais on peut aussi ne rien remarquer. L'Océan Pacifique a traversé le plafond et s'est figé, se repliant sur lui-même. En fait, j'ai inventé ça. J'étais trop assommé pour avoir des hallus. À un moment le groupe m'a rappelé et j'ai dû chanter quelque chose bien que je ne puisse imaginer quoi, puis je me souviens y être retourné pour me retrouver au milieu de la scène avec ma guitare en bandoulière et branchée, jouant de maigres riffs qui pourtant tombaient pile poil. Quel pro ! Ensuite je suis retombé dans les pommes, je suis revenu 20 ou 30 minutes plus tard juste à temps pour qu'on me demande de chanter « Louie Louie », qui depuis *Animal House*[85] a été couronné Hymne Officiel International à Perpétuité de la Fraternité ; ce qui fait naître une larme sur une joue bouffie tandis que les notes et les paroles peut-être un peu sentimentales mais toujours émouvantes raniment de tristes évocations d'un passé de caisses de bière. Le soir où ils ont tous violé cette fille hideuse que personne n'aimait à Gamma Delta Phu. Le souvenir d'avoir contraint un petit nullard gerbeux à bouffer un Tampax ensanglanté et à se lécher les lèvres après chaque bouchée en glapissant : « MIAM MIAM C'EST FOUTREMENT BON !!! » La nuit où ils ont molesté homosexuellement, tabassé physiquement puis sodomisé collectivement ces petits étudiants crasseux qu'ils ne voulaient pas laisser entrer de toute façon parce qu'ils s'habillaient chez Robert Hall et venaient d'une quelconque petite ville pourrie de Pennsylvanie où ils parlaient avec un accent bizarre et où on était Amish ou quelque chose. Quelque chose de différent, en tout cas. Quelque chose de mauvais. Et comment ensuite ils ont dit aux petits cons en sanglots de ne jamais rien dire à personne sinon eux, les durs de la fraternité, veilleraient à ce que tout le monde sache que ces nouveaux venus n'étaient que des Pédés. Allez, qui croirait ça de NOUS ? Personne. Une blague. Mais bon dieu, c'était ça, de toute façon, rien qu'une sacrée bonne blague. Enfin je suis remonté et j'ai commencé à chanter « Louie Louie ». Au début je me contentais d'avancer tant bien que mal, mais à mesure que je comprenais peu à peu que non seulement j'étais conscient mais relativement sobre et lucide et pour tout dire en pleine possession de mes facultés, j'ai commencé à m'appliquer, à travailler le phrasé, à réfléchir à ce qu'il fallait souligner ou estomper et où et pourquoi. Après tout, c'est un vrai défi que de s'aventurer dans la pénombre de paroles telles que « On the ship I dreamed she there / Smelled aroma (de roses ? de Romilar ?) down in her hair. » C'est pas vraiment « Miss Otis Regrets[86] », mais ça fera l'affaire. J'ai commencé à jouer avec le rythme, à tenir des notes ou des bouts de phrase, en essayant de les faire bondir, puis en les retenant férocement. À l'évidence, j'étais nul. Tout le monde s'en foutait. En fait, ils étaient en pleine extase. Alors qui sait, peut-être que je n'étais pas si nul. Ce qui pourrait bien être l'essence de l'Existence et de la Philosophie des fraternités étudiantes : hé, monde – JE SUIS PAS UN NUL, BON DIEU !!! Très bien, très bien, en effet, et moi non plus. Bon dieu, pour autant que moi, le reste du groupe ou toute la salle le sachions, j'aurais très bien pu chanter la plus grande version de « Louie Louie » de tous les temps ! Et personne n'était là pour l'enregistrer, merde ! Bien qu'en fait les Delinquents aient fait tourner leur magnéto ; ils m'ont dit lors de la répète suivante que ça sonnait super et m'ont proposé de me la passer. J'ai décliné leur offre. Mais je crois que ça veut dire que je l'ai vraiment mieux chantée que quiconque ne l'a jamais fait. Pourquoi me mentiraient-ils ? Mais le hic, et je me demande si je suis le seul à le savoir, c'est qu'avoir chanté la meilleure version de tous les temps, ou la pire gadoue galeuse dans un long ragoût de nullasseries, ça ne fait absolument aucune différence. Quelle chanson ! C'est comme le temps. Indestructible, et pourtant toujours mystérieuse, aussi indéchiffrable que le masque mortuaire de Mme Nhu. Nous avons finalement terminé et sommes sortis – en tout cas moi j'étais lessivé et parti depuis un moment – et après avoir remballé nous nous sommes promenés un peu autour de la turne, en nous mêlant aux indigènes. Comme d'ailleurs avant le concert. Pour autant, ça ne nous a pas permis de faire la connaissance de qui que ce soit. Depuis lors j'ai eu l'occasion de converser (un peu sous la contrainte, devrais-je sans doute ajouter) avec certains membres de cette sous-culture particulière, et j'ai appris qu'il est littéralement impossible de parler avec eux, et d'ailleurs même quand ils ne sont pas là il n'y a pas grand-chose à dire à leur sujet. Ce sont des sortes d'andropodes ou quelque chose comme ça. Existant, mais marginalement. Allant de salle en salle dans leur palais, j'ai surpris des fragments de conversations « … nommé Johnny Rotten, l'autre se faisait appeler Sid Vicious. Ils se plantent des aiguilles dans le corps pour protester contre la société ! » « Ça me paraît vraiment malsain. » « Ah, bien sûr, je n'irais pas jusqu'à acheter un de leurs albums, mais il faut bien admettre qu'ils sont très drôles. » « … crache comme un générateur ! Allez, appelle-la ! Hé, j'ai le… » « Cinq mille dollars par mois plus les dividendes, les premiums, les bonus, les petits bénefs, tout le tremblement ! Et ils vont me montrer comment remédier à… » « Si tu gerbes encore dans l'évier, on te flanque par terre et on te pisse tous dessus ! » « … et alors le pédé habillé en Frankenstein dit à la fille qui fait le Savant fou… » « Non !

Certainement pas ! C'est tout ! » Tout ça était assez fascinant, même si beaucoup de choses m'échappaient. Il est toujours formateur pour le caractère de s'aventurer dans des milieux nouveaux et inconnus, puis peut-être de... faire comme eux ! Dehors, sur le trottoir, tous les membres du groupe se sont rassemblés pour discuter des événements de la soirée. Il semblait que tous ou presque avaient l'impression qu'un rapprochement nouveau, peut-être significatif, s'était esquissé, encourageant certainement un pas en avant bref mais d'autant plus symbolique, sur la route menant aux ultimes utopies fraternelles, vers la fraternité et la compréhension, un monde où Izod[87] et les coupes de douilles en porc-épic pourraient coexister et même soulager un frère de son fardeau, surtout que les uns et les autres avaient fini défoncés à la même dope. Portrait charmant, mais je crains de ne pouvoir encore aller bras dessus bras dessous avec les masses allègres qui défilent en chantant sur cette Autoroute de la Liberté en direction du château du Sorcier. On dirait que j'ai un problème que rien de ce que je connais ne peut résoudre : en fait, je n'aime pas les gens. Mais c'est tout bon : j'imagine qu'ils seront sans doute capables de continuer seuls, sans mon aide. Après tout, ce sont les fils et les filles de la classe dominante.

Inédit, novembre 1980

La Californie

Ces dernières années, il est devenu si facile de botter le cul de la Californie qu'on hésite à se joindre à la populace bardée de morve. Certes elle ne fait absolument rien pour se racheter, mais la virulence de notre mépris, en définitive, ne reflète rien tant que l'aveu étouffé inéluctable que notre cartoon new-yorkais est à peu près aussi nul. Comme quand, voilà quelques mois, j'ai parlé au téléphone avec mon neveu, qui travaille dans une boutique où l'on vend des patins à roulettes, et qu'il m'a dit : « Ouais, je sais à quoi ressemble Manhattan, j'ai vu les films de Woody Allen ! »

Vous savez quoi ? Je hais Woody Allen plus que n'importe qui en Californie. Avec un peu d'aide de Neil Simon, des médias en général, de moi-même et de presque toute la population du petit patelin provincial d'Edward K.[88], il m'a transformé en citoyen de seconde zone. Je voudrais hurler que *je* ne suis pas comme ça, mais c'est trop tard – je *sais* que mon neveu n'est pas un bouffeur de muesli bio crachant le feu, parce que je le connais depuis que nous étions enfants, et que même alors il détestait déjà tout, comme moi, mais c'est moi qui suis venu m'installer dans ce lieu où les rues sont pavées d'or et où le Grand Mode De Vie Blanc va même jusqu'à se donner un mal fou pour monter des productions célébrant les vertus des groupes minoritaires – à une voyante exception près, s'entend. Pouvez-vous imaginer un gros succès de Broadway intitulé *Marin c'est le pied*, après tout ? Non. Nous haïssons, et sommes donc haïs. Ce qui est bien fait pour nous, puisqu'en réalité il ne se passe rien nulle part ailleurs, sauf que, bon dieu, comme il se passe si peu de chose ici, pourquoi le reste de la nation ne reconnaîtrait-il pas que nous autres New-Yorkais frénétiquement frits sommes aussi creux et ahuris que le moindre costume sport de Keokuk[89] ?

Non, ça n'arrivera jamais : nous sommes morveux depuis trop longtemps. Nous avons acheté notre mort, et le moins qu'on puisse dire c'est que ça nous plaît (contrairement à Keokuk, où l'on demeure largement insensible à ce genre d'ironie imprimé dans les gènes de quiconque s'est jamais fait renverser dans le métro par un être apparemment humain qui pourrait être sa grand-mère. Ce n'est qu'ici, et non à Keokuk ou nulle part ailleurs, que les grand-mères deviennent des commandos de la mort à la Charles Bronson, qui pulvérisent les rails pour les projeter dans votre direction. Ou du moins c'est ce que le folklore populaire nous pousse à croire.). Hier soir, mon psy a conclu notre séance en disant : « Rentrez chez vous et faites quelque chose de positif. » Je n'avais pas la moindre idée de ce qu'il entendait par là. L'autre jour il a (littéralement) guéri un patient d'un cancer. Je contemple le mur, étudie de près *TV Guide* comme si la 35e relecture des programmes de la journée pouvait révéler quelque joyau cinématographique que j'aurais inexplicablement manqué, et non de nouvelles rediffusions de *The Love Boat* en plein milieu de longues nuits qui se font toujours plus longues quand on a peur d'appeler qui que ce soit parce qu'on ne veut pas réveiller les gens bien qu'en fait ils en soient exactement au même point que vous – à faire la paix avec Mary Tyler Moore et la neuf millième rediffusion de la vie du Général MacArthur sur *Biography* – si bien qu'une ville entière est bourrée d'épaves pathétiques solitarisées à en devenir folles, mais recroquevillées devant leur téléphone parce qu'elles croient que quelqu'un d'autre, dans ce poêlon amphétaminé, *dort* de temps en temps !

Ouais d'accord, c'est une bonne vanne, mais ne vous attendez pas à ce que quiconque d'autre la saisisse. Juste après le coup du « positif », mon psy (qui me comprend vraiment, c'est simplement qu'il refuse de soutenir mon éternelle Volonté De Ne Rien Faire) me dit : « Qu'est-ce qui vous donne du plaisir ? »

« Du plaisir ? » Je le regarde, les yeux écarquillés, et répète le mot avec étonnement. Il jure que c'est vrai, mais, chers lecteurs, qui d'entre vous peut réellement me dire, et encore moins en fournir des preuves – qu'il existe ici ou là une chose appelée « plaisir » ? La sensation, oui. Être soulagé de l'anxiété, certainement, si vous avez de la chance. Mais le plaisir ? C'est un bobard à peu près aussi énorme que le « bonheur ». Bien entendu, ce ne sont là que des mensonges édifiés avec des pailles ramassées au hasard dans le vent, et déposés dans des œuvres de fiction écrites à d'autres siècles quand, comme on sait, les émotions et les expériences qu'elles prétendaient représenter étaient encore plus étrangères à la race humaine qu'aujourd'hui. Nous avons au moins des lois sur le travail des enfants, et la télé. Nous avons au moins des fast-foods franchisés et un flot incessant de magazines qui ne cessent de nous assurer que la nouvelle aristocratie des « célébrités » est tout aussi malheureuse que nous. Bon dieu, mais c'est le Jardin d'Éden ! Comme je l'ai dit une fois à Richard Hell à propos de son baratin la-vie-ne-vaut-pas-la-peine-d'être-vécue : « Merde, mon gars, il y a cent ans tu aurais poussé au cul d'une charrue ! »

Pourtant, la Californie recule devant une telle sagesse, ce qui est notre principale raison de la haïr si ardemment. Elle a, au cours des années 70, réussi à se convaincre, et à convaincre une bonne part de la planète, que tout ce truc de « plaisir », de « bonheur », de « contentement », pourrait bel et bien être accessible quotidiennement. Tout ce que vous avez à faire, c'est signer une déclaration sous serment abjurant définitivement toute résistance à l'idée d'être un crétin. C'est la véritable *blank generation.* On est peut-être un tas trépidant de névroses ostentatoires, mais eux sont des œufs dont on a enlevé le jaune. On doit en conclure qu'ils sont pires, non seulement parce qu'on est masochiste, mais parce qu'on SAIT au plus profond de soi-même qu'au plus profond d'eux-mêmes ils veulent aussi haïr et tuer. On peut fièrement désigner du doigt David Berkowitz[90], comme étant quelqu'un qui n'a pas peur de suivre ses instincts les plus primitifs, tandis qu'eux là-bas devraient sans doute remonter jusqu'à Charles Manson (une décennie entière) pour trouver un exemple d'homme d'action à peu près aussi réussi. Ils n'ont rien, et certainement pas de conscience, comme le prouve le fait que jusqu'à présent ils se sont abstenus de nous envoyer tous les scénarios valium dont ils n'ont pas besoin, pour donner de l'Enfer une perspective un peu plus désabusée pendant ces dix jours par mois durant lesquels tant d'entre nous (l'auteur du présent article, par exemple), ayant épuisé les leurs, grimpent aux murs et grimacent des tics funkadéliques.

Parce qu'ils nous refusent ce baume, ils méritent tous d'être tués. Peut-être même avant les sept inconnus choisis au hasard dans notre quartier. Peut-être quelqu'un devrait-il songer à louer des vols charters décollant toutes les heures pour ceux d'entre nous (tous) qui en ont assez. Non seulement nous n'aurions pas le remords d'avoir tué des êtres humains et non des mutants, mais nous aurions quitté la ville un moment, ce qui bien entendu veut dire que cet endroit aurait l'air tout aussi beau quand nous reviendrions. Ce serait la solution à tous nos problèmes, notre maire excepté, et nous pourrions le tuer avant notre départ, en nous demandant, avec un caprice d'oisif, si à notre retour nous le verrions remplacé par Stanley Siegel ou Joe Franklin[91]. De toute évidence, Reagan sera notre prochain Président, et question show-biz et politique, rien ne combat mieux le feu que le feu. Pendant que nous serons là-bas à éliminer la populace et à rendre l'endroit plus sûr pour la sauge et le surf sans emmerdeurs, nous pourrions très certainement veiller aussi à ce qu'il n'y ait jamais aucune chance pour que Jerry Brown succède à M. Reagan comme Big Kahuna des cinquante états en plein dépérissement. Même imaginer vaguement Linda Ronstadt devenant First Lady, c'est comprendre qu'en dépit des tremblements de terre déchirant le Nevada juste avant le Japon, c'est eux ou nous, tôt ou tard.

Je le sais parce que je viens de passer dix jours là-bas, c'est la première fois depuis 1976 que j'ai rassemblé le courage de faire un tel voyage, et bon dieu, je suis *né* (Escondido) et j'ai *grandi* (San Diego) dans ce foutu endroit. À dire vrai, j'ai pensé pendant des années qu'il était formidable, sans me rendre compte qu'en fait j'avais la nostalgie de Détroit, ville décrite avec précision par Ray Bradbury comme étant située à plusieurs milliers de kilomètres à l'intérieur d'un anus de rhinocéros. Ces temps-ci, je pense à Détroit comme beaucoup d'autres à la Californie : un lieu où apaiser les angoisses de cette ville-ci, dans la mesure où il n'y a jamais eu, il n'y a, et il n'y aura jamais, à perpétuité, absolument, garanti sur facture, Rien qui se passe là-bas. Comme le savent tous les New-Yorkais, Rien est le seul endroit où un citoyen moderne peut se relaxer. C'est l'absurde et crispante insistance californienne à vouloir qu'il existe un Quelque Chose qui au départ vous amène à vouloir investir dans un fusil à visée télescopique et quelques Magnum 44 ; c'est l'affirmation supplémentaire, repoussant tout argument raisonnable, que ce Quelque Chose n'est pas le pire truc de l'histoire humaine depuis Hitler ou *Petticoat Junction*[92], qui vous conduit à vouloir flinguer tout être vivant à la fin du voyage en avion.

En fait, j'avais peur de retourner en Californie. J'avais peur que tous les mecs ressemblent à Robert Conrad ou à Richard Gere, ou aux deux en même temps, et toutes les femmes, bien sûr, à Farrah Fawcett, que chaque individu que je rencontre parle comme les zombies à la télé, que mon hostilité congénitale soit poussée si loin au-delà de toute contrainte sociale que je finirais par assassiner chaque créature vivante dans ma ligne de tir, au lieu de revenir à New York et de créer une armée terroriste de citoyens politisés, comme l'adulte que je pensais être.

En fait, ce fut loin d'être aussi douloureux que je l'avais imaginé. À dire vrai, il a fallu peu de temps avant que je me retrouve éhontément séduit par tous les aspects les plus décadents de la région. C'est vraiment aussi insidieux que ça. J'étais à San Francisco depuis trois jours quand j'ai accepté d'entrer dans un jacuzzi avec trois autres humains nus. À ce stade, ma volonté, pour ne pas parler de mon esprit, était déjà érodée. Mais ce qui pouvait rester de résidus accrochés à la boîte crânienne était encore trop pour la plupart des indigènes. Partout où j'allais dans cet État, on me disait : « Tu es si sûr de toi… » Dans toutes les villes que j'ai visitées, la réaction de tout le monde ou presque à la plupart des stimuli extérieurs réclamant peut-être une décision ou un jugement de valeur était : « C'est comme on veut… »

J'ai eu des discussions avec deux personnes dans deux villes différentes, une à San Francisco et l'autre près d'une semaine plus tard à Los Angeles, sur la question de savoir si la fondation *est* était ou non chose mauvaise. Toutes deux étaient des citoyens intelligents, hip, charmants, attirants, qui par ailleurs ne m'auraient donné aucune raison de les regarder de travers, aucun n'était un adhérent du culte en question, tous deux avaient « l'esprit ouvert ».

Lors du second épisode de ce genre, j'ai commencé à apprendre qu'en gros il serait plus politique de laisser tomber et d'ingérer de nouvelles rations de la drogue, quelle qu'elle soit, que nous nous trouvions enfourner sur le moment. Je devrais également signaler que ce n'est pas lors de ce voyage que j'ai appris que beaucoup de Californiens, surtout à L.A., atteignent plus ou moins un état psychophysique leur permettant de se plonger pendant des années dans n'importe quelle dope connue de l'humanité, et de sortir de là absolument inchangés, exactement la même configuration humaine entrée dans le labyrinthe chimique une décennie auparavant, voire plus. Je les hais tous pour ça, même si tout le reste les concernant était parfait.

À San Francisco, j'ai dit à une jeune femme qui me paraissait très sympathique : « Tu veux dire que tu ne restes pas dans ton appartement des journées entières à regarder dans le vide, déprimée à en devenir folle, à penser que la vie ne vaut pas la vie d'être vécue, mais sans avoir la volonté d'ouvrir le robinet du gaz ? »

Elle a ri : « Non. Je suis heureuse. »

« Alors, tu dois être malade », ai-je répondu.

Le lendemain, nous avons fait le tour de la ville dans sa voiture. La seule que j'aie jamais vue où soit installé un appareil censé supprimer les ions négatifs de l'air, ou en rajouter, j'ai oublié, mais en tout cas c'était un accessoire mécanique conçu, proposé et garanti pour créer de Bonnes Vibrations pour quiconque avait la chance de conduire la chose. J'ai été déprimé un max tout du long. Si déprimé, en fait, qu'après mon départ je l'ai rappelée, rien que pour m'assurer que ce que je viens de décrire était bien la fonction de cet appareil. Elle a ri en disant que oui, et je n'ai pas eu le cœur de lui demander combien il coûtait. Quand je suis revenu à New York, j'en ai parlé à tous mes amis, c'était mon anecdote californienne ultime – jusqu'à ce que je rencontre une copine qui en avait un : son mari était en phase terminale d'un cancer, et ils en étaient réduits à essayer *n'importe quoi*. Il est mort, bien entendu.

Je n'ai vu personne mourir en Californie. Ils n'en ont pas besoin, étant mariés à la Stase. Je ne sais pas trop pourquoi, à Venice, les mecs en patins à roulettes avec des écouteurs étaient plus insupportables qu'à New York; je crois que c'est peut-être lié au fait que, comme je l'ai compris pour la première fois en 1974, il est possible d'être *trop* sain, si sain que ça en devient obscène. J'avais constamment le sentiment que tout le monde à ma table était bien, mais que nous étions entourés par Eux. Plus tard j'ai découvert que certains d'entre Nous n'étaient pas aussi bien que je l'avais cru.

Bien sûr, partout où je suis allé là-bas, mes goûts musicaux se sont heurtés à un mur de briques. À San Francisco, on m'a invité à faire le DJ dans un nouveau club punk appelé The City. J'ai passé Lydia Lunch, Teenage Jesus and the Jerks, les Contortions, Public Image Ltd., Richard Hell and the Voidoids, et mon propre single. J'ai littéralement vidé la piste de danse. Ils ont absolument détesté, sauf (et ce n'est pas de l'autopromotion, croyez-moi) mon single, dont le riff funk a poussé quatre personnes sur la piste : un couple banal qui de toute évidence était arrivé là en croyant que c'était un club disco et pensait que c'était le truc le plus proche de la disco qu'ils aient entendu de la soirée – tout ce dont je me souviens d'eux, hormis leur manière saccadée de danser, c'est que le gars portait un gilet rouge et me rappelait un barman dans un rade pour célibataires de quinzième zone. Et de l'autre côté de la piste, il y avait cette fille psychotique qui avait dansé sur chaque titre – toute seule, bien sûr – la même horrible mutation overdose-aux-amphés de la danse d'extase du Grateful Dead, et quand j'ai mis « Let It Blurt[93] », un type visqueux a surgi et s'est mis à danser collé derrière elle, essayant, sans aucune subtilité, de machiner une vague drague. Je crois qu'il y a réussi, en fait. Ce qui me rappelle qu'à Frisco comme à L.A., je n'ai rencontré personne qui soit dans un type quelconque de relation en cours, stable et monogame. Ce qui n'est pas très différent de New York, bien sûr, sauf que là-bas ils pensent qu'il est simplement mignon tout plein d'être congénitalement dépersonnalisé, ce qui peut, ou non, être meilleur que toutes les explosions névrotiques qui se produisent de temps à autre ici quand les gens tentent l'impossible, c'est-à-dire d'être vraiment proches d'un être humain. Il me revient qu'en fait j'ai entendu moins de ce baratin nauséeux sur le besoin « d'espace » là-bas qu'ici (rien que pour mettre les choses au point, laissez-moi dire que je n'ai jamais utilisé, et n'utiliserai jamais, le mot « espace » dans ce contexte/application : pour moi c'est là où se trouvent les astronautes ; le pitoyable taudis où je tape ces éructations n'est en aucun sens mon « espace » – c'est mon appartement et vous feriez mieux de ne pas l'oublier) – sans doute parce qu'il y en a tellement plus là-bas que vous pourriez vous promener pendant des jours dans les zones les plus densément peuplées sans même rencontrer ne serait-ce qu'un astéroïde humain.

La dernière partie de mon voyage m'a conduit à San Diego, pour y rendre visite à ma famille. Ma mère vieillit, elle est souffrante, et a cherché à me manipuler pour que je me sente coupable à ce sujet. Après toute l'ozone « comme on veut » dont j'avais fait l'expérience à S.F. et L.A., une telle névrose terre-à-terre était une véritable bouffée d'air frais, et je l'ai accueillie avec un sourire ironique. J'ai aussi passé une soirée ou deux à boire des bières avec mon neveu, qui m'a fièrement montré sa collection d'albums *heavy metal* de groupes tels que les Scorpions. J'en suis resté sans voix. J'ai finalement réussi à bégayer quelque chose sur la New Wave. « Tu veux dire le punk rock ? a-t-il craché. Je *hais* cette merde ! J'ai lu toutes les conneries que vous autres rock critics écrivez là-dessus, et vous autres enfoirés avez réussi à me convaincre d'aller acheter l'album d'un groupe nommé Devo ! C'était de la merde ! Plus jamais je n'achèterai d'album "New Wave" ou "punk rock" ! »

J'ai tenté de lui expliquer que les rock critics ne formaient pas exactement un front uni, que moi aussi je haïssais Devo, qu'il pourrait se rendre compte qu'il aimait, disons, les Ramones et les Clash s'il y jetait une oreille – « Je hais *tout particulièrement* les Clash ! a-t-il sifflé. Quelles *conneries* tous ces magazines ont-ils pu écrire sur eux ! Tout ce baratin "Vous êtes en dehors du coup si vous n'aimez pas ça !" Toute la merde "C'est le seul groupe qui compte !" Je n'écouterai plus jamais ces enfoirés, et *c'est de ta faute !* »

Je lui ai quand même donné un exemplaire de *London Calling*. Sa réponse : « Je le classerai à la lettre C. »

Assez bizarrement, il aimait réellement *The Metal Box* de Public Image Ltd. Mais il est vrai qu'à cette époque il n'avait encore rien lu ni entendu sur eux, et pas la moindre idée de qui ils pouvaient être. « Ça sonne comme un croisement entre les Doors et Terry Riley, a-t-il dit. Pas mal. » Sans doute aujourd'hui les hait-il également.

J'ai emmené ma mère à San Diego chez le médecin puis me suis promené dans la rue. Rien, des blocs et des blocs de rien. Pas une librairie, pas une boutique de disques, pas un bar où on aurait voulu entrer, rien que des laveries de voitures, des boutiques de tacos et des supermarchés, des parkings, et tout était propre, propre, propre, comme si toutes ces fichues bagnoles pétaient du détergent. À demi mort, j'ai fini par m'aventurer chez un liquoriste. Ceux de Californie ne sont pas comme ceux de New York. Ils ont de la bière, ce qui est bien, mais aussi toutes sortes de détritus non alcoolisés, qui les font davantage ressembler à un K-Mart, ou à un croisement entre un drugstore, un 7 Eleven et une quincaillerie, qu'à un endroit où tout poivrot soucieux de sa réputation accepterait d'être vu. J'étais perplexe, et me suis baladé sans but dans les rayons. Le patron, assis dans un vaste espace compris entre la caisse et un comptoir à quatre côtés, s'est mis à me suivre de l'œil avec une suspicion et une hostilité croissantes. J'étais manifestement un Suspect, un Personnage peut-être dangereux, en tout cas un anormal, et très certainement un propre à rien. Un Étranger. J'étais en jeans, avec une chemise normale, des baskets, une coupe de cheveux flambant neuve qui me paraissait trop courte, et qui n'était certainement pas punk du tout. J'avais l'impression d'être Andy Hardy. Ma mère l'a exprimé au mieux, sans doute, pour le liquoriste et dieu sait qui d'autre dans le coin : « Tu as l'air d'un hippie qui a grandi trop vite. »

Je suis allé dans une boutique de disques du centre où, quand j'étais adolescent, je me rendais en bus quand je séchais l'école. Le type que j'y avais rencontré pour la première fois en 1962 était toujours là. Je crois que c'est lors de mon voyage en 73 ou en 74 que je me suis rendu compte qu'il était gay. J'attendais ces jours où je remonterais El Cajon Boulevard avec sous le bras des albums que je lui revendrais pour un dollar pièce, avant de lui en acheter d'autres pour deux dollars chacun, ou d'aller quelques blocs d'immeubles plus loin cracher cinq dollars pour *Let Freedom Ring* de Jackie McLean, alors tout neuf, *Tijuana Moods* de Mingus, ou n'importe quoi de Ravi Shankar. Avant, j'avais toujours dit bonjour à ce type chaque fois que j'entrais dans sa boutique, ça remontait à une bonne quinzaine d'années. Pas cette fois. Je n'ai rien acheté non plus. Je vis à New York, maintenant, j'ai tout ce que je veux. Je suis sorti de là déprimé.

Un de mes autres neveux a réussi à trouver une cartouche 8 pistes d'occasion pour passer dans son lecteur tandis que nous roulions sur l'autoroute en buvant de la bière : *Electric Ladyland* de Jimi Hendrix. Comme j'ouvrais une nouvelle canette de Coors en écoutant toutes ces pédales wah-wah et en contemplant la baie, les centres commerciaux, les missions et un ciel presque sans nuages, il m'est venu brusquement à l'esprit que Jimi était mort depuis une bonne décennie, à quelques mois près, et que nous écoutions toujours ça.

Pire encore, la maison de mon neveu, où vivait ma mère. Quand je suis entré, ils regardaient les Jeux Olympiques à la télé ; j'ai cru que c'était *Holiday on Ice*. Il y avait sur la table basse des magazines incompréhensibles expliquant comment astiquer votre piaule. Ma mère n'a cessé de me demander si je voulais un sandwich au thon. Parfois je disais oui, parfois non. Tout le temps que j'étais là, c'est à peine s'il y a eu un mot d'échangé entre moi et la femme de mon neveu. J'ai fait une douloureuse tentative de conversation avec leur fille, qu'autrefois je portais sur ma tête et qui aujourd'hui s'apprête à devenir dieu sait quelle incompréhensible créature, comme ces adolescents des années 80 ; elle a résolument refusé de réagir à tout ce que j'ai pu balancer. J'ai finalement décidé que je la détestais. La conversation avec ma mère était agréable par intermittences, tant qu'elle ne prenait pas son ton cajoleur. Avec elle tout allait bien, elle était vieille, d'une certaine façon je suis devenu du genre « l'enfant est le père de l'homme[94] ». Mais pendant la journée, quand mon neveu allait travailler dans sa boutique de patins à roulettes et que j'étais coincé avec les trois autres, l'absence de relation congelait dans l'air pour devenir franchement glaciale. Chaque fois que ça arrivait, je descendais et passais des disques. « Albatross » de PIL a été la chanson-fétiche de tout mon voyage. J'ai aussi écouté Jimmy Reed et le premier album du Velvet Underground, et bien entendu celui-ci me faisait l'impression d'être la plus belle chose que j'aie jamais entendue, et me donnait un incroyable mal du pays. Je ne suis resté là que deux jours, ce qui est heureux, car si j'avais traîné là plus longtemps, j'aurais pu me ramasser un autre genre de maladie dont je n'avais pas besoin : leur maison était sur une colline surplombant la baie, ce qui veut dire qu'un brouillard ou un vent marin ou je ne sais quoi s'en venait le soir, rendant horriblement froide et humide la chambre où je dormais. Je me suis réveillé deux nuits de suite en me sentant fiévreux, frissonnant ; je sortais du lit, j'enfilais mes sous-vêtements, ma chemise, mon pantalon, mes chaussettes, mes chaussures, deux sweaters et une veste, et j'allais dans le séjour en frissonnant toujours. À regarder dehors, c'était une belle journée. Ensuite je sortais et me mettais aussitôt à suer à pleins seaux parce qu'il fait foutrement chaud sous le soleil californien. Entre l'intérieur et l'extérieur de cette maison, il devait y avoir une différence de température d'au moins 10 à 15 degrés. Alors, bien sûr, il fallait que j'enlève immédiatement la veste, les sweaters, peut-être même la chemise. Je me considère heureux d'avoir pu fuir ce fichu endroit sans me choper une pneumonie.

J'avais décidé de passer les cinq heures du vol de retour à lire *C'est idiot de mourir*[95]. Le marchand de journaux de l'aéroport de San Diego ne l'avait pas. Apparemment, ça n'était pas assez populaire. Le seul bouquin qu'il avait, et que je m'imaginais pouvoir vaguement aimer, était *Le Cercle bleu des Matarese*[96]. Je l'ai donc acheté, pour découvrir ensuite que la moitié des gens dans l'avion le lisaient. Quand, revenu à New York, j'ai pris un taxi pour le centre, j'ai pensé à quelque chose que Bob Quine m'avait dit en 1977. Je ne me souviens plus du contexte, mais il avait déclaré, avec beaucoup d'emphase et un visage impassible : « Je suis spirituellement mort. » J'ai éclaté de rire à ce souvenir. Je me suis rendu compte, plus que jamais, que c'étaient des gens comme ça que je voulais fréquenter. Et si certains d'entre eux ont émigré en Californie, ils en sont amers, ce qui bien entendu prive l'anomie de tout son plaisir.

Inédit, rédigé fin 1979-début 1980

RÂLERIES, RADOTAGES, RAMPONNEAUX

Admettez-le, vous aussi vous aimez latter les infirmes (surtout si vous en êtes un vous-même), 1977

Pour en finir avec le punk (les racines du punk, 1re partie), 1977

Lecteurs et lectrices en plein sado-maso, 1977

Notes de pochette de *It Falleth Like Gentle Rains from Heaven – The Mekons Story –*, 1981

Accrochez-vous-la où je pense, 1982

Le mauvais goût est éternel, 1982

Notes inspirées d'un fan immédiat : écoutez-moi ça, 1980

Adieu Sidney, sois sage, 1979

Extrait de *Tous mes amis sont des ermites*, 1980

Prisonnier des Mormons, 1980

Admettez-le, vous aussi vous aimez latter les infirmes (surtout si vous en êtes un vous-même)

Pour finir on se retrouve dans un état de perpétuel somnambulisme institutionnalisé, ce que le patient diagnostique – à tort ou à raison – non comme une maladie, mais comme rien de moins qu'un style de vie. Mais toutes les formes d'humanité ont besoin de se nourrir. D'où le heavy metal.

J'ai vu le soleil se lever et blêmir de chagrin devant cette incroyable impudence. J'avais fait un voyage non au bout, mais au milieu de la nuit, et je m'étais accoutumé à la prétention qu'en fait je vivais la mort à crédit. Le Velvet ne l'avait-il pas dit en 1970, du temps où le heavy metal triomphait : « Who Loves the Sun ? » Foutrement vrai, c'est-à-dire personne, Simone, et voilà comment on se retrouve avec Black Sabbath.

À l'automne et au début de l'hiver 71-72, je vivais dans le séjour d'une ferme délabrée de Walled Lake, Michigan. Walled Lake, si vous voulez le savoir – et vous ne devriez pas – est un peu comme Dogpatch[97], mais sans le charme. C'est la cambrousse, et quand on est dans la cambrousse au Michigan, faut pas compter sur la romance, mon frère. Pendant tout cet hiver, j'ai tiré mon coup exactement une fois, et il m'a fallu pour ça importer du Canada une véritable enfant dont la lecture de *The Sensuous Woman*[98] avait changé la vie. Le reste du temps je me masturbais et recherchais l'hébétude. À l'époque, je venais juste d'entrer dans un canard de rock appelé *Creem*, et comme on était en 1971 et que le magazine était pauvre, officiellement du moins, nous vivions tous en communauté, c'est-à-dire que je dormais sur le canapé de mon rédac' chef. Je ne voudrais pas que la jointure de votre clavicule s'en vienne pleurer sur votre épaule, mais je dirai qu'un soir je m'endormis complètement ivre en écoutant *The Marble Index* de Nico au casque, et sept heures plus tard, quand je me réveillai, non seulement le disque passait toujours mais j'étais complètement entortillé à la sado-maso dans le câble des écouteurs. En plus nous étions si foutrement communautaires que je ne pouvais même pas aller aux toilettes me branler sur *Playboy* (ce qui se faisait de mieux alors et là-bas) sans que Dave Marsh[99] (je suis sûr que vous avez entendu parler de lui) ne débarque alors que j'essayais de convaincre l'objet de lever la tête face au papier. Il avait au moins la politesse de s'esquiver, mais le problème était que je ne pouvais même pas m'astiquer en paix, pas de vloutch-vloutch en vue ce soir-là, ni aucun autre.

La solution/alternative ? Ah, l'alcool aidait un peu. Mais l'alcool, si grande que soit sa réputation, ne vous sauvera pas de l'ennui mortel de l'Amérique profonde : il vous faut quelque chose qui fasse plus table rase que n'importe quelle drogue, ou du moins soit adapté à vos spongiosités préfrontales. Ergo, le heavy metal, que j'avais essayé précédemment, mais auquel je recourus massivement lors de ce déplorable hiver. Chaque soir je suivais un rituel : vers cinq heures j'allais acheter deux litres de vin doux bon marché, puis retournais à la ferme pour les descendre en écoutant d'affilée l'intégralité des trois premiers albums de Black Sabbath. Ce fut mon régime pendant des mois. Et en plus, ça a marché.

Plus tard j'en trouvai un autre, au printemps suivant, quand je découvris les Quaaludes de la même manière que *People* découvre aujourd'hui de nouveaux visages tranche-de-cake : pour crier sur les toits et même en venir à aimer Grand Funk, Deep Purple – oh que oui ! Tous… bon, c'était vraiment une grande période, que résume le fait que « Slipping into Darkness » de War était l'un des plus gros tubes de la radio, puis *Exile on Main Street* est sorti et a ratifié toutes nos retraites dans l'obscurité, et le heavy metal était le Son de l'Heure et aussi la réponse, parce que quand on veut crier mais qu'on peut à peine parler il est fichtrement pratique de disposer de toutes ces machines à bruit qui s'en chargeront pour vous tandis que vous évacuez, si mollement que ce soit, votre propre frustration nullasthénique dans ce que quelqu'un de moins détruit, et par conséquent un pauvre crétin, pourrait appeler « riffs qui tuent ». Ah, mais le pouvoir est tout entier dans nos nerfs, et en bons troupiers quand ils sont nazes nous nous contentons d'avoir le nez qui coule. 'Tention, je sais que les pédés portent des bottes[100], mais le seul album heavy metal qui ait brisé le moule et flingué une génération entière, c'était le *Raw Power* des Stooges. Je l'ai dit à l'époque, et l'Histoire s'est montrée clémente envers ma grande gueule. Mais pour certains d'entre nous, qui passent pour vous et moi sous le masque de je ne sais quelle génération unie, pour ceux d'entre nous qui l'ont vécu, le heavy metal vivra éternellement, comme la première fois où nous nous sommes rendu compte qu'écouter nos disques, les fracasser sous nos talons de bottes piétinantes et en avaler les fragments noirs pourrait bien être une seule et même chose. Un poumon d'acier rempli de smog, l'oppression/dépression cultivée comme le champ de coton de M'sieur Charlie par des têtes de bonne volonté couvertes d'un mouchoir. C'était une fête pour mettre fin à toutes les fêtes, la *Dolce Vita* sans bagarres de polochon.

Gig, novembre 1977

Pour en finir avec le punk (les racines du punk, 1re partie)

Les racines du punk. Pff! Voilà où on en est. C'est un peu comme de faire entrer *Scooby-Doo, Where Are You?* dans l'*Encyclopedia Britannica*. D'une certaine façon, vous pourriez présumer (peut-être à votre grand soulagement) que la simple parution d'articles tels que celui-ci signifie que le punk est bel et bien mort et enterré. C'est comme Leslie Fiedler, auteur de *Love & Death in the American Novel*, dans lequel il postulait que toute la littérature américaine depuis Melville et Twain était marquée par un homoérotisme clandestin (Huck et Jim étant copains par le trou du cul, voyez, et il est inutile de préciser ce qui se passe sur le rafiot tandis qu'Achab attend les cachalots comme si c'était Godot). (Le livre qu'il publia ensuite s'appelait *Getting Busted* : il parlait de l'herbe; au rythme où il va, il devrait écrire cet article à ma place.) Comme je vous le disais, M. Fiedler s'assit un jour pour rendre compte de quatre tomes massifs sur l'Histoire et la Signification des Comic Books dans la Culture Américaine Contemporaine, pour la *New York Times Book Review*, et après avoir rendu à chacun ce qui lui revenait, il ajouta quelque chose du genre : je suis là avec ces quatre bouquins empilés près de ma machine à écrire, et je me demande ce que tout ça veut dire... et pourquoi pourquoi pourquoi pourquoi pourquoi...

En d'autres termes il est foutrement difficile ces temps-ci d'être un déviant ou même de se prendre un peu de bon temps bien crétin sans qu'un crypto-universitaire codificateur ou (pire encore?) l'industrie de la mode (vous avez vu les récentes pubs de chez Macy pour la couture punk?) ne vous tombe dessus pour vous piquer votre attitude et vous laisser à poil et tout frissonnant dans la file d'attente des chômeurs culturels. Je ne vous en voudrais donc pas si vous me haïssiez pour cet article, mais d'un autre côté, ayant été là assez longtemps pour voir aller et venir trois générations de punk rockers venir et repartir, je m'imagine que vous êtes tous à baver pour un certain sentiment de tradition, ou de recherche de vos racines, au nom de l'Histoire, bon sang de bonsoir!

Non? Ah, c'est bien ce que je pensais, en fait c'est exactement la raison pour laquelle je fais ça, parce que je veux vous rendre tous conscients de vous-mêmes jusqu'à la garde ou à tout le moins irrités. Ce n'est pas tant que j'aie des préjugés contre la jeune génération parce qu'elle ne sait pas apprécier les subtilités des Seeds, par comparaison avec les Buzzcocks – c'est que tout simplement je ne savais pas qu'il existait une jeune génération. J'ai lu dans *Newsweek* cet article qui me citait comme ayant dit quelque chose du genre "le punk est là pour de bon", et comme je ne me souvenais pas d'avoir proféré ça ou quoi que ce soit d'autre d'ailleurs je me suis dit que c'était le moment de tirer profit de mon étouffante réserve moisie de fadaises crâniennes, en bon rock critic, de manière à ce que vous sachiez tous qu'absolument rien de ce que vous faites n'est nouveau si bien que vous serez démoralisés et oublierez tout et que nous pourrons en revenir à Jackson Browne branlant ses larmes. Je ne suis pas un punk et n'en ai jamais été un (trop cultivé, et d'ailleurs c'est impossible à tout fan de jazz), mais j'ai gagné une certaine notoriété à exploiter le phénomène avant que *Newsweek* sache qu'il existait si bien que je me retrouve ici à flageller un cheval mort ce qui a pour avantage qu'on peut être certain qu'il ne bronchera pas. Au demeurant je suis un dilettante et je veux passer pour un punk de manière à être respecté par l'éditeur du *New Stiletto Bund Gazette* et autres belles et semblables publications, si bien que la chose la plus punk à laquelle je puisse penser est de descendre tout ce qui se passe actuellement en le comparant défavorablement à la merde qui passait il y a une décennie ou plus. J'admets que c'est infantile, mais comme je l'ai dit il est difficile d'être un déviant de nos jours – pensez-y comme s'il s'agissait d'acheter une veste en cuir noir flambant neuve et ensuite de se donner un mal fou pour qu'elle ne prenne jamais un pli.

Bon, d'accord, ça suffit comme ça, cet article tourne ramollo. Temps de resserrer les boulons. Voyons comment je peux y parvenir. Archie Bell et les Drells sont à Philadelphie et bouclés à double tour vu que tous les discomatzos se sont rendu compte qu'ils pouvaient cesser de danser impunément, si bien que je vais devoir penser à quelque chose d'imaginatif. Que diriez-vous de ça : « C'est l'esprit fantôme d'un âge amphétaminé, répandant ses geysers de gargouillerie grotesque sur les têtes infortunées d'un public à ce point engourdi que c'est à peine s'il réagit par un pitoyable tic terminal... » Ces mots furent écrits par Marvin H. Hohman Jr., dans un article intitulé « Purger le vide zombifié grâce à Alice Cooper », dans le numéro spécial d'été 1970 de *Creem*. C'était le premier article jamais publié sur Alice, et la première fois qu'il était en couverture. De toute évidence, à l'époque Marvin avait une vision ; à l'heure qu'il est il rend compte de fusions jase-rauque pour *Downbeat*. Sic transit. Et sic transit le punk (et les magazines itou) pareillement, hé, amigos ? Prenons par exemple les Shadows of Knight : saviez-vous que l'un d'entre eux fut une fois surpris, dans un motel de Chicago, *in flagrante delicto* avec soit Question Mark soit l'un de ses Mysterians ? Et ceci dès 1966 ! Preuve manifeste de l'affirmation d'Iggy selon laquelle ces gars étaient en avance sur leur temps. Contrairement, disons, à... merde, je m'apprêtais à citer les plus grands noms hip/underground et à extirper une bourde quelconque d'une faille de leur génie pour les diffamer, mais j'en ai été empêché par le fait qu'il n'y a pas de nom qui en soit digne. Tout le monde connaît les problèmes de Patti, ceux de Bruce Springsteen sont au chômage, ceux de Bowie ne valent pas la peine d'être cités sinon que son ensemble chevelure-visage blanc sur blanc ressemble à une mire télé sans la mire. Iggy, je ne peux rien en dire de mal parce que je lui accorde encore un album avant de déverser dix tonnes de gadoue sur ses piteuses prétentions. Alors, qui c'est-y qui reste ? Je suppose que vous voulez vraiment parler du punk rock. D'accord, dites-moi ce que c'est dans l'espace suivant :

Voyez, je vous l'avais bien dit. Oh, mais je vous les montrerai, moi, les racines du punk. Les racines du punk, c'était la première fois où un môme est resté vivre chez ses parents jusqu'à l'âge de quarante ans. Les racines du punk, c'est la première fois où vous avez piqué du pognon dans le porte-monnaie de votre mère, sans savoir quoi en faire, car vous n'aviez pas encore l'âge d'acheter de la bière. Les racines du punk, c'est la première fois où votre père a été si mécontent de votre intransigeance qu'il a bien failli lever la main sur vous, et vous n'étiez même pas sorti du lycée, et vous vous en foutiez, vous vouliez simplement dériver à quelques blocs d'immeubles de là et vous arsouiller la tête. Il se pourrait (pourrait ?) que le punk soit fondamentalement passif. Le punk est un consumériste crétin et fier de l'être. Le punk est oubli quand il n'y a pas moyen de prendre son pied et, contrairement aux poivrots, vous avez vraiment le choix : en fait, vous êtes jeune. Le punk c'est crever d'ennui à regarder Lancelot Link le samedi à midi sans avoir la moindre idée de ce que vous voyez. Le punk c'est se lever le samedi matin pour se branler sur Isis[101]. Le punk c'est gerber sur les notes de pochette « motherfuckers » écrites par John Sinclair pour *Kick Out the Jams* et s'en foutre carrément[102]. Le punk c'est avoir dix mille magazines de cul en lambeaux sous votre lit mais sans tirer la moindre satisfaction de la branlette du moins pas celle du genre qui mène à une lassitude langoureuse si bien que vous n'existez que sur un mince fil prostatique tendu et que vous vous branlez trois, quatre fois par jour, sachant que c'est idiot et inutile et détestant ça à cause de cette culpabilité plus que submergée mais continuant quand même parce qu'il n'y a rien d'autre à faire à part se cuiter. Le punk c'est avoir dans les magazines de cul une préférée vers qui vous revenez sans cesse. Le punk c'est finir par se trouver une copine puis la traiter comme une merde parce que vous êtes trop con, trop bourré et trop égocentrique. Le punk c'est être une fille et baiser avec son mari/copain en regardant la télé pardessus son épaule pendant qu'il se met à bandouiller. Le punk c'est pas le punk parce qu'il est devenu trop codifié. Le punk c'est être assis seul dans une chambre mal éclairée en souhaitant avoir du valium tandis que passe un disque quelconque et vouloir arracher le rembourrage du fauteuil tout en sentant la futilité de la chose au bout de vos ongles. Le punk c'est détester toute poétisation de votre état. Le punk c'est de vagues rêves de carnage et de vengeance sanglante quand on a à peine la force d'écraser une mouche comateuse. Le punk c'est des grosses taches de vin sur les sillons de *Between the Buttons* et de « Sister Ray ». Le punk c'est l'inutilité. Le punk c'est déchirer des articles comme celui-ci. Le punk c'est n'avoir ni l'énergie ni l'intérêt de les déchirer. Le punk c'est lire cet article mécaniquement parce qu'il n'y a rien d'autre à faire et les mots passent sur vous sans bruit comme des cendres. Le punk c'est balancer le magazine à l'autre bout de la chambre, laisser tomber vos mains sur vos genoux, vous gratter machinalement la bite ou le clito en vous demandant si vous voulez vous branler encore, décider que ça n'en vaut même pas la peine et contempler le vide d'un regard dépourvu d'expression. Le punk c'est penser que peut-être on pourrait aller au ciné ce soir et ne pas avoir l'énergie de se lever et de traverser la pièce pour prendre le journal. Le punk c'est parler aux personnages des vieux feuilletons multi-diffusés l'après-midi. Le punk c'est voir des gonzesses dans des pubs télé et croasser : « À poil ! » quand ça fait deux ans que vous n'avez pas tiré un coup. Le punk c'est être à court de bière à 5 h 30 du matin et prendre trois Chlor-Trimeton[103] pour voir si ça pourra renforcer l'effet de ce qui reste. Le punk c'est se réveiller le matin et n'avoir ni l'énergie ni la motivation de vous lever ni d'allumer depuis votre lit la télé couleur perchée sur la commode de l'autre côté de la chambre. Le punk c'est commencer à se branler, bandouiller, penser oh et puis merde à quoi bon, et laisser tomber. Le punk c'est mettre un disque que vous adorez, vous allonger sur le sofa, vous retourner et essayer de dormir à quatre heures de l'après-midi ou à sept heures du soir rien que parce que vous voulez retrouver cet état de conscience crépusculaire qui est bien meilleur que n'importe quelle dope. Le punk c'est être si feignant que vous voulez que les filles vous branlent ou vous sucent plutôt que de prendre la peine de les baiser. Le punk c'est vouloir brouter de la chatte tout en rêvant à un disque que vous désirez acheter. Le punk c'est la fainéantise à son apogée et fière d'y être. Le punk c'est dire au rock d'aller se faire foutre. Le punk c'est dire au punk d'aller se faire foutre. Le punk c'est traiter comme de la merde votre collection de 2 000 albums. Le punk c'est dépassé. Le punk n'est plus qu'un terme adoré des médias. Le punk c'est tout ce que vous faites et qui devrait avoir des conséquences mais ou qui n'en a pas ou vous vous en foutez. Punk est un mot dépourvu de sens que tout le monde en a marre d'employer n'importe comment pour exprimer un état d'esprit et un mode de vie qui sans être très complexes ne peuvent être réduits davantage qu'ils ne l'ont déjà été à une pratique préverbale rudimentaire. Le punk est quelque chose qu'il vaut la peine de détruire à toute allure. Espérons que cet article accélérera le processus. Le punk c'est être vieux et suffisamment intelligent pour comprendre que votre copine est trop jeune mais ne pas avoir les couilles de la flanquer dehors. Comme quand elle répète « PUTAIN MAIS QU'EST-CE QUE JE VAIS FAIRE DE TOI ? » quand vous lancez une vanne ridicule délirante et pochetronne comme seul Bukowski a le droit d'en placer, et au lieu de l'agresser ou simplement de vous replier sur vous-même vous gloussez avec indulgence. Le punk c'est jouer au père d'une chatte ado quand vous aimeriez être un requin mais n'avez pas les dents. Le punk c'est être coincé des mois plus tard dans le rôle du vieux grincheux tandis qu'elle drague des DJ locaux devant vous aux conférences de presse et que tout ce que vous pouvez dire c'est peut-être qu'elle s'en lassera parce que vous aimez le goût de sa cramouille et qu'aucune autre femme ne baisera toute la nuit au son de *Raw Power*. Le punk c'est quand vous la flanquez dehors et le même jour levez une poivrote la ramenez chez vous et buvez du gin et baisez et la nuit elle a ses règles dans votre lit et le lendemain vous reprenez du gin. C'est là que vous savez que vous sortez du punk pour devenir ce que certains pensent être un homme. Au moins il y a du sang pour en signaler l'endroit, comme dans les estampes de Grauman sur les caves de Pompéi. Avec toute cette histoire derrière vous vous n'avez plus l'impression d'être un punk. Je suppose que c'est à ce moment que vous êtes mûr pour les productions Jon Landau[104]. Ou alors pour une fenêtre poussiéreuse et des paupières qui ont besoin d'un cure-dent.

New Wave, août 1977

Lecteurs et lectrices en plein sado-maso

Il y a une très bonne raison pour que j'écrive et que vous lisiez les enfilades de verbiage bavasseux dont vous régalez présentement vos yeux défraîchis. Pour moi, c'est que j'en ai totalement et irrémédiablement marre de tous les magazines rock établis réguliers commerciaux payant mieux distribués parce qu'aucun d'eux ne me permettra de me branler dans ses pages, ce qui est manifestement un crime contre la nature. *Creem* est devenu un entrepôt pour charabia disgracieux écrit par des gens qui n'ont pas le talent, pas plus qu'ils n'ont (je n'ai pas peur de le dire) payé leur dû, nécessaire pour obtenir d'un lecteur – sinon peut-être de leurs mères et de leurs bonnes d'enfants – qu'il impose réellement à ses yeux le supplice du baratin avachi qu'ils y publient. En d'autres termes (je n'ai pas honte de dire ça non plus, en fait je n'ai honte de rien parce que je n'ai pas d'ego, vous devriez me voir chanter mes chansons sur scène un de ces jours, mais je ne vais pas utiliser cet espace pour me faire mousser, parce que John Mendelsohn[105] a été suffisamment pathétique pour servir de maître aux treize générations qui ont suivi, si bien que espérons-le vous aurez simplement la chance de me voir vomir mes fantasmes sur l'une de vos scènes locales je ne sais quand)... où en étais-je, je me perds... c'est une raison (une de plus) pour laquelle j'aime écrire dans des canards comme celui-ci, je peux me perdre et tout le monde s'en fout, parce que vous-mêmes étiez déjà perdus pour commencer, sinon vous ne publieriez même pas un magazine comme ça, je veux dire de quoi croyez-vous que le punk et toutes les conneries attenantes parlent, sinon d'être perdu, et non seulement d'en être conscient, mais bel et bien fier… comme me l'a dit une fois un professeur de diction gay, avec une lueur entendue dans les yeux, « J'ai eu certains de mes meilleurs moments quand j'étais perdu », et ce n'est pas non plus ce que je veux dire, je veux dire ne lisez pas ça de travers parce que je ne suis pas parano mais de toute évidence votre magazine ne vise pas le public d'*After Dark*[106], ce qui est bien, les hétéros ont dramatiquement besoin d'un organe de communication intime en dehors du Cher Abby qui comme le sait le premier crétin venu n'est pas hétéro du tout, en fait l'une des choses les plus stimulantes pour moi dans la prolifération des fanzines n'est pas seulement qu'ils défendent tous les grands groupes nouveaux du monde entier mais que je sais qu'ils sont publiés artistiquement dirigés linotypés imprimés relus sur épreuves etc. par des gens qui consacrent une part considérable de leurs heures d'éveil à se branler, qu'il s'agisse d'hommes/garçons ou de femmes/filles. Ce qui à propos si nous voulons tous ne jamais grandir nous ferions mieux de concocter quelques termes descriptifs nouveaux pour nos préférences – que pensez-vous de bites et garces ? J'entends bien que bite n'est pas franchement classieux mais je ne connais aucune femme qui ne serait pas fière d'être considérée comme une garce ; prenez par exemple Helen Wheels dont j'en suis sûr vous avez presque tous entendu parler, scène punk new-yorkaise et paroles du Blue Öyster Cult etc. à la base c'est simplement une fille TRÈS GENTILLE qui ne ferait pas (ne pourrait faire) de mal à une sauterelle mourante même si Sandy Pearlman[107] lui en donnait l'ordre… mais elle aime se faire passer pour une GARCE cuir noir chieuse macho coriace aux crocs de fauve aux yeux fondus palmée talons aiguille & bavant du venin de rat venu des profondeurs du métro new-yorkais… elle traîne avec des Hell's Angels et autres trolls rebuts de l'humanité pour renforcer cette « image », et non seulement ça mais puisqu'on en parle elle porte réellement une veste dans le dos de laquelle est emblasonné le slogan vertébral et stigmatisé « SOUS-HUMAIN » mais ce qui est encore pire elle a ce tatouage absolument atroce qui a vraiment l'air d'une merde mon gars je ne sais pas un quelconque ornement de capot sur une Oldsmobile 53 en rouge vert et bile gravé à jamais tout autour d'un de ses poignets et c'est quelque chose qu'elle portera jusqu'à la tombe qui espérons-le l'accueillera dans 120 ans environ si elle mange suffisamment de yaourt, c'est comme ce que Lenny Bruce disait à propos d'être Juif et d'être inhumé avec un tatouage, votre famille préférerait vous couper le bras et le balancer dans l'East River avant les funérailles, mais maintenant s'ils jetaient un coup d'œil sur l'un de ses companionados masculins j'imagine que les vieux d'Helen ne se sentiraient qu'à peine moins mortifiés si elle allait s'exiler vers un silo nucléaire enterré à 25 km sous terre dans le Nord Dakota, ce qui montre simplement qu'en dépit des nombreuses et convaincantes preuves du contraire il n'est pas si difficile que ça de passer pour un déviant tous azimuts typiquement américain au moins aux yeux de Mapa-Paman en l'année de nos grincements de gencive lassés 1977 et j'espère donc que vous autres ponques pticons saurez vous inspirer comme il convient de ce conte deux fois conté d'Helen Wheels et cesserez de vous sentir si foutrement navrés pour vous-mêmes que Phast Phreddie et moi-même vous mettions à mort à ce point. Ça, ou vous attacher à vos chaises hautes et vous faire écouter *The Idiot* pendant les huit prochaines années, au bout desquelles nous aurons un autre présidiot qui espérons-le sera Républicain et criminel de surcroît si bien que nous pourrons tous nous détendre et recommencer à nous montrer cyniques face au simple fait d'être vivant et tout le reste du sol au plafond et de ne pas avoir à porter l'onéreux fardeau de devoir penser que peut-être le rock et vous et moi et tous les autres fêlaids ne sont pas morts après tout si bien que les choses pourraient réellement aller mieux si nous extirpions nos doigts fébriles de nos trous du cul et parvenions à nous appliquer de nouveau comme nous l'avions fait à partir de 1963 ou par là dès que cet athlétique enfoiré de JKF se fût ramassé une pleine crânée de fin d'époque et tout le monde dès lors était devenu raide cinglé jusqu'à ce que Nixon arrive mais avez-vous jamais remarqué à quel point la cinglerie voyage par cycles, merde ça suffirait presque à vous convaincre de recommencer à tirer le *Yi King*. J'ai jeté le mien par la fenêtre après qu'il m'eut dit que j'allais épouser une petite blonde avec qui j'allais au lycée en 1963 alors qu'il n'y avait pas de blondes là-bas et que toutes les nanas vaguement verdoyantes du lieu faisaient deux mètres dix si bien que je pouvais les brouter sans me mettre à genoux ce qui faisait un bien fou à mon ego masculin ce qui à propos me rappelle que si Cherie Currie[108] lit tout ça j'adorerais te baiser bien que je sache que tu n'es qu'une garce débile qui pense que les Quaaludes sont l'apogée de la civilisation technologique occidentale, j'aimerais lécher ton clito jusqu'à ce que tu hurles et ensuite je te ferais sucer ma bite jusqu'à ce que je saigne la joie et ensuite je baiserais tes lèvres boudeuses rien que pour montrer à quel point je suis sensible et compatissant et ensuite je mordrais tes tétons pathétiquement adolescents et les lacérerais et les tordrais de ma bouche experte jusqu'à ce que tu hurles encore plus fort et mieux de vraie douleur sans romantisme ni guimauve un peu comme un intello russe torturé dans un asile soviétique pour avoir écrit de la poésie qui ne fait pas la pub du prolétariat et ensuite je me voûterais ramperais et peut-être même me vautrerais vers le bas en laissant une traînée de bave à travers le pâle tendre blanc trampoline entre tes nénés et ta mignonne boudine, je laisserais une traînée de bave comme un escargot en pèlerinage vers une cuve de sel, en fait je mousserais un peu infâme mais sans plus rien que pour ôter en la léchant la rouille Fowley des cercles intérieurs de tes globes oculaires, tes iris bousillés blessés brouillés qui sont comme les huitième et neuvième cercles de l'enfer, à propos duquel si vous voulez y aller lisez les *Chants de Maldoror* du comte de Lautréamont parce que c'est Satan et personne d'autre qui les a écrits et qu'ils prouvent pour l'éternité que Satan n'est absolument pas un punk rocker, et ensuite je sucerais les brins emmêlés de ton nombril dénoué jusqu'à ce que les sandwiches au thon de mardi dernier sortent en ruisselant de tes tripes saignantes par un trou large comme ta chatte en même temps que des Percodans à demi digérés et j'avale toute cette gadoue aussi, et ensuite vers le bas vers le bas vers le bas avec une obsession monomaniaque parce que j'entends réellement dévorer tes ongles de pied jusqu'à leur vernis platine Cherie, alors en bas je tchave pour me prélasser et m'armonner comme une taupe ou un poulain dans la forêt calédonienne de tes poils pubiens, ce qui veut dire qu'avant il faut que je bouffe ton minou je baverai partout sur ce qui croît comme un jardin de la victoire juste au-dessus en fait pire encore j'enfouirai mon visage de fou flegmarctique dans la forêt à la Hansel & Gretel de ta foufoune et fouillerai du groin jusqu'à ce que ma folie soit satisfaite, après quoi tout naturellement je prendrai ton clito clignotant couleur rubis et désormais manifestement prêt sur la pointe de ma langue totalement contrôlée et félinement furieuse et retenant la rage finale de mes deux ans au moins de désir je jouerai des claquettes et « Till There Was You » sur ce joli petit noyau de ton être fondamentalement gélatineux, je te lécherai de manière hésitante à dessein jusqu'à ce que tu hurles comme un chien éviscéré et frappes des poings de manière répétée contre le mur au-dessus derrière ta tête contorsionnée jusqu'à ce que tes deux mains ne soient plus qu'une pulpe sanglante juste bonne à écraser du raisin rital pour en faire un vin pourri mais d'un prix raisonnable que les branchés en blazer qui lisent le magazine *New York* sont fiers de servir à leurs hôtes en veillant toujours à en prononcer le nom de manière si parfaitement exacte tu sais au fond ils n'ont pas la moindre idée de ce qu'ils servent ou si c'est autre chose que de la lavasse, et c'est bien ce que je veux de toi Cherie, la lavasse qui dégouline à l'intérieur de ta chatte frétillante tandis que je plonge ma langue devenue folle marbrée craquelée par le speed inondée de vin dans ta cavité intime mystérieuse éternelle bouillonnante étincelante flashante intemporelle arquée se contractant avec abondance et frémissant en plein délire aussi profondément que je peux, je veux dire je vais te brouter pouffiasse nulle comme jamais tu ne l'as été car je parie que disons Robert Plant n'a jamais été aussi attentionné, ce pédé voulait sans doute simplement que tu suces sa chétive bitoune rosbif après quoi il s'est retourné sans dire un mot (non qu'il en ait dit un autre avant) et s'est endormi en ronflant serrant son oreiller comme tu aurais aimé qu'il te serre tandis qu'il klaxonne des quintes diminuées qui passent pour le Zed rêvant d'escaliers menant au paradis ce qui dans sa cervelle de perruche assiégée ignorante n'est jamais qu'un endroit où les hippies gardent leur jeunesse quand ils atteignent 30 ans et que comme la nature le veut toujours les bonnes vieilles bajoues commencent à s'affaisser comme pour tout homme d'affaires approchant l'âge mûr, je veux dire merde Cherie si tu peux baiser un comptable dérisoire comme ce nullard tu peux certainement ouvrir grand ton miam-miam collant crème glacée lapin en sucre pour un fou poussé par le destin comme moi, je ne suis pas fier, j'aimerais simplement goûter le doux doux centre de tes petits pains au miel, j'y pense depuis que j'ai vu la pochette de ton premier album, je ne me suis même pas soucié du fait qu'à appliquer les normes coutumières de la critique rock je crois que toute ta musique est nulle rongeurs syphilitiques morts dans les caniveaux des petites rues de Tijuana depuis près de dix ans, sauf « Born to Be Bad », c'est-à-dire j'aime cette chanson, mais de toute façon qui se soucie des chansons ? Tu te soucies des miennes ? Bien sûr que non. Tu veux sucer ma bite et/ou (choisis pour savoir ce qui passe en premier ou après) la sentir pulser follement back in the USA ce qui n'est que la région la plus lointaine au-delà du temps au-delà du désir au-delà de la citoyenneté humaine et même au-delà de Mercury Records qui ne peut te baiser davantage qu'ils n'ont baisé les New York Dolls, profondément plongée là-haut dans le pays imaginaire de ta chatte palpitante et paniquée qui une fois la baise terminée se lèvera vidée et épuisée et dévastée et fléchie du lit de la chambre d'hôtel d'où je contemplerai ton cul oscillant comme le corps tout entier de Tina Louise dans n'importe quel vieil épisode de *Gilligan's Island*, je te verrai là nue et vulnérable et sans défense et même un peu triste comme tous les humains dans la lumière de l'aube après l'amour, je te verrai t'éloigner de mon délire au foutre épuisé de mes yeux couverts de pièces de monnaie égyptiennes, moi ayant l'air de quelqu'un d'enfermé et de captif de la plus puissante des drogues encore même pas inventées, des drogues qui feront ressembler l'héroïne au Fat Albert Show, et toi avec ton petit cul blanc serré disparaissant de mes yeux pleins de désir et pourtant fondamentalement blasés parce que sachant à quoi s'en tenir, à travers la pièce, dans les moitiés d'ombres du pays lointain oh disparu depuis si longtemps impossible entre le placard où sont suspendues des robes à dos nu et la salle de bain où dans l'armoire à pharmacie se trouvent les Percodans et les valiums dont je vais avoir plus besoin que jamais dans une vingtaine de minutes parce que c'est vraiment une gueule de bois qui restera dans les annales, c'est pourquoi je publie ça ici, j'ai bu le cognac de ta fente détrempée et ivre de la réalisation de ce rêve je me rends compte qu'il ne me reste plus rien d'autre à faire dans la vie qu'à écouter de vieux albums de Neil Young et du Strawberry Alarm Clock en 78 tours sur une platine qui tourne dans le sens inverse des aiguilles d'une montre, tu as assassiné mon cœur en engouffrant ma bite Cherie, alors je boirai la sueur de mes globes oculaires dans ma main en coupe tandis que je te vois traverser la pièce, enfiler souple comme l'enfant ce qui est pourquoi je voulais te profaner d'ailleurs, la culotte de soie pourpre avec le petit visage de Riri sur le mont pubien (en grandissant Fifi et Loulou sont devenus homos, ils sont sur le slibard brise-couilles Fred Halsted que porte Sylvester Stallone parce que c'est son seul moyen d'avoir la gaule pour pouvoir baiser Ernest Borgnine, ce qui est son fantasme personnel), je te vois enfiler légère comme une ballerine comme le dit Van Morrison dans *Astral Weeks* un album que tu es trop bête pour apprécier, le feuillage à peine plus épais qu'un Kleenex conçu pour dissimuler ton propre feuillage vibrant et sacré, puis ton caleçon que j'aimerais que tu ne portes pas parce qu'il a l'air si tarte, mais ça m'est bien égal, je ne t'aimerais pas si tu n'étais pas aussi foutrement ringarde et en retard d'au moins sept ans sur l'époque, puis dans les profondeurs du placard tu tends ton mince bras blanc pour placer cette robe avec le visage du Fonz en couleur dessus juste entre tes nénés parce que comme toute bonne Américaine patriote tu es religieuse et rends à César les tétons-bannières tremblotants qu'il est seul à mériter, suivi bien sûr par le passage de tes délectables talons que voilà 15 minutes à peine je léchais comme s'ils étaient les esquimaux du paradis dans tes escarpins à talon aiguille qui sont aussi rouges que le sang des victimes d'Idi Amin Dada qu'on retrouve entassées dans le barrage du lac Victoria avec leurs corps en décomposition caoutchouteux détruits par l'eau qui oscillent doucement dans les courants silencieux toujours plus lents des profondeurs sans pitié, je vois ces orteils léchables où le péché pétille glisser dans ces chaussures comme une lame dans un fourreau espagnol fabriqué par un assassin portoricain des Rockefeller et des Beame et caché bien profond dans la doublure de sa ceinture ou à l'intérieur de ces bottes qui sont faites pour marcher tu franchis la porte et je te vois avancer en te pavanant comme une espiègle panthère sorcière garcesse violeuse experte laissant dans ton sillage une autre bite décimée, et tandis que tu fermes la porte derrière toi pour aller te faire interviewer par *Rolling Stone* et dire à Ben Fong-Torres quel bon coup je suis je me retourne de désespoir et d'ennui et ferme les yeux aussi fort que des rires préenregistrés de manière à pouvoir ouvrir la bouche et émettre un geignement si long et si grave et si solitaire qu'ils l'entendront jusqu'à Topeka par-dessus leurs Cheerios. George Jetson, récemment arrivé dans le Kansas pour gérer un dispensaire de coton-tiges, laissa tomber sa cuillère dans son bol de breakfast, où elle traversa des céréales détrempées pour heurter en plein visage au fond un portrait commémoratif de JFK et les larmes aux yeux dit à son épouse Irma (il avait divorcé de celle du cartoon show en découvrant que c'était une DJ disco lesbienne aux tétons percés dont pendaient des badges rouillés « I Like Ike ») (vous ne voudriez pas non plus sucer des tétons pareils, admettez-le) (d'ailleurs sa moule était obstruée par un tirage en couleur de la famille Carter – pas ceux qui ont épousé celle de Johnny Cash mais oui les nazes du côté de la Maison-Blanche – tous se suçant mutuellement en lisant *The Watchtower*[109]) (de quoi faire perdre tout intérêt à tout homme ou toute lesbienne), il cessa de mastiquer son fourrage et dit à son épouse « Jésus crise, Irma, tu as entendu ça ? Lester Bangs a finalement réussi à baiser Cherie Currie et il n'en est même pas heureux. Qu'est-ce qu'ils ont donc, ces petits malins hollywodiens ? Ça suffirait à vous faire résilier votre abonnement à *People* ! » Sa femme ne dit rien, c'était une sourde et muette, en fait c'est bien pourquoi il l'avait épousée ; il se souciait peu des préférences sexuelles des partenaires qu'elle avait eus avant du moment qu'elle ne puisse l'ouvrir. Mais Irma, comme tant de sourds-muets, brûlait de toute une Grande Charte à crachats d'éloquence cristalline dans les lointaines profondeurs stalactisées de son esprit. Elle pensait que Lester s'ennuyait parce qu'il savait comme elle que pour en revenir au sujet de départ de cet article agressivement futile Cherie Currie ne pourrait jamais en un éon de grandes vacances être un tiers du coup qu'était Helen Wheels et qu'elle est toujours avec une grande lèvre nouée autour des oreilles ce qui fait qu'elles sont toujours humides et que tous les mecs veulent les lécher. Et Irma, comme d'habitude, avait raison.

Back Door Man, juillet-août 1977

Notes de pochette de *It Falleth Like Gentle Rains from Heaven – The Mekons Story –*

Les Mekons sont sans doute le groupe le plus révolutionnaire de toute l'histoire du rock. Ils sont également les meilleurs artistes à avoir fait bénéficier cette forme certes quelque peu dégénérée de la grâce de leur sensibilité esthétique, aussi raréfiée qu'un regard à travers une aile de papillon. Les muses ont englouti de la cantharide pour ces mecs-là. Collectivement ils constituent une sorte de plafond de la Chapelle Sixtine sous lequel le pathétique potage foutraque que communément on appelle en ricanant la « scène rock », de PIL à Black Oak Arkansas, ne peut que jeter des avant-bras couverts de bubons sur des groins incrustés d'ordures, et repartir en rampant vers les profondeurs sans fond de la lavasse industrielle.

Vous souvenez-vous de cette scène dans *Seven Beauties* de Lina Wertmüller où un déporté de camp de concentration se suicide en plongeant dans une cuve remplie de grumeaux suppurants d'excréments humains, et à peu près de la taille de la piscine de Troy Donahue dans la turne qu'il possédait à La Cienega à l'été 1963 ? Tout ceci parce qu'il préférait mourir les poumons pleins de merde que d'endurer un instant de plus cette parodie passant pour une existence ? C'est ce que John L⋆d⋆n m'a dit ressentir après avoir écouté ce nouvel album des Mekons. « Faut que je laisse tomber », a-t-il gémi, renversant sa bouteille de Tetley's et NE PRENANT PAS LA PEINE D'EN COMMANDER UNE AUTRE ! Il a pris son flacon de cristaux de méthédrine et en a déversé le contenu par la fenêtre des bureaux de Virgin Records, où il fut rapidement dévoré par un groupe de nonnes en chaleur qui passaient et se mirent à s'astiquer frénétiquement tout en se lamentant avec un geignement douloureux et funèbre glacé par le vent de ne pas savoir où se trouvait « Killer » Joe Piro, comme d'ailleurs Monti Rock III...

« Mec, je pensais les avoir entubés avec cette merde Public Image mais ces gars-là m'ont percé à jour ! Je suis foutu ! »

À cette occasion la planète Terre est donc débarrassée d'un ingrat pleurnichard de plus. Les Mekons peuvent désormais occuper la place qui leur revient sous les tonnelles les plus élevées des Sanctuaires sanctifiés du Rauque (en co-location avec Wolfman Jack et Sid Bernstein). ILS SONT MEILLEURS QUE LES BEATLES. Et même que Budgie et REO Speedwagon réunis. Ils ne viennent pas enterrer l'industrie du rock mais la faire saliver. Ils m'ont donné quinze cents dollars pour écrire ce texte. Et leurs papas sont riches, c'est pourquoi ils peuvent continuer à sortir cette gadoue. Je n'ai jamais écouté leur album. Je ne l'écouterai jamais. J'ai des choses plus intéressantes à faire, comme arroser mes bégonias ou passer *Music for Pizzerias* de Brian Eno à mon poisson rouge, pour essayer de le faire décrocher du valium. La musique est tout entière foutaise sans valeur aussi désuète qu'un face-à-main dans une course de stock-car en Caroline du Sud. Je n'en écoute jamais, et les Mekons non plus. Ils se contentent d'en faire. Il faut bien que chacun fasse quelque chose. Le conseil que je vous donnerai est de vous suicider. Mais achetez d'abord ce disque. Ça fera un joli plateau sur lequel votre parenté éplorée pourra poser son whisky et son eau plate.

Janvier 1981

Accrochez-vous-la où je pense

Le présent article constitue un témoignage sous serment certifiant que j'ai bel et bien acheté un 45 tours intitulé « Bette Davis Eyes » de Kim (du moins *je crois* que c'est Kim) Carnes. J'ai oublié sur quelle marque c'était, vous pouvez le chercher quelque part si ça vous intéresse. Vous pouvez le trouver si vous vous donnez du mal. J'ai également vu Mme Carnes interpréter cette chanson à la télé. C'était un petit bout de bande gothique/nouveau romantique/SM/etc. où Mme Barnes, je veux dire Carnes, blonde d'origine apparemment irlandaise, branlait à la troisième personne tous les pesants regards aguichants qu'elle-même ou quelqu'un d'autre pouvait arracher de son cher petit corps, tandis que la caméra reculait lentement pour révéler des gradins sur lesquels des femmes vêtues de noir giflaient des hommes vêtus de blanc ou vice-versa j'ai oublié quoi, en tout cas c'était en rythme.

Bien que je vive à Manhattan, je dois confesser une certaine ignorance des activités de loisir plus raréfiées de certains de mes voisins. Si un lecteur de ce magazine a vu ce clip vidéo et peut m'expliquer ce que faisaient ces gens, pourrait-il entrer en contact avec moi ? Réponse immédiate, discrétion assurée.

Pour ce qui est de Mme Carnes, je suis désormais informé qu'elle ne braille pas pour rien ni ne se livre au moindre chantage. C'est une femme discrète et modulaire qui sait rester dans le coup : immédiatement avant d'entrer dans le guignol New Wave où fut tourné le clip ci-dessus mentionné, elle avait enregistré et sorti un LP à succès « en duo » avec Kenny Rogers. Si l'année prochaine les Mets gagnent les World Series elle pourra chanter l'hymne national, et si en 1984 Idi Amin Dada est élu Président des États-Unis, elle pourra siffler des airs de la Chine ancienne parmi ses pâles concubines. Elle est la tenture, mais qu'est-ce qu'elle recouvre ?

Les accroches, voilà quoi. Et *à pleines pelletées*, mon pote. Je suis par ailleurs informé qu'elles sont *l'élément secret magique,* que si vous en fourrez autant que vous pouvez dans un single il pourrait bien illuminer *Billboard*. OUAIS LES GARS ! UN HIT !!! Dionne Warwick montre du doigt et sourit. C'est bien. Ouais.

Vous pourriez le prendre de haut et dire : « Qu'est-ce que c'est que ces fichues accroches et d'où viennent-elles ? » On passe à une prise en extérieur. Le Noir desséché fait dûment son apparition à l'écran, en bas duquel apparaissent les mots « Aberdeen, Mississippi ».

« M. White, quand vous avez écrit les paroles et les notes adjacentes de "I'm looking far in my mind, and I believe I'm fixing to die[110]", aviez-vous la moindre idée de la fabuleuse accroche progressive qu'elles contiennent ? »

« Merde, vous plaisantez ? Vous me prenez pour quoi, une curiosité locale ? Nous nous sommes d'abord livrés à des sondages démographiques approfondis, qui nous ont révélé qu'il y avait dans ce pays un sentiment de nihilisme dû aux actuelles conditions de la Dépression, et qui pourrait rapporter gros si nous juxtaposions les accords et les paroles qu'il fallait ! Les gens veulent toujours transformer ça en je ne sais quelle apocalypse alors que c'est simplement leur pitoyable petite culture qui part à vau-l'eau, vous voyez ce que je veux dire ? Alors je me suis assis, j'ai écrit ça dans le mode approprié, et dieu sait si nous avons pasteurisé le truc ! »

« Il y avait d'autres accroches dans cette chanson, M. White ? »

« Bien sûr, andouille ! Nous avons veillé à y insérer une connerie sur les "familles", "maman" et autres trucs du genre pour que les gogos continuent à croire qu'ils avaient droit à la "touche personnelle". »

Il rit.

Écoutez-moi bien. Je hais les accroches. La première fois que j'ai vu ce mot, c'était en 1969, dans le compte rendu d'un album de Shocking Blue paru dans *Rolling Stone*. L'auteur avait manifestement découvert que les compositeurs de chanson s'en servaient de temps en temps, et nous informait que dans leur hit « Venus » le riff de basse était la toute-puissante accroche, cette petit trouvaille mélodique ou rythmique irrésistible qui vous poussera à y revenir sans arrêt et à acheter acheter acheter.

Plus récemment, je suis sorti un vendredi après-midi et j'ai acheté *Sucking in the Seventies*. *Ça* c'est une accroche ! Les Stones n'ont nullement pensé qu'une réaction brutale de type « majorité silencieuse » pourrait affecter les ventes, mais ils savaient pouvoir compter sur des gens comme moi. Je n'ignorais pas que c'était un tas de merde, mais une partie de moi-même a menti à l'autre partie et a dit que peut-être quelque part là-dedans il pourrait y avoir un peu de la force d'âme stonienne primordiale, ainsi que des révélations précédemment inédites sur l'état actuel des mœurs, des indications sur ce à quoi nous pourrions jouer. Bon, d'accord. J'ai donc payé le truc six dollars, en partie parce que je pensais, en fait j'y croyais, que quand Mick chantait « New York, get up, get out, get into something new » dans « Dance (Part One) » sur *Emotional Rescue*, il pourrait effectivement nous dire ce que ce quelque chose de nouveau pourrait être dans « Dance (Part Two) » (qui bien entendu est UNIQUEMENT disponible sur *SITS*). Je peux donc désormais être officiellement certifié et estampillé CRÉTIN. Ou rien qu'une poire, mais c'est simplement une des accroches des Stones. Ils confessent que pendant la plus grande partie de la décennie ils étaient nuls, mais nous aussi, hé on est un gros tas de chouettes copains, sauf que devinez qui était le plus naze ? Je vais vous dire, ils en ont eu un million, même en tenant compte de la crise de l'énergie.

J'ai aussi acheté « Bette Davis Eyes », comme vous. Je pense que c'est une petite chansonnette hideuse et je veux qu'on me rende mon pognon immédiatement pour pouvoir aller acheter une bouteille de Sunkist, mais c'est cette histoire d'accroche qui m'a bousillé. C'est en partie, je dois l'avouer, simple envie, car j'écris des chansons et, peu après avoir commencé, un ami (lui aussi rock critic, vous devriez voir nos cravates Vieille École !) m'a informé : « Tes chansons ne sont que des poèmes mis en musique. Il n'y a pas d'accroche dedans. » Et voilà qu'il sort son exemplaire de *Armed Forces* d'Elvis Costello et le balance sur la platine : « Voilà un exemple d'album où toutes les chansons en ont plein partout ! »

J'ai écouté. Ça sonnait toujours comme un Rosbif qui se prend un zéro pointé dans le cours de Bruce Springsteen, que ça fout en pétard de manière très exagérée, et qui sonne comme Springsteen sonnant comme une imitation vraiment mauvaise mais rondement menée du Band, avec peut-être un peu de Gary Lewis and the Playboys, POUAH, genre de réaction que j'ai eue également pour les pareils de Graham Parker, pauvre nullard. Si bien que peut-être vous pourriez voir là non seulement simple envie, mais aussi une preuve que j'ai mauvais goût (jamais aimé *Layla* non plus, alors ça règle l'affaire).

D'un autre côté, il se peut qu'au fil des années j'aie écouté une accroche de trop, ou la même recyclée une fois de trop. Ça vous est peut-être arrivé aussi. On m'a également appris en chemin que les accroches peuvent prendre toutes sortes de formes au-delà d'un changement dans la musique ou d'un vers dans les paroles, ça peut être un soupir particulier, une petite chiquenaude rythmique arbre de Noël, ou même, pour ce que j'en sais, sifflets sirènes ou tenailles. On sait que ça marche. Et si vous mentionniez quelque chose du genre « Leader of the Pack » par les Shangri-Las, je concéderais volontiers que *ça*, c'était une chanson avec des accroches partout, à vous flanquer par terre. Mais ce que les gens, aujourd'hui, entendent par accroche, ce sont des riffs aguichants qui ont marché pour les Beatles ou pour dieu sait qui alors pourquoi pas pour *nous* ?

Pour ce qui est de cette accroche en trop, je n'ai pas écouté la radio, quelle qu'elle soit, depuis le temps où « Band on the Run » était un hit et que, roulant en voiture, je l'ai entendu pour la 983e fois, me suis énervé je ne sais pourquoi et ai éteint le poste, à perpétuité. Vous lisez les phrases d'un critique musical qui en ce moment même, ou à tout moment, n'a absolument aucune idée de ce que peuvent être les singles et les albums du Top Ten de ce pays. Enfin, une vague idée – si je vois Bruce Springsteen ou REO Speedwagon sortir de nouveaux albums, je sais qu'ils seront dedans, mais pas la manière dont sonne REO Speedwagon, ou plutôt je ne les reconnaîtrais pas si je les écoutais mais je sais bel et bien comment ils sonnent et je dis non merci. Les charts me tombent sous les yeux à l'occasion, mais quand j'essaie de les examiner ils se brouillent aussitôt. La dernière fois que j'ai jeté un œil sur les classements boogie sudiste, on se demandait si le genre pouvait se maintenir dans les ventes régionalement garanties, vous voyez à quel point je suis incurablement hors du coup.

La vraie question, toutefois, c'est : est-ce que quelqu'un parmi nous *veut* le savoir ? Est-ce que vous laissez la radio branchée simplement par habitude ? Est-ce que 90 pour cent de ces chansons veulent dire quelque chose pour vous ? L'industrie du disque connaît une dégringolade massive des ventes, mais c'est peut-être parce qu'ils sortent des disques que personne ne peut écouter. Je ne *veux* pas entendre parler ou savoir quoi que ce soit de chansons comme « Bette Davis Eyes », parce que leur existence même me fait gerber en raison de ce que ça implique sur l'attitude du fournisseur envers l'audience qu'il cible, et qui fondamentalement se réduit à l'hypothèse chère aux maisons de disques que tout le monde est débile. Le vieux plan P.T. Barnum[111], etc. Et l'idée même de l'accroche implique la séduction (et la trahison ?) de l'auditeur, de toute façon. Croyez-moi, les musiciens et les techniciens de studio qui fabriquent ces trucs, sans même parler des DJ qui doivent les passer toute la journée, ont autant de mépris que moi pour ça, et si vous les achetez ils en auront encore plus pour vous.

L'industrie musicale a toujours été cynique, mais son cynisme actuel est effrayant, irréel. Je sais que ce n'est pas la première fois qu'ils ont réussi à faire passer une pub en couverture d'un magazine, mais en ce qui me concerne j'ai vraiment apprécié ce récent numéro de *Rolling Stone* où Tom Petty tenait un billet d'un dollar tout en clignant de l'œil à l'objectif, tout ceci impliquant que si VOUS (le Consommateur, toujours sur le qui-vive) achetiez SON NOUVEL ALBUM – pour lequel, ai-je entendu dire, il a ordonné aux Grosses Légumes de baisser le prix d'un dollar ou de ne pas le monter à 9,95 dollars pour 10 petites mélodies sous une pochette en carton –, si vous alliez acheter ce machin, oh mon gars tu pourrais même peut-être t'en mettre plein les fouilles le Seigneur soit loué. Tom Petty t'aimera, il te tapera sur l'épaule, MCA hochera la tête d'un air approbateur, *Rolling Stone* t'adorera pour avoir déjà claqué plus que le dollar en question en achetant la revue, et trouvera dans quinze jours une insulte encore plus stupéfiante que quiconque aimant penser qu'il est hip prétendra ignorer tout en sachant secrètement que c'est aussi bon que *People* pour le bus ou le métro – faut bien avoir quelque chose, bon dieu !

Et tandis que Tom lui-même enfile les Bottes du Nouveau Springsteen (certains pensent encore que le monde n'a jamais eu besoin de l'ancien) vous venez pratiquement d'accomplir un acte patriotique en allant acheter non seulement *Rolling Pub* mais aussi cet album nul où tout sonne comme du Byrds/Stones recyclé et comme l'omniprésent SPRINGSTEEN… certaines des chansons sont des nouvelles que Tom a commencées mais pour lesquelles il n'a pas trouvé d'intrigue. Un type crasseux dans une chambre d'hôtel, vous connaissez le machin, une chanson sur les clients de passage, c'est un gros truc en ce moment tout comme M. White le disait des années 30, ou alors une fille, peut-être plusieurs, qui le foutent en pétard mais il ne précise jamais pourquoi si bien que vous ne pouvez pas savoir si c'en était une qui lui a fait du mal ou tout un défilé… Bon dieu, c'est vraiment pathétique. Mais. Quelqu'un, quelque part, pense qu'il a ce CERTAIN FEU. Écoutez, il s'est donné le mal de piquer les accroches de tous les standards les plus évidents du milieu des années 60, pour les fourrer dans ces carabines diesel sous lesquelles son groupe s'époumone. C'était assez bon pour le mettre en couverture de *Rolling Stone*, alors ça devrait l'être suffisamment pour vous. Même si le produit en question ne peut m'inspirer de points d'exclamation, vous feriez mieux de ne pas écouter mon bavassage élitiste et de garder l'œil à tout prix sur ce gamin. Il ira loin. Faut bien que quelqu'un y aille.

Music and Sound Output, mars-avril 1982

Le mauvais goût est éternel

Quelques extraits du journal d'un fêlé...

J'aimerais clarifier certaines déclarations récentes, faites ici et ailleurs, sur la nostalgie et les habitudes d'écoute, car je pense que moi, dans mon dernier article, et beaucoup d'autres, sommes récemment tombés dans la manie de brouiller ou d'employer à tort et à travers le mot « nostalgie ». Par exemple, j'ai écrit dans une autre publication : « Ce que je faisais [*en 1981*], c'était, comme presque tout le monde... d'écouter de la vieille musique, du moins quand j'écoutais quelque chose. » J'ai donc reçu une lettre d'un môme me reprochant d'avoir cité Beck, Bogert & Appice comme une de mes préférences auditives plutôt que, disons, X ou Joy Division : « Comment peux-tu être nostalgique à ce point ? Ignores-tu donc qu'il y a toutes sortes de grands groupes *nouveaux* comme The Fall, Fad Gadget, les Dickies, Clock DVA et Orange Juice ? » Un autre lecteur écrivait : « Pourquoi ne pas simplement casser ton narguilé, fourguer tes albums de Blind Faith et prendre ta retraite, vieux débile ? »

La réponse à cette dernière question est que je n'ai, pour commencer, jamais aimé Blind Faith, et que la marijuana fait ressembler *n'importe quoi* à Fad Gadget et à The Fall. Ces gens confondent nostalgie et goût, erreur assez répandue de nos jours. Depuis l'avènement de la New Wave, il est considéré comme pas cool, voire comme un franc aveu d'effondrement face au choc du futur, d'admettre aimer tout ce qui a été enregistré avant 1977, plutôt que la dernière galette fabuleuse de Blighty ou de votre garage band local. C'est ainsi que le rédacteur en chef de

New York Rocker m'écrit pour me dire que mon attitude lui rappelle l'intransigeance bovine de Leonard Feather, vieux critique de jazz chenu, face au *Free Jazz* d'Ornette Coleman voilà vingt ans. Je lui ai répondu : « Malheureusement, toute cette bouse que chaque mois tu dis à tes lecteurs d'acheter n'est pas une avant-garde inéluctable qui sur le moment menace tout le monde mais qu'on réexaminera dans dix ou vingt ans pour se rendre compte à quel point c'était vital. C'est un tas de rien qui ne menace personne. »

C'est pourquoi je préfère écouter Hank Williams ou Beck, Bogert & Appice ou Charlie Parker ou les Royal Guardsmen. Je dois dire que les champions de l'actuelle « avant-garde » New Wave sont, pour l'essentiel, des effets de mode, et je peux vous garantir qu'il n'y aura pas de ressorties japonaises de Throbbing Gristle en 2000. Ce n'est même pas une si grosse controverse que ça, puisque la plupart des critiques ont peur de descendre beaucoup de trucs de ce genre, et que 99,9 pour cent du public reste indifférent.

Mais écouter de la musique enregistrée voilà vingt ou trente ans, ce n'est pas vivre dans le passé, ce n'est pas de la nostalgie. Celle-ci, selon mon dictionnaire est « ... un désir de quelque chose de très lointain ou de très ancien ou qu'on a connu dans d'autres circonstances. » La vérité est que les années 60, pour ne pas parler des années 50, étaient nulles, et que vous n'aimeriez pas revivre un temps où les gens faisaient des trucs du genre vous informer que vous étiez mentalement atteint ou pire si vous ne vouliez pas tirer une taffe sur un joint. Les années 50, c'était une époque où vous ne pouviez descendre la rue sans vous heurter à un hideux crétin furieux et frustré prêt à casser la gueule à quelqu'un (vous, par exemple) parce que sa copine ne le regardait plus. Personne de sain d'esprit ne voudrait en revenir à l'une ou l'autre de ces périodes, et c'est pourquoi les mensonges de fabrications guimauve telles que *Grease* ou *Beatlemania* sont si méprisables. Mais préférer Hank Williams ou Charlie Parker ou les Sun Sessions ou le Velvet Underground à Squeeze et Rickie Lee Jones et aux Go-Gos et aux Psychedelic Furs, ce n'est pas de la nostalgie ; c'est du bon goût. Tout comme écouter Beck,

Bogert & Appice ou Clock DVA et The Fall c'est du mauvais goût. Donc je m'en tiendrai au mien, vous avez parfaitement le droit de vous en tenir au vôtre, et peut-être qu'un jour il se passera de nouveau quelque chose et qu'alors vous et moi serons heureux.

Je sais qu'en écrivant cette rubrique je m'expose au danger de passer pour un fêlé. Un estimé collègue d'une publication à l'autre bout de la ville m'a même accusé de « pinaillages grognons », ce qui, si je comprends bien, est une référence au fait que je ne défends plus la doctrine de l'hégémonie adolescente (mais je ne la défendais pas non plus quand j'étais moi-même ado), et que je pense que 99 pour cent de la musique actuelle est nulle. Mais je soupçonne que certains de mes lecteurs pourraient bien être devenus des fêlés aussi. Quand avez-vous laissé ces rock critics vous convaincre d'acheter *Strength thru Oi*, ou lu votre dernière exégèse des textes d'Elvis Costello ?

Pour ce qui est de la nostalgie, voici quelques critiques express de groupes de rock récents (pour l'essentiel britanniques) :

Bow Wow Wow : sonne comme Sergio Mendez et Brazil 66 avec une boîte à rythme burundaise.

Fad Gadget : minable imitation des Doors.

Rip, Rig & Panic et *Pigbag* : jazz-rock merdique – ou, comme le disait un ami : « Tu te souviens du temps où Savoy Brown avait des cuivres ? »

Blurt : sous-James Chance (pas d'allusion venimeuse) nul affrontant le *honk* sixties Coltrane-Ayler-Shepp.

Blue Rondo a La Turk : groupe de samba incroyablement ringard.

Konk : deux minutes et demie de chutes de la section rythmique de Shorty Rogers en 1957 avec les mélodies supprimées au mixage.

The Lounge Lizards : dans lequel les bandes-son de feuilletons télé fifties sont prises à tort pour du be-bop.

Fingerprintz : les Lounge Lizards tournent disco.

The Gun Club : morne tentative de punkiser le blues à la Robert Johnson.

The Blasters : dans chaque chanson on reconnaît aussitôt où ils ont piqué les riffs, et pour la plupart c'est dans des hits Top Ten des fifties.

J'ai récemment pris part à une émission radio, en compagnie du critique Robert Christgau et du critique/DJ Pablo « Yoruba » Guzman, sur WLIB-AM, la station R & B de Manhattan. J'ai dit à Pablo : « La musique noire n'a plus d'âme. Et tu sais que c'est vrai ! J'ai pensé que tu apprécierais qu'un Blanc vienne te le dire. Elle n'a pas un iota de passion de plus que toute cette gadoue New Wave sur laquelle Christgau écrit. Tu écoutes vraiment ça ? »

Christgau répond : « Je ne considère pas que l'émotion la plus vive soit un critère valide pour juger de la musique. » (Il venait juste de dire : « Je crois que maintenant il sort plus de bons disques que jamais ! »)

Pablo dit : « Ah, je suis récemment allé à deux concerts qui m'ont paru vraiment émouvants. »

« Et de qui ? »

« Kraftwerk et Devo. »

J'en suis resté sidéré. Que répondre à ça ?

« C'était superbe, ajoute-t-il, de voir ces mômes, Blancs et Noirs, s'entendre comme ça. » (Notez qu'il ne dit pas que la *musique* lui ait fait quoi que ce soit.)

Je me suis un peu repris : « Ouais, parce que les uns et les autres veulent devenir des robots. Devo n'est qu'un tas de petites lavettes véreuses qui croient que si elles se débarrassent de leurs personnalités, leurs névroses disparaîtront aussi. Et tout le monde sait que depuis *Autobahn* Kraftwerk n'a cessé de décliner, même si "Showroom Dummies" était bon. Tu as vu tous ces idiots danser en boîte là-dessus : "We are showroom dummies, showroom dummies". "Ouais, ça c'est moi !" »

Il a pris un air ravi : « Ouais, ouais, c'est ça qu'on voulait : une bonne controverse à la Lester Bangs ! »

J'ai demandé à mon ami James Marshall s'il pensait que l'état déplorable de la musique actuelle avait des chances de s'améliorer. « Non, ça va être de pire en pire, parce que tout le monde est enfermé dans son propre truc et ne veut rien savoir de ce qui se passe à côté. Bientôt chaque groupe n'aura plus que trois fans, et personne n'aura plus d'amis. Ensuite, tu vas commencer à en vouloir à l'autre mec parce qu'il aime la même chose que toi : c'est ton domaine ! Comment ose-t-il marcher sur tes plates-bandes ! Alors les gens vont commencer à s'entretuer pour s'approprier les goûts musicaux de l'autre et empiéter ainsi sur l'espace hip du voisin. Comment pouvoir frimer à l'idée d'être la seule personne au monde assez cool pour apprécier je ne sais quelle merde New Wave, ou un groupe de blues ou un jazzman obscur, d'ailleurs, si tu découvres que quelqu'un d'autre aime ça ? Surtout, pas un mot à quiconque ! N'en parle même pas à ta femme ou à ta copine ! Garde ça bien au chaud dans ton walkman ! »

Music and Sound Output, juillet-août 1982

Notes inspirées d'un fan immédiat : écoutez-moi ça

Hé vous là. Je parie qu'en ce moment je peux lire dans vos pensées. Vous êtes là, cet album entre les mains, peut-être vaguement curieux, mais en vous demandant (et sans doute peu convaincu) si un truc aussi tordu que celui-là semble l'être pourrait réellement constituer une addition digne de ce nom aux trucs que vous passez souvent parce que vous aimez écouter ça, comme beaucoup d'albums de rock ou de jazz ou de quoi que ce soit. Je le sais, parce que je me suis trouvé bien des fois dans la même situation, et j'en ai vraiment marre de tous les rêves que ça m'inspire. Bien entendu, l'alternative pourrait être que vous ayez simplement claqué du pognon durement gagné pour un machin fantaisie zarbi juste bon pour une écoute, peut-être une seconde à Noël quand la famille est en visite chez vous, une ou deux vannes nazies débiles, et puis : « Enlève-moi ça ! »

La grande majorité des albums, nous ne le savons que trop, ne valent pas le vinyle sur lequel ils sont gravés. Qui diable pourrait bien vouloir d'une bande d'Allemands du milieu des années 20, sans doute morts aujourd'hui, chantant des harmonies qui sont un mélange bizarre de music-hall, de brailleries de tavernes, d'accords populaires alpins et, ce qui est le plus important pour moi et peut-être aussi pour vous, de blues noir, de gospel, de ragtime et d'influences jazz ? Ce qui en fait davantage qu'un simple article de fantaisie supplémentaire. Parce que quand ces types chantent Duke Ellington, ils ne plaisantent pas. Oh que non.

Vous lisez toujours ? C'est bien. N'ayez pas de peine pour Hannibal Records s'ils se ramassent avec ce tas de joyeux Teutons

– mais pour vous, si vous ne l'achetez pas. Car je vais le déclarer publiquement ici et maintenant : de ma vie je n'ai jamais rien entendu de tel. Ce qui veut quand même dire quelque chose, car au fil des années je suis devenu une sorte de musicologue, avec près de 4 000 albums couvrant tout de Mamie Smith and her Jazz Hounds à Teenage Jesus and the Jerks. Il se pourrait que j'aie mauvais goût (par exemple j'aime *vraiment* Teenage Jesus and the Jerks), mais au moins je connais bien le terrain.

Et plus j'écoute cet album, plus je suis impressionné par deux qualités dont il est prodigue : l'une est l'*âme*, et il est inutile qu'on vous dise à quel point il est difficile ces temps-ci d'en trouver dans *quoi que ce soit* de nouveau ; l'autre est que, pour autant que je puisse le constater, ce disque *n'a pas sa place dans le territoire.* Il crée le sien et le défend de façon magistrale. Il est trop enraciné dans le jazz et le gospel pour être vraiment « Allemand », mais bien entendu il est toujours européen du sol au plafond, suffisamment en tout cas pour que plus d'un auditeur ait éclaté de rire. Mais tous riaient de plaisir.

Qui plus est, j'admettrai publiquement que j'ai une affinité toute particulière avec les choses qui ne rentrent pas tout à fait dans une catégorie bien déterminée, en partie parce que je suis moi-même un indécrottable inadapté, par choix ou par destin ou par dieu sait quoi. Professionnellement, on me définit comme étant rock critic. Je l'accepte, d'autant plus que l'idée qu'il faille faire « carrière », plutôt que ce qui vous plaît à un moment donné, m'a toujours amusé, enfin quand elle ne me donnait pas envie de gerber. Bon, d'accord, je suis un rock critic. Je compose et j'enregistre de la musique. J'écris de la poésie, de la fiction, du journalisme grand public, du journalisme pour public restreint, de la gadoue beatnik, des lettres d'amour mortifiantes, des menaces de mort à des critiques de jazz blancs signées « Les Mau-Mau de East Harlem » et, une fois par an, ma propre nécrologie (dernière tentative : « Il était prometteur... »). L'important est que je n'ai pas la moindre idée du genre d'auteur que je suis, sinon que je suis certain d'être bon et que des tas de gens lisent ce que j'écris, et ça me plaît comme ça.

Ces notes peuvent vous paraître digressives, mais soyez patients, nous allons quelque part, et vous allez adorer. Cette histoire de « carrière », comme chaque fois que quelqu'un, me voyant jouer de la musique, dit : « C'est ça ta nouvelle carrière ? », me rappelle toujours une vieille nouvelle de Charles Bukowski intitulée *Est-ce un métier d'écrire ?*[112] Elle raconte comment il se réveille un matin avec la gueule de bois du siècle, gerbe, s'en va en titubant prendre un quelconque vol pourri à l'aube pour se rendre dans une fac de péquenots située dans le coin inférieur gauche du Dustbowl où le petit Cessna, désormais bien près d'être un vomitorium d'ampleur Aéroflot, va atterrir dans l'un des patelins les plus vieillots, nunuches et rustiquement délabrés d'Amérique. Après avoir montré au Grand Poète (car il est de fait que Genet et Sartre l'ont appelé le plus grand écrivain américain) l'endroit où il logera pour la nuit (un sac en toile de jute dans un congélateur débranché), ils le font entrer avec toute la pompe, la circonstance et le perçage du tympan gauche à la pointe de crayon Ticonderonga requis dans la salle d'honneur, où il entreprend de profaner les lobes des pèlerins assemblés, qui n'ont jamais rien lu de leur vie, par une heure et demie environ de descriptions monotones et pince-sans-rire de cunnilingus, de fellations et de positions du missionnaire (enfin, plus ou moins) avec des octogénaires borgnes et ankylosées du genou, et une petite gamine de 4 ans dont j'espère avec ferveur qu'il s'agissait d'un produit de son imagination et non d'un souvenir réel, ainsi que de toutes les variétés du mélange drogue-sexe-gnôle-orgie et un catalogue exhaustif des méthodes grâce auxquelles on peut suffisamment stradivariusser les cœurs de la police de Los Angeles pour que ces sémillants messieurs consentent bel et bien à vous accueillir dans un petit club privé très exclusif qu'ils ont créé pour l'édification des connaisseurs des Cabernet et des Beaujolais de l'existence tels que vous.

Le public, qui de sa vie n'a dépassé le bord extérieur du Bowl, apprécie comme il convient le décor picaresque de lieux tels que Pismo Beach, Hialeah et le centre des donneurs de sang d'East L.A. Charles Bukowski, plus grand poète vivant d'Amérique, né à Andernach, Allemagne, à peu près à l'époque où ces enregistrements furent réalisés, célèbre en France depuis qu'il s'est rendu, ivre, à la version hexagonale du Dick Cavett Show, refusant de porter des écouteurs pour entendre son traducteur, demandant à une critique littéraire s'il pouvait lui baver sur les mollets, et déclarant aux vautours culturels francaouis qu'ils auraient dû se balancer une bombe à hydrogène sur la tronche en ce jour de 1961 où Louis-Ferdinand Céline est mort, vu qu'ils n'ont plus produit depuis d'écrivain dépassant le niveau d'une pub Peugeot – cet homme, qui a publié 33 ouvrages jusqu'ici, dont *Confessions d'un homme assez cinglé pour vivre avec les animaux*, *Poèmes écrits avant de sauter par une fenêtre du huitième étage*, *Journal d'un vieux dégueulasse*, *Jours qui s'enfuient comme des chevaux sauvages à travers les collines*, *En compagnie de l'ennemi public n° 2*, *L'Asile juste à l'est de Hollywood*, *Un 45 pour payer le loyer* et *Douze singes volants incapables de copuler correctement*, se rassoit dans son fauteuil pivotant fatigué, rallume un cigare, ouvre une nouvelle Colt 45 et examine son auditoire. Apparemment vivre dans le Dustbowl n'encourageait pas la prolifération de gamins aux pieds nus et aux joues bronzées. Mais c'était bien ; assez de races supérieures comme ça. Non, ces petits branleurs semblaient positivement dépourvus de sang, assez semblables aux spécimens qu'on peut observer chaque jour de la semaine bourdonnant, bip-bipant, gazouillant et piapiatant dans le métro traversant le Grand Boston (si une telle chose existe). Et l'un d'eux finit par lever l'une de ses petites mains mortes et pourtant fébriles et bizarrement semblables à des griffes :

« M. Bukowski ? »

« Oui ? »

« Um… euh… uh, hum… Recommanderiez-vous à quiconque de faire carrière d'écrivain ? »

Et voilà la chute. Imaginez-vous demandant à Archie Shepp : « Me recommanderiez-vous de faire carrière dans le free jazz ? » Charles Bukowski a travaillé à la poste 14 années durant, heures sup comprises mais non payées. Pour finir, il a sombré dans un tel désespoir qu'un soir rentrant chez lui il s'est arrêté pour acheter une bouteille de whisky, douze canettes de bière et deux paquets de cigarettes ; comme il l'a dit plus tard, « Je voulais être écrivain et j'avais la trouille ». Cette nuit-là il se soûla à mort et écrivit une trentaine de pages. Le lendemain soir il se soûla à mort et en écrivit une quarantaine. La plus grosse part de ce qu'il retrouva le lendemain matin sur le sofa, et dont on peut être sûr qu'il ne se souvenait pas l'avoir écrit, était non seulement utilisable mais bon. Et même de la littérature. Beaucoup d'écrivains tentent de reproduire des expériences comme celle-là, vu qu'ils croient au mythe selon lequel pour bien écrire il faut être une épave alcoolisée. Et je suis heureux qu'ils y croient car ce sont presque tous des auteurs atroces qui finiront clodos au lieu de nous gonfler d'une manière ou d'une autre. Bukowski a écrit en 21 soirs un roman intitulé *Postier*. Il est disponible depuis 10 ans et a connu plusieurs rééditions. Je l'ai lu cinq fois. Ce n'est pas le livre de lui que je préfère. Charles Bukowski ne fait pas carrière.

Vous pourriez vous demander ce que tout ça peut bien avoir à faire avec les Comedian Harmonists. Hormis une origine nationale/géographique commune, qui est pur hasard, et le fait que je soupçonne que Bukowski aimerait beaucoup cet album, ce qui me retient ici, c'est qu'il existe certains types de productions créatrices – disques, livres, pièces de théâtre, monologues, et même simples vannes, appelez ça comme vous voudrez, dont l'un des aspects les plus importants, pour moi, est qu'elles *n'entrent dans aucun genre*. Pourquoi ? Parce qu'elles sont trop originales. Ou font preuve de trop de prescience. Ou sont simplement tordues.

Mais laissez-moi vous poser quelques questions. Qu'est-ce que *Sketches of Spain* de Miles Davis et Gil Evans pour vous ? C'est du jazz, puisque Miles joue dessus et même (gasp !) *improvise* ? C'est du classique, puisque ça comporte d'impressionnantes versions d'œuvres de compositeurs espagnols « classiques » (toute cette nomenclature arbitraire sera désormais citée entre guillemets) tels que Joaquin Rodrigo et Manuel de Falla ? Vous n'en savez rien. C'est bien. C'est comme ça que je vous veux. Bon, essayons le rock, quelque chose de pas trop obscur – disons

Astral Weeks de Van Morrison. Van y joue de la guitare acoustique et chante ses propres chansons dans un déferlement de poésie qui de mon point de vue ravirait Walt Whitman, et enterre tout ce qu'Allen Ginsberg a réussi à produire depuis 20 ans. L'accompagnement musical est assuré par des gens tels que le batteur Connie Kay, du Modern Jazz Quartet, le bassiste Richard Davis, qui a joué avec Eric Dolphy, et le guitariste Jay Berline, dont à ma connaissance la seule apparition sur disque est dans le chef-d'œuvre absolu de Charlie Mingus, *The Black Saint and the Sinner Lady*, œuvre elle-même inclassifiable, avec guitares flamenco, cuivres à la Duke Ellington, valses ardentes, bref un boucan sorti brut de décoffrage des rues de New York et semblable à une fusillade de lave : taxis qui klaxonnent, bébés qui naissent, gens qui pleurent, qui meurent, qui font l'amour, qui réconfortent tendrement l'être aimé blessé… C'est la vie tout entière, voilà ce que c'est, ce qui, je crois, définit la plus grande musique, ou la plus grande littérature, ou tout ce que vous voudrez. Mingus a voulu dire quelque chose sur la couverture, au dos et à l'intérieur de la pochette de *The Black Saint and the Sinner Lady* : là où le logo habituel proclame « The New Wave – ils ont appelé ça comme ça ! – of Jazz is on Impulse ! », il a veillé à ce que « jazz » disparaisse au profit de « Ethnic Folk-Dance Music ». Un peu ringard, peut-être, mais au moins ça dit bien ce que ça veut dire. Et petite, si tu as déjà entendu cet album, tu sais parfaitement que tu peux danser dessus. À travers le cimier du soleil.

Comme j'ai dû le dire précédemment, j'ai remarqué avec le temps que la musique qui a le plus compté pour moi, que ce soit en termes de bonnes vieilles associations jardinières (enfin, voyez, la romance et tout le truc), ou d'identifications profondément personnelles qui naissent quand cette confluence magique fait qu'un certain morceau de musique débarque à un certain moment et – devinez quoi ? – se révèle être le meilleur remède pour les maux du cœur ou de l'âme, un baume pour des nerfs déchiquetés, ce bouzin jet-stream mambo tropical quand le printemps explose en vous en un délire lubrique à n'importe quel moment de l'année – je finis toujours, je ne sais trop comment, par la musique, les bandes sonores de mes dernières escapades (car je suis vraiment chiant, j'emporte de pleines pelletées d'albums partout où je vais), refusant de tomber dans vos catégories génériques à ce propos avez-vous remarqué que dans les boutiques de disques elles sont de plus en plus étroitement définies si bien qu'un jour on se réveillera et le seul moyen de distinguer *The Heartbreakers Live at Max's Kansas City Vol. VII* de *Chuck Mangione Plays Rupert Holmes Gorillas for UNICEF* sera ce bon vieux CODE DE PRIX noir et blanc collé sur chaque album ? Nous avons avec les bases de données informatisées de véritables Nouvelles-Hébrides qui se foutent éperdument de ce que vous pouvez penser à couper je ne sais quels foutus cheveux en quatre ainsi *por exemplo* Judy Holliday et Billie Holiday après tout est-ce qu'elles n'étaient pas sœurs quelque part au berceau en tout cas on les classera ensemble de toute façon elles sont toutes les deux *mortes* après tout.

Et c'est là l'état des lieux présent et futur de l'industrie discographique, et c'est pourquoi je suis plus que simplement fier d'être associé avec ces gars-là. J'en suis honoré car, mes amis, si vous prenez mon petit verbiage au sérieux, achetez ce machin, rapportez-le à la maison et collez-le sur la platine. Je vous garantis que vous connaîtrez une expérience comme vous n'auriez jamais suspecté qu'il en existât une, du moins dans notre galaxie. Et ils n'avaient même pas à s'en remettre à des gimmicks débiles de synthé à la *Star Wars*. Que non point. Cette musique a l'air d'avoir été enregistrée sur les pistes de danse du Paradis et, oui, je parle de cet endroit où toutes ces émanations particulières se collent sur de petits nuages errants et s'hendrixifient un peu de temps en temps sur toutes ces harpes dorées. Et vous en avez une aussi, facile à jouer, non ?

Mais je vous entends toujours hurler : mais bon dieu de bon dieu d'où VIENT CE TRUC ? La réponse est que je n'en sais rien. Pas la plus minime idée. Je sais que ça a été enregistré en Allemagne avant Hitler, milieu des années 20 début des années 30, que tous les membres du groupe étaient Blancs, qu'ils ont absorbé la soul, le gospel, le blues, le ragtime et QUELQUE CHOSE D'AUTRE, AFRICAIN, qui vous fait vraiment passer des frissons glacés le long de l'échine (laissez tomber, Byrne et Eno, ces Teutons ne vous ont jamais précédés que de 55 ans !). Et vous entendrez également beaucoup de « r » roulés et de gloussements uvulaires purement germaniques, qui souvent font leur apparition aux moments les plus inattendus, chargés de vues palpables bien que déjà vues et aux contours indécis tirées des cartoons les plus chenus de la même époque, et cette musique était vraiment d'ampleur planétaire. C'est là une autre bonne chose : la diversité complètement inattendue de son attrait. Vous pourriez mettre ça en route et faire asseoir genou contre genou un fan du Grateful Dead fumeur de pétards à catogan et le plus desséché des artistes-nouveaux ponquelettes de SoHo à pommettes en chevrons, *et ils ne songeraient même pas à se griffer jusqu'au sang et à se rectifier les dents !* Même pas le plus petit tarin dédaigneux levé pour garder la forme. Les Comedian Harmonists défendent la Paix & l'Amour partout et toujours !

Et si vous voulez savoir pourquoi, je vais vous le dire. En raison de ce dont je parlais plus haut : ce que vous tenez entre vos mains n'est pas un plan de carrière. Ces gars-là n'ont pas enregistré, disons, « Creole Love Call » (le titre que je préfère par-dessus tout, et de loin ; je trouve que ça sonne comme si ça avait été enregistré dans je ne sais quel plan astral) parce qu'ils avaient entendu dire que Duke Ellington c'était hip, et que peut-être ce serait une bonne idée que d'enregistrer un produit américain de l'autre côté de la Grande Mare. Ils l'ont enregistré parce qu'ils adoraient profondément Duke Ellington et qu'ils avaient été si émus par l'original qu'ils devaient tout simplement le remercier d'une façon ou d'une autre et que fort heureusement pour nous c'était le meilleur moyen qui leur soit venu à l'idée. Je ne parle ni ne lis l'allemand, et presque toute la musique de ce pays, depuis que ces enregistrements ont été faits, me rend, au mieux, un peu nerveux. Mais je l'ai écoutée, en essayant au moins d'ouvrir les oreilles en quête du bon, parmi les marées de gadoue, depuis assez longtemps pour croire que je peux dire quand quelque chose s'accomplit, non seulement professionnellement et techniquement, mais avec une levée collective de cœurs purs en une démonstration d'amour longtemps attendue envers leurs mentors, leurs accompagnateurs, les uns les autres, les publics (de quelque genre qu'ils soient !) qu'ils pouvaient avoir – et, par-dessus tout, envers leur musique. Quand avez-vous, pour la dernière fois, entendu quelqu'un chanter pour le plaisir – sans mélange ?

Ce qui m'intéresse, c'est les gens qui ont des obsessions musicales qu'ils sont poussés à travailler. Dans le cas des Comedian Harmonists, je soupçonne que c'était un groupe de braves Allemands sans méfiance, qu'un jour un petit malin a fait tomber par terre quand ils ont entendu leur première musique noire américaine, ce qui doit avoir été pour eux comme une expérience religieuse (comme ce le fut pour moi, qui suis *né* aux États-Unis), après quoi ils n'ont plus jamais été les mêmes. Certes, ça a dû être un peu schizo par moments. Car il y a – toutes les délicates questions politiques mises à part – un certain côté émotionnel dans la musique américaine, une passion d'un genre particulier – et je ne parle pas seulement de la musique noire –, qui semblent absolument opposés à tout ce qu'est la musique allemande dans la structure, le concept ou l'attitude. Mais croyez-moi, il y a quelque chose de profond dans, ah, *l'âme* de cette société, une identité nationale ou je ne sais quoi, qui déclenche un appel d'urgence en direction des tripes chaque fois que ce grand rythme américain repart, la Voix du Contrôle, émettant depuis ces butins diffamatoires d'allure sépulcrale chargés d'angoisse, de crainte et de dieu sait quoi d'autre.

L'une des choses que je préfère dans cet album, c'est sa manière de transcender les vieux pièges exaspérants, habituels et sans doute inévitables, de tous ces machins orientés « nostalgie ». Je regrette, mais j'ai eu une enfance, une adolescence et une seule suffit amplement (surtout dans la phase pubère). C'est peut-être à cause de mon âge, mais je ne trouve absolument aucun référent pour cette musique. Et pourtant elle a quelque chose de familier. Elle n'a rien de flippant, ne tournez pas parano à l'idée que vous allez rougir et blêmir parce qu'Hitler rôde en coulisses. Ça n'a rien à voir non plus avec la décadence du Cabaret (que j'ai toujours haï), découpée et transformée en produit de masse kitsch. Comme je l'ai dit, cette musique vient de l'espace intersidéral. C'est pratiquement le seul moyen que j'aie de rendre l'effet qu'elle a sur moi. Brian Eno a dit à peu près la même chose à propos de sa découverte des groupes de wap-doo-wap américains des années 50, alors qu'il était un gamin vivant près d'une base américaine des Midlands. Curieusement, il se pourrait que ce soit donnant-donnant : nous leur avons donné les Five Satins, ils nous ont donné ça ; mais bon sang de bonsoir *qu'allons-nous bien pouvoir en faire ?*

Comme ces vieux titres de wap-doo-wap qui faisaient frétiller la perruque du petit Eno, ces enregistrements offrent peut-être leur message le plus important et le plus réconfortant en nous rappelant une fois de plus qu'on peut bien inventer tous les synthés, les ordinateurs, les modulateurs, les boîtes de distorsion, les consoles à 980 pistes et tout ce qu'on voudra – je m'en sers moi-même chaque fois que quelqu'un est assez sot pour me laisser poser les mains dessus –, mais qu'il n'y a jamais eu et qu'il n'y aura jamais aucun substitut à l'âme pure et à la franchise de la voix humaine, montant de cette gorge si tremblante de joie d'être le mégaphone officiel de ce temple des mystères et des délices sans fin qu'on appelle simplement vous et moi. Alors claquez quelques dollars sur cette galette unique en son genre (s'il y en eut jamais), étudiez les whoopies parfaitement purs et à fond les gamelles de ces castagneurs saucisse-choucroute, puis détendez-vous, laissez aller la tête en arrière, et émettez un grand bruit joyeux à l'adresse du Seigneur ou de qui vous voudrez agacer. Je serai à vos côtés.

Écrit en 1980 comme notes de pochette à l'album
des Comedian Harmonists, qui ne sortit qu'en 1999
Publié dans *The New York Times*, 5 septembre 1999

Adieu Sidney, sois sage

Comme il est enfin mort, et que je ne l'ai jamais rencontré, l'ayant simplement vu entrer en titubant, le regard vitreux, dans les locaux de la police quand je jouais au journaliste d'investigation pour le *Village Voice* le jour de la mort de Nancy Spungen, en octobre dernier, mon principal souvenir de Sid Vicious reste ce qu'il fut alors ; quelque chose que le photographe Joe Stevens m'a dit, voilà près d'un an, pendant que Johnny Rotten logeait chez lui après la tournée américaine des Pistols : « Ah, Sid est un peu comme une girafe à qui on jette des pilules. Un enfant qui meurt. »

Joe est un ami à moi, plus ou moins, mais je n'ai pu m'empêcher de noter, à l'époque, à quel point il disait ça négligemment. Et croyez bien que ça ne signifie pas que j'étais moins désinvolte que les autres. Quand Sid a fini par faire ce qu'il avait tenté de se faire depuis des années, j'ai aussitôt appelé Robert Christgau au *Voice* pour voir si je devrais écrire là-dessus, ce qui aurait payé mon loyer, tout en ajoutant que j'avais des sentiments profondément mitigés. Christgau a répondu que du point de vue du *Voice* toute l'affaire devrait se réduire à deux ou trois paragraphes qu'il s'apprêtait à rédiger lui-même, et qu'on en resterait là. Mais Sid est mort vendredi, j'écris ceci le lundi suivant, et j'ai vraiment le sentiment d'avoir quelque chose à dire. De toute façon, je ne paierai sans doute pas mon loyer tant que le proprio n'aura pas mis le chauffage.

Je crois que nous avons tous eu un bout de la peau de Sid, mais n'était-il pas une victime consentante ? Le Gary Gilmore[113] du rock. Ce week-end, je m'occupais d'une ancienne copine souffrant de bronchite, et elle m'a fait remarquer : « Ça t'a vraiment affecté, hein ? » Oh que oui. Nous avons donc regardé le journal télévisé local, qui à New York dure près d'une heure et demie, et aucune mention de Sid. Nous nous sommes mis à plaisanter : « Ah, c'est moins important que les stations d'essence en flammes dans le New Jersey ou la manière de faire pousser soi-même des artichauts bio ! » Plus tard, nous l'avons entraperçu chantant « My Way » dans l'émission du soir de Walter Cronkite. Lequel nous a appris que le manager de Sid avait déclaré qu'il aurait dû être « le prochain John Travolta » (et bien entendu Malcolm McLaren dirait et a dit des trucs de ce genre), mais Walter, figure paternelle dans une nation d'accros des médias, a résumé la chose sans équivoque : « Le punk était mort avant Sid Vicious. »

J'ai pensé que Bob Quine, des Voidoids de Richard Hell, avait trouvé une meilleure formule en octobre. Je l'avais appelé après avoir entendu que les Dead Boys et autres habitués du CBGB se demandaient si cette mort, et la publicité subséquente, n'allaient pas servir d'étouffoir contre eux. Bob a répondu que oui, Richard en était tout retourné. Plus tard, Susan Springfield, des Erasers, m'a écrit suite à mon article du *Voice* : « Comment peux-tu te servir de ce pauvre gars pour payer ton loyer », etc., etc., et j'ai effectivement consacré cet argent à ça, et alors, en fait et alors tout le reste, parce que, comme Quine l'a dit : « Bon, un psychopathe a tué sa copine – et après ? »

Et après ? Si Sid Vicious avait été un laveur de vaisselle du Queens, le meurtre de Nancy Spungen se serait réduit à un paragraphe dans l'édition du jour des quotidiens new-yorkais, qui au contraire ont rendu compte de l'affaire en termes prévisibles : « Sid Vicious, l'ancien bassiste du groupe punk les Sex Pistols, célèbres pour jurer, trépigner, vomir et cracher sur leur public, a été arrêté hier pour avoir poignardé son amie la go-go dancer après que tous deux eurent succombé aux affres de l'héroïne » – je ne cite pas de manière précise, mais enfin ce genre de truc.

Je suis sans doute aussi coupable de ça que tout le monde. Couvrant l'affaire pour le *Voice*, j'ai fini, le lendemain du meurtre de Nancy, au tribunal de New York, 100 Centre Street, avec les autres journalistes, et si Malcolm m'a simplement ri au nez quand j'ai évoqué la possibilité d'une interview avec Sid, Murray Kempton, un « libéral » mâchonneur de pipe d'un certain renom, a bel et bien pris le temps de s'emparer de ce que je disais pour pouvoir bavasser. Il m'a suivi sur un parking, je crois que pour lui j'avais l'air authentique ou quelque chose du genre, et bien entendu j'y suis allé à fond dans le genre digne-d'être-cité, comme le premier débile venu. Le lendemain, j'ai lu sa rubrique du *New York Post*, qui est peut-être le pire quotidien des États-Unis, sous le titre : « L'horrible retour de Sid Vicious. Il s'est montré à la hauteur de son nom » (au fait : tous les présentateurs télé ont résumé la chose exactement en ces termes) : « Lester Bangs, homme sage présent sur les lieux, a déclaré : "Les gens vont dire que le punk rock mène à ça. Rien ne mène à ça. C'étaient simplement deux bébés qui se tapaient dessus, et cette fois c'est allé trop loin." »

Bien entendu, le délicieux Murray n'a pas repris ce que je lui avais dit aussi : que les Sex Pistols étaient un grand groupe de rock (« Ce qui me frappe, a-t-il déclaré ce jour-là sur les marches du tribunal, c'est qu'il ne me semble guère être question de talent là-dedans ! » Ce qui je crois indique quelles sont ses priorités – non qu'elles soient très différentes de celles de Malcolm, ou de n'importe qui d'entre nous, tout bien considéré. Nous voulions un fêlé pétant les plombs, et Sid a eu la bonté de nous rendre ce service), et quand le lendemain je me suis vu cité dans ce torchon de *Post*, j'ai bien failli renoncer à écrire mon texte. Car tout d'un coup une chose m'est venue à l'esprit, qui semblait tout invalider, ou du moins ma propre implication à quelque niveau que ce soit : j'étais entièrement parti de l'idée que Sid était coupable, qu'il avait réellement poignardé Nancy – non, j'irai plus loin, je *voulais* y croire. Comme tous les autres ? Pourquoi ? Oh, je ne sais pas, le *nom* du bonhomme ou un truc comme ça...

Au cas où vous vous seriez jamais demandé si l'Amérique était vraiment le pays où, comme dans les histoires de Perry Mason, vous étiez innocent jusqu'à ce que vous ayez été reconnu coupable... bon, si les flics, les tribunaux et les avocats, qui dans leur majorité sont corrompus par définition, ne vous tuent pas, la presse, y compris ce qui reste de ce qu'on appelait autrefois « underground »/« alternatif », sera ravie de s'en charger.

Je viens d'interrompre la rédaction de cet article pour appeler le bureau du District Attorney. J'ai eu son adjoint, Sullivan, sur qui j'avais été aiguillé par les flics qui avaient inculpé Sid ; après m'être présenté, j'ai dit :

« J'appelais simplement pour savoir si, après la mort de Sid Vicious, on enquêtait encore sur le meurtre de Nancy Spungen, ou si… »

Il a eu l'air réellement surpris que quelqu'un puisse simplement penser à poser une telle question : « Non. Pourquoi faudrait-il ? »

« Vous êtes donc tout à fait convaincu que Sid, et lui seul, était responsable de sa mort. »

« En effet. »

« Mais comment pouvez-vous en être si certain ? D'après tout ce que j'ai entendu, je ne pense pas que lui-même savait s'il l'avait tuée ou non, et on a énormément parlé de la présence d'une troisième personne dans la pièce, comme de la disparition de leur argent… »

« Écoutez, il l'a tuée. Nous le savons. Nous avons des témoins. »

« Lesquels ? À moins qu'il n'y ait eu une autre personne dans la pièce, les deux témoins sont morts ! »

Il a commencé à perdre patience : « Écoutez, je ne vais pas passer la journée à ça. Je vous le répète, il l'a tuée, il l'a avoué, et nous avons des témoins. L'affaire est close. »

Il ne semblait pas y avoir grand-chose d'autre à dire, alors j'ai raccroché. J'ai songé à appeler Rockets Redglare[114], un copain de Sid qui a paraît-il beaucoup de tuyaux sur un dealer qui traînait au Chelsea avec Sid et Nancy, et s'est fait rare dès qu'on l'a retrouvée morte. Rockets m'appelait en permanence quand je couvrais l'affaire pour le *Voice*, et même après, radotant à n'en plus finir, du ton monotone des méthadonés, sur les dealers et les habitudes personnelles, chimiques et sexuelles de Sid et Nancy, mais à l'époque beaucoup de ce qu'il disait semblait vraiment se tenir. Selon lui, les flics avaient flippé quand il leur avait fait le dessin d'un couteau appartenant au dealer en question. Mais à quoi bon m'infliger Rockets une fois de plus ? L'État de New York a décidé de laisser ce que j'imagine être l'effet conjugué de la facilité et de l'opinion publique lui dicter sa gestion du meurtre de Nancy Spungen, et si Sid était en fait innocent, alors c'est simplement dire « rien à foutre » à quiconque s'en soucie, c'est-à-dire à peu près personne. On est dans une culture kleenex, il n'y a aucune raison pour que la jurisprudence ne se conforme pas aux mœurs du reste de la société ; nous avons tous pris notre pied avec Sid, et maintenant qu'il ne reste rien à suçoter, c'est simplement la règle que de le balancer sur le tas d'ordures, surtout qu'il était, pour commencer, déchet humain lui-même. Il a rempli sa fonction et savouré son quart d'heure de célébrité ; maintenant, il n'y a plus qu'à chercher un nouveau souffre-douleur.

Au cas où ça aurait de l'importance pour qui que ce soit, il y a beaucoup de chances que Sid l'ait réellement tuée. Voilà près d'un mois, j'ai discuté avec Joe Stevens au bar du CBGB, et entre deux amers souvenirs sur la manière dont Malcolm McLaren l'avait estampé d'une note de téléphone de plusieurs milliers de dollars, et dont lui-même était à peu près totalement mis en quarantaine par toute l'industrie discographique new-yorkaise suite à ses relations avec Sid, il m'a donné sa version de la vérité. J'ai dit : « Merde, tout ce foutoir sordide me fait gerber. Je ne sais pas s'il l'a fait, et lui non plus… »

« Il l'a fait, m'a interrompu Joe, il me l'a dit. Sid est un type très gentil, mais parfois il est un peu agité. » Et ça pourrait bien résumer la chose, d'une certaine façon. Je pense parfois qu'identifier les psychopathes parmi nous est l'une des choses les plus difficiles qui soit. Ils flottent si librement, ils se fondent si totalement dans la société actuelle. Car ce sont des caméléons instinctifs. De tous ceux qui à New York connaissaient Sid, et avec qui j'ai parlé, aucun ne croyait qu'il l'avait tuée, mais il est vrai que toute l'idée que nous nous faisons des meurtriers a été tellement faussée par le cinéma que je doute que nous reconnaîtrions le visage de la bête avant que le couteau ne se plante dans nos propres tripes. Et bien entendu, il est toujours possible qu'il ne l'ait pas fait, qu'il l'ait simplement dit à Joe dans une de ses célèbres éructations de conneries macho.

Ce que je pense vraiment, c'est que Sid n'était que ça, conneries, mais pas de la manière dont la *über*société l'a dépeint. D'après tout ce que j'ai pu entendre, c'était un simple crétin. Il ne fait aucun doute que c'était un pigeon[115] (je l'avais écrit dans l'article du *Voice*, et Joe Stevens m'a raconté qu'en le lisant Sid avait demandé : « C'est quoi, un pigeon ? » Joe le lui avait expliqué, et Sid avait dit : « Ouais, c'est bien ce que je suis. » On se raccroche à ce qu'on peut, je suppose). Sa mort est, côté jobardise, le coup ultime pour McLaren, que certains défendent encore, bien qu'il me semble être une parfaite ordure. Sa complice Vivienne a eu la délicatesse de créer ce tee-shirt avec la tronche de Sid : « Elle est morte, je suis vivant, je suis à vous », et maintenant Malcolm a la fin parfaite pour son film, que bien entendu tout le monde, moi compris, ira voir en courant. J'ai toujours cru que McLaren était plus compliqué que la crapule moyenne niveau Allen Klein, qu'il était vraiment un Sex Pistol et que, la question d'argent mise à part, il voulait réellement, au plus profond de lui-même, voir l'anarchie triompher et la société (au moins britannique) explosée par une variante de ces voyous Wisigoths sous-humains archétypaux.

Mais il faut alors vous demander, vous qui vous imaginez tous moralement et socialement de gauche, si vous aimeriez vraiment voir les choses réduites au niveau des gravats dont rêvent les gens tels que Malcolm. Il est vrai qu'aucune des vieilles règles ne s'applique plus, et que personne n'a songé à en édicter de meilleures, ou même d'aussi bonnes, à la place – c'est bien pourquoi, simultanément, nous pourrions bien faire face à une nouvelle période d'obscurantisme, pourquoi aujourd'hui pourrait être, de toute l'histoire humaine, le moment le plus excitant pour être en vie, et très certainement pourquoi Jim Jones[116] a pu convaincre tous ces gogos de se flinguer, eux et leurs bébés, au Guyana. Mais quand on y vient, l'incident guyanais (car en dépit de tout le baratin des médias, ça n'était que ça, je veux dire que ça aurait bien fait rigoler Gilles de Rais) était-il très différent, hormis le simple nombre de morts, du phénomène Sex Pistols et de tout ce qu'il représentait ? Tous deux étaient manipulation humaine sous couvert de changement social. « No future for you » était si fort non seulement parce que c'était une musique super, mais parce qu'il y avait là quelque chose d'atrocement vrai, mais est-ce qu'aucun de ces gars a jamais pris le temps d'essayer simplement de postuler une alternative quelconque ? Richard Hell montait sur scène avec un tee-shirt sur lequel on lisait « Please Kill Me », et pour moi, en définitive, ça résume 90 pour cent du phénomène punk.

J'ai défendu ce milieu un million de fois, en disant des trucs du genre : « Ah, au moins ils ont fait la moitié du chemin, ils ont dit "Tout est à chier" au lieu de prétendre que tout était simple bringue, comme ces débiles disco. » Mais, même alors, je n'étais pas si sûr d'avoir raison. Parce que, pour commencer, ces débiles disco – qui ne sont pas plus unis que les punks, lesquels n'ont toujours pas surmonté le fait que la majorité des punks américains pense que les Anglais sont des faux jetons trop politisés, et que la majorité des Anglais pense que les Américains sont de gros enfants gâtés, des dilettantes et des abrutis, et qui, avec le slogan homophobe « la disco c'est nul » ont voulu discréditer les débiles disco –, lesquels, donc, ont parfois produit des choses autrement affirmatives, au niveau humaniste élémentaire, que tout ce dont le punk peut se flatter. En me levant ce matin, la première chose que j'ai passée, c'était « I Love the Nightlife » d'Alicia Bridges, qui n'est pas, comme je l'avais cru d'abord, un hymne plein d'entrain de plus à l'hédonisme de night-club solipsiste et creux, mais en fait un hymne féministe d'autodétermination. Mettons l'un à côté de l'autre « I Will Survive » de Gloria Gaynor et « Who Says ? (It's Good to Be Alive) » de Richard Hell, et voyons lequel se tiendra le mieux dans vingt ans.

Richard a eu son lot de mauvaises critiques injustes, surtout de la part de branleurs professionnels tels que Tony Parsons[117], et je crois que le premier album des Voidoids sera considéré un jour comme un chef-d'œuvre du rock à l'égal de *White Light/White Heat* et de *Raw Power*, qui se serait perdu dans le battage du déferlement punk de 1977, mais bon dieu, mec : je croyais en Richard Hell, j'y crois encore, en tant que musicien et poète, et sans doute devrais-je être assez ringard pour dire Philosophe (théoricien) aussi, mais hier j'ai vu un ami – 19 ans, brillant, écrivain et photographe – venu du Michigan, qui survit grâce aux *food stamps*[118], reste chaque jour des heures dans sa chambre à regarder dans le vide, il a cru un moment être un sadique parce que la première fille qu'il a baisée lui avait demandé de la baffer un peu, il a vaguement joué avec le satanisme, et à l'âge de 16 ans a été envoyé par ses parents dans un asile psychiatrique où la chanson favorite de tous les mômes enfermés là-bas était « Kill Your Sons » de Lou Reed – et ce uniquement ou presque parce qu'il se trouvait avoir dit un jour que le système scolaire américain n'avait plus grand-chose à lui apprendre, et que par conséquent il ne pensait pas qu'il allait retourner au lycée, ce qui, pour tous ceux de son entourage ayant pouvoir sur lui à l'époque, était une raison suffisante pour un bon traitement par électrochocs –, j'ai passé le « Who Says ? (It's Good to Be Alive) » de Richard à ce môme, et il a ri : « Ce type est idiot. » « Non, ai-je dit, ne vois-tu pas qu'au moins il est à mi-chemin vers une certaine réconciliation avec la réalité, que c'est une question importante à un certain point de ta vie ? » « Laisse tomber, a-t-il répondu. Elle ne devrait même pas être posée. »

Ce qui, en définitive, pourrait bien être le résumé des Sex Pistols. Quand il sembla que Sid allait avoir son jour de gloire au tribunal, je n'aurais pas osé écrire quelque chose que je ressentais dans mes tripes et mon système nerveux depuis des mois : je ne suis pas du tout convaincu qu'il n'y ait pas eu dans leur musique quelque chose qui n'ait pas inspiré ou n'inspirerait pas des actes de violence aveugle totalement irréfléchis. Je peux me souvenir, au cours de ces deux dernières années, de plus d'une soirée avec un ou deux amis, à écouter ces singles, ces pirates, ou le *Bollocks* – qui, tout compte fait, ne fonctionne même pas en tant qu'album –, à être assis là et à nous gaver de tous ces trucs, jusqu'à ce que nous soyons pleins de ce dévorant sentiment de fureur aveugle et avide, et nous nous rendions compte à l'époque qu'il n'y avait nulle part où l'exprimer. Je veux dire, à quoi bon cette haine féroce du statu quo si ça réduit à un circuit fermé, si tout ce vomissement sonore ne fait que baratter la bile qui est en vous jusqu'à ce que vous couriez vous chercher un valium ? Laissez tomber. Il y avait quelque chose de profondément amoral dans tout le trip Sex Pistols.

J'ai connu des femmes selon qui « Bodies » était plutôt reposant après tous les clichés féministes et le déluge d'hypocrisie masculine qu'elles avaient subis ces dernières années, mais en définitive, tout ce que ça disait réellement, c'était : « Ouais, je t'ai baisée, pouffiasse de merde, et maintenant tu es enceinte d'un môme qui est très probablement de moi, mais je m'en fous car de toute façon tu n'es qu'une pute de quatre sous. » Mick Jagger va devoir se donner du mal pour trouver mieux que ça, sans parler des feignants du genre Bad Company. Bon dieu, moi qui croyais que toutes ces histoires de rock à grosse bite étaient un truc que nous allions faire disparaître.

Oh, désolé, j'oubliais – le punk rock était plutôt antisexuel, d'accord prenons ce qui était, je crois, la chanson suivante sur cet album, dans laquelle Jonathan entreprenait d'expliquer qu'il n'éprouvait rien pour personne, excepté son précieux petit moi complaisant. Tout ce que ça m'a jamais dit, c'était : « Vous ne pouvez me faire de mal. » Encore un système en circuit fermé. Et davantage de solipsisme, et je crois que, quelle que soit la rubrique musicale, culturelle ou sociale sous laquelle on le classe, le solipsisme est la maladie de notre époque, et très certainement en Amérique. Il est monnaie courante, il faut nous y faire et, hormis les Clash, je vois peu de punk rockers qui aient proposé autre chose que l'assouvissement, ce qui ne les rend guère différents des discoïdes, si ce n'est carrément pires. « Cause the world a person lives in is his brain / Well mine just gives in » ou bien « I got no emotions for anybody else / You better understand I'm in love with myself ». Ce à quoi la réponse logique évidente est : « Et alors ? » Dire « Merci beaucoup, connards », c'est leur accorder trop de crédit – celui d'avoir seulement fait un geste.

Mais, oh, quels gestes ils faisaient ! Dans d'autres domaines, comme d'avoir mis sur leurs tee-shirts des mômes prépubères nus en train de bandouiller. Merveilleux. J'étais là l'autre soir, avec mon ex-copine, à chercher Sid à la télé et, se souvenant de l'anecdote, elle a dit : « Je dois dire que je me fous de ce qui peut arriver à tous ces connards. Ce que j'aimerais savoir, c'est où est aujourd'hui le gamin qu'ils ont mis sur ce tee-shirt, et ce qu'il en pense ? »

Oh, mais nous pouvons négliger d'aussi petites choses, je veux dire, quelle importance si quelques doigts, voire des parties génitales, sont brûlés au service de la grande esbroufe *rock'n'roll swindle* médiatique ? Qu'ils aillent se faire foutre. Et pour commencer, pour acheter ça fallait qu'ils soient des jobards. Johnny Rotten, sur la scène du Winterland de San Francisco : « Ah ah ah ! Vous n'avez pas le sentiment de vous être fait *arnaquer* ? » Le photographe Bob Gruen m'a dit qu'au bout de toute cette tournée il avait été incapable de voir clair en Rotten : « Ce type était assis toute la journée dans le bus à fumer des pétards, à parler d'une société fondée sur l'amour, puis il descend et quand un môme lui tend un exemplaire de son album pour un autographe, il crache dessus, et le gamin lui dit merci. »

J'en ai franchement marre des petites frappes. L'école, c'était déjà assez moche comme ça, quand vous étiez pédé si vous lisiez des livres ou quand un connard décidait de vous casser la gueule s'il s'imaginait que vous aviez reluqué sa copine – à 30 ans, ou À N'IMPORTE QUEL ÂGE, ai-je encore besoin de ça ? Je crois que la chose qui m'a le plus impressionné quand j'étais en Angleterre en 77, à rôder avec les Clash, c'était la douceur et la gentillesse, muettes mais manifestes, de tous les membres du groupe, et de presque tous leurs amis et leurs fans[119]. J'étais venu en m'attendant à un quasi-cannibalisme, m'étant fait laver le cerveau comme il fallait par les comptes rendus de NBC – auxquels, j'en suis sûr, Malcolm lui-même avait largement prêté la main –, et j'en ai fini par conclure que le punk était une forme de résistance passive.

Vouée à l'échec, certes, bien que j'aie répugné à le dire dans l'article que j'ai écrit à l'époque, mais il y avait quand même de quoi vous inspirer, et les Clash restent une telle source d'inspiration pour moi que je ne suis même pas sûr d'écrire encore quelque chose sur eux parce que je pourrais finir par ressembler à l'un de ces types qui se répandent en effusions sur les clones de Jackson Browne. Mais il est vrai que les Clash ne célèbrent pas la destruction, ils rendent compte simplement, passionnément, de ce qui se passe dans le monde, ou de tout ce qui peut les démanger à un moment donné. Je pourrais faire sans la harangue à-la-Mott-(vraiment presque du Ian Hunter le plus guimauve)-fichez-nous-la-paix de Joe Strummer dans « Cheepskates », mais on attend toujours qu'il balance des vers du genre « You never listened to a word I said » ou « You never realized I took the piss out of you ».

Merci beaucoup, Johnny, comment pourrons-nous jamais remercier votre Altesse Royale de nous avoir fait savoir comment ça se passait ? La Reine t'a transformé en crétin[120] ? Tu t'en es chargé publiquement, et je mets en doute tes intentions depuis le début. Désolé. C'est ainsi que je n'ai cessé d'entendre que vous autres alliez lourder toutes ces histoires de « superstar », jusqu'à ce que je lise dans le magazine *Punk* le compte rendu définitif (selon mes lumières à moi, qui certes n'étais pas sur place) de la tournée américaine des Pistols – une fille était venue te trouver dans ta loge du Winterland, t'avait tendu la main et dit : « How do you do ? » Et tu t'es mis à délirer comme quoi « how do you do ? » était une formule périmée. Très bien, mon gars. Continue comme ça, comme apparemment tu vas le faire. Je me rends bien compte que « Public Image » (la chanson) traite de la manipulation médiatique, mais qui est Gepetto et qui sont les marionnettes ? Franchement, y a-t-il jamais eu une chanson plus égocentrique et intéressée de toute l'Histoire ?

Je dois dire que si l'un de mes meilleurs amis était dans un groupe avec moi, et qu'il soit évident qu'il va se suicider, ou tenter de, et ce *qu'il reste ou non dans le groupe*, je ferais tout ce qui est en mon pouvoir pour l'encourager à s'extirper de ce foutoir médiatique pour aller quelque part où il pourrait commencer à décrocher, ou du moins essayer de faire le tri dans sa tête. Et je me fous que ça sonne faux cul, je peux dire ça parce que j'ai traversé quelque chose d'un peu similaire avec Peter Laughner[121], un des fondateurs de Pere Ubu, qui sans doute serait une figure de la scène New Wave actuelle s'il n'était pas mort en 1977 après des années d'abus combinés d'alcool et d'amphétamines.

Oh mais bien sûr, Sid était si *distrayant*, il donnait tant de copie *super*. Malcolm et toi saviez que les journaux adoraient qu'il monte sur scène avec « File-moi un fix » écrit en lettres de sang sur la poitrine, ou qu'il se taillade pour la 88e fois de la journée. Bien entendu, personne n'est le gardien de son frère, mais le fait demeure qu'il était le tien, peut-être plus proche que par le sang, et que tu l'aies aidé à se tuer pour te rendre célèbre, ou pour offrir au monde une polémique révolutionnaire, ne change absolument rien. Tu étais tout ce que tu affirmais détester et cherchais prétendument à renverser.

Mais voyez tout ce bazar. C'était censé être un article sur Sid Vicious, et comme d'habitude je finis par délirer à n'en plus finir sur la superstar et non sur le pigeon. Peut-être parce que, en définitive, je suis aussi ringard que tous ceux que je déprécie, parce que moi non plus je ne peux affronter la réalité de Sid. Un mois avant sa mort, je suis entré au CBGB un soir, et je l'ai vu affalé au bar où, m'a-t-on dit, on pouvait le trouver pratiquement chaque nuit, contemplant son verre de ses yeux bousillés tandis que des punkettes arrivaient en lui chuchotant à l'oreille des flatteries sans doute relatives à l'idée qu'un débile peut se faire du sado-maso, et que son copain Rockets Redglare, toujours aux aguets, et tirant parti à fond de ses quinze minutes de célébrité post-Nancy, rôdait dans les parages. Sid avait l'air trop parti pour être simplement conscient de leur présence.

Je me suis moi-même senti un peu coupable, car c'était là le gars sur lequel j'avais écrit un article sans l'avoir rencontré, et je n'ai même pas eu le cran de me lever, de me présenter et d'essayer peut-être de découvrir quel genre de mec il pouvait être derrière toute cette connerie médiatique, à laquelle j'espérais ne pas avoir contribué. Non que j'aie eu peur de lui, c'était plutôt que je n'avais pas la plus minime idée de ce que je pourrais dire à quelqu'un d'aussi ravagé que ça. Mais ce qui m'a vraiment tué, c'est que pendant tout le temps qu'il était assis là et que j'observais en voyeur cette flaque de mort, des petits proto-Sid de 19 ans, vêtus et lunettés un max chancelaient tout autour de nous, arborant leur super panoplie Johnny Thunders héro-titubation *à la perfection* (on n'aurait même pas pu dire s'ils étaient ou non réellement accros). Bon dieu, ai-je pensé, voilà cet être humain totalement brisé, écrasé, témoignage à demi mort de ce à quoi mène toute cette merde, et ces connards ne le voient même pas.

Mais c'était sans doute me montrer hypocrite, parce que je ne crois pas l'avoir vu réellement non plus. Pendant que je préparais l'article pour le *Voice*, discutant avec tous ceux qui l'avaient connu, et relisant chaque article sur les Pistols que je pouvais trouver, je m'étais surpris, face à cette montagne de preuves irréfutables montrant quel gâchis, voire quel psychopathe, était ce gars, à sentir toujours plus ou moins en moi qu'il avait quelque chose de charismatique, voire de romantique. Alors qu'aujourd'hui je me demande vraiment s'il méritait ma sympathie, ou celle de qui que ce soit. Cette interview, dans le livre de Fred Vermorel, *The Sex Pistols : The Inside Story*[122], où Sid explique qu'il ne lit rien, déteste la télé, ne peut supporter d'aller au ciné, et se vante en rigolant de ne se soucier que d'une chose au monde, l'héroïne – « Je claque pour elle chaque centime que je me fais » – tandis que Nancy ricane aussi... Une part de moi-même répondait à ça, s'identifiait avec lui, et même l'admirait. Je n'ai jamais pris d'héroïne, en partie parce que j'ai abusé de toutes les autres drogues sur lesquelles j'ai mis la main, et savais que j'aimerais trop ça, en partie parce que je me disais que rien ne pourrait être aussi bon que la description que Burroughs en donne, en partie aussi à cause des preuves humaines de ses effets qui, au fil des années, commençaient à s'accumuler autour de moi comme autant de tas de ferraille semi-ambulants. Je la hais, je pense que c'est un fléau, je ne veux pas travailler avec, ni même fréquenter, quiconque est dedans à quelque degré que ce soit, je pense que c'est simplement quelque chose qui devrait être reconnu pour ce que c'est, puis abhorré et évité, comme le fascisme, le racisme et les Scientologues. Mais que d'heures j'ai passées à rêvasser à son sujet, à la fantasmer et à la romantiser ! Tout le monde devrait reconnaître qu'elle simplifie vraiment les choses d'une manière tout à fait concrète et mathématiquement prévisible. La vie d'un junkie se réduit à trouver sa dope dans la rue, se shooter, hocher la tête, puis recommencer le cycle.

Bien entendu, ça élimine tous ces menus tracas tels que les imprévisibilités et les indéterminations des recherches sentimentales ou sexuelles. Vous pouvez également oublier vos névroses à tous les niveaux – puisque vous avez effectivement cessé d'être humain, vous êtes désormais dépourvu des compétences nécessaires à tout type de personnalité, et plus encore aux névroses. Williams Burroughs dit n'avoir jamais rencontré de junkie psychotique, mais je me demande si ça n'est pas un peu éluder la question : comment une poignée de porte ou un tabouret pourraient-ils être psychotiques ?

Mais il y a dans la fixation à Sid davantage que ça, sans même parler du romantisme junkie. Pour commencer, la réalité a oblitéré publiquement la moitié du mythe. Il se pourrait que Sid et Nancy aient été deux des humains les plus pathétiquement torturés de la planète. L'héroïne n'a pas empêché Sid de passer à l'acte, qu'il l'ait tuée ou non ; il y a aussi cette soirée où il a planté au couteau le frère de Patti Smith. Je crois que l'élément réellement insidieux, ici, est qu'à regarder quelqu'un comme lui, si bousillé qu'il puisse être jusque dans la mort, en dépit de toutes les preuves du contraire, son mode de vie a simplement l'air plus facile que le vôtre. Parce que, dans quelque mesure que ce soit, en choisissant de ne pas être un lâche comme Sid l'a toujours été, vous vous exposez aux myriades de contradictions, infimes ou énormes, de l'existence telle que la plupart d'entre nous sont contraints de la vivre. Et voilà qu'entre en scène la question du choix, ce à quoi se résume peut-être tout le truc. Sid était-il une simple victime, ou est-ce que *n'importe qui*, même (pour prendre l'exemple le plus extrême que je puisse trouver) un déporté d'Auschwitz, dispose de certaines options ?

Sid était un connard, comme lui-même aurait été le premier à vous le dire. Disons, non une âme perdue et condamnée, non une victime sociale ou sous-culturelle, disons un simple débile médiocre. Par-delà toutes les poses. Si bien que, quelque part entre le destin, la conspiration médiatique et la connerie absolue, il nous faut essayer de parvenir à comprendre un peu à quoi les 21 années de ce type se réduisaient, et pourquoi. Du moins, si on s'y intéresse vraiment. De toute évidence, lui s'en souciait comme d'une guigne, sans même parler de Malcolm, que je ne vois pratiquement plus jamais mentionné nulle part.

D'accord, disons que Sid était un produit de son environnement. Bon dieu, regardez sa mère, qu'est-ce que c'est que cette pouffe, avec sa chevelure tricolore et l'interview qu'elle s'apprête à vendre aux journaux de Murdoch du monde entier, allant jusqu'à pleurer devant les caméras lors des funérailles de la petite merde ?

Et bien entendu, absolument personne n'avait rien à dire de sympa sur Nancy. L'opinion générale au sein de la scène punk new-yorkaise semblait être – ce n'était qu'une pute, alors on s'en fout, voire : bon débarras. Une charmante petite chose qui se fait appeler Trixie Plunger m'a même dit : « Je pense qu'en fait c'est cool, d'une certaine façon, qu'il ait tué sa copine, que j'aimais beaucoup ! » Le commentaire de Steve Jones était, lui aussi, intéressant : « C'est bon, peut-être que maintenant l'album va vendre quelques exemplaires de plus ! » (Ouais, Steve, et pense à tout ce que tu vas te faire maintenant que Sid s'est viandé ! Heureux veinard ! Dis bonjour à Zsa Zsa de ma part.) De tous les gens avec qui j'ai parlé juste après la mort de Nancy Spungen, le seul, absolument le seul, qui ait eu quelque chose d'aimable à dire sur elle fut, ironiquement, Stiv Bators, qui passe pour un misogyne : « Ils s'aimaient vraiment, et elle a plus pris soin de lui qu'il ne l'a jamais fait. Je crois que toutes les conneries que les gens ont racontées sur elle sont pure jalousie. »

Mais peut-être que de nouveau j'élude la question. Est-ce que, disons, *Stiv Bators* est le produit d'une société corrompue, ou simplement un exhibo aux tendances masochistes plus ou moins affectées ? Et peut-être puis-je commencer à y réfléchir en vous parlant de mômes que j'ai connus quand je vivais à Détroit. Aujourd'hui ils ont tous à peu près l'âge de Sid, ou l'auraient s'ils avaient vécu, et parfois je me demande si Sid, même dans la mort (ou surtout dans la mort), n'aurait pas été l'incarnation ultime de leurs rêves.

Shirley (je change leurs noms, bien que sans doute ils doivent s'en foutre) ne s'intéressait qu'à deux choses au monde : les New York Dolls et *Pink Flamingos*[123]. Divine était son héros, et un jour elle rendit l'hommage définitif à sa dévotion en se faisant tatouer sur la cuisse un flamant rose de huit centimètres. Ça m'avait paru un cas flagrant d'autoprofanation, mais elle semblait en être fière. Depuis, elle a tenté de se suicider, je ne sais plus trop combien de fois. Elle fait des petits boulots dans de petites boutiques. Quand on la voit, elle sourit toujours, mais ses yeux, qui sont de toute façon passablement vitreux, ne semblent jamais vous regarder tout à fait. En fait, vous n'êtes jamais vraiment sûr de ce qu'ils peuvent bien voir. Elle est plutôt quelconque, mais ça n'explique pas entièrement qu'elle n'ait jamais eu de petit copain. Je ne sais d'ailleurs pas ce qui l'explique, et je ne crois pas qu'elle le sache non plus.

Son ami, que je n'ai connu que sous le surnom de La Nouille, prenait de l'acide chaque jour quand il était en quatrième. Ça a duré deux ou trois ans, puis il est passé à l'héro. Ses yeux étaient totalement ravagés, ailleurs, pire encore que Sid. Il avait toujours des copines, mais ça ne semblait pas avoir d'importance. Comme d'ailleurs à peu près tout le reste. Il était comme une coquille remplie de fumée caillée. Il y a quelques mois, il a fini par décrocher, et la semaine dernière il est mort dans un accident de moto.

Jane, qui était plus ou moins amoureuse de La Nouille et vivait avec Shirley et lui dans une sorte de communauté fondamentalement asexuée (que j'appelais leur « nouvelle famille », ce dont ils étaient ravis), est une photographe remarquable. Elle a l'art de capturer les gens à l'instant précis qui les définit, qu'il s'agisse de Lou Reed ou d'une vieille à l'air défait dans un snack-bar. Elle a manifestement plus de chance que La Nouille et Shirley, mais eux, et les gens comme eux, la tirent vers le bas sans même s'en rendre compte. Et son ignorance de certaines choses est telle que j'ai immédiatement pensé à elle quand, début 77, j'ai ouvert un fanzine punk anglais et lu un article d'un môme écrivant quelque chose du genre : « Ah, puisque ces temps-ci tout le monde porte des croix gammées et des trucs comme ça, j'ai sorti un bouquin d'histoire ou une encyclopédie ou je ne sais quoi, j'ai cherché ce mec Hitler et vous savez quoi ? C'était un sale con ! »

Et il y a Mike, dont j'ai mentionné un peu plus haut le manque d'intérêt envers Richard Hell. En plus de tout ce que j'ai déjà cité, il ne cesse de croiser la paranoïa, et je ne cesse de lui dire que les choses n'ont pas toujours l'allure qu'elles semblent avoir. Ses yeux sont presque trop vifs, et il y a en eux une peur réelle et bien fondée. Hormis Jane, dont il est tombé amoureux et qui l'a repoussé, la plupart des filles avec lesquelles il est entré en contact ont l'air franchement nulles, et nulles tendance punk de surcroît. Il dit qu'il s'en fout. Il dit qu'il est au-delà du suicide. Il dit qu'il se sent mort, vide, nul et non avenu. Ce n'est pas une pose. Il s'est débarrassé de tous ses disques parce que selon lui ça lui rappelle des choses auxquelles il ne veut plus penser. Dans son appartement, il n'y a guère, accrochée au mur, qu'une photo de débiles mentaux signée Diane Arbus. Depuis qu'il a donné dans le satanisme à la Crowley, il flippe : il pense que les esprits le poursuivent, et peut-être est-ce bien le cas. L'autre soir, il s'est tailladé les bras avec une lame de rasoir, pas trop, juste assez, et a versé du colorant alimentaire dans les blessures. Quand je lui ai demandé pourquoi, il a répondu qu'il voulait voir ce qui se passerait. Ce qui m'a rappelé le moment où je discutais au téléphone avec Rockets Redglare, quand j'écrivais mon article sur Sid et Nancy pour le *Voice*. Le sado-maso est venu dans la conversation, tout le monde, de leurs amis aux flics, semblant d'accord pour dire que l'idée qu'ils s'en faisaient était vraiment du genre école maternelle (une amie m'a dit qu'en fait ils avaient une vie sexuelle tout à fait normale ; selon elle, c'était le seul élément stable de leur relation). Rockets a bavassé sur les petites perversités de Sid et Nancy, puis m'a dit une chose stupéfiante : « Ouais, mais je vois comment elle aurait pu se poignarder elle-même, ou comment il aurait pu le faire accidentellement. Tu vois, un soir on baisait, ma copine et moi, et on avait pris une lame de rasoir. On s'est fait des petites coupures superficielles et tout ça, mais ensuite on s'est mis à vraiment tirer, on a oublié que la lame était toujours dans le lit, et elle s'est entaillé le coude jusqu'à l'os. C'est le genre de truc qui te dégrise très vite. »

Je n'ai rien répondu. Tout ce à quoi je pouvais penser, c'était : qu'est-ce que ces connards se croient en train de faire ? Ce qu'il me décrivait m'a paru plus répugnant que le sado-maso industriel véritable – bon dieu, au moins il est *honnête*. Bref, c'étaient des conneries de dilettantes, sauf qu'ils se blessaient quand même parce qu'ils étaient si foutrement ringards, et quoi de plus répugnant que voir des gens *jouer* avec les compulsions pathologiques de quelqu'un d'autre, dont eux-mêmes sont fondamentalement dépourvus, uniquement parce qu'ils pensent que c'est chic ou cool ? Ne seriez-vous pas furieux si vous étiez un pervers certifié de fort calibre, et qu'une bande de petits connards débarquent et vous piquent vos plans, sans même avoir les couilles d'y aller vraiment, ou de jouer au con de manière plus précise ? C'est une des raisons pour lesquelles j'ai toujours détesté David Bowie, parce que James Williamson m'a dit que Bowie n'avait jamais été gay du tout, mais faisait semblant, parce qu'il pensait que c'était le moyen de percer dans le show-biz. Et c'est *ça*, la vraie perversion : aller consciemment contre tous vos instincts humains fondamentaux au nom de la mode.

C'est pourquoi, en ce qui me concerne à ce sujet, des gens comme Sid, Nancy et Rockets sont de simples connards, et Mike ne comprend rien à rien. Je me souviens du temps lointain ou nous voyions Iggy se lacérer tout en fonçant à travers le public : c'était écœurant, il était écœurant, nous étions écœurants de l'approuver, mais au moins ça avait quelque chose de réel ; c'était de la haine de soi honnête. En 1977, nous en étions arrivés à un point… choisissez vos groupes, mais pour moi le pire du genre fut cette bande de branleurs venus de Toronto qui s'appelaient les Viletones et se présentèrent un soir au CBGB. Le chanteur s'était rebaptisé Natzee Dog, et c'est bien ce qu'il faisait, rampant sur scène, y écorchant sa chair balafrée, se tailladant, etc., etc., etc., jusqu'à la nausée. Je suis sorti de là même pas offensé. Parce qu'il n'était pas fou comme Iggy – il *essayait* simplement de l'être. Ce qui bien entendu est sans doute beaucoup plus malsain qu'Iggy, mais d'une manière tout à fait différente et beaucoup plus répréhensible. Oh, je suis sûr que le gars avait quelque part en lui un peu de vrai masochisme authentique, mais il est évident qu'il le branle et l'exploite tant qu'il peut. À la fin du concert, son bras était littéralement entaillé de l'épaule au poignet, en une grande ligne rouge, et il a dû aller à l'hôpital se faire poser près de 883 points de suture, de manière à pouvoir les exhiber au prochain concert. Je crois qu'ils auraient dû lui refuser l'entrée, c'est ce qu'ils ont fait pour des poivrots que des amis et moi avions trouvés dans la rue et avions ramenés parce que nous pensions qu'ils allaient peut-être mourir. Et pour moi, les pochards méritent infiniment plus de considération que des morveux qui se lacèrent pour devenir célèbres.

Nous pourrions peut-être trouver Sid Vicious quelque part entre une forme plus extrême de pathologie Iggyesque et la pose du branleur patenté à la Natzee Dog. Mais arrivé là, je commence à me demander si ça en vaut simplement la peine. Il était le Gary Gilmore du rock mais, comme pour Gilmore, quand quelqu'un veut à ce point mourir, on pourrait bien finir par dire : et alors, vas-y. Je pense à ce passage du *Festin nu*, quand le Juge dit à Bradley l'Acheteur : « "Je serais d'avis de vous faire interner, ou plus exactement infiltrer, dans une institution appropriée, mais je ne sache pas qu'il existe un établissement susceptible de prendre en charge un être de votre farine. Je suis donc contraint, bien à contrecœur, de vous relaxer." "On devrait le flanquer dans un aquarium", dit le flic qui l'a mouché[124]. »

Waouh, je crois que c'est vraiment insulter la mémoire de Sid, non ? Après tout, c'est d'un *être humain* que nous parlons. Surtout quand on réfléchit à la manière dont la presse américaine et, j'en suis certain, britannique, l'a arrangé après la mort de Nancy : comme je le disais, un pigeon, et pire, un bouc émissaire. La société américaine de la fin des années 70 est cancéreuse jusqu'au fond de l'âme qu'elle semble ne plus avoir, et personne ou presque ne veut en parler ou même le reconnaître, alors il faut des boucs émissaires. Chaque saison en amène un nouveau. En 76 c'était Gilmore, en 77 David Berkowitz a fait très fort, et je crois qu'on peut dire que 78 a été l'année de Sid. Mais peut-être que, comme Berkowitz et très certainement comme Gilmore, non seulement Sid a creusé sa propre tombe, mais a encouragé tout le monde à penser qu'il était aussi crétin, moins qu'humain, pouilleux, répugnant et brutal qu'ils le décrivaient avec ravissement.

C'est pourquoi, de mon point de vue, tout se réduit à : il est mort et je m'en fous éperdument. Je ne crois pas que les vannes sur Sid Vicious soient de mauvais goût, parce que la vie qu'il avait choisie, qu'on l'avait convaincu, non sans l'entuber, de vivre, était un monument de mauvais goût. Même en octobre, alors qu'il était en liberté sous caution, cette formule qu'il avait eue : « Nancy, Nancy, je vais me tuer, je veux être avec toi ! » Dans quel feuilleton minable a-t-il trouvé ça en dodelinant de la tête un après-midi devant la télé ? Le mieux qu'on puisse dire, c'est que ce qui lui est arrivé pourrait servir d'avertissement aux autres mais, comme je l'ai déjà indiqué, je ne crois pas que ce soit très probable. Alors, qu'il aille se faire foutre. Oublions qu'il a jamais existé et passons à autre chose. Car, en définitive, les gens ont bel et bien une certaine possibilité de choisir.

L'année dernière, quelqu'un que j'aime profondément a été envoyé dans un hôpital psychiatrique presque du genre nid de coucou ; je suis allé là-bas comme un Lancelot foireux, elle a fini par en sortir, mais quand je suis entré j'ai vu les témoignages les plus choquants de ce que la société peut faire aux gens, à quel point cette société prétendument libre peut devenir totalitaire quand un administrateur quelconque décide que vous n'êtes pas tout à fait digne de vous mêler au reste du troupeau. J'ai vu là-bas tout un tas de gens qui, d'après moi, n'étaient pas fous du tout. Bon, il y avait un gars qui pensait que George Benson lui envoyait des messages télépathiques, mais quand il avait quatre ans, ce type se faisait violer chaque jour par ses oncles tandis que son père restait là à sangloter. Ce que je veux dire, c'est que j'ai vu des gens terrorisés au point d'en perdre la tête, et qui avaient de bonnes raisons pour ça. Certains étaient comme des chiens qu'on a battus, battus, battus, jusqu'à ce qu'il paraisse sidérant qu'il reste encore quoi que ce soit.

Et pendant tout ce temps le personnel les traitait avec un mélange de mépris, de condescendance et de patience lassée. Il y avait toutes sortes de petits cercles vicieux : j'avais apporté à la personne que j'étais venu voir un tas de disques de jazz, des choses vraiment agréables qui ne feraient flipper personne, des albums de Bill Evans, Duke Ellington et des trucs comme ça, mais elle n'avait pas le droit de les écouter à un volume audible dans la salle commune parce que paraît-il ça perturberait les autres patients, ni d'avoir des écouteurs parce que c'était jugé « antisocial ». Il y avait toutes sortes de petites règles futiles, se rebeller contre elles vous valait l'engueulade et la garantie de passer plus de temps à l'intérieur, mais si vous obéissiez à toutes ils vous disaient que votre attitude était « trop positive » et que vous deviez simuler.

Un type de là-bas avait joué avec Hank Williams. C'était un pauvre vieux péquenot alcoolique et brisé, avec huit enfants qu'il parvenait à peine à nourrir et à vêtir, et une épouse pesant 150 kilos ; il avait tant de malchance côté boulot que la moitié du temps tous avaient faim, aussi un jour s'était-il assis pour tenter de se suicider. Ce qui, vu les circonstances, était peut-être une réaction parfaitement logique et défendable. Lâche, peut-on penser, mais qui dira qu'il n'y a pas un point au-delà duquel la vie devient si atroce que ça n'en vaut plus la peine ? Personne. Personne, sinon les gens qui l'avaient enfermé là. Je l'ai regardé et j'ai pensé : « Des gens comme Rockefeller sont sortis de sa peau. » Et d'innombrables autres comme lui.

Le film gerbeux de Johnny Rotten et Malcolm McLaren, que nous irons tous voir quand même, les carrières de Steve Jones et Paul Cook, bien qu'ils n'en soient sans doute pas conscients, tous les photographes trop heureux de prendre des clichés super de Sid arborant sa dernière blessure en clignant de l'œil, et toute la hype dans les canards rock, jusqu'à des articles comme celui que j'ai écrit dans le *NME* sur les Pistols, et peut-être même ce que vous êtes en train de lire en ce moment, sont tous sortis de la peau de Sid. Je crois qu'on pourrait dire que vu les circonstances il a fait le même choix existentiel que le vieux péquenot. Je suis sûr qu'il s'est fait tout autant entuber du début à la fin. Mais il y a dans le monde beaucoup de gens qui ont été battus et fouettés et violés et torturés sans avoir la moindre chance de pouvoir sortir de l'ignoble, qui ont subi tout ça tout aussi lourdement que Sid, sinon pire, et certains d'entre eux, beaucoup d'entre eux, s'efforcent d'y faire quelque chose d'autre que s'effondrer. C'est comme cette scène dans *Fat City*[125], où Stacy

Keach va voir son ex-copine qui vit désormais avec un prolo Noir dans un appart merdique. Elle est là à boire et à chialer, et le Noir dit à Keach : « Écoute, mec, ne reviens plus ici, c'est une poivrote et ça la bousille. » Puis, presque comme si ça lui venait après coup, il ajoute : « Tu sais, elle a eu une vie très moche et tout ce genre de merde. »

C'est ce que je pense de Sid Vicious et de toute l'arnaque médiatique Sex Pistols, tout bien réfléchi : aliénation, désintégration sociétale, anomie, et tout ce genre de merde. Vous avez déjà entendu ça, vous l'entendrez encore de la part d'une autre bande de connards, mais si vous restez là et continuez d'écouter une fois passés les premiers refrains familiers, vous ne me trouverez pas à vos côtés. Je ne dis pas que je suis meilleur. C'est tout le contraire, en fait – dans la mesure où j'ai même joué un rôle minuscule dans la création de la saga Sex Pistols. Je dois accepter une certaine part de complicité dans la mort de Sid, et peut-être aussi dans celle de Nancy. Et vu ces circonstances je sens que le moins que je puisse faire c'est, à l'avenir, d'essayer de rester suffisamment conscient pour voir arriver un peu plus tôt quelque chose de ce genre. Puis de l'éviter, de le boycotter, voire de m'y opposer activement.

Si je ne veux toujours pas entendre dire à quel point tout est au poil, comme beaucoup de gars de la disco, et tous les Barry Manilow, s'efforcent de nous en persuader, j'en ai totalement marre du nihilisme idiot et bidon, surtout quand il commence à prendre une mentalité d'assiégé. Je sais que la société est malade, que la vie devient plus compliquée à chaque seconde, mais si tout ce que vous trouvez à dire c'est allez vous faire foutre la vie est à chier tu pues je pue on s'en fout je m'emmerde fouettez-moi battez-moi filez-moi des coups de pied y a rien d'autre à faire, alors je pense que vous, et tous les autres, feriez mieux de vous contentez de fermer votre grande gueule, sans parler de vos habitudes autodestructrices, au lieu de les exhiber comme si c'était la Légion d'honneur ou un truc du genre. Et ce n'est pas Si Vous Ne Pouvez Pas Dire Quelque Chose De Sympa Ne Dites Rien Du Tout, c'est plutôt… pourquoi répéter ce qui a déjà été dit et réfuté ?

Le problème avec les Pistols, au-delà du sordide et de la manipulation, c'est que comme beaucoup (la majorité ?) de punks, ils faisaient *seulement* la moitié du chemin : ils disaient bien que tout était nul, ce qu'il était nécessaire de dire même si ce n'était pas forcément vrai, mais ils n'ont jamais fait le pas suivant et ajouté : « Toutefois, nous avons une autre idée... » Ils n'ont jamais ne serait-ce que commencé à *essayer* de découvrir quelles alternatives valides, responsables, pourraient exister. Ce qui en fait est beaucoup plus difficile que de hurler des insultes gratuites et de ramper et de roter et de se shooter et de se mutiler. Mais il y a bel et bien des groupes qui cherchent, de manière extrêmement intelligente et méthodique, les alternatives ci-dessus mentionnées. Il en existe que nous avons besoin d'explorer de toute urgence, parce qu'il commence à se faire tard et que dehors les choses deviennent toujours plus hideuses. J'espère que vous me pardonnerez d'avoir été ici même un peu sermonneur ou – j'espère que non – faux jeton ; c'est simplement que moi et tous ceux que je connais en avons marre. Nous ne voulons plus jamais discuter de Sid Vicious ou de toute cette merde au-delà d'un simple « Non ». Nous pensons avoir besoin de changement.

Écrit en 1979
Publié dans *Throat Culture* n° 2, novembre 1990

Extrait de *Tous mes amis sont des ermites*

Travailleurs locaux, bosseurs à pilon et mortier mettant en œuvre cette nouvelle politique avec tant d'altruisme qu'on en avait les larmes aux yeux, tâcherons faisant 60, 80, 120, 180 heures par semaine sans salaire uniquement parce qu'ILS Y CROYAIENT… ils devinrent les Nouveaux Héros Américains. Ou plutôt les prototypes d'un type d'Américain entièrement nouveau. Ça grandissait comme Topsy[126], et faisait tout naturellement flipper les Fédés. « Euh, quoi ? » entendit-on dire Messieurs Reagan et Carter, dans deux États séparés, le même jour de la campagne, en apprenant qu'une part croissante – véritable lame de fond – du grand public américain jugeait que non seulement eux, mais tout l'appareil d'État, étaient hors sujet face aux réalités immédiates, et il semblait que l'Amérique fût en train de tout recommencer, se découvrant elle-même. Le grand public était toujours aussi prêt à répondre aux sondages, Gallup ou autres, bien que chacun sût qu'ils étaient toujours achetés par l'un ou l'autre des grands partis politiques, voire par General Foods ou qui on voudra. Les Américains allumaient la télé pour entendre les résultats les plus récents. Car les sondeurs eux-mêmes avaient changé : sentant quel côté de la tartine l'unité familiale ou le citoyen moyens allaient cette fois enduire de beurre, ils décidèrent de suivre l'opinion publique, indiquant aux observateurs plus lointains que bientôt il se pourrait qu'il n'y ait plus de gouvernement du tout en Amérique à l'exception de tout ce qui pourrait venir d'un public préoccupé de questions locales. On ne sait trop comment, pendant que personne ne regardait, la décentralisation s'était transformée d'un seul coup en complète fragmentation. Personne ne prenait plus la peine d'appeler ça des États, ni de dire « Je suis Américain ». Bon, une vanne est une vanne, mais elle croupit très vite, surtout quand chaque poivrot que vous croisez est persuadé de l'avoir inventée. Reagan et Carter eurent dans l'aile est de la Maison-Blanche une réunion privée qui dura cinq heures, puis publièrent un communiqué commun à l'adresse de ce qui restait de la presse et, espéraient-ils, de la nation : « Écoutez-nous ou les otages en Iran mourront. Et ne nous interrompez pas, sinon nous envoyons la Garde nationale, qui a été formée à l'art de couper les mains au niveau du poignet. L'Amérique, notre grande Amérique, l'Union qui a inspiré le monde et qui ne l'oublions pas est tout ce qui se dresse entre vous et vous trimant comme des métayers sans blues à chanter dans les mauvaises herbes fétides et les fleuves privés d'égouts des satellites de l'Union Soviétique, cette Amérique, notre Amérique, l'Amérique du Grand Aigle Chauve et des garanties en béton des traveller's cheques, de Walt Disney et de Norman Rockwell, et pourtant assez forte pour permettre à la syphilis idéologique de partis tels que les Black Panthers de prendre voix égale dans le libre jeu du marché des idées… »

« Le magazine *People* ? » lança quelqu'un à portée d'oreille du podium.

Interrompant son discours pour faire face à l'improviste à une cascade de gloussements défoncés provenant d'une partie de la salle, M. Carter déclara d'un air lugubre : « Je vois que certains d'entre vous trouvent ça drôle. J'aime autant les bonnes vannes que n'importe qui. Par exemple : pourquoi les poulets traversent-ils la route ? »

Il attendit. Silence complet dans toute la nation. *Bien qu'ils soient plus d'un à penser, Si seulement, si seulement il s'en sort cette fois-ci, merde, je voterai pour un type capable de lancer une bonne vanne à la télé et de faire rire les gens mais pas sur commande… peut-être qu'il y a encore de l'espoir, peut-être qu'il a encore du culot… une pincée de pepsine dans la cornée… un type normal qui connaît son boulot… ouais, ça serait bien…*

Tout d'un coup les écrans de télé de la nation virèrent au rouge. Beaucoup pensèrent que c'était une alerte du même métal, quelque chose dont ils avaient entendu parler si souvent au fil des années qu'ils étaient absolument impuissants, perplexes, à l'idée d'affronter une telle éventualité… silhouettes surannées d'entrées d'abris anti-atomiques… la dernière fois qu'ils avaient vu *Dr Folamour* en fin de soirée… laissez tomber. C'était en fait le dos du sweater d'alpaga rouge de Rosalynn Carter, et toute la nation l'entendit chuchoter d'une voix pressante à leur dirigeant officiel : « Jimmy, où est-ce que tu te crois ? C'est pas une interview à *Playboy*… ! »

« Si seulement, nasilla Jimmy the Prez. C'était marrant, même si ça m'a valu des ennuis. »

« Ben ça n'est pas le cas, et plus tu te rendras compte rapidement que ce qui se passe à tout moment est exactement cela, et non la rediffusion d'un gros succès d'il y a quatre ans, mieux ça vaudra… Quelle que soit la chute de ton histoire, il y aura forcément des gens qui en seront choqués. Bon dieu, tu n'as donc rien appris ? Regarde Ronald Reagan, est-ce que lui lance des vannes ? »

« C'est parce qu'il n'en connaît aucune. »

« Oui, mais il parle très sérieusement et ça renforce sa campagne tant qu'il n'improvise pas. C'est la même chose pour toi, bon dieu, les meilleurs écrivains du pays travaillent là-dessus, Vonnegut, Pynchon, Irving, Doctorow ! Le jour de l'élection, tu seras folklore certifié ! Et même Daniel Boone ! »

« Je préférerais être Grizzly Adams, répondit rêveusement Jimmy. Il a des toilettes modernes. Je ne vis pas dans une hutte en branchages… à moins bien sûr que l'État d'Esprit National et le Peuple ne le demandent… merde, ce que ces enfoirés ne comprennent pas, c'est que je boufferais de la bouse si ça pouvait leur faire plaisir, et si c'est ce qu'il faut pour ça… »

« Mais justement ! Ils ne veulent pas que tu bouffes de la bouse ! Ils veulent que tu ramènes les otages ! Ils veulent que tu relances l'économie ! Ils veulent que tu agisses en LEADER ! Même si tu continues à ne rien faire, même si ce sont des gestes vides, larmes et balivernes, ça n'a pas d'importance, *du mouvement*, *du mouvement, du mouvement*, voilà ce qu'ils veulent voir ! Regarde JFK ! Il n'a rien fait du tout, sinon la Baie des Cochons ! Un vrai têtard de Président ! Bien sûr il est mort juste au bon moment ! Mais quand il ne faisait rien, c'était avec un tel brio ! Un tel style ! Un tel savoir-faire ! Personne ne remarquait rien ! Personne ! Et dans le monde entier ! Tu en as eu l'occasion ! Et tu as tout salopé ! Souviens-toi de ces photos dans *Newsweek* en 76, tu joggais le long du rivage avec ton fichu clébard faisant l'andouille à côté de toi ! Que croyais-tu donc que c'était ? Le glamour ! Et souviens-toi quand tu es entré en fonction, de tous ces articles dans les revues et les journaux : "Au cours de toutes mes années de correspondant à Washington, jamais je n'ai vu autant d'étreintes, de baisers, ni autant de communication physique, franche mais toujours dans la bonne humeur, aux yeux de tous, un vrai love-in ! C'est une bouffée d'air frais particulièrement bienvenue après la période Nixon, sinistre, grisâtre, asexuée et austère..." Jimmy, merde, ils t'avaient mâché le boulot ! »

« Alors, pourquoi est-ce que je ne peux pas lancer une vanne ou deux maintenant ? »

« Parce que c'était alors et que maintenant c'est maintenant, et d'ailleurs tu es censé être un dirigeant sérieux cool inébranlable, l'esprit, mais peut-être pas tes grosses pattes brûlantes, à la barre du navire de l'État en toutes circonstances... Qu'ils lancent les vannes eux-mêmes, ils ne sont bons qu'à ça ! »

« Hé, intervint Reagan, je vais mourir d'ennui, voire de dégoût ! Je vois qui porte la culotte dans votre famille ! Allez, vous ne pouvez pas m'aguicher, comme dieu sait combien de millions d'Américains, et nous laisser en plan comme ça ! On veut la chute, bon dieu ! »

« Eh bien... »

Jimmy n'était pas trop sûr. C'était ce qu'il ressentait la plupart du temps mais il n'en éprouvait aucun malaise, et maintenant moins que jamais. Il savait qu'un tel sentiment voulait dire qu'il affrontait réellement le problème, quel qu'il soit, au lieu de le contourner par des solutions improvisées ou un franc refus. Il traitait ainsi tous ceux qui lui étaient soumis, du *water wiggle*[127] cassé d'Amy (« Remonte le long du tuyau d'arrosage. Tant pis pour le *wiggle*, tu deviens trop vieille pour ça, de toute façon ») à la crise iranienne : il réfléchissait, pesait, ruminait, analysait, comparait, passait en revue, envisageait, méditait, considérait, s'endormait.

Car il ne rêvait que des affaires d'État, sauf de temps à autre d'une liaison tous phosphènes allumés avec Jane Fonda dans les bras de Morphée, qui suivait toujours le même scénario : elle venait à la Maison-Blanche demander une dispense spéciale accordant des avortements légaux bon marché aux femmes californiennes, l'État tout entier étant accro à l'héroïne fumée dans des cigarettes, et elle était horrifiée à l'idée que toute une génération soit shootée dès le berceau ; il disait : « Venez donc avec moi dans mon cabinet de travail, j'ai besoin de consulter mon manuel juridique ainsi que… »

« Vous voulez dire… »

« … oui… Lui… Le gars en haut… »

« Vous aussi vous sous-louez ! Waow, l'économie est vraiment en bonne voie ! »

« Non, non, ça n'est pas ça ! »

« Attendez, laissez-moi deviner… Kissinger, c'est ça ? Non ? Bon, alors, euh… je crois qu'il ne serait pas indigne de vous de déterrer un vieil has-been des années 60, et de le cacher là-haut comme s'il était une sorte d'arme secrète… *Robert McNamara !* »

Elle prit un air triomphant.

Il la regarda triompher, ou le croire. Je dois le reconnaître, *tu m'as eu là-dessus*. Il eut un grand sourire : « Jane, bon sang, le vieux LBJ aurait dû apprendre de lui-même… on ne peut pas vous duper… »

« C'est parce que j'ai découvert quelque chose de tout à fait nouveau, de révolutionnaire, une technique qui a non seulement changé ma vie mais celle de tous ceux qui m'entourent. Maintenant je connais le nom que Werner Erhard pourrait… »

Il reprit sa pose coutumière. Le chef de l'État, après tout, ne peut courir après chaque balle rebondissant près de lui sur une plage californienne. L'espace d'un instant, il se vit à Malibu, en complet trois pièces, gilet, tout le tremblement, baissant les yeux et rougissant à l'idée que ses chaussures à bout fleuri avaient l'air parfaitement débiles dans tout ce sable. Mais non, c'était son domaine, son moment, son – il la saisit et la maintint en un corps à corps rappelant les meilleurs moments de Dick le Cogneur.

« Oh... oh... JIM... Jimmy... mais qu'est-ce que vous faites ? »

Elle en voulait, la garce. Pas comme cette gouine de Joan Baez, qui lui avait simplement balancé un coup de genou dans les couilles : « Jimmy, z'avez déjà entendu la chanson de Neil Young, "Welfare mothers make better lovers" ? Alors laissez tomber. Je suis difficile. Allez vous faire foutre. »

Il fit courir sa main, encore et encore, sur ces jambes superbes, ces mollets sur lesquels il avait salivé au cours de tant de films. Ils étaient juste, juste un tout petit peu, grassouillets, mais quand sa grande paume et ses doigts experts remontèrent, enflés et luisants de désir comme une carotte mutante, le bas de sa paume caressant sa cuisse déclencha des explosions souterraines de plaisir qui ricochèrent chez l'un et chez l'autre.

« Mais mon ma-ri... » miaula-t-elle faiblement, avant de renoncer.

« *Barbarella !* » chuchota-t-il, ce qui dans la vie réelle l'aurait débectée plus vite et plus sûrement que tout mot de la langue anglaise, mais c'était son fantasme à lui, le seul qu'il eût, en fait, aussi pouvait-il faire tout ce qu'il voulait et contraindre n'importe qui d'autre à se comporter pareillement – « Comme Hitler ! », pensa-t-il, ricanant comme un petit catholique qui vient juste de se masturber sans se faire prendre devant la statue de la Vierge Marie, et se demande où mettre le mouchoir dans lequel il a récupéré le foutre –, elle devint donc encore plus excitée, avide, brûlante et trempée comme un animal fauve, en fait c'est ce en quoi elle s'était transformée : un cheval, un poney, un doux poney shetland suant fauve sombre beige café, et l'imaginant ainsi il la prit par-derrière, glissant les bras pour les emmêler aux siens, entrecroisant ses propres jambes comme il le faisait toujours quand il baisait sans savoir pourquoi, glissant son truc dans sa jungle luxuriante humide brûlante alléluia strapontin, où il s'attarda un moment, pensant aux New York Mets et à ce qu'il devrait faire de Koch à court et à long terme, pensant à peu près à n'importe quoi en fait, sauf à ce qu'il était en train de faire, alors pour que ça dure plus longtemps, en ayant assez du mépris de Rosalynn (« Ah, maintenant je sais ce que William Burroughs voulait dire en parlant de "l'ampoule électrique d'un orgasme" ! Et c'était un foutu *pédé* ! ») voilà des années, la laissant au Ham Jordan quand les bars pour célibataires n'avaient rien donné comme c'était devenu le cas récemment pour dieu sait quelle raison, et il se demanda vaguement s'ils avaient une liaison, ce serait marrant, Jane SE CAMBRA et émit un grognement félinnnnnnrrrrh, chat sauvage sous jusquiame se tailladant les pattes en lambeaux sur le tranchant d'un précipice schisteux, rebord déchiqueté au-dessus d'une étendue qui aurait pu être les Grandes Plaines elles-mêmes avalées toutes entières sur place, trois mille mètres de dénivellation, et cet enfoiré LA POUSSANT… elle hurla. « Quelle importance ? » dit Jimmy. Elle ne répondit rien. Se cambra de nouveau, siffla, planta ses ongles laqués de turquoise dans son dos, à n'en plus finir. *Bon dieu*, pensa-t-il, *si Rosalynn voyait ça*… merde. J'aimais mieux Jane dans les années 60, quand elle incarnait la contre-culture : ongles coupés court, pas de vernis, pas de laque, infiniment moins de conneries à tous les niveaux… et tout le monde pensait l'inverse… bien sûr, c'est agréable que de nouveau elle se rase les jambes…

Il prit conscience de l'étendue de son détachement, se demanda s'il devrait complètement laisser tomber. Quelle différence, putain de merde ? Soudain Jane frémit, avec un profond chuintement scintillant venu du bas-ventre, et se mit à se tortiller. À se tortiller. Se jetant contre lui, lui mordant le cou – vingt dieux ! Rosalynn va le voir ! –, lui tailladant le dos de ses ongles, enveloppant ses grandes jambes américaines de vieille souche jambonnées, comme deux puissantes pépites répressives, autour de ses cuisses et de son cul, roulant, oscillant, chevauchant, chevauchant, retenant des hurlements qui mouraient dans sa gorge parce qu'après tout on ne sait jamais qui pourrait entrer par hasard… mais c'était pour elle. Rien de mieux. Il le savait. C'était la partie qu'il aimait. Quand elle en eut fini, il lança deux petites explosions de zipgun, veillant comme toujours à ce que sa bouche soit fermée de telle sorte que ses couinements nasaux, bruits amphibies dénotant la passion ultime de la part de l'homme, pour ne pas mentionner le côté présidentiel de la clôture de fil barbelé, puissent sortir. C'était bon. C'était une tigresse. C'était une garce. Elle était sainte. Elle était femme. Et il était le Président des États-Unis, si bien que même s'il se révélait impuissant, comme cela arrivait assez souvent comme ça, ça n'avait pas d'importance, car le Pouvoir était le Sexe qui était le Pouvoir qui était le Sexe qui était le Pouvoir. Comme chacun sait.

Jane se redressa dans le lit et alluma une cigarette.

« Mon mari... »

« ... devrait conduire une camionnette de marchand de glaces. Laisse tomber. Chaque fois que je baise je dois écouter ça. Pourquoi ne pas me laisser ma sensation de bien-être pour une fois ? »

« Comment pourrais-tu en avoir une quand, pour commencer, il n'y avait pas de feu ? »

Il la frappa, durement, du dos de la main, en plein visage, une brutale réaction marteau-piqueur à vous bleuir les os. C'était si plein de haine que lui-même en fut un peu choqué. Elle roula sur le côté, en boule fœtale, face au mur, tout emmêlée dans les draps d'Amy – pourquoi fallait-il qu'ils finissent toujours par faire l'amour dans cette pièce, dans ce lit ? – couverts des visages souriants de *Sesame Street*. Si seulement il connaissait une femme qui ait les dispositions d'Ernie. Non, voyons... un sens politique comme celui de Rosalynn, une hystérie sexuelle comme celle de Jane, et de temps à autre une reprise, un répit sous forme d'Ernie... la femme parfaite...

« J'ai été violée une fois par tout un bataillon de l'OLP », dit-elle.

Il ne répondit rien. Ernie.

« Le 43e, après le cauchemar des 42 précédents, m'a plus excitée que toi. »

Et mieux encore, s'il pouvait faire en sorte qu'Ernie soit aussi à la Vice-Présidence ? Encore que Bert ait aussi ses bons côtés. La seule chose qu'il ne pouvait imaginer, c'était le prétexte qu'il pourrait concocter pour continuer à regarder l'émission. Amy avait depuis longtemps dépassé ça, c'était un rituel entre eux deux, et *elle* commençait à lui jeter des regards bizarres.

« Une autre fois, j'ai été prise dans une attaque au napalm sur un village vietnamien. J'ai plongé dans la hutte la plus proche. Un Viêt-cong était accroupi là, dans l'ombre, pyjama noir et tout ça. Il était terrifié, il pensait que les Américains allaient bombarder tout ce qui bougeait, puis poser leurs avions et passer tout le reste à la mitrailleuse, y compris les nouveau-nés, les chiens et les chats. Il répétait sans arrêt “Search and destroy”, la voix brisée, c'était comme un mantra. “Search and destroy”. C'étaient les trois seuls mots d'anglais qu'il connaissait. Je n'ai vu personne trembler aussi violemment de ma vie, avant comme après. Je me suis installée dans un coin avec lui, en lui faisant comprendre par signes que je ne lui voulais pas de mal, bien que je sois manifestement Américaine. J'ai commencé à le caresser, d'abord les cheveux derrière les oreilles, d'un doigt léger sous les flancs sous son pyjama, glissant le long des côtes, puis remontant. D'un geste qui fut sans doute le plus doux de mon existence, j'ai passé le bout de trois des doigts de ma main gauche sur ses lèvres, pour une seconde seulement. Puis je l'ai embrassé sur les paupières, parce que ses yeux étaient clos. Il était persuadé que j'allais le tuer. Encore une vieille ruse américaine, je lisais dans ses pensées, c'était trop facile, si facile que c'en était pathétique. Une giclée de napalm a touché l'autre côté de la cabane et l'a détruite d'une seule bouchée. J'ai regardé dehors. On voyait des incendies, on entendait des hurlements partout. Juste devant nous, un homme brûlait à mort. Mais il ne criait pas, il ne faisait pas un bruit. Il nous contemplait d'un air impassible, il se trouvait simplement que nous étions dans son champ de vision. Il y avait à côté de lui un tas de décombres fondus, avec quelques cheveux et des fragments de peau. Il ne cessait d'y puiser, à la base, avec ses ongles, de creuser. Pour finir nous avons vu ce que c'était : la tête d'une fillette, sa petite-fille, je crois. Aplatie, un amas de cervelle, de sang, avec de la chair pendant sur les côtés. Presque comme un pneu à plat, mais avec des yeux. Qui étaient clos. Ce qui restait d'elle était sous les décombres. Les cheveux tombaient de sa tête dans les paumes de l'homme. Il en saisissait d'énormes poignées, et semblait ne pas savoir qu'en faire. Il les regardait. Ça ne s'imprimait pas plus en lui que nous. De nouveau j'ai regardé autour de moi. Dans toutes les directions, tout ce qui nous entourait semblait brûler. Un feu blanc, vif et farouche, qui n'allait pas s'éteindre, d'épais pédoncules de flammes blanches posés sur des maisons rasées, des corps démembrés, des bicyclettes détruites, des morceaux de métal de brique de verre et de chair. Je me suis tournée vers mon prisonnier. Il était un peu plus calme. J'ai croisé ses yeux, il m'a rendu mon regard, perplexe. Il était toujours prêt à ce que je le tue à tout instant. “Non, ai-je dit, je ne veux pas faire ça, je t'aime !” Il n'a rien compris, évidemment. Je me suis sentie complètement idiote, j'ai éprouvé la honte la plus intense mêlée au désir le plus violent. J'ai glissé la main dans son pyjama et – ah ! Il bandait, évidemment ! Tricheur ! À jouer ses petites ruses, comme le premier connard new-yorkais venu ! De l'autre main j'ai pris une des siennes et l'ai guidée un peu vers le bas, il a compris, s'est mis à me caresser entre les jambes, plantant parfois un doigt, parfois deux ou trois, dans le trou, j'étais plus trempée que brûlante, enfin nous étions en plein milieu d'un enfer, et je me sentais un peu coupable avec tant de morts autour de nous… mais ensuite j'ai rationalisé : quel meilleur moyen de réaffirmer la vie ? Surtout étant donné ce que nous étions. C'est ringard, je sais, mais bon dieu qu'est-ce que j'étais excitée. Je crois que c'était avant tout en raison de la mort qui nous entourait. J'ai attiré sa bite profondément en moi et nous avons fait l'amour, comme ça, pendant très très longtemps. Un amour farouche, royal, Mau-Mau. Il avait quelque chose de rituel et nous le savions tous les deux. Le vieillard regardait toujours à travers nous. Nous avons dû baiser pendant une heure. En jouissant, nous avons hurlé à pleins poumons, en même temps parce que nous avions su presque depuis le premier mouvement que nous pouvions contrôler tout ça et bien au-delà, mais quand nous avons joui tout le contrôle est passé par la fenêtre, nous étions sans défense, nous étions des monstres, nous avions honte, nous étions amoureux, nos cris montaient avec la fumée et se mêlaient aux hurlements des mourants. Cela nous a fait bramer encore plus fort. Quand ça a été terminé, nous nous sommes littéralement effondrés, lui sur son dos moi sur le mien. Après cela je ne pouvais plus le regarder en face. Nous sommes restés là dans l'horreur un moment, à écouter la mort. Puis j'ai entendu un bruit et une Jeep est arrivée à travers les flammes, s'est arrêtée brusquement presque sur nous. Un des hôtes qui avait été mon guide pendant toute ma tournée du Nord Viêtnam était assis à côté du chauffeur. Il était vraiment furieux. "Vous vous êtes éloignée du groupe", a-t-il dit, d'un ton lugubre et mort et sévère et plat. J'ai eu l'impression d'être une écolière surprise à jouer à des jeux interdits dans la cour. De honte j'ai viré à l'écarlate. "Vous savez que ce n'est pas permis", a-t-il ajouté. Je n'ai pas pu le regarder non plus. "Montez à l'arrière", a-t-il dit. J'ai grimpé dans la Jeep. Je n'avais toujours pas contemplé le visage du Viêt-cong depuis que nous avions baisé. Nous sommes partis. Je n'ai pas regardé en arrière. Plus tard j'ai été dénoncée devant tout le groupe. Ils ont dit que j'étais un parfait exemple d'embourgeoisement américain égoïste, et pire, ajoutaient-ils, absolument dépourvue du moindre sentiment de la stupéfiante énormité de ma décadence. Bien entendu, ils ne savaient pas ce que j'avais fait d'autre. Pour eux, je m'étais simplement enfuie du groupe. J'avais un peu fait défection, pour un petit moment, ce qui pour eux signifiait que j'étais totalement passée à l'ennemi. Ils ont dit que j'étais la preuve vivante que les Américains étaient trop lessivés pour le socialisme, qu'il faudrait tous les tuer ou les mettre dans des camps de rééducation, du moins jusqu'à ce que survienne une nouvelle génération moins polluée par le capitalisme et le culte de l'individu. Les critiques étaient à la fois spécifiques et uniformes. Tout le monde connaissait les règles. Moi aussi. Pourtant je les avais violées. Consciemment. Au bout d'un moment, ils se sont montrés un peu plus gentils. "Ne voyez-vous pas quelle témérité il y avait à vous promener seule dans la jungle ? Ce serait absurde, même s'il n'y avait pas la guerre. Vous avez manqué être brûlée vive par vos compatriotes. C'est cela que vous vouliez ? Être une sorte de martyre ? Cela aussi était absurde. Qui l'aurait su ? Après le napalm, tous les corps se ressemblent. Les médias américains auraient dit que vous aviez ‘disparu au Nord Viêtnam communiste’. Les gens auraient très certainement élaboré des fantasmes comme quoi nous vous avions lavé le cerveau, torturée puis assassinée. Votre idée infantile du ‘martyre’ aurait réussi à nous renvoyer en arrière ! Cela aurait été très utile aux projets de vos dirigeants pour tromper le peuple américain et lui mentir. Encore une histoire à exploiter, pour eux, encore un peu de propagande.” Bien sûr, je savais qu’ils avaient raison, et j’ai eu honte. Quand tout a été terminé, ils n’étaient plus furieux contre moi, tout le monde a parlé d’autre chose. Mais je ne pouvais me défaire de ma honte. Eux ont tout oublié, mais je l’ai portée avec moi comme un stigmate pendant tout le reste de mon séjour. »

Alors qu’elle achevait son récit, elle entendit comme un couinement de jars. Écrasant sa cigarette, elle baissa les yeux. Jimmy s’était endormi en plein milieu de l’histoire. Il souriait, ce qui lui donnait l’air d’un gamin, avec des mèches et des restes de taches de rousseur même à son âge. Cela avait été pour lui comme une berceuse. Elle n’avait jamais raconté ça à personne, même à son mari. Surtout pas à son mari. Mais ça n’était pas grave. Elle connaissait Jimmy. Il ne croyait pas au Viêtnam. Il se souvenait des années que cela représentait, mais il avait toujours dit que c’était désormais du passé et que mieux valait essayer de l’éloigner autant que possible de nous. Dans ses discours de campagne, en 1976, il avait déclaré : « Je crois que l’Amérique devrait *oublier* que le Viêtnam a jamais eu lieu. » En privé, à elle, il avait dit : « C’est le seul moyen. Le repousser, le repousser, jusqu’à ce qu’il disparaisse, meure, devienne un mythe comme la bataille de la Nouvelle-Orléans ou le *Monitor* et le *Merrimac*. En faire de l’Histoire. Et une fois qu’il sera vraiment Histoire, nous serons en mesure de le gérer. Mais pas maintenant. Il nous faut l’effacer pour aller de l’avant. Ou alors il faudrait nous y vautrer. Faire des films violents, vulgaires, par dizaines, baignant dans le sang, jusqu’à ce que tout ça n’ait plus aucun sens. D’une manière ou d’une autre, il faut nous en débarrasser. »

« Et les anciens combattants infirmes, avait-elle demandé, ou même les gars qui se font l’effet d’être des personnes déplacées, comme s'ils avaient perdu plusieurs années de leur vie ? Ce qui d'ailleurs est le cas. »

« Ils sont tous sous héroïne, avait-il répondu. Ils ne comptent pas. »

Elle éprouva une brusque sensation d'écœurement parcourant tout son corps en une onde rance : envers ce qu'ils venaient de faire, envers lui, envers elle-même, ses souvenirs, la vie sous toutes ses formes, envers la froideur avec laquelle la vie peut être liquidée, avec laquelle les survivants continuent, en choisissant toujours de ne pas voir ce qu'ils ont devant les yeux, parce qu'autrement ils deviendraient tous fous. *Oui, devenir fou*, songea-t-elle, sarcastique. *C'est la bonne réponse. Ensuite, quand ils t'auront, ils pourront réellement faire quelque chose de toi.* Se dressant d'un bond, elle enfila ses vêtements aussi vite que possible et se regarda dans le miroir : une écolière un peu froissée, bientôt d'âge mûr. Ah, elle aurait pu ressembler à pire. Elle enjamba le lit, traversa la pièce d'un pas ferme et rapide, descendit l'escalier de marbre, sortit dans le soleil bordé de noir de Washington DC, ville fantôme. Quelques minutes plus tard, longeant en voiture le Lincoln Memorial, en s'efforçant de ne pas contempler les touristes qui se rassemblaient solennellement pour présenter leurs respects et baffer leurs mômes afin qu'ils fassent de même, elle se dit : et maintenant, même les fantômes partent en retraite. Ils préfèrent ne plus jeter leurs ombres sur des gens comme nous.

Inédit, 1980

Prisonnier des Mormons

Non, pas comme ça ! Pourquoi diable crois-tu que tout le monde fait exactement pareil ? T'es débile ou quoi ? Les raisons ont des règles et c'est la seule façon dont s'y prennent tous ceux qui savent ! Alors grandis ! Sois pro ! Grouille-toi ! Mets ton truc en ordre ! Fous-moi en l'air tout ce qui dépasse ! Apprends à te coiffer ! Refais-moi ces ongles ! Noue ta cravate comme il faut ! T'as pas une chemise Arrow, t'es vraiment un loser ! Fais gaffe à ce sèche-cheveux ! C'est pas la bonne eau de Cologne ! T'as des pompes À BOUT FLEURI ! Tiens voilà ce chewing-gum qui t'explose dans les dents ! Grince des dents, souris et sois poli ! Où est ton appart ? Où est ta carte Trans-Am ? Où sont tes BÉBÉS ? Ris sincèrement ! Il est important ! Elle a du blé ! C'est un bon boulot ! La chance de ta vie ! Prends-le tout de suite, il ne reviendra pas ! Non pauvre tache, c'est pas comme ça qu'on joue de la guitare électrique ! Comment je le sais ? Je suis allé à l'école ! Comme ça ! Rien que comme ça ! La pratique y a que ça de vrai ! À n'en plus finir ! Sans jamais s'arrêter ! C'est le même solo, et alors ? T'entends pas ces RIFFS GOÛTEUX ? Comme George Benson ! T'es le meilleur ! T'iras loin ! Non, tu sais pas chanter ! N'essaie même pas ! Tu serais la risée générale ! Tiens-t'en à ce que tu sais faire ! Là où t'es bon ! Arrête de glandouiller avec toutes ces conneries ! Il y a des gens qui TRAVAILLENT pour vivre, tu sais ! Tout le monde, en fait ! Y a que les cocos qu'ont pas de patrons ! C'est un con, et alors ? Moi aussi je vais écouter ses conneries ! T'auras une retraite ! Tes jeans sont OUT cette année ! T'es vraiment un sacré con !

EUX ils savent ! Fais comme si t'étais indifférent ! Ne lui montre pas qu'elle te plaît sinon tu vas la perdre ! C'est comme ça que ça se passe ! Tout le monde est comme ça ! Y a pas d'exception nulle part ! Accepte, boucle-la, y a rien d'autre ! T'es pas un artiste, c'est bon pour les pédés ! Jamais tu gagneras ta vie en écrivant des bouquins, sauf si t'es Harold Robbins ! Et tu ne l'es pas, alors laisse tomber ! Personne ne publiera ça ! Une exposition ? Ces trucs-là te feront virer de chaque galerie de SoHo sous les éclats de rire ! Ton groupe sait pas jouer et tu sais pas danser comme Mick Jagger ! Sors de scène ! Retourne à la quincaillerie ! Tes fringues sont dépareillées ! Comment ça, pas de carte American Express ? T'es mort mon pote ! Reste avec le groupe en tournée ! Va pas traîner seul tu pourrais te perdre ! Désolé mais c'est pas le bon magazine illisible à trimbaler ! Fais-toi refaire le nez ! Ça suffira ! Ta carrière grimpera en flèche ! Pourquoi tu leur parles, ils sont pas importants ! Lèche le cul de celui-là ! Il peut T'AIDER ! Tu me remercieras pour ça un de ces jours ! À propos, tu pourrais essayer de perdre encore un ou deux kilos ! Comme ça tu ressemblerais tout à fait à la nouvelle nana dont tout le monde parle ! Arrête de glander en rêvassant ! Rentre-leur dedans ! Les braves gars finissent derniers ! Faut avoir une mentalité de battant ! Notre banque a du poids ! Prends un avion où tu peux monter deux minutes avant l'autre minable ! Tu seras mieux ! Achète cette merde aussi ! Les gens seront jaloux ! Ils t'envieront et penseront que t'es cool ! Ils te détesteront parce qu'ils l'ont pas achetée avant toi ! Fais-le pour le bien de l'équipe ! Il faut qu'on bosse en commun sinon on va perdre cette foutue course ! Ouais je sais qui tu es, tu es le 261e ! Alors bouge-toi le cul ! On a une pyramide à construire ici et quand ce sera fait tu devras vivre dedans ! Non, ne nous remercie pas maintenant ! Tu t'es pas lavé les mains après avoir pissé avant de te brosser les dents ce matin ! C'est dangereux ! Je l'ai lu dans un magazine ! Ils ne mentent pas ! Si tu vas pas à l'école t'apprendras jamais rien ! Hé l'intello, pourquoi pas sortir un peu et apprendre ce qu'est la VRAIE VIE ? C'est pas de la musique ! C'est marqué ici ! Ce type est un expert, il a rencontré des tas de rock stars ! Une production par Bob Ezrin, voilà ce qu'il te faudrait ! Ça te placerait dans le Top Ten ! Sinon t'es mort ! Tu ne travailleras plus jamais ! Mais un mot aux gens qu'il faut et t'es dans le coup ! Décide-toi ! C'est pas de la trahison, c'est pour le bien du groupe tout entier ! Bon, alors regarde-nous devenir célèbres plus vite que toi ! Tu seras jamais rien ! Tout le monde le sait ! Ils rigolent tous ! Ils te prennent pour une merde ! On est les seuls en ville, marche avec nous ou t'existes plus ! Tu vois celui-là ? Oui, c'est ça, celui-là là-bas ! C'est le cul que tu dois baiser ! Mais t'inquiète pas, y en aura plus d'autre après ! Ensuite tout ne sera que roses ! Mais embrasse-le pour de bon ! Comme si tu aimais ça ! Ils s'en rendent compte !

Contempo Culture, décembre 1980

NOTES DU TRADUCTEUR

[1] L'édition originale américaine comporte une quinzaine de notes de bas de page. Elles ont été intégrées dans celles, beaucoup plus nombreuses, de la présente édition. Il nous a paru en effet nécessaire d'éclairer un certain nombre d'aspects de la vie et de la culture américaines pas toujours familiers au lecteur français.

[2] Il ne s'agit pas ici du grand inspirateur de l'hystérie anti-rouges des années 50, mais d'un concurrent de Kennedy à la nomination Démocrate aux élections présidentielles.

[3] Personnage de milliardaire excentrique d'un roman de Terry Southern, *The Magic Christian* (1959), plus tard adapté au cinéma avec Peter Sellers et Ringo Starr dans les rôles principaux.

[4] Quartier des clochards à New York.

[5] L'équivalent américain du catalogue Manufrance.

[6] Roman de Kenneth Patchen, 1961.

[7] Danse des années 20.

[8] *Downer* est un terme générique pour de nombreux types de calmants.

[9] Archy le cafard et Mehitabel le chat sont deux créations de l'humoriste Don Marquis (1878-1937). Ils devinrent par la suite les héros d'une comédie musicale puis, en 1970, d'un film d'animation de John David Wilson.

[10] Film de Barry Shear (1968, en français *Les Troupes de la colère*). Une rock star convainc un sénateur de réclamer le droit de vote à quatorze ans. Il s'ensuit de violents affrontements ados-adultes.

[11] Surnom de Bob Hite, le gros chanteur du groupe.

[12] Célèbre chanteuse de gospel.

[13] Créateurs de dessins animés, on leur doit notamment la série des *Pierrafeu* (*The Flintstones*).

[14] Chanteuse et comédienne. En juillet 1960, au Flamingo, Lenny Bruce l'aspergea avec un extincteur alors qu'elle était sur scène.

[15] Émission télé alternant musique country et sketches comiques.

[16] Critique du *New York Times*, l'un des rares à avoir dit du mal de *Sgt. Pepper*.

[17] District Attorney de Los Angeles à qui on doit un livre sur la « famille » Manson, les assassins de Sharon Tate.

[18] Un des précurseurs du synthé.

[19] Chanson de Cream sur l'album *Wheels of Fire*.

[20] Fondateur de l'Église mormonne.

[21] Manager des Allman Brothers et président de Capricorn Records, la maison de disques de Wet Willie.

[22] Groupe mythique de soul rock (un album paru en 1973).

[23] Allusion à Allan J. Weberman, « dylanologiste » autoproclamé et grand manipulateur des médias, qui se livrait par exemple à l'examen des poubelles de Dylan sous l'œil des caméras.

[24] Aux États-Unis, la durée de la peine réellement effectuée dépend de la conduite en prison du condamné.

[25] L'assassin, un petit truand noir nommé Jerome Johnson, bien qu'aussitôt capturé par les policiers présents sur place, fut abattu par un homme de main qui ne fut jamais retrouvé. Joe Colombo survécut mais, réduit « à l'état de légume », ne mena plus qu'une vie végétative jusqu'à sa mort en 1978.

[26] Deux avocats connus. Clarence Darrow (1857-1938) fut célèbre en son temps pour avoir défendu toutes les causes progressistes.

[27] Auteur d'une bonne partie des paroles de *Desire*.

[28] En 1973, Elmer Wayne Henley tua Dean Corll, un pédophile assassin dont il avait été le complice. Le lieutenant William Calley commandait les troupes américaines qui, le 16 mars 1968, massacrèrent la population du village vietnamien de My Lai. En mai 1972, Arthur Bremer tira sur George Wallace, gouverneur de l'Alabama, raciste déclaré et candidat à l'investiture démocrate, qu'il blessa grièvement. Condamnés à vie, Henley et Bremer sont toujours en prison. L'ex-lieutenant Calley, après sa condamnation, fut grâcié par Nixon sans avoir jamais passé un seul jour en prison : il dirige aujourd'hui la bijouterie de son beau-père à Columbus, Ohio.

[29] Actrice et chanteuse new-yorkaise.

[30] De Van Morrison, d'où l'allusion aux Banshees.

[31] Polémiste chrétien britannique (1903-1990) spécialisé dans la dénonciation des mœurs contemporaines.

[32] Groupe américain de la fin des années 60, animé par Todd Rundgren.

[33] Célèbre chroniqueur mondain, grand pourvoyeur de cancans sur Broadway et Hollywood.

[34] Selon Frank Zappa au cours d'une interview accordée à *Playboy*. (Quant à DNA, il s'agit du groupe new-yorkais no wave créé en 1977 et emmené par le guitariste Arto Lindsay.)

[35] Qui en juin 1968 tira sur Andy Warhol, qu'elle blessa grièvement. Jugée l'année suivante, elle fut condamnée à trois ans de prison.

[36] Deux penseurs de l'aile la plus conservatrice de la droite américaine.

[37] Saxophoniste, un des seconds couteaux du free jazz.

[38] Batteur de jazz (1907-1948), l'un des plus grands de la période swing.

[39] Ancienne chanteuse du groupe Ten Wheels Drive.

[40] Lydia Lunch, alors girl-friend de Stiv Bators, connut plus tard la célébrité comme guitariste et chanteuse.

[41] Hit de 1953 repris en français par Line Renaud (« Combien pour ce chien dans la vitrine »).

[42] En anglais : fil métallique, et plus spécialement fil électrique.

[43] Ce morceau (dont le titre exact est *Several Species of Small Furry Animals Gathered Together in a Cave and Grooving with a Pict*) est sur *Ummagumma* du Pink Floyd, mais il est en fait de Roger Waters.

[44] Ancien gouverneur démocrate de Californie (et petit ami de Linda Ronstadt).

[45] L'assassin de Robert Kennedy.

[46] En français Tic et Tac, deux écureuils héros de dessins animés de Walt Disney.

[47] Auteur de l'admirable *Catch-22*.

[48] Qui montrait une jeune femme ligotée et couverte de bleus.

[49] Il s'agit bien entendu d'*Ascenseur pour l'échafaud* de Louis Malle.

[50] Lézard de grande taille extrêmement venimeux.

[51] Comme le dodo, cet oiseau d'Amérique du Nord, un peu semblable à un pingouin, fut victime d'une chasse excessive. Il avait disparu dès le milieu du XIXe siècle.

[52] Référence au film de SF *Le Jour où la Terre s'arrêta*.

[53] Héros, avec son épouse Ma, d'une série de comédies des années 40 et 50.

[54] Romancier noir américain violemment satirique.

[55] Il s'agit évidemment de Bangs lui-même.

[56] Personnage du folklore américain : géant à la Gargantua, bûcheron de son état, à qui on prête des exploits surhumains, comme d'avoir creusé le Grand Canyon à coups de hache.

[57] Quand il donna ce texte à *What Goes On*, Bangs l'accompagna de la note suivante : « Cet article fut écrit en 1978 pour le magazine de Diana Clapton, *New Wave Rock*, qui vécut peu de temps et nous manque beaucoup. Ce texte était prêt quand, à la dernière seconde, il fut remplacé par le compte rendu du meurtre de Nancy Spungen, après quoi la revue cessa de paraître. Je pense qu'il se tient encore – même s'il peut paraître daté par endroits – surtout dans la mesure où (a) cet album est intemporel et (b) est de nouveau disponible, en import. Je voudrais une fois de plus remercier Diana d'avoir eu le cran de me charger de cette tâche. »

[58] « Strange Fruit » : référence à une chanson, chantée par Billie Holiday, évocation à peine voilée des lynchages dans le Sud.

[59] Ce passage, comme la phrase de Sugerman citée plus haut, est donné dans la traduction française de l'ouvrage, due à Pierre Alien (*Personne ne sortira d'ici vivant*, Julliard, 1991, page 18).

[60] « I wanna hear / The scream of the butterfly » dans « When the Music's Over ».

[61] Fondateur de l'Église sataniste américaine, et auteur de *The Satanic Bible*.

[62] The Doors, « People Are Strange », sur l'album *Strange Days*.

[63] Comté californien tout proche de San Francisco. C'est au même comté qu'il est fait allusion au début de *La Californie*.

[64] Collaboratrice de *Creem*.

[65] Chanteur de Grand Funk Railroad.

[66] « I'm a modern guy » : allusion à la chanson-titre d'Iggy Pop/David Bowie sur *Lust for Life*.

[67] Anagramme de « Talking Heads ».

[68] À l'époque rédacteur à *Creem*.

[69] « Idiot bastard son » : référence à une chanson de Frank Zappa.

[70] Selon la Bible, lieu de la bataille finale entre les forces du Bien et celles du Mal.

[71] Manager du MC5, fondateur des Panthères Blanches et symbole du gauchisme radical américain.

[72] Ce qui signifie à la fois « laineux » et « ensuqué ».

[73] Référence à *Autant en emporte le vent*. Le terme désigne un de ces profiteurs de guerre qui, après la fin de la guerre de Sécession, se ruèrent dans le Sud.

[74] Texte : « Tables turning » : allusion à « It's All Over Now », repris par les Stones, et aussi, bien sûr, à Dylan.

[75] En français : *Bob Marley*, éditions Lieu Commun, 1991.

[76] Créée par Jack Rosenberg (devenu Werner Erhard), la fondation *est* (Erhard Seminars Training) fut, dans les années 70, une des premières incarnations de l'idéologie New Age : salmigondis de références au mysticisme oriental et en particulier au zen, à la physique quantique, à la « conscience cosmique », etc. Erhard, qu'on croirait sorti d'un des romans « mystiques » de Philip K. Dick, fit fortune avant d'avoir de gros ennuis dans les années 90, de nombreux disciples déçus, ou des employés de sa fondation, lui intentant procès sur procès.

[77] Grand maître de l'*exotica music* (en gros : musique pseudo-hawaïenne rehaussée d'imitations de chants d'oiseaux).

[78] Une des premières chambres d'écho.

[79] Citation de « I'm the Walrus » des Beatles.

[80] Journaliste, présentateur radio et explorateur (1892-1981), qui filma notamment, en Palestine, les images qui firent de Lawrence d'Arabie une légende.

[81] Île sur la Côte Est, non loin de New York, et célèbre lieu de villégiature huppé.

[82] Une des premières caméras vidéo, apparue en 1968.

[83] Musicien de séance fort connu de ses pairs, qu'on entend sur de nombreux hits, mais qui n'a commencé à enregistrer sous son nom que dans les années 90.

[84] Guitariste unanimement considéré comme le créateur de la surf music.

[85] Film de John Landis (1977), plus connu en France sous le titre d'*American College*.

[86] Chanson de Cole Porter chantée par Ella Fitzgerald.

[87] Marque américaine de vêtements de sport.

[88] Edward Koch, alors maire de New York.

[89] Petite ville de l'Iowa.

[90] Le « Fils de Sam », qui provoqua une vraie panique à New York en tuant au hasard des femmes dans les rues.

[91] Respectivement professeur de droit spécialiste de comptabilité, et présentateur de radio et de télévision.

[92] Feuilleton télé des années 60.

[93] Titre du single de Lester Bangs, sorti en 1979 sur Spy Records.

[94] Vers de Lord Alfred Tennyson (et titre d'un album des Moody Blues).

[95] De Mario Puzo.

[96] De Robert Ludlum.

[97] Décor de *Lil'Abner*, la célèbre BD de Al Capp.

[98] Paru en 1970, il s'agit d'un recueil de techniques sexuelles simplement signé « J ».

[99] Co-fondateur avec Barry Kramer de *Creem* en 1969.

[100] Allusion à un morceau anti-skinhead de Black Sabbath : « Fairies Wear Boots ».

[101] Lancelot Link (« super-chimpanzé ») et Isis (« super-femme ») étaient les deux héros d'une émission télé pour enfants programmée le samedi matin.

[102] Allusion à l'édition rare, Graal des coins coupés, de *Kick Out the Jams* du MC5 (1969) – la première édition fut censurée !

[103] Antihistaminique utilisé contre le rhume des foins.

[104] Grande figure de la critique rock US, thuriféraire, puis producteur et manager de Bruce Springsteen.

[105] Critique de rock à *Rolling Stone*.

[106] Célèbre écran de veille pour ordinateur de type PC.

[107] Critique de rock puis producteur, notamment de Blue Öyster Cult et des Clash.

[108] Chanteuse des Runaways, un groupe de rock rassemblant des adolescentes jouant du hard rock. Coup sans lendemain monté par cette vieille fripouille de Kim Fowley.

[109] Revue des Témoins de Jéhovah.

[110] Possible allusion à Bukka White, grand représentant du blues du Delta, dont le « Fixin' to Die » est un parfait exemple de son style, mélodiquement très simple mais rythmiquement complexe.

[111] Référence à la célèbre formule : « Il naît un gogo à chaque minute. »

[112] *Est-ce un métier d'écrire ?* (titre original : *Would You Suggest Writing as a Career ?*), in *Nouveaux Contes de la folie ordinaire*, Le Sagittaire, 1978.

[113] Condamné à mort pour deux meurtres, Gilmore refusa de faire appel et fut exécuté en janvier 1977. Norman Mailer s'est inspiré de son histoire dans *Le Chant du bourreau.*

[114] Garde du corps et dealer de Sid Vicious – il occupera plus tard les mêmes fonctions auprès du peintre Jean-Michel Basquiat. Il a fait des apparitions dans plusieurs films, dont *Stranger than Paradise* et *Down by Law* de Jim Jarmush.

[115] « Patsy » : c'est un terme strictement américain, d'où la question de Sid Vicious.

[116] Pasteur américain fondateur de la secte « Le Temple du Peuple » qui, installé au Guyana avec un bon millier de disciples, les persuada de se suicider avec lui (ou les y contraignit) en novembre 1978.

[117] Critique de rock au *NME* et correspondant en Angleterre de *Rolling Stone.*

[118] Bons de nourriture distribués aux indigents.

[119] Voir « Les Clash », in *Psychotic Reactions & autres carburateurs flingués*, Tristram, 1996.

[120] Allusion aux paroles de « God Save the Queen » : « God Save the Queen / Her fascist regime / Makes you a moron / A potential H-Bomb ».

[121] Voir « Peter Laughner », in *Psychotic Reactions & autres carburateurs flingués,* Tristram, 1996.

[122] Paru en français sous le titre *Les Sex Pistols*, Les Humanoïdes Associés, Speed 17, 1978, dans une traduction de Francis Dordor.

[123] Film de John Waters sorti en 1972, chef-d'œuvre de mauvais goût scato (Divine était un travesti pesant 150 kilos !).

[124] William Burroughs, *Le Festin nu* (titre original : *Naked Lunch*, première publication en 1959 à Paris, en anglais, chez Olympia Press par l'éditeur Maurice Girodias), traduction d'Éric Kahane, Gallimard, 1964.

125 Film de John Huston, 1972.

126 Célèbre éléphante du parc d'attractions de Coney Island. Son comportement dangereux (elle avait tué trois soigneurs) lui valut d'être mise à mort : Edison se chargea de l'électrocuter.

127 Jeu stupide des années 60 : une tête de caoutchouc qu'on fixe sur un tuyau d'arrosage, et qui saute en tous sens.

TABLE DES MATIÈRES

TRISTRAM

CATALOGUE
avril 2005

Les Alligators souriants – Voix d'écrivains
(disque compact hors commerce)

J.G. Ballard
La Foire aux atrocités

Lester Bangs
Psychotic Reactions & autres carburateurs flingués
Fêtes sanglantes & mauvais goût

Samuel Beckett
Solo, par David Warrilow (disque compact)

Mehdi Belhaj Kacem
Cancer
1993
Vies et morts d'Irène Lepic
L'Antéforme
Esthétique du chaos
Society
L'Essence n *de l'amour* (coédition Fayard)
Événement et répétition
L'Affect

Evidenz 1 (revue)

Pierre Bourgeade
Les Âmes juives
Warum
L'Éternel Mirage
L'Horloge
Les Boxeurs
Les Comédiens

Catullus, petit chien, par Auxeméry

Vincent Colonna
Yamaha d'Alger
Ma vie transformiste
Autofiction & autres mythomanies littéraires

Isidore Ducasse
Poésies

Maurice Girodias
Président Kissinger

Pavel Hak
Safari
Sniper
Lutte à mort

Hubert Lucot
Le Grand Graphe
(roman mural, affiche panoramique d'intérieur de 12 m^2)
accompagné par *Le Graphe par lui-même*
Le Gato noir

Onuma Nemon
Ogr

Valère Novarina
Le Discours aux animaux I et *II* *(L'Animal du temps/L'Inquiétude)*
par André Marcon (double disque compact)

Jackson Pollock
biographie par Steven Naifeh & Gregory White Smith

Ezra Pound
Je rassemble les membres d'Osiris
Henri Gaudier-Brzeska
(sculptures photographiées par Christian Roger)

Maurice Roche
Compact (version originale en 7 couleurs)
Compact, lu par l'auteur (disque compact)
Mémoire

Princesse Sapho
Le Tutu

Arno Schmidt
Histoires
Vaches en demi-deuil
Tina ou de l'Immortalité suivi de
Arno à tombeau ouvert, par Claude Riehl
Le Cœur de pierre
On a marché sur la Lande

Patti Smith
La Mer de Corail
(photographies de Robert Mapplethorpe, Lynn Davis et Edward Maxey)
Corps de plane, écrits 1970-79
Piss Factory 96 (disque compact hors commerce)

Laurence Sterne
La Vie et les opinions de Tristram Shandy

* * *

Composé
par Tristram
à Auch
et achevé d'imprimer
par l'Imprimerie Floch
à Mayenne
en avril 2005
pour le compte
des Éditions Tristram
B.P. 110
32002 - Auch cedex

N° d'imprimeur : 62733
Dépôt légal : avril 2005
ISBN 2-907681-49-4